# 독자의 1초를
# 아껴주는 정성을
# 만나보세요!

세상이 아무리 바쁘게 돌아가더라도 책까지 아무렇게나 빨리 만들 수는 없습니다.
인스턴트 식품 같은 책보다 오래 익힌 술이나 장맛이 밴 책을 만들고 싶습니다.
땀 흘리며 일하는 당신을 위해 한 권 한 권 마음을 다해 만들겠습니다.
마지막 페이지에서 만날 새로운 당신을 위해 더 나은 길을 준비하겠습니다.

### 길벗 IT 도서 열람 서비스

도서 일부 또는 전체 콘텐츠를 확인하고 읽어볼 수 있습니다.
길벗만의 차별화된 독자 서비스를 만나보세요.

**더북(TheBook)** ▶ https://thebook.io

더북은 (주)도서출판 길벗에서 제공하는 IT 도서 열람 서비스입니다.

CODE×AI SOFTWARE KAIHATSUSHA NO TAME NO SEISEI AI JISSEN NYUMON
by Yuki Hattori
Copyright © 2024 Yuki Hattori
All rights reserved.
Original Japanese edition published by Gijutsu-Hyoron Co., Ltd., Tokyo
This Korean language edition published by arrangement with Gijutsu-Hyoron Co., Ltd., Tokyo
in care of Tuttle-Mori Agency, Inc., Tokyo, through Botong Agency, Seoul.

이 책의 한국어판 저작권은 보통 에이전시를 통한 저작권자와의 독점 계약으로 ㈜도서출판 길벗이 소유합니다.
신 저작권법에 의하여 한국 내에서 보호를 받는 저작물이므로 무단전재와 무단복제를 금합니다.

## 개발자를 위한 생성형 AI 활용 가이드
Generative AI for Developer

**초판 발행** • 2025년 9월 17일

**지은이** • 핫토리 유우키
**옮긴이** • 하승민
**발행인** • 이종원
**발행처** • ㈜도서출판 길벗
**출판사 등록일** • 1990년 12월 24일
**주소** • 서울시 마포구 월드컵로 10길 56(서교동)
**대표 전화** • 02)332-0931 | **팩스** • 02)323-0586
**홈페이지** • www.gilbut.co.kr | **이메일** • gilbut@gilbut.co.kr

**기획 및 책임편집** • 정지은(je7304@gilbut.co.kr) | **편집** • 정지은 | **표지 디자인** • 장기춘
**제작** • 이준호, 손일순, 이진혁 | **마케팅** • 임태호, 전선하, 박민영, 서현정, 박성용 | **유통혁신** • 한준희
**영업관리** • 김명자 | **독자지원** • 윤정아
**교정교열** • 강민철 | **전산편집** • 박진희 | **CTP 출력 및 인쇄** • 정민문화사 | **제본** • 정민문화사

▶ 이 책은 저작권법의 보호를 받는 저작물로 이 책에 실린 모든 내용, 디자인, 이미지,
  편집 구성은 허락 없이 복제하거나 다른 매체에 옮겨 실을 수 없습니다.
▶ 인공지능(AI) 기술 또는 시스템을 훈련하기 위해 이 책의 전체 내용은 물론 일부 문장도 사용하는 것을 금지합니다.
▶ 잘못 만든 책은 구입한 서점에서 바꿔 드립니다.

**ISBN** 979-11-407-1583-1 93000
(길벗 도서번호 080454)

정가 28,000원

---

독자의 1초를 아껴 주는 정성 길벗출판사

**㈜도서출판 길벗** | IT단행본&교재, 성인어학, 교과서, 수험서, 경제경영, 교양,
자녀교육, 취미실용 www.gilbut.co.kr
**길벗스쿨** | 국어학습, 수학학습, 주니어어학, 어린이단행본, 학습단행본 www.gilbutschool.co.kr

**페이스북** • https://www.facebook.com/gbitbook

# 개발자를 위한 생성형 AI 활용 가이드

핫토리 유우키 지음
하승민 옮김

길벗

## 지은이의 말

이 책은 생성형 AI가 소프트웨어 개발에 미치는 영향을 살피고, 이로 인해 새롭게 대두되는 과제들에 대해 하나의 방향을 제시하고자 집필되었습니다. AI가 기존의 소프트웨어 개발 업무의 일부를 대신해 주는 시대에, 이 책은 사람의 의도와 판단의 중요성, 그리고 AI와 효과적으로 협업하기 위한 역량을 강조합니다. 필자 역시 이 책을 집필하면서 생성형 AI 시대의 소프트웨어 개발에는 단순히 코드를 구현하는 능력뿐 아니라, 본질적인 기술력, 설계력, 비즈니스 및 조직에 대한 이해까지 포함된 종합적인 역량이 요구된다는 사실을 다시 한번 느꼈습니다.

그렇기에 이 책이 완성되기까지는 많은 분들의 조언과 도움이 꼭 필요했습니다. 리뷰어 여러분께서는 이 책의 집필에 커다란 기여를 해주셨습니다.

소프트웨어 공학 분야에서는 모리사키 슈지 님, 가네코 마사나가 님, 야마구치 뎃페이 님, 와다 다쿠토 님께서 폭넓은 관점에서 전문적인 통찰을 나눠 주셨습니다. 계산언어학 분야에서는 마이크로소프트 시절부터의 친구이자 최전선을 달리는 전문가인 미타 마사토 님께서 귀중한 조언을 아끼지 않으셨습니다. 경영학적 관점에서는 요시다 모토후미 님께서 폭넓은 식견과 날카로운 인사이트를 나눠 주셨고, 실무적인 조언은 우시오 쓰요시 님께서 뛰어난 개발 현장 경험을 바탕으로 구체적인 실무 조언을 해주셨습니다. 또한 구로사키 유타 님, 모모타 료스케 님께서는 생성형 AI 활용의 최전선에서 얻은 지식과 통찰을 공유해 주셨습니다. 그리고 편집을 맡아 주신 노다 다이키 님께서는 이 프로젝트의 시작부터 완성까지 꾸준히 아낌없는 지원을 보내 주셨습니다.

이 모든 분들의 도움 덕분에 이 책의 내용을 더욱 충실하게 채울 수 있었고, 독자 여러분께도 실용적이고 통찰력 있는 내용을 전달할 수 있게 되었다고 확신합니다. 이 자리를 빌어 이 책에 함께해 주신 모든 분들께 깊이 감사드립니다.

그리고 언제나 제 인생을 풍요롭고 행복하게 만들어 주는 아내에게 이보다 더 할 수 없는 감사를 전합니다.

끝으로 이 책을 손에 들어 주신 독자 여러분께 진심으로 감사드립니다. 이 책이 AI와의 새로운 협업 가능성을 탐색하는 데 도움이 되고, 여러분의 미래를 여는 열쇠가 되기를 진심으로 기원합니다.

2024년 8월

핫토리 유우키

## 옮긴이의 말

생성형 AI는 소프트웨어 개발의 보조 도구의 수준을 넘어, 실제로 함께 일하는 동료처럼 우리의 작업 방식에 깊이 관여하고 있습니다. 코드의 자동 생성은 물론이고 테스트 작성과 리팩터링에 이르기까지 다양한 개발 영역에서 그 역할을 확장하는 가운데, 개발자에게 요구되는 역량 또한 빠르게 달라지고 있다고 느껴집니다. 이 책은 이러한 변화의 흐름 속에서 우리가 무엇을 준비해야 할지에 대해 명확한 방향을 제시합니다.

이 책을 번역하면서 가장 크게 느꼈던 것은 AI의 발전이 오히려 사람의 의도와 판단, 협업 능력의 중요성을 부각시킨다는 사실입니다. 과거에는 코드를 빠르고 정확하게 구현하는 능력이 요구되었다면, 이제는 문제의 본질을 파악하고, 구조를 설계하며, 비즈니스와 조직의 맥락을 이해하는 종합적인 사고력이 더욱 요구되는 시대가 되었습니다.

이 책은 AI를 단순한 자동화 도구가 아닌 함께 협업해야 할 존재로 인식해야 한다고 강조합니다. 프롬프트 설계, 테스트 자동화, 코드 리뷰, 지식 공유 방식 등 실무에 바로 적용할 수 있는 실용적인 조언은 물론이고 AI와 효과적으로 일하기 위한 사고방식까지 아우르고 있어 단순한 기술 입문서를 넘어선 깊이를 갖추고 있습니다.

생성형 AI의 도입은 도구의 변화가 아니라 일하는 방식의 변화를 의미합니다. 이 책이 새로운 환경 속에서 방향을 고민하는 많은 개발자에게 유익한 나침반이 되기를 바랍니다.

하승민

들어가며　　　　　　　　GENERATIVE AI FOR DEVELOPER

이 책을 집어 든 여러분은 생성형 AI의 힘을 활용해 개발 생산성을 비약적으로 높이고자 하는 분들일 것입니다. 이 책에서는 프롬프트 엔지니어링을 포함한 다양한 기법과 접근 방식을 소개하면서도, 단순한 기술 수준을 넘어서 더욱 본질적인 내용과 전략에 초점을 맞춰 설명하고 있습니다.

## AI의 이상과 현실

생성형 AI의 등장은 소프트웨어 엔지니어링 분야에 거대한 변화를 불러오고 있습니다. 코드나 디자인 제작, 기술 문서 작성 등에서 AI의 도움을 받으면 이전에는 상상조차 하지 못했던 수준의 생산성 향상을 기대할 수 있습니다.[1] 필자 역시 AI의 혜택을 매일 체감하고 있으며, 반복적인 작업을 더 짧은 시간 안에 마칠 수 있게 되었고 작업의 질도 향상되었습니다.

실제로 프런트엔드 코드 생성, 반복적인 코드 자동화, 단위 테스트 구현 등 특정 분야에서는 AI를 통한 효율화가 빠르게 진행되고 있습니다. AI의 보완 기능을 활용하면 `Tab` 이나 `Enter` 키를 몇 번 입력하는 것만으로도 대량의 코드를 작성할 수 있습니다. 또한 코드에 그치지 않고 AI의 뛰어난 언어 능력을 활용하면 일상적인 커뮤니케이션의 질까지도 높일 수 있습니다.

하지만 AI를 도입한다고 해서 자동으로 생산성이 향상되는 것은 아닙니다. 진정한 생산성 향상을 이루려면 단순한 테크닉을 넘어 AI와 효과적으로 협업하는 역량이 필요합니다. AI를 정확히 이해하고 전략적으로 활용해야만 비로소 생산성의 도약을 실현할 수 있습니다.

---

1　이 책에서는 생성형 AI를 편의상 AI로 줄여서 표기합니다. 본문에서 AI라는 표현이 등장할 때는 기본적으로 생성형 AI와 그에 기반한 도구들을 가리킨다는 점에 유의해 주세요.

이 책에서는 AI를 활용해 생산성을 높이는 실질적인 방법론을 다룹니다. 프롬프트 설계나 AI와 효과적으로 상호 작용하는 방법 등 현장에서 바로 활용할 수 있는 구체적인 기법들을 배울 수 있습니다.

AI와의 협업은 단순히 작업을 효율화하는 데 그치지 않습니다. 그것은 인간의 창의성을 확장하고, 엔지니어로서의 역량을 새로운 차원으로 끌어올릴 수 있는 잠재력을 지니고 있습니다. 이 책이 독자 여러분이 AI와 협업하는 능력을 기르고 소프트웨어 엔지니어링의 즐거움을 다시 발견하는 계기가 되기를 바랍니다.

## AI를 통한 엔지니어링의 역량 확장

이 책의 목적은 'AI를 어떻게 활용해야 엔지니어로서 진정한 생산성 향상을 이룰 수 있는가'라는 질문에 답하는 것입니다.

'AI를 사용하면 생산성이 10배 향상됩니다!'와 같은 광고 문구를 종종 볼 수 있지만, 소프트웨어 엔지니어링의 모든 작업에 적용되는 이야기는 아닙니다. 이 책은 엔지니어의 업무를 10배로 끌어올리는 마법의 매뉴얼이 아닙니다. 또한 범용성이 부족한 특정 작업에 한정된 AI 사용법만을 소개하는 책도 아닙니다.

이 책은 오히려 AI와의 협업을 통해 독자 여러분이 엔지니어로서의 본질적인 가치를 어떻게 높일 수 있을지에 초점을 맞추고 있습니다. 빠른 프런트엔드 개발, 스크래핑, 테스트 자동 생성, 레거시 코드 옮기기 등 AI가 가능한 일에 대한 정보는 이미 넘쳐납니다. 그러나 대부분은 '실제로 해봤더니 이렇더라'는 체험담에 그치며, 구체적인 방법론을 파악하기 어려운 것이 현실입니다.

AI와 효과적으로 협업하려면 AI에 대한 올바른 이해와 협업의 가능성을 넓혀주는 로드맵이 필요합니다. 이 책은 단편적인 기술이 아닌 AI와 협업하기 위한 사고방식과 그 배경에 대한 깊이 있는 이해에 중점을 두고 있습니다.

이 책에서는 다음과 같은 본질에 대한 질문들을 주로 다룹니다.

- 프롬프트 엔지니어링의 한계는 무엇이며, 그보다 더 중요한 요소는 무엇인가?
- AI를 활용한 리팩터링과 테스트 생성에서 과제는 무엇이며, 이를 어떻게 개선할 수 있는가?
- AI 시대에 소프트웨어 개발 원칙이 왜 더욱 중요해지는가?
- 팀 단위에서 AI를 효과적으로 활용하기 위한 전략은 무엇인가?
- AI 시대에 '내재화된 개발'이 중요한 이유는 무엇이며, 왜 지금 다시 주목받는가?

이러한 질문들과 마주함으로써, 우리는 AI와의 협업에 대한 깊은 통찰을 얻게 됩니다. 그리고 그 이해를 바탕으로 구체적인 방법론을 익혀 나가면서 일상적인 개발 업무 속에서 무엇을 해야 하는지를 더욱 명확히 할 수 있습니다.

## AI와 사람의 협업이 가져오는 변화

AI와 협업을 고민할 때 우리는 '생산성'이라는 개념 자체를 다시 생각해 볼 필요가 있습니다. 우리는 종종 작업 속도가 빨라지는 것을 생산성 향상이라고 여기기 쉽지만, 진정으로 중요한 것은 가치 있는 결과를 만들어 내는 것입니다.

아무리 AI가 많은 코드를 빠르게 작성한다고 해도, 그것이 무의미한 결과물이라면 아무런 가치가 없습니다. 이 책은 생성형 AI를 적극적으로 활용하면서도, 진정한 생산성을 추구하기 위한 힌트를 함께 찾아 나갑니다. AI와 인간이 협업함으로써, 지금까지 없던 새로운 가치를 어떻게 창출할 수 있을지를 함께 고민해 봅시다.

생성형 AI의 등장은 우리에게 근본적인 질문을 던지고 있습니다. '생산성이란 무엇인가?', '우리 사람만이 만들어 낼 수 있는 진정한 가치는 무엇인가?'와 같은 질문에 마주하는 것이야말로 앞으로의 소프트웨어 엔지니어에게 요구되는 자세일 것입니다.

흙을 아무리 닦는다고 보석이 되지는 않습니다. 여러분 안에 숨겨진 진정한 원석을 발견하고, 그 잠재력을 이끌어내기 위해서는 AI에 대해 깊이 이해하고, 어떻게 활용해야 할지를 고민하는 과정이 필요합니다. 그 질문들의 이면에 있는 원리와 본질을 이해하고, AI와 진정으로 협업하기 위한 '멘탈 모델'을 갖추는 것이 중요합니다.

이를 위해서는 AI에 대한 올바른 이해와 함께 협업의 가능성을 넓히는 데 도움이 되는 지침이 필요합니다. 이 지침은 개인의 역량을 넘어 팀과 조직 전체의 역량을 키우는 데까지도 이어집니다.

자, 이제 함께 AI와의 협업 여정을 시작해 봅시다! 엔지니어로서의 가치를 높이고, 더 큰 임팩트를 만들어 내는 흥미진진한 모험이 여러분을 기다리고 있습니다.

## 부록의 연습 가이드에 대하여

이 책에서는 실용적인 노하우나 구체적인 기법을 소개하고 있습니다. 총 101개가 수록되어 있으며, 부록 연습 가이드에는 본문에서 소개한 연습 목록이 정리되어 있습니다. 이 책은 이론적인 설명보다는 실전에서 바로 활용할 수 있도록 구체적인 내용을 중심으로 구성된 것이 특징입니다.

GENERATIVE AI FOR DEVELOPER

다만 이 책에서 소개한 연습은 어디까지나 기본일 뿐입니다. 그대로 적용하는 것이 아니라, 상황에 맞게 유연하게 조정하고 창의적으로 응용하는 것이 중요합니다. 현장에서 맥락에 맞춰 고민하고 실험하면서, 여러분과 팀의 과제에 가장 적합한 방식을 찾아 적용해 보세요. 실천을 통해 비로소 AI의 진정한 잠재력을 이끌어낼 수 있을 것입니다.

## 소프트웨어 엔지니어링에서의 AI 활용 로드맵

소프트웨어 엔지니어링 분야에서 AI를 어떻게 활용해 나갈 수 있을지에 대한 로드맵을 제시합니다. 책을 읽는 동안, 필요할 때마다 이 로드맵을 참고해 주세요.

GENERATIVE AI FOR DEVELOPER

## AI 기반의 개발 로드맵

← 접근 방식 　　　　　　　　　　　　　　　　　 테크닉 →

**소프트웨어 엔지니어링에 필요한 AI의 기본을 이해하기**

**AI와 협업할 때의 멘탈 모델 확립**
- AI와 프롬프트 엔지니어링에 대한 올바른 이해
- 코드 리뷰에서 AI를 대하는 자세
- AI를 학습 도구로 사용
- AI를 커스터마이즈해서 활용하기 위한 준비

**AI와 도구의 이해**
- 대규모 언어 모델/멀티모달 모델
- 시스템 프롬프트/사용자 프롬프트
- 일회용 프롬프트/재사용 가능한 프롬프트
- 토큰 수 조정/환각

**기본적인 프롬프트를 작성하는 능력을 키우기**

**AI에 제공하는 정보의 제어**
- 프롬프트 구성 요소에 대한 이해
- 프롬프트 최적화 전략
- 정보량 제어
- 한국어, 영어 사용 구분

**효과적인 프롬프트 작성**
- 제로샷 프롬프팅/퓨샷 프롬프팅
- 롤플레이/포맷 지정
- 제약 설정/단계적 제약 도입
- 약속을 어기는 AI에 대한 대응 강화 기법

**개발 지원 AI 도구를 능숙하게 활용**

**개발 지원 AI 도구 활용 전략**
- 프롬프트 품질 조기 평가
- AI 친화적인 정보 정리
- 정보 니즈에 맞는 도구 선택

**각종 AI 도구를 능숙하게 활용**
- 자동 완성형 AI 도구를 통한 빠른 반복
- 대화형 AI 도구에 입력할 정보 제어
- 에이전트형 AI 도구의 작업 설계

**AI 시대의 소프트웨어 개발 역량을 갖추기**

**코드 품질 향상과 AI 협업 가속화**
- AI에 적합한 코드 아키텍처
- 가독성을 고려한 정보 설계
- AI 최적화된 명명 전략

**AI 친화적인 프로그래밍 기법**
- 적절한 코딩 스타일 적용
- 체계적인 리팩터링 기법 적용
- AI와 협업을 위한 문서 정비
- AI의 통찰과 창의성을 최대로 이끌어내기 위한 대화 기법

**개발 조직을 AI에 최적화하기**　　　**폭넓은 용도로 AI를 활용**

**팀 단위로 생성형 AI의 역량을 이끌어내기**
- AI를 최대한 활용하기 위한 개발 조직 전략
- 이너소스/팀 개발 기법 응용
- AI와 문서/기술 스택 최적화
- 개발 지원 AI 도구의 도입 평가

**프로그램**
- 에디터와 터미널을 능숙하게 활용
- 데이터의 자유로운 포맷 변환
- 생성형 AI와의 협업에 필수적인 도구 활용

## 베타테스터 후기

### GENERATIVE AI FOR DEVELOPER

우리는 현재 생성형 AI의 시대에 살고 있습니다. 매 분기 새로운 버전으로, 더 향상된 성능으로 세상을 바꾸고 있는 오늘, 사용자들의 AI 활용 능력은 더욱 중요해지고 있습니다. 이 책은 '개발자'를 대상으로 한 생성형 AI를 더 잘 사용하는 방법을 설명하지만, 직종에 상관없이 생성형 AI를 더욱 능숙하게 사용하고 싶은 모든 분께 통용될 것 같습니다. 프롬프트 작성부터 코드 생성 그리고 엔지니어링까지 폭넓게 생성형 AI 활용법을 다루는 책을 AI를 통해 성장하고, 더 많은 성과를 창출하고 싶은 모든 분께 추천합니다.

**실습 환경** 윈도우 11, ChatGPT 4, 클로드 sonnet4, python 3.13.5

임승민_씨에스리

이 책은 단순한 AI 사용법을 넘어 AI 시대 개발자의 마인드셋부터 실무 활용까지 체계적으로 다룬 필독서입니다. 초급자에게는 React, SQL 등 구체적인 프롬프트 작성 사례를, 시니어에게는 AI 협업을 위한 코드 아키텍처와 조직 차원의 AI 도입 전략을 제공합니다. 특히 AI를 보조 도구가 아닌 '협력 동료'로 인식하는 관점이 인상적이며, 코딩부터 설계, 문서화, 코드 리뷰까지 개발 전 영역에서의 AI 활용법을 실무 경험을 바탕으로 AI의 발전 속에서도 변치 않을 본질적인 접근을 통해 구체적으로 설명해 주고 있습니다. 또한 '개발자 일자리는 사라지지 않는다'라는 현실적 메시지와 함께, AI를 통해 성장하는 개발자가 되는 방법을 제시하며, 부록까지 어느 하나 빠짐없이 실천 중심의 가이드로서 높은 가치를 제공해 줄 것입니다.

**실습 환경** 윈도우 11, 제미나이 프로, 퍼플렉시티 프로

강경목_한국썸벤(하림그룹계열) | 부장(팀장) | 경영학박사

예시 코드가 간략하게 설명되어 있어 실습하며 따라 하기 좋습니다. 도식화나 표로 잘 표현되어 있어 이해하기 쉬웠고, 제목과 같이 생성형 AI 가이드답게 세부적으로 잘 표현되어 있어서 실물 도서가 나오면 다시 한번 읽어보고 싶습니다.

김민선_한국수자원공사

개발자의 일이 AI에 완전히 대체되는 것이 아니라, 오히려 AI와 공존하며 시너지가 증폭될 수 있다는 저자의 관점이 흥미로웠습니다. 이 책은 프롬프트 엔지니어링의 핵심을 안정성과 정확성으로 보고 있으며, 추상적인 프롬프트로는 얻을 수 있는 결과가 제한적이라는 점을 지적합니다. 대신 퓨샷 프롬프팅 기법을 활용해 AI가 더 구체적이고 유용한 출력을 생성하도록 이끄는 방법을 예시와 함께 설명합니다. 또한 프롬프트 엔지니어링이 만능이 아님을 강조하며, 생성형 AI의 환각 문제를 구체적인 사례로 짚어 줍니다. 실무에서 AI를 활용하거나 프로그래밍을 해본 경험이 있고, 프롬프트 엔지니어링과 생성형 AI의 작동 원리 및 다양한 활용 관점에 대해 궁금하다면, 이 책은 우리가 미처 생각하지 못했던 시각을 제시해 줄 것입니다.

**실습 환경** 제미나이 2.5 프로

추상원_GOTROOT - Pentester

개발직군에서 AI를 사용하는 것은 이제 필수가 되고 있습니다. 많은 AI 제공 서비스 중에 Cursor, Copilot, Claude 등 어떤 것을 사용하는지보다는 우리가 개발하는 소스 기준으로 AI를 잘 활용할 수 있는 구조 및 방법, 고려해야 할 사항을 살펴보는 것이 매우 중요한 시점이 되었습니다. 단순한 프롬프트의 입력 방식보다 조금 더 큰 개념으로 AI와 선순환 구조(코드 작성 방식, 스타일 등)를 가지고 갈 수 있을지 고민하기도 합니다. 책의 내용 중 다양한 이론(BUD, SOLID 등)들이 설명된 부분도 인상이 깊었습니다. AI를 사용하는 것도 의미가 있지만, 제대로 활용하는 데 필요한 방향성을 제시해 줍니다.

박찬웅_롯데렌탈

이 책은 제목에서처럼 '개발자'를 위한 책이라서 곳곳에 소스 코드와 프롬프트 등 생성형 AI에 관한 내용으로 가득 차 있습니다. 소스 코드의 경우, 아주 어려운 내용은 아니라서 개발자가 아닌 기획자나 디자이너도 그냥 가볍게 읽어볼 수 있습니다. 게다가 소프트웨어 공학적인 내용들도 많이 다루고 있어 다양한 지식을 쌓을 수 있으니, 출퇴근길의 지하철에서 보거나 일하다 잠시 쉬면서 커피 한잔과 함께 부담 없이 보기에도 좋은 책이라 생각됩니다.

김영익_AWSKRUG

# 목차

GENERATIVE AI FOR DEVELOPER

## 1장 생성형 AI, 엔지니어링의 상식을 뒤집다 ····· 023

**1.1** 변화는 '지금' 일어나고 있다. 이제 무엇을 할 것인가?   027

**1.2** 생성형 AI에 대한 과도한 기대와 현실의 간극   028

**1.3** 프롬프트 엔지니어링 기술은 사실 그리 중요하지 않다   029
- 1.3.1 용어의 의미를 정확히 이해하자   030
- 1.3.2 안정성과 정확도를 추구하는 것이 프롬프트 엔지니어링의 핵심이다   033
- 1.3.3 엔지니어링 작업의 대부분은 일회성이다   037
- 1.3.4 프롬프트 엔지니어링 기술이 만능은 아니다   038

**1.4** 개발자의 일자리는 사라지지 않는다   039
- 1.4.1 거짓을 간파하는 개발자가 되자   041
- 1.4.2 AI에 적절한 작업을 할당하는 능력을 키우자   044
- 1.4.3 토큰 수에 대한 감각적인 이해   047
- 1.4.4 토큰 수를 조정하여 정확도 유지   050
- 1.4.5 코드 리뷰의 프로가 되자   052
- 1.4.6 적절한 속도의 코드 리뷰   053
- 1.4.7 한 번에 적은 양의 코드 리뷰   054
- 1.4.8 AI의 발전 속에서 시험 받는 개발자의 진정한 가치   055

**1.5** AI는 뛰어난 개발자만을 위한 것이 아니다   056
- 1.5.1 AI는 주니어 개발자의 학습을 돕는 강력한 도구   057
- 1.5.2 AI를 통한 지식 습득   058
- 1.5.3 AI와의 협업을 통한 빠른 시행착오   059

**1.6** 개발을 지원하는 AI 도구를 적절히 활용하자   061
- 1.6.1 자동 완성형: 실시간으로 소규모 코드를 제안   063
- 1.6.2 대화형: 문제 해결을 유연하게 지원   065
- 1.6.3 에이전트형: 복합적인 작업 처리를 지원   067
- 1.6.4 상황에 맞게 도구를 적절히 활용하자   069

**1.7** AI로 팀의 경쟁력을 높이자   070
- 1.7.1 맞춤형 AI로 팀 차별화하기   071
- 1.7.2 AI에 제공할 코드베이스는 준비되어 있는가?   075
- 1.7.3 내재화를 통해 AI를 최대한 활용하기   076
- 1.7.4 코드를 조직 차원에서 성장시키기   079
- 1.7.5 비용 절감만을 목적으로 AI를 도입하고 있지 않은가?   080

## 2장 프롬프트로 생성형 AI 제어하기 ····· 083

**2.1** 시스템 프롬프트와 사용자 프롬프트  085
  2.1.1 업무용 프롬프트의 재사용 여부 판단하기  087
  2.1.2 빠르고 간결한 일회성 프롬프트 생성하기  088
  2.1.3 재사용 프롬프트의 추상화 및 세분화하기  089

**2.2** 프롬프트의 구성 요소: AI에 적절한 정보를 제공하기 위한 정보 전략  092
  2.2.1 정보 구조화의 세 요소  093
  2.2.2 글머리 기호를 사용한 조건 지정하기  095
  2.2.3 제약 조건을 단계적으로 도입하기  097
  2.2.4 프롬프트 수정하기  098
  2.2.5 약속을 어기는 AI에 대응하기  101
  2.2.6 전문성을 이끌어내는 역할 설정하기  102
  2.2.7 즉석으로 역할 설정하기  105
  2.2.8 퓨샷 프롬프팅  106
  2.2.9 제로샷 프롬프팅  110

**2.3** 상황에 따른 프롬프트 최적화 전략  112
  2.3.1 프롬프트의 품질과 분량의 균형  112
  2.3.2 최소한의 프롬프트  113
  2.3.3 효율성을 중시하는 언어 선택: 영어와 한국어의 적절한 활용  114
  2.3.4 모국어를 활용한 빠른 반복  115
  2.3.5 영어 프롬프트를 활용한 정교화  117
  2.3.6 문맥을 분리하기 위한 구분 기호  118

## 3장 프롬프트의 사례와 분석 ····· 121

**3.1** React 컴포넌트 생성 프롬프트  124
  3.1.1 핵심 프롬프트는 단순하게: 롤플레이와 기본 지시  126
  3.1.2 정확도를 높이기: 요구 사항을 정확히 만족하는 지시  126
  3.1.3 프롬프트 출력을 제어하기: 포맷 지시  127
  3.1.4 사용하는 기술 지정하기: 명확한 조건  128

## GENERATIVE AI FOR DEVELOPER

    3.1.5 프로그램에서 활용을 고려하기: 출력 포맷에 관한 지시　129
    3.1.6 프롬프트 엔지니어링의 핵심　131
**3.2 스크린샷으로 UI를 생성하는 프롬프트　131**
    3.2.1 당신은 숙련된 개발자: 롤플레이　134
    3.2.2 한 줄도 빠짐없이 전부 작성해!: 문맥을 강조하는 지시　134
    3.2.3 외부에서 제공되는 기술: 명확한 조건　135
    3.2.4 완전한 코드만 반환: 출력 형식 지시　136
    3.2.5 목적에 맞는 구체적인 프롬프트 설계　137
**3.3 SQL 쿼리 생성 프롬프트　137**
    3.3.1 당신은 SQL 전문가: 롤플레이와 지시　140
    3.3.2 절대 하지 마세요: 강한 금지의 지시　141
    3.3.3 주의해 주세요: 지시에 우선순위를 부여　142
    3.3.4 출력 정리하기: 포맷 지정　142
    3.3.5 실행 전에 명령을 구체화하기: 콘텐츠 삽입　143
**3.4 프롬프트에서 문맥 정보의 중요성　144**
**3.5 범용 에이전트의 프롬프트　145**
    3.5.1 범용 에이전트의 프롬프트는 참고가 될까　148
    3.5.2 OpenHands의 프롬프트 디자인　148
    3.5.3 명확한 능력과 행동 범위: 역할 설정　149
    3.5.4 여러 개의 작업을 실행하기 위한 계획 설계: 전체 계획　150
    3.5.5 작업의 의존 관계를 정리: 작업 순서 정하기　151
    3.5.6 작업 실행에 일관성을 부여: 이력 관리　152
    3.5.7 에이전트의 행동을 지정: Action 성의　152
    3.5.8 AI의 사고와 행동의 균형: 흐름 제어　154
**3.6 프롬프트 엔지니어링의 본질　155**
    3.6.1 사용자 프롬프트는 정교하지 않아도 괜찮다　156
    3.6.2 프롬프트의 품질을 높이기 위한 힌트　157

## 4장 AI 도구에 적합한 프롬프트 전략 ····· 159

### 4.1 자동 완성형 AI 도구 160
- 4.1.1 사용자에 의한 프롬프트 최소화 163
- 4.1.2 점진적 구현 지원 164
- 4.1.3 빠른 응답과 집중력 유지 166
- 4.1.4 주석으로 지시 강화하기 167
- 4.1.5 AI 도구에 대한 정보를 제공하고 관리하기 168
- 4.1.6 코드 정의를 명시적으로 제공하기 170
- 4.1.7 중요한 파일을 고정해 즉시 참조하게 하기 172

### 4.2 대화형 AI 도구 173
- 4.2.1 문맥의 유연한 제어 174
- 4.2.2 다양한 파일 형식 지원 176
- 4.2.3 외부 정보에 접근 177
- 4.2.4 이력의 축적과 재사용 178
- 4.2.5 명확한 프롬프트 179
- 4.2.6 프롬프트 품질에 대한 조기 평가 181
- 4.2.7 AI 기반 프롬프트 생성 183
- 4.2.8 AI를 사용한 자동 리팩터링 185
- 4.2.9 AI의 가독성을 고려한 정보 설계 188

### 4.3 에이전트형 AI 도구 191
- 4.3.1 AI 작업 적합성의 사전 평가와 세분화 수준의 조정 192
- 4.3.2 에이전트에 대한 부분적인 의뢰 194
- 4.3.3 필요한 도구 찾아보기 196

## 5장 AI와 협업하기 위한 코딩 테크닉 ····· 199

### 5.1 AI로 작업 단위 최적화하기 200
- 5.1.1 관심사의 분리를 통한 코드 최적화 201
- 5.1.2 AI의 효율을 고려한 파일 구성 203
- 5.1.3 작은 코드 단위부터 점진적으로 작업 205

5.2 코드의 AI 가독성 향상　208
　　5.2.1 AI와의 협업을 고려한 명명　208
　　5.2.2 검색에 최적화된 명명 전략　210
　　5.2.3 AI의 적절한 명명 제안　212
　　5.2.4 일관된 변수명 부여　214

5.3 AI와 협업을 위한 코딩 스타일　215
　　5.3.1 스타일 가이드를 명시적으로 제공　216
　　5.3.2 스타일 가이드 커스터마이즈　218

5.4 부가 정보를 제공해 AI의 이해를 돕기　218
　　5.4.1 표준화된 코드 안의 문서　219
　　5.4.2 최소한의 주석 추가　220
　　5.4.3 애너테이션을 활용한 의도 전달　223

5.5 AI가 가진 지식을 최대한 이끌어내기　225
　　5.5.1 정보 요구 사항에 맞춘 도구 선택　226
　　5.5.2 창의성을 이끌어내는 개방형 질문　227
　　5.5.3 개수를 지정해 AI의 아이디어 발산 유도　228
　　5.5.4 AI로부터 미지의 아이디어 추출　229
　　5.5.5 아이디어 평가를 위한 체크리스트 생성　231

## 6장　AI의 잠재력을 이끌어내는 개발 방식　·····　235

6.1 AI에 적합한 코드 아키텍처　236
　　6.1.1 중첩을 줄여 AI 협업의 효율성 개선　237
　　6.1.2 AI와 분리된 코드　238
　　6.1.3 확장을 고려한 코드 설계　241
　　6.1.4 체계적인 리팩터링 기법 적용　243
　　6.1.5 소규모 오픈소스 재구현　246

6.2 AI를 활용한 코드 품질 향상　249
　　6.2.1 AI를 활용한 단위 테스트 생성　250
　　6.2.2 명확한 테스트 조건　253
　　6.2.3 포괄적인 테스트 설계를 위한 의사 결정 테이블 활용　254

6.2.4 상태 전이도를 기반으로 테스트 코드 생성 256
6.2.5 필요 없는 테스트 제거 259

### 6.3 코드 리딩에서 AI 활용 261
6.3.1 자연어를 활용한 코드 로직 설명 262
6.3.2 복잡한 로직의 시각적 표현 생성 263

### 6.4 코드 리뷰에서 AI 활용 265
6.4.1 Big-O 표기법 기반 성능 개선 266
6.4.2 BUD 프레임워크를 활용한 코드 최적화 269
6.4.3 데이터 구조의 적절성 평가 272
6.4.4 SOLID 기반의 코드 품질 향상 274
6.4.5 Chain-of-Thought 프롬프팅 275

## 7장 생성형 AI의 역량을 최대한 이끌어내는 방법 ····· 279

### 7.1 AI 시대의 경쟁력을 높이는 개발 조직 전략 280
7.1.1 오픈소스 문화를 조직에 정착시키기 282
7.1.2 이너소스의 원칙 284
7.1.3 이너소스의 운영 286
7.1.4 조직 내 체계적인 코드 공유 287
7.1.5 메인테이너의 명확한 역할 289
7.1.6 사내 소프트웨어 카탈로그 구축 291
7.1.7 경영진을 참여시켜 기술을 공유하는 전략 292
7.1.8 안전한 코드 공유 체계 마련 294

### 7.2 AI 시대의 소프트웨어 개발 방식을 팀 차원에서 실천하기 297
7.2.1 AI 몹 프로그래밍 298
7.2.2 AI 페어 프로그래밍 299
7.2.3 프롬프트 활용 사례 공유 300
7.2.4 조직 내 AI 활용을 주도할 인재 육성 301

### 7.3 AI와 문서화 303
7.3.1 AI 친화적인 정보 정리 방식 303
7.3.2 구현 중심의 사양서 작성 306

7.4 AI 시대에 적합한 팀 기술 스택 최적화　308
 7.4.1 AI 시대에 적합한 기술 스택 선정　309
 7.4.2 정보의 이식성 향상　310
 7.4.3 AI로 생성한 코드의 보안 대책　311

7.5 생성형 AI 도입 효과의 평가　314
 7.5.1 개발자 경험　314
 7.5.2 Four Keys로 개발 프로세스 평가　316
 7.5.3 SPACE 프레임워크로 개발자 경험 평가　317
 7.5.4 개발 지원 AI 도구 도입 평가　319
 7.5.5 도구 도입의 가치를 가늠하기　321

## 8장　개발에서 AI를 활용하기 위한 팁 …… 323

8.1 에디터와 터미널을 능숙하게 활용하기　324
 8.1.1 에디터에서 필요 없는 정보 제거　324
 8.1.2 자동으로 라이선스 확인 활용　325
 8.1.3 에디터 통합형 터미널 활용　327
 8.1.4 환각을 막기 위한 도움말 정보 활용　328
 8.1.5 변경 내용의 차이를 활용한 커밋 메시지 품질 향상　329

8.2 데이터를 자유롭게 다루기　330
 8.2.1 AI를 활용한 정규표현식 생성 지원　331
 8.2.2 다양한 날짜 포맷 인식　334
 8.2.3 POSIX CRON 형식의 생성　335
 8.2.4 특수한 데이터 포맷 변환　336
 8.2.5 AI를 활용한 비정형 데이터 분류　337
 8.2.6 데이터 전처리 효율화　338

8.3 빠른 웹 개발을 위한 AI 테크닉　340
 8.3.1 SEO 개선 제안　340
 8.3.2 접근성 평가　341

**8.4 AI와 협업할 때 필수적인 도구 활용법** 344
  8.4.1 diff 명령어를 활용한 변경 지점 파악 344
  8.4.2 프롬프트 라이브러리 구축과 활용 346
  8.4.3 AI 친화적인 마크다운으로 변환 347
  8.4.4 머메이드로 AI 가독성이 높은 도식 작성 351
  8.4.5 PlantUML을 활용한 복잡한 도식의 AI 가독화 353

## 9장 AI 시대를 선도하기 위해 ····· 355

**9.1 AI를 활용해 더 많은 성과 완수하기** 356

**9.2 조직에서 기술과 지식을 공유하고 함께 성장하기** 358

**9.3 '호기심'은 개발자의 원동력** 361

## 부록 A 연습 가이드 ····· 363

찾아보기 373

# 1장

# 생성형 AI, 엔지니어링의 상식을 뒤집다

1.1 변화는 '지금' 일어나고 있다. 이제 무엇을 할 것인가?

1.2 생성형 AI에 대한 과도한 기대와 현실의 간극

1.3 프롬프트 엔지니어링 기술은 사실 그리 중요하지 않다

1.4 개발자의 일자리는 사라지지 않는다

1.5 AI는 뛰어난 개발자만을 위한 것이 아니다

1.6 개발을 지원하는 AI 도구를 적절히 활용하자

1.7 AI로 팀의 경쟁력을 높이자

생성형 AI의 등장으로 소프트웨어 엔지니어링에 큰 변화가 일어나고 있습니다. 특히 코딩 분야에서는 AI가 개발자의 강력한 조력자로 자리 잡으면서, 많은 개발자의 작업 방식이 근본적으로 바뀌고 있습니다.

현재, 다음과 같은 작업에서 생성형 AI의 활용이 특히 빠르게 진행되고 있습니다.[1]

1. 코드 생성
    - 명령문을 기반으로 한 고품질 코드 자동 생성
    - 보일러플레이트 코드[2] 자동 생성

2. 문제 해결 지원
    - 오류 메시지 해석 및 해결책 제시
    - 라이브러리와 프레임워크 사용법 설명

3. 문서화
    - 코드에서 문서 자동 생성
    - 코드에 주석 추가

4. 코드 학습
    - 코드베이스에 관한 질문에 답변
    - 코드 구조나 패턴 설명

---

1 2024년 스택 오버플로(Stack Overflow)의 개발자 조사에 따르면, 소프트웨어 엔지니어링에서 생성형 AI가 가장 활발하게 활용되는 작업은 코드 생성(82.55%), 질문 검색(67.5%), 디버깅 도움(56.7%), 코드 문서화(40.1%), 콘텐츠 및 합성 데이터 생성(34.8%), 코드베이스 학습(30.9%) 등이 있습니다.
URL https://survey.stackoverflow.co/2024

2 역주 특정 프로그래밍 언어나 프레임워크에서 반복적으로 사용되는 기본 설정 및 구조를 포함한 코드입니다. 핵심 로직 구현 전에 미리 작성해야 하는 공통 코드입니다.

**5.** 코드 리뷰 및 리팩터링
- 코드 가독성 향상을 위한 제안
- 성능 개선을 위한 코드 최적화 제안

**6.** 테스트 케이스 생성
- 단위 테스트 자동 생성
- 테스트 케이스의 범위(커버리지) 향상

생성형 AI의 기반이 되는 대규모 언어 모델(Large Language Model, LLM)은 인터넷 등에서 수집한 방대한 텍스트 데이터를 통해 사전 학습됩니다. 예를 들어 OpenAI[3]의 GPT-4는 수조 규모의 파라미터를 사용하여 학습되었다고 알려져 있습니다. 이처럼 방대한 데이터로 학습된 대규모 언어 모델은 언어의 규칙성이나 패턴을 깊이 이해할 수 있으며, 정교한 출력을 생성할 수 있는 능력을 갖추고 있습니다.

모델 학습에는 인스트럭션 튜닝[4]이라는 기법을 사용합니다. 이는 AI가 특정 작업에 대한 지시(명령)와 응답(출력)으로 이뤄진 쌍을 학습하는 방식입니다. 이 방법을 통해 AI는 사람이 내리는 지시에 적절하게 반응할 수 있는 능력을 갖추게 됩니다.

또한 AI의 발전은 자연어 처리 분야에만 국한되지 않습니다. 이미지나 음성을 함께 다룰 수 있는 멀티모달 모델도 등장했습니다. 이에 따라 이미지에서 텍스트를 생성하거나 음성을 인식하여 번역하는 등 AI의 활용 범위는 점차 확장되고 있습니다.

---

[3] 챗GPT(ChatGPT)와 같은 AI 서비스나 GPT-4o와 같은 최신 생성형 AI 모델을 제공하는 대표적인 AI 기업입니다.
URL https://openai.com/

[4] 『Finetuned Language Models Are Zero-Shot Learners』
URL https://arxiv.org/pdf/2109.01652
인스트럭션 튜닝(Instruction Tuning)은 언어 모델의 구조를 변경하지 않고, 여러 작업을 파인튜닝하는 기법입니다. 작업별로 템플릿을 준비한 후 '프롬프트(지시+예제)+출력' 형식의 학습 데이터로 변환해 추가 학습을 진행합니다.

이처럼 생성형 AI의 가능성은 매우 다양하지만 특히 코드 생성 분야에서의 성과는 두드러집니다. AI는 개발자의 지시에 따라 고품질의 코드를 생성하고, 복잡한 프로그래밍 작업을 효율적으로 수행할 수 있습니다.

예를 들어 '오셀로 게임을 JavaScript와 HTML로 만들어 줘. 게임 보드와 말에는 그림자를 추가해서 3D처럼 보이게 해줘'라고 AI에 명령하면, 단 몇 초 만에 놀라울 정도로 정교하고 실제로 동작하는 코드가 생성되는 것을 경험할 수 있습니다.

▼ 그림 1-1 AI가 생성한 오셀로 게임 예시

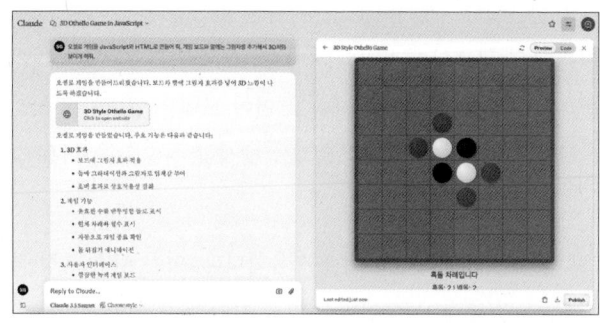

게다가 '이 함수의 단위 테스트를 작성해 주세요'라는 요청에도 AI는 신속하게 대응할 수 있습니다. 시간이 많이 걸리는 테스트 코드 작성도 AI를 활용하면 훨씬 쉽게 수행할 수 있습니다. 이처럼 생성형 AI는 개발의 과정을 더욱 효율적으로 도와줄 수 있습니다.

하지만 생성형 AI의 진정한 가치는 단순히 작업 시간을 단축하는 것에 그치지 않습니다. AI의 창의성과 유연성 또한 중요한 특징입니다. 예를 들어 새로운 기능을 구현할 아이디어를 고민할 때 AI에 조언을 구하면 기발한 아이디어를 얻을 수도 있습니다. 그뿐만 아니라, AI는 특정 접근 방식에 대해 장점과 단점을 분석하는 능력도 갖추고 있습니다. 이를 통해 더욱 효과적인 대안을 제시할 수도 있습니다.

이야말로 **혁신적인 능력**이라 할 수 있습니다.

이처럼 생성형 AI는 단순히 효율적인 도구를 넘어, 인간의 창의력을 자극하고, 문제 해결에 새로운 시각을 제공하는 신뢰할 수 있는 파트너가 되어 가고 있습니다.

## 1.1 변화는 '지금' 일어나고 있다. 이제 무엇을 할 것인가?

생성형 AI의 등장으로 우리가 알던 엔지니어링의 상식이 크게 변화하고 있습니다. 그렇다면 이 변화는 곧 개발자의 일자리가 사라진다는 뜻일까요?

결론부터 말하자면, 개발자의 일이 AI에 완전히 대체되는 일은 없을 것입니다. 오히려 AI와의 공존은 우리가 하는 일을 더욱 창의적이고 가치 있는 것으로 바꿀 가능성을 가지고 있습니다. 애초에 개발자에게 요구되는 것은 단순한 코딩 기술이 아니라, 문제 해결 능력과 창의성입니다.

생성형 AI는 표현 방식이나 수단을 개선하는 데 뛰어나지만, 책임이 따르는 판단을 내리는 것은 여전히 인간의 역할입니다. 또한 AI는 완전히 새로운 개념을 창조하거나, 복잡한 상황을 이해하고 적절한 해결책을 도출하는 능력에 한계가 있다는 점도 사실입니다. 이러한 능력은 사람이 갖는 중요한 강점이며, 우리의 가치를 증명하는 요소라고 할 수 있습니다.

개발 과정에서 AI의 도입은 거스를 수 없는 흐름이며, 개인적으로도 AI를 활용한다면 몇 단계 더 높은 수준으로 실력을 쌓을 기회를 얻을 수도 있습니다. 예를 들어 AI를 사용해 코드의 초안을 생성하고, 이를 사람이 다듬는 작업 방식이 점점 일반화되고 있습니다. 이렇게 여유를 얻은 덕분에 개발자들은 본질적인 문제 해결과 창의적인 활동에 집중할 수 있게 되었습니다. 이는 개인뿐만 아니라 팀 차원에서도 더 많은 일을 단시간 내에 성취할 수 있는 기회가 될 것입니다.

## 1.2 생성형 AI에 대한 과도한 기대와 현실의 간극

GENERATIVE AI FOR DEVELOPER

AI를 당장 활용해 보고 싶은 열망은 지극히 자연스러운 일입니다. 하지만 신중하게 한 걸음 물러나 생성형 AI의 본질을 이해하고, 그 가능성과 한계를 먼저 정확히 파악하는 것이 중요합니다.

요즘 들어 '프로그래밍 지식 없이 나만의 앱 개발하기!', '프롬프트 하나로 AI가 앱을 생성!' 같은 자극적인 문구를 자주 접하게 됩니다. 하지만 이러한 주장은 신중하게 살펴봐야 합니다. 현실적으로 이러한 기대와 현재 기술 수준 사이에는 여전히 큰 간극이 있기 때문입니다.

생성형 AI에 관해 자주 받는 질문 중 중요한 다섯 가지가 있습니다. 이 질문들은 AI의 본질을 이해하는 데 중요한 포인트입니다.

- 프롬프트 엔지니어링은 AI 시대에 중요한 기술인가?
- AI로 인해 개발자는 필요 없어지는 것이 아닌가?
- AI를 신입 개발자가 사용하면 위험하지 않은가?
- 개발은 챗GPT만으로 충분한가?
- AI 도입의 목적은 생산성 향상인가?

잘못된 정보나 과장된 표현에 현혹되어 AI에 비현실적인 기대를 품게 되면, 실제로 사용해 보았을 때 실망할 수도 있습니다. 무엇보다, AI의 작동 원리를 이해하지 못하면 어렵게 익힌 지식이라 하더라도 제대로 응용하기가 어려워집니다. AI를 효과적으로 활용하기 위한 첫걸음은 바로 올바른 이해입니다.

그러니 조급한 마음과 설렘을 잠시 내려 두고, 앞서 소개한 다섯 가지 질문을 중심으로 생성형 AI에 대해 함께 고민해 보겠습니다. AI의 본질을 깊이 생각해 보면, 우리가 AI를 어떻게 접근해야 할지에 대한 방향이 보이기 시작할 것입니다.

## 1.3 프롬프트 엔지니어링 기술은 사실 그리 중요하지 않다

먼저 첫 번째 질문인 '프롬프트 엔지니어링은 AI 시대에 중요한 기술인가?'에 대해 생각해 보겠습니다.

프롬프트 엔지니어링은 새로운 기술로서, 마치 마법의 주문처럼 많은 사람들을 매료시키고 있습니다. **프롬프트란 AI에 제공하는 지시문을 의미하며**, 그 내용에 따라 AI의 출력이 크게 달라질 수 있습니다.

▼ 그림 1-2 언어 모델에 입력하는 프롬프트에 따라 출력이 달라진다

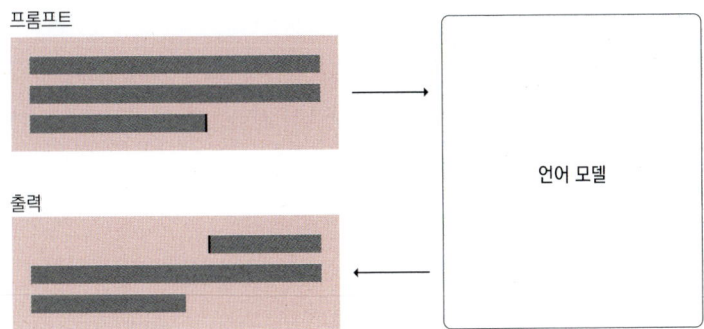

프롬프트 엔지니어링이란 이 프롬프트를 다루는 기법을 의미하며, AI의 **출력 정확도를 향상시키고 안정적으로 유지하기 위해 필수적인 기술**로 주목받고 있습니다. 그러나 프롬프트 엔지니어링이라는 용어는 사람마다 다르게 해석되는 경우가 많아, 그 본질이 모호해지기 쉽습니다. 때로는 자신에게 편리한 방식으로 해석되어 독자적으로 확산되는 경우도 적지 않습니다. 예를 들어 퓨샷(Few-shot) 프롬프팅[5]이나 연쇄적 사고(Chain-of-Thought, CoT) 프롬프팅[6]과 같은 한눈에 봐도 이해하기 힘들 것 같은 고급 기술들이 연이어 등장하면서, 마치 이러한 기법들이 AI의 눈부신 발전을 뒷받침하는 필수 요소인 것처럼 보이기도 합니다.

여기서 분명히 짚고 넘어가고 싶은 점이 있습니다.

독자 여러분이 **일상적으로 수행하는 작업**에서, 이러한 고급 기법들은 **일반적으로 기대하는 만큼 큰 효과를 발휘하지 않을 가능성이 크다**는 점입니다.

흐름을 놓치지 않으려는 마음에 무비판적으로 반드시 필요한 기술이라고 생각하기 쉽지만, 이러한 기법들이 실제 업무에서 필수적이지 않을 수도 있습니다.

### 1.3.1 용어의 의미를 정확히 이해하자

그렇다면 프롬프트 엔지니어링은 AI 시대에서 어떤 위치를 차지하고 있을까요? 이토록 프롬프트 엔지니어링이라는 용어가 주목받고 있는 데는 그만한 이유가 있을 것입니다. 이 개념의 본질을 정확히 파악하려면, 먼저 그 정의를 명확히 정리하는 것이 중요합니다.

실제로 프롬프트 엔지니어링이라는 용어는 넓은 의미와 좁은 의미, 두 가지 의미로 사용되고 있습니다. 이러한 구분은 이 책에서 개념을 깊이 이해하기 위한 편의상의 표현이지만, 실제 업계에서도 비슷한 방식으로 인식되고 있습니다.

---

5 퓨샷 프롬프팅이란 적은 수의 예를 입력해서 AI의 출력 정확도를 향상하는 기법입니다.
6 연쇄적 사고 프롬프팅이란 단계적인 사고의 전개를 통해 AI가 논리적인 출력을 내도록 하는 기법입니다.

프롬프트 엔지니어링이라는 용어가 일반적으로 어떻게 사용되는지를 정확히 이해함으로써, AI와 협업하는 데에 본질적인 가치를 올바르게 파악할 수 있습니다. 이러한 이해는 AI를 효과적으로 활용하기 위한 탄탄한 기반이 됩니다.

### 넓은 의미의 프롬프트 엔지니어링

넓은 의미의 프롬프트 엔지니어링이란 생성형 AI에 대한 전반적인 입력을 다루는 접근 방식을 의미하며, 인간의 논리적 사고 능력, 언어 능력, 전문 지식까지 포함하는 폭넓은 스킬을 가리킵니다. 즉, 단순히 익혀야 할 기술이라기보다는 **AI에 대한 이해**와 **인간의 능력 자체**를 의미하는 개념이라고 보는 것이 정확합니다.

예를 들어 다음과 같은 문맥에서 프롬프트 엔지니어링이라는 용어가 사용되는 경우, 이는 넓은 의미로 해석할 수 있습니다.

- AI 인재 육성이 시급해졌으므로 직원들에게 프롬프트 엔지니어링 훈련을 실시하고 싶다.
- AI가 올바른 테스트 케이스를 생성하도록 하기 위해 프롬프트 엔지니어링 기술이 필요하다.
- AI는 부정확한 정보를 출력할 가능성이 있으니 프롬프트 엔지니어링 스킬을 갖춘 개발자가 필요하다.

이러한 용례가 완전히 잘못되었다고 단정할 수는 없지만, **프롬프트 엔지니어링의 본질적인 의미를 모호하게 만들 가능성이 있습니다.** 그 이유는 테스트 케이스 작성, 코드 리뷰, 문서 작성 등과 같은 생성형 AI의 등장 이전부터 필요했던 전문 지식과 스킬까지 프롬프트 엔지니어링의 정의에 포함될 우려가 있기 때문입니다.

### 좁은 의미의 프롬프트 엔지니어링

좁은 의미의 프롬프트 엔지니어링은 AI와의 상호 작용을 최적화하는 구체적인 기술에 초점을 맞추고 있습니다. 이는 AI에 제공하는 문장의 예시를 구성하는 방식을 조정하거나, 특정 키워드를 활용하여 AI의 출력 정확도를 높이는 실질적인 기법을 의미합니다.

예를 들어 퓨샷 프롬프팅과 연쇄적 사고 프롬프팅[7]같은 기술이 이에 해당합니다. 퓨샷 프롬프팅은 AI에 예시 몇 개를 제공하여 원하는 패턴을 이해시키는 방식입니다. 연쇄적 사고 프롬프팅은 AI가 단계적인 사고 과정을 전개하도록 유도하는 기법입니다. 이러한 기법들은 정형화된 변환 작업이나 특정한 출력을 요구하는 반복적인 작업에서 특히 효과적입니다.

더 구체적으로, 다음과 같은 문맥에서 프롬프트 엔지니어링이라는 용어가 사용된다면 이는 좁은 의미로 해석할 수 있습니다.

- AI가 출력하는 코드의 포맷을 안정적으로 유지하기 위해 프롬프트 엔지니어링의 퓨샷 프롬프팅 기법이 유용하다.
- AI의 추론 정확도를 향상시키기 위해 프롬프트 엔지니어링 기술을 활용해 반복적인 실험과 조정을 거듭한다.

좁은 의미의 프롬프트 엔지니어링은 작업 메모를 기반으로 한 문서 생성, 특정 포맷으로의 변환 등 다양한 일상 업무에서 유용하게 활용될 수 있습니다. 특히 높은 정확도의 출력을 요구하는 상황에서 그 진가를 발휘합니다. 생성형 AI를 활용한 애플리케이션을 개발할 때 안정적인 성능을 보장하려면 세밀한 프롬프트 설계가 필수입니다.

예를 들어 챗봇을 개발할 때는 다양한 질문에 적절하게 응답해야 하며, 웹 디자인 자동 생성 서비스에서는 사용자의 요구에 맞춘 UI를 생성해야 합니다. 다시 말해, 사용자로부터 예측할 수 없는 입력이 들어오더라도 유연하게 대응하고, 일관된 고품질 출력을 유지해야 합니다. 이러한 경우에, 사람이 개입하지 않아도 다양한 입력을 처리할 수 있는 견고한 프롬프트 설계 기술이 필요한 것입니다.

---

[7] 각 기법의 상세한 설명은 2.2.8절과 6.4.5절에서 다룹니다.

**이 책에서의 프롬프트 엔지니어링**

이 책의 목적은 AI에 관해 깊이 이해하고, AI로부터 효과적으로 정보를 이끌어 내는 전반적인 능력을 향상시키는 것입니다. 이것은 앞서 설명한 넓은 의미의 프롬프트 엔지니어링 개념에 해당합니다. 이 책의 궁극적인 목표는 단순히 정형화된 프롬프트 작성 기법을 익히는 것에 그치지 않고, AI와의 소통 방식을 깊이 이해하는 것입니다.

한편 이 책에서는 프롬프트 엔지니어링이라는 용어를 좀 더 한정적인 **좁은 의미**로 사용합니다. 이는 효과적인 프롬프트를 설계하는 기술과 방법론을 의미하며 프롬프트 최적화, 안정화, 정확도 향상 등이 여기에 포함됩니다.

이 책에서 좁은 의미의 정의를 채택한 이유는 프롬프트 엔지니어링의 개념을 더욱 명확하게 구분하기 위해서입니다. 넓은 의미의 정의에서는 개발자에게 필요한 모든 기술을 포함하는 포괄적인 개념이 되기 때문에 용어의 고유한 특성이 명확하게 와닿지 않습니다. 반면 좁은 의미의 정의를 사용하면, 이 분야만의 고유한 기술과 과제에 더욱 집중할 수 있습니다. 따라서 이 책에서는 좁은 의미의 프롬프트 엔지니어링을 다루면서도, 더 넓은 범위에서 AI와의 상호 작용에 필요한 대화 기술을 향상시키는 것을 목표로 합니다.

## 1.3.2 안정성과 정확도를 추구하는 것이 프롬프트 엔지니어링의 핵심이다

프롬프트 엔지니어링의 핵심 가치는 AI와의 대화를 안정적으로 유지하고, 출력의 정확도를 향상시키는 것입니다. 같은 AI 모델이라도 프롬프트 설계 방식에 따라 출력 품질이 크게 달라질 수 있습니다. 이를 위해, 지금까지 다양한 프롬프트 엔지니어링 기법이 개발되어 왔습니다.

다음은 이 책에서 다룰 주요 프롬프트 엔지니어링 기법의 일부입니다.

▼ 그림 1-3 프롬프트 엔지니어링의 주요 기법

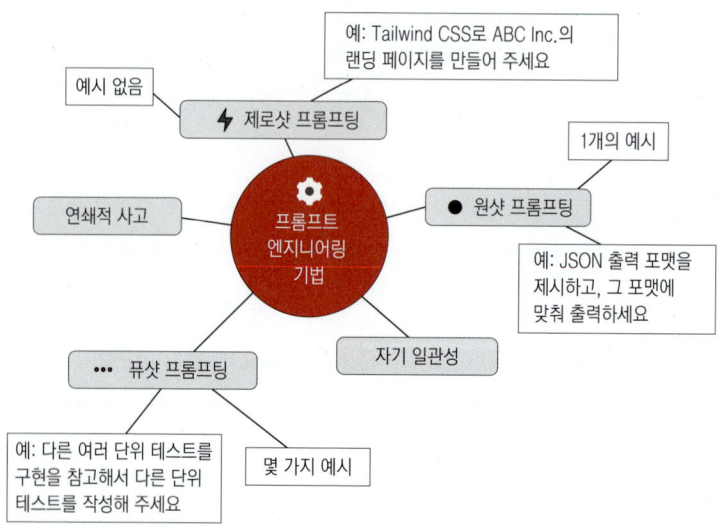

추상적인 프롬프트를 사용하면 얻을 수 있는 결과는 한정적입니다. 예를 들어 다음과 같이 모호한 프롬프트를 입력하면 AI는 인터넷에서 흔히 찾을 수 있는 일반적인 샘플 코드만을 출력하는 데 그칠 가능성이 큽니다.

> 파이썬으로 간단한 Web API를 구현하는 샘플 코드를 작성해 주세요.

한편, 프롬프트 엔지니어링의 기법을 활용하면 상황이 개선됩니다. 더 구체적인 조건을 추가하고, 예시를 통해 정확도를 높이는 퓨샷 프롬프팅 기법을 사용해 AI가 좀 더 구체적인 샘플 코드를 생성하게 해봅시다. 이 기법을 활용하면 AI는 더욱 정확하고 상세한, 여러분이 원하는 스타일의 코드를 생성해 줄 것입니다.

## 입력 프롬프트

파이썬의 FastAPI를 사용하여 API를 구현해 주세요.

다음은 구현 조건입니다.

- User 모델을 조작하는 CRUD API를 구현할 것
- User 모델은 다음 필드를 포함할 것: id, name, email, age, password_hash
- SQLAlchemy를 사용하여 데이터베이스 조작을 수행할 것
- 비밀번호는 해시화해서 저장하고, 응답에는 포함하지 않을 것
- 적절한 HTTP 상태 코드를 반환할 것
- 오류 처리를 수행할 것

```json
[{
    "name": "John Doe",
    ... 중략
    "age": 30
},{
    ... 중략
}]
```

## 출력 프롬프트

```
from fastapi import FastAPI, HTTPException, Depends
from sqlalchemy import create_engine, Column, Integer, String
# 중략: 다른 sqlalchemy 관련 라이브러리나 모델 관련 라이브러리의 import

app = FastAPI()

SQLALCHEMY_DATABASE_URL = "sqlite:///./users.db"
engine = create_engine(SQLALCHEMY_DATABASE_URL)
# 중략: SQLAlchemy 설정

# User 모델
class User(Base):
    __tablename__ = "users"
```

```
    id = Column(Integer, primary_key=True, index=True)
    name = Column(String)
    email = Column(String, unique=True, index=True)
    age = Column(Integer)
    password_hash = Column(String)

# 중략: Pydantic 모델, 데이터베이스 세션 설정
@app.post("/users/", response_model=UserResponse, status_code=201)
def create_user(user: UserCreate, db: SessionLocal = Depends (get_db)):
    db_user = db.query(User).filter(User.email == user.email).first()
    if db_user:
        raise HTTPException(status_code=400, detail="Email already registered")
    hashed_password = pwd_context.hash(user.password)
    db_user = User(name=user.name, email=user.email, age= user.age, password_hash=hashed_password)
    db.add(db_user)
    db.commit()
    db.refresh(db_user)
    return db_user
# 생략: 다른 CRUD API 구현
```

AI와 효과적으로 커뮤니케이션하기 위해 다양한 기술을 이용합니다. 출력 포맷 지정, 예시를 통한 시연과 설명, 언어 모델의 역할 정의 등이 그 예시입니다. 이러한 세부 사항에 대해서는 이어지는 장에서 자세히 설명하겠습니다.

AI는 항상 기대하는 만큼의 결과를 제공하지는 않습니다. 그러나 출력 결과를 확인하면서 프롬프트를 조정하다 보면 원하는 결과를 얻을 수 있습니다. 생성형 AI는 반드시 처음부터 기대한 코드를 제공하는 것은 아니지만, **출력 결과를 분석하고 프롬프트를 조정하는 과정**을 통해 AI의 출력을 효과적으로 제어할 수 있습니다.

## 1.3.3 엔지니어링 작업의 대부분은 일회성이다

실제 개발 업무는 창의성이 요구되는 일회성 작업이 많은 것이 특징입니다. 반복적인 작업의 상당 부분은 이미 자동화되어 있으며, 오히려 개발자의 역할은 그러한 자동화를 더욱 발전시키는 데 집중되고 있습니다. 이러한 특성은 AI를 도구로 활용하는 데 있어 중요한 의미를 갖습니다. 작업마다 다양한 요구 사항에 유연하게 대응하는 능력이 필요하기 때문입니다. 예를 들어 새로운 기능을 설계하거나 복잡한 버그를 수정하는 작업에서는 상황에 맞는 독창적인 해결책이 필요할 것입니다.

작업의 다양성과 일회성을 고려하면 **완벽한 프롬프트를 만들 필요는 없습니다**. 오히려 **즉흥적으로 필요한 프롬프트를 생성하고, AI와의 상호 작용을 통해 출력을 조정하는 능력이 더욱 중요합니다**. 즉, 작업의 본질을 빠르게 파악하고, 자신의 지식을 AI에 정확하게 전달하는 것이 창의적인 작업을 효율적으로 수행하는 데 핵심이 됩니다.

▼ 그림 1-4 프롬프트 개선을 위한 피드백 루프

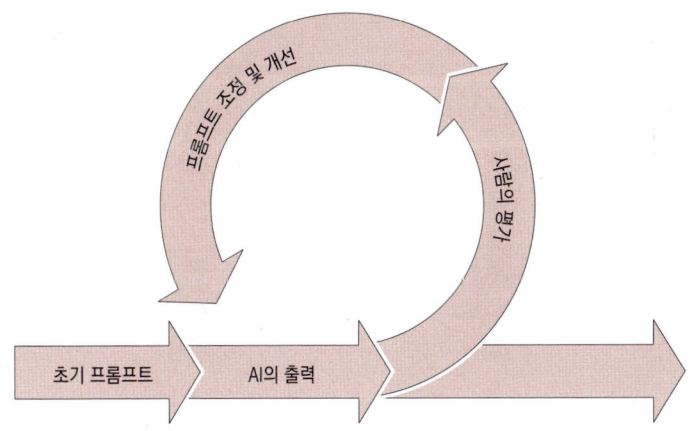

생성형 AI에 내리는 적절한 지시, 다시 말해, 효과적인 프롬프트의 구성은 확실히 중요한 요소입니다. 그러나 생성형 AI를 제대로 활용하기 위해 처음부터 프롬프트 엔지니어링의 온갖 기법에 뛰어드는 것은 결코 좋은 선택이 아닙니다.

그것은 '나무만 보고 숲을 보지 못하는 것'과 다르지 않습니다. 프롬프팅 기법에만 집착하면 본질적인 문제 해결 능력이라는 관점을 잃어버릴 수 있습니다.

'예시를 제공하면서 출력 코드의 품질을 향상'시키는 기법은 물론 유용합니다. 그러나 정작 무엇을 만들고 싶은지 모르거나 또는 그 배경에 있는 맥락과 실현하고자 하는 기술을 정확하게 이해하지 못하면 이 기법은 충분한 기능을 발휘하지 않습니다. 예를 들어 AI에 코드 리팩터링 작업을 요청할 때, '효율적인 코드를 작성해 줘'라고 지시하는 것만으로는 부족합니다. 대신, 구체적인 요구 사항과 제약 조건, 목표로 하는 결과를 명확하게 전달하면 적절한 결과를 얻을 수 있습니다. AI는 어디까지나 보조적인 역할일 뿐이며, 그것을 사용하는 개발자의 판단력이 중요합니다.

### 1.3.4 프롬프트 엔지니어링 기술이 만능은 아니다

여기까지의 논점을 정리하면, 프롬프트 엔지니어링은 생성형 AI에 대한 접근 방식을 고민하는 태도라고도 볼 수 있습니다. 이는 비즈니스에서의 로지컬 싱킹(Logical Thinking)과 유사합니다. 로지컬 싱킹은 중요하지만 MECE(Mutually Exclusive Collectively Exhaustive)나 로직 트리(Logic Tree)와 같은 구체적인 기법이 모든 상황에서 반드시 필수적이지는 않습니다. 프롬프트 엔지니어링도 마찬가지로 중요하지만 구체적인 기법들이 모든 상황에서 반드시 필요한 것은 아닙니다. 전달할 핵심 내용이 없는 상태에서 로지컬 싱킹을 적용해 봤자 결국 공허한 논의에 그칠 뿐입니다. 프롬프트 엔지니어링의 기법은 일상적인 프로그래밍 업무에서 있으면 편리한 도구일 뿐이며, 모든 사람이 전문가가 될 필요는 없습니다. 기본적인 기술을 한 번 익히는 것만으로도 충분합니다.

프롬프트 엔지니어링 기법을 학습할 때는 '프롬프트 엔지니어링 가이드(Prompt Engineering Guide)'[8]를 참고하는 것이 좋습니다. 약 10분 정도만 훑어봐도 주요 기법을 빠르게 파악할 수 있을 것입니다.

---

[8] URL https://www.promptingguide.ai/kr

▼ 그림 1-5 프롬프트 엔지니어링 가이드

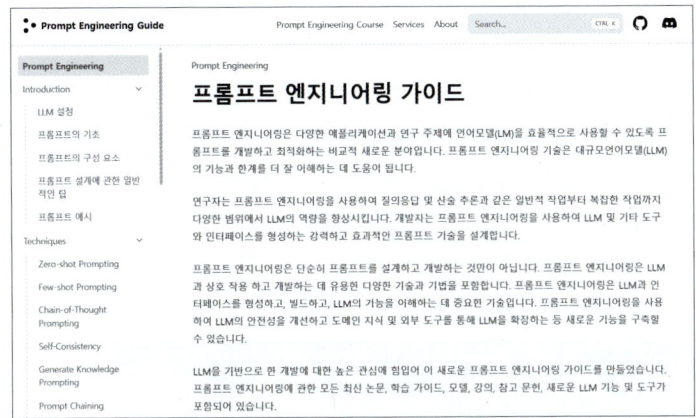

이러한 기술은 AI의 출력을 안정시키고 향상시키는 수단이지만, **어떤 입력에서도 뛰어난 출력을 이끌어낼 수 있는 만능 해결책은 아닙니다**. 생성형 AI를 활용할 때는 프롬프트나 특정 기법에 집착하기보다, 개발자로서의 **지식과 경험**을 적극적으로 활용하는 것이 중요합니다.

## 1.4 개발자의 일자리는 사라지지 않는다

GENERATIVE AI FOR DEVELOPER

다음으로 'AI 때문에 개발자는 필요 없어지지 않을까?'라는 질문에 대해 생각해 봅시다. OpenAI의 GPT-3를 시작으로 지금의 GPT-5로의 발전에서 알 수 있듯이, 대규모 언어 모델의 성능은 짧은 시간 안에 비약적으로 향상되고 있습니다. 앞으로도 더 뛰어난 AI 모델과 AI 도구의 등장으로, 지금보다 훨씬 더 우수한 출력 결과를 얻을 수 있게 될 것입니다. 또한 인간의 능력을 넘어서는 초지능 AI[9]가 머지않은 미래에 등장해 다양한 문제를 해결할 것이라는 전망도 있습니다.

실제로 새로운 생성형 AI 관련 업데이트가 발표될 때마다 뉴스나 소셜 미디어에서는 다양한 직업의 필요성에 대한 논란이 자주 제기되고 있습니다. 이러한 상황을 고려하면, **정말로 개발자가 필요 없어지는 것 아닐까**하는 기대와 불안은 지극히 당연합니다.

▼ 그림 1-6 깃허브가 생성형 AI로 보여 준 개발자가 필요 없는 시대

하지만 다시 생각해 보면 개발자가 필요 없어진다는 의견은 기술이 발전할 때마다 반복적으로 등장해 왔습니다. 예를 들어 클라우드 기술이 등장했던 시기에도 일부에서는 '인프라 엔지니어는 필요 없어질 것이다'라는 주장이 제기되었던 적이 있습니다. 그러나 실제로는 클라우드가 도입된 덕분에 인프라 엔지니어의 역할이 오히려 확장되었습니다. 클라우드 환경의 구축과 관리라는 새로운 전문성이 요구되었기 때문입니다.[10]

---

9  초지능 AI(Artificial Superintelligence, ASI)는 인간의 지능을 초월하는 AI를 의미합니다. 이러한 AI가 등장한다면, 지금까지 인간이 해결하지 못했던 난제나 미지의 과제를 해결할 수 있는 가능성이 열릴 것입니다.

10 인디드(Indeed)의 조사에 따르면, 클라우드 기술이 등장한 이후 클라우드 컴퓨팅 및 컨테이너화 기술을 요구하는 채용 공고의 비율이 비약적으로 증가했습니다. 특히 도커(Docker)의 경우, 2014년부터 2019년까지 5년 동안 채용 공고 비율이 약 40배 증가한 것으로 나타났습니다. 출처는 다음과 같습니다.
URL https://www.hiringlab.org/2019/12/12/big-picture-tech-skill-trends/

엔지니어링의 현실을 고려하면, **AI가 복잡하고 뛰어난 솔루션을 직접 생성할 수 있다고 해도 이를 인간이 적절히 활용하지 못할 가능성**은 간과할 수 없습니다. 만약 AI가 잘 동작하고 테스트도 통과하지만 실제로 무엇을 하는지 이해할 수 없는 코드를 생성한다면, 어떻게 그 코드를 프로덕션 환경에서 운영할 수 있을까요? 결국 AI가 생성한 코드를 적절히 이해하고 운영, 개선해 나가기 위해서는 개발자의 역할이 반드시 필요합니다.

이러한 변화는 일자리의 소멸이 아니라 **새로운 기회의 창출**로 받아들여야 합니다. AI 도구의 등장으로 인해 개발자의 역할은 분명 변화하고 있지만, 이는 동시에 새로운 기술을 배울 기회이기도 합니다. 이제 새로운 시대에 필요한 기술에 대해 함께 생각해 봅시다.

## 1.4.1 거짓을 간파하는 개발자가 되자

AI가 생성한 코드를 활용하는 것은 인터넷에서 찾은 오픈소스 프로그램을 활용하는 것과 유사합니다. 작은 프로그램이라면 이해하고 활용하는 것이 비교적 쉽지만, 규모가 큰 프로그램을 이해하고 효과적으로 사용하려면 시간이 상당히 걸립니다. 문제가 발생했을 때는 사용자가 책임을 지고 대응해야 합니다.

AI에 대해서도 마찬가지입니다. **AI가 생성한 결과물을 올바르게 검토하고 사용 여부를 반드시 판단해야 합니다.**

특정 입력에 대해 항상 동일한 출력을 반환하는 결정론적 AI 모델과는 달리, 대규모 언어 모델의 출력은 **확률적**입니다. 즉, 동일한 입력에 대해서도 항상 같은 출력이 제공되지 않습니다.

▼ 그림 1-7 확률적 출력의 예시

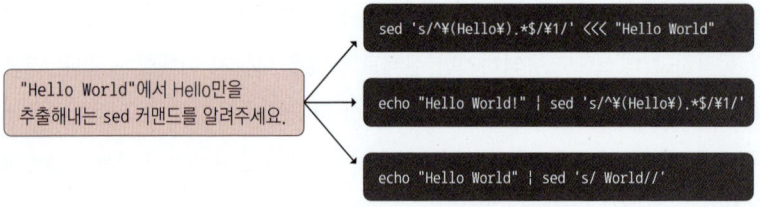

이 차이는 AI가 코드 생성을 포함한 다양한 작업을 처리하는 방식에 큰 영향을 미치고 있습니다.

## 생성형 AI의 환각 문제

생성형 AI에는 환각(Hallucination)이라고 불리는 문제가 존재합니다. 환각이란 **AI 모델이 실제로는 알지 못하는 정보를 알고 있는 것처럼 출력하거나, 잘못된 정보를 마치 사실인 것처럼 제공하는 현상을 의미합니다.**

환각의 주요 원인은 학습 데이터에 포함된 정보의 오류나 편향입니다. 그러나 이러한 문제를 완전히 제거하기는 어렵습니다. 대규모 언어 모델의 특성상, 학습 데이터에 없는 새로운 조합의 정보를 생성할 수 있어서 환각 현상은 피할 수 없기도 합니다. 생성형 AI는 때때로 사실과 다른 내용을 그럴듯하게 출력하기도 합니다.

프로그래밍의 맥락에서는 AI가 존재하지 않는 메서드나 프로퍼티를 제안하거나, 잘못된 함수 사용법을 제시하는 경우가 있습니다. 개발 에디터의 구문 검사 기능은 코드의 문법적 오류를 지적할 수 있지만, 정확한 의미까지는 보장하지 않습니다. 따라서 AI가 생성한 코드가 겉보기에는 올바르게 보여도, 실제 실행 환경에서는 예기치 않은 오류나 문제를 일으킬 가능성이 있습니다.

구체적인 예로, '삼재정화일'과 '무탈기원절'을 계산하는 함수를 AI에 생성하도록 지시해 보겠습니다.

### 입력 프롬프트

파이썬으로 삼재정화일과 무탈기원절을 계산하는 함수를 만들어 주세요.

이와 같은 입력에 대해 AI는 아래와 같이 코드를 생성했습니다.

### 출력 프롬프트

```python
def calculate_samjae_cleanse_day(year):
    """
    삼재정화일을 계산합니다. (음력 3월 13일)
    """
    try:
        samjae_cleanse_day = LunarDate(year, 3, 13).to_solar_date()
        return samjae_cleanse_day
    except ValueError:
        return "해당 연도에 유효한 음력 날짜가 없습니다."

def calculate_mutal_prayer_day(year):
    """
    무탈기원절을 계산합니다. (양력 하지 날짜)
    """
    try:
        summer_solstice = ephem.next_solstice(f"{year}/1/1")
        summer_solstice_date = ephem.localtime(summer_solstice).date()
        return summer_solstice_date
    except Exception as e:
        return f"계산 중 오류 발생: {e}"
```

이 코드에는 여러 가지 문제가 있습니다. 우선 삼재정화일이나 무탈기원절은 당연히 존재하지 않는 날입니다. 생성형 AI는 이 날들이 실제 존재하는 것처럼 함수를 만들어 계산해 내고 있습니다. 이러한 오류는 한국에 저런 날이 없다는 걸 아는 사람이라면 쉽게 발견할 수 있지만, 그렇지 않은 사람이라면 알아차리기 어려울 수 있습니다.

AI가 생성한 코드가 테스트를 통과했다 하더라도, 이를 무비판적으로 코드베이스에 통합하는 것은 많은 위험을 수반합니다. 결국 생성된 코드의 타당성, 테스트의 포괄성, 에지 케이스(edge case)를 고려할지 여부 등을 사람이 직접 확인해야 합니다. 환각 문제에 대응하려면 생성형 AI가 출력한 결과를 항상 비판적으로 평가하고, 신뢰할 수 있는 여러 정보들과 교차 검증을 거쳐야 합니다. 특히 프로그래밍에서는 AI가 제안한 코드를 정확히 이해하고 그 동작을 직접 확인한 후에 채택하는 과정이 철저히 이뤄져야 합니다.

> **COLUMN > 환각은 적절한 표현일까?**
>
> 환각(할루시네이션)이라는 용어의 적절성에 대해서는 논란이 있으며, 이를 대신해 컨패뷸레이션(Confabulation)이라는 표현이 더 적절하다는 의견도 있습니다. 이 용어는 한국어로 '착각' 또는 '작화증'으로 불리며, 딥러닝의 창시자 중 한 명인 제프리 힌튼(Geoffrey Hinton)은 심리학 용어로서 더 정확한 표현인 컨패뷸레이션을 선호합니다.[10] 이 책에서는 현업에서 널리 사용되고 있는 환각이라는 용어를 사용하지만 이러한 논의의 배경을 이해하는 것도 중요합니다.

## 1.4.2 AI에 적절한 작업을 할당하는 능력을 키우자

AI를 효과적으로 활용하려면 사람이 검토하기 쉬운 적절한 규모의 작업을 할당해야 합니다.

AI의 능력이 향상됨에 따라, 더 큰 규모의 작업을 AI에 맡기고 싶어 하는 사람들도 있을 것입니다. 예를 들어 100페이지 분량의 명세서를 AI에 전달해 전체 솔루션을 생성하도록 요청하는 것은 자연스러운 발상입니다. 물론 AI 모델이나 도구가 발전함에 따라 특정 도메인에서는 이러한 일이 가능해질 수도 있습니다.

---

11 URL https://www.technologyreview.com/2023/05/02/1072528/geoffrey-hinton-google-why-scared-ai/

AI의 자동 생성이 특히 효과적인 분야 중 하나는 프런트엔드 개발입니다. 예를 들어 create.xyz[12]라는 서비스에서는 간단한 정의만 입력하면 프런트엔드 코드를 자동으로 생성해 줍니다. 이처럼 시각적으로 검토하기 쉬운 영역에서는 생성형 AI의 활용이 특히 활발하게 진행되고 있습니다.

▼ 그림 1-8 create.xyz의 편집 화면

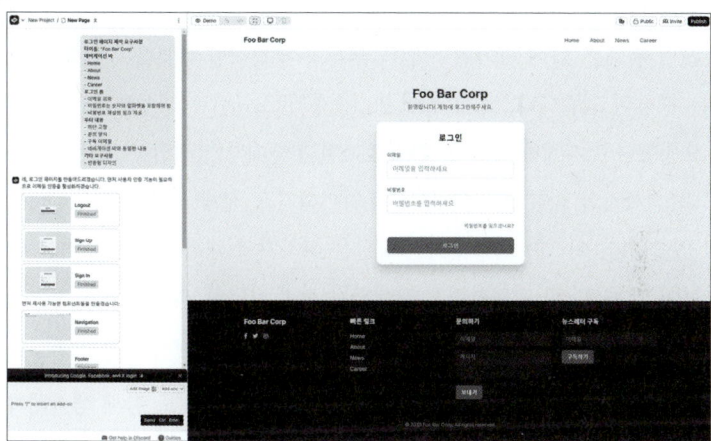

그러나 모든 분야에서 동일하게 AI의 코드 생성을 적용할 수 있는 것은 아닙니다. 로직이나 알고리즘과 같은 추상적인 개념을 다루는 영역에서는 결국 사람이 세밀하게 확인하고, 처리 흐름이나 논리의 정확성까지 하나씩 꼼꼼하게 검토해야 합니다.

그중에서도 수학적으로 복잡한 작업에서는 AI의 능력에 한계가 있다는 것이 명확히 드러납니다. 이 책의 집필 시점 기준으로 생성형 AI는 고난도의 수학적 사실 관계를 검토할 때 유용한 도우미가 될 수 있지만, 그 전체적인 성능은 대학원생 수준에 미치지 못하는 것으로 알려져 있습니다.[13] 따라서 복잡한 수학적 추론이나 증명이 필요한 상황에서는 전문가의 검증을 반드시 거쳐야 합니다.

---

12  URL https://www.create.xyz/
13  「Mathematical Capabilities of ChatGPT」
     URL https://proceedings.neurips.cc/paper_files/paper/2023/file/58168e8a92994655d6da3939e7cc0918-Paper-Datasets_and_Benchmarks.pdf

이러한 상황에서 개발자의 중요한 역할은 생성형 AI의 출력이 요구 사항을 정확히 충족하는지 확인하는 것입니다. 효율적인 리뷰를 위해서는 **작업을 사람이 확인하기 쉬운 크기로 분할하는 것이 핵심**입니다. 비록 코드 양이 적더라도 기존 시스템과의 일관성이나 의존성, 영향 범위 등을 꼼꼼히 고려해야 합니다. 작업을 적절하게 분할하면 AI와 사람의 협업을 최적화할 수 있으며, 이는 전체 개발 프로세스의 효율성과 품질의 향상으로 이어집니다.

대규모 작업 전체를 AI에 맡기면 적절한 부분과 부적절한 부분을 구분하기 어려워지는 경향이 있습니다. 예를 들어 200줄짜리 스크립트 생성을 AI에 일괄적으로 요청했다고 가정해 봅시다. 만약 150번째 줄에 치명적인 버그가 숨겨져 있다면 그 전까지의 리뷰 작업이 모두 무의미해지고 전체 코드를 재구성해야 할 수도 있습니다. 이러한 비효율적인 상황을 피하기 위해서는 작업을 작은 단위로 나누어 단계적으로 검토하면서 진행하는 것이 현명합니다.

기본적으로는 앞서 언급한 프롬프트 개선을 위한 피드백 루프의 개념이 적용되지만, 작업을 설계할 때는 프롬프트뿐만 아니라 출력의 크기도 함께 생각해야 합니다. 아무리 프롬프트를 정교하게 만들어도, 출력물이 방대해지면 리뷰에 대한 부담이 줄어들지 않을 것입니다. 따라서 프롬프트 개선과 병행하며 출력 크기를 적절하게 설정하는 것도 중요한 포인트입니다.

▼ 그림 1-9 출력 크기를 고려한 프롬프트 설계

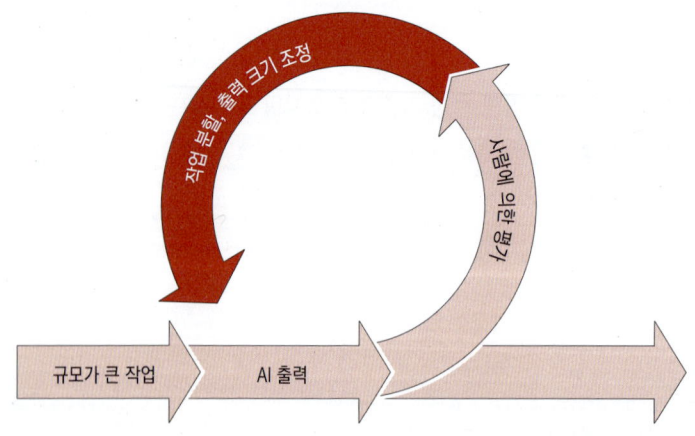

생성형 AI의 출력을 사전에 정확히 예측하는 것은 어렵고, 적절한 작업의 크기는 상황에 따라 달라집니다. AI 모델의 성능, 작업 난이도, 사용 언어, 개발자의 경험 등 여러 요소가 영향을 끼칠 수 있기 때문입니다. 그러므로 '만능에 가까운 작업 크기'를 찾으려 하기보다는 실험적인 접근 방식을 통해 AI와 함께 최적의 크기를 탐색하는 것이 중요합니다.

그러기 위해서는 우선, 작업 전체를 AI에 실행하도록 요청한 다음 출력을 분석하는 것부터 시작합니다. 그다음으로 작업을 점진적으로 작은 단위로 분할하고 각 단계에서 생성된 AI의 출력을 확인합니다. 이 방법을 통해 필요에 따라 방향을 수정하며, 더 높은 정확한 결과물을 빠르게 얻을 수 있습니다. 이렇게 실험적인 접근 방식을 반복하면 AI와의 협업은 점차 효과를 발휘하게 됩니다.

### 1.4.3 토큰 수에 대한 감각적인 이해

AI와 효과적으로 커뮤니케이션하기 위해서는 '토큰(Token)'이라는 개념을 이해하고 적절히 제어하는 것이 중요합니다. 토큰이란 AI 모델이 처리하는 입력의 최소 단위로, 단어, 기호, 또는 그 일부를 나타냅니다. 대규모 언어 모델은 이 토큰을 기반으로 정보를 처리하고 출력을 생성합니다. 토큰 수를 적절히 관리하는 것은 AI와의 대화 품질과 효율성에 영향을 미치므로, 이는 개발자가 익혀야 할 필수적인 요소(기술) 중 하나입니다.

토큰화(tokenization)는 텍스트를 의미 있는 단위로 나누는 과정입니다. 영어에서는 한 단어가, 한국어는 한 글자가 하나의 토큰으로 변환되는 경우가 많지만, 실제로는 더 복잡합니다. 대규모 언어 모델에서는 대부분 단어 단위가 아니라 부분 문자열(subword) 단위로 입력을 토큰화합니다. 이를 통해 미지의 단어나 복합적인 단어도 효율적으로 처리할 수 있습니다. 예를 들어 GPT-4에서는 'Internationalization'이라는 단어가 'International'과 'ization'으로 나누어집니다. 반면, 다른 단어는 한국어 '안녕하세요'가 토큰 두 개로 처리되는 것을 제외하면, 대부분은 한 글자가 토큰 하나로 처리됩니다.

▼ 그림 1-10 OpenAI 토크나이저의 사용 예시

```
안녕하세요
I18n은 Internalization을 의미합니다
```

Clear   Show example

**Tokens**  **Characters**
12          34

```
안녕하세요
I18n은 Internalization을 의미합니다
```

언어 모델이 한 번에 처리할 수 있는 토큰 수는 제한되어 있습니다. 예를 들어 GPT-3.5는 4,096 토큰, GPT-4o는 128,000 토큰, 클로드 3.5 Sonnet은 200,000 토큰까지 동시에 처리[14]할 수 있습니다(그림 1-11[15]). AI의 발전과 함께 이 제한은 점차 증가하는 추세이지만, 토큰 수가 증가할수록 비용 또한 직접적으로 증가합니다.

▼ 그림 1-11 Artificial Analysis, Inc.의 모델 비교

| | FEATURES | | INTELLIGENCE | | PRICE | OUTPUT TOKENS/S | LATENCY | |
|---|---|---|---|---|---|---|---|---|
| MODEL | CREATOR | CONTEXT WINDOW | ARTIFICIAL ANALYSIS INTELLIGENCE INDEX | | BLENDED USD/1M Tokens | MEDIAN Tokens/s | MEDIAN First Chunk (s) | FURTHER ANALYSIS |
| o3-mini | OpenAI | 200k | 63 | | $1.93 | 168.3 | 15.92 | Model Providers |
| o1 | OpenAI | 200k | 62 | | $26.25 | | | Model Providers |
| DeepSeek R1 | deepseek | 128k | 60 | | $0.96 | 26.0 | 60.50 | Model Providers |
| o1-mini | OpenAI | 128k | 54 | | $1.93 | 193.5 | 10.55 | Model Providers |
| DeepSeek R1 Distill Qwen 14B | deepseek | 128k | 50 | | $0.88 | 104.2 | 13.48 | Model Providers |
| Gemini 2.0 Pro Experimental | Google | 2m | 49 | | $0.00 | 122.4 | 0.56 | Model Providers |
| Gemini 2.0 Flash | Google | 1m | 48 | | $0.17 | 153.5 | 0.28 | Model Providers |
| DeepSeek V3 | deepseek | 128k | 46 | | $0.48 | 26.2 | 4.40 | Model Providers |
| DeepSeek R1 Distill Llama 70B | deepseek | 128k | 45 | | $0.81 | 123.1 | 13.17 | Model Providers |
| Qwen2.5 Max | Alibaba | 32k | 45 | | $2.80 | 36.1 | 1.26 | Model Providers |
| DeepSeek R1 Distill Qwen 32B | deepseek | 128k | 45 | | $0.30 | 41.5 | 13.80 | Model Providers |
| Gemini 1.5 Pro (Sep) | Google | 2m | 45 | | $2.19 | 0.0 | 0.11 | Model Providers |
| Claude 3.5 Sonnet (Oct) | ANTHROP\C | 200k | 44 | | $6.00 | 74.5 | 1.57 | Model Providers |
| QwQ 32B-Preview | Alibaba | 33k | 43 | | $0.58 | 65.9 | 0.58 | Model Providers |
| Gemini 2.0 Flash-Lite (Preview) | Google | 1m | 42 | | $0.13 | 255.7 | 0.21 | Model Providers |

---

[14] 언어 모델이 처리할 수 있는 토큰 수의 한계는 일반적으로 컨텍스트 윈도우(context window)라고 불리는 일정한 수의 토큰으로 제한됩니다. 컨텍스트 윈도우란 모델이 한 번에 고려할 수 있는 토큰 수를 의미하며, 이 범위를 초과하는 정보는 유지할 수 없습니다.

[15] 그림 1-11은 LLM Leaderboard – Compare GPT-4o, Llama 3, Mistral, Gemini & other models | Artificial Analysis의 2024년 7월 내용을 인용한 것입니다.
URL https://artificialanalysis.ai/leaderboards/models

OpenAI가 제공하는 토크나이저(Tokenizer)는 텍스트의 토큰화를 쉽게 수행할 수 있는 도구입니다.[16] 직관적인 인터페이스를 통해 다음과 같은 중요한 통찰을 얻을 수 있습니다.

- 파일당 토큰 수를 파악하기
- 프롬프트 내의 토큰 수를 파악하기
- 한국어와 영어의 토큰 효율성 차이를 이해하기

이러한 정보는 AI와의 커뮤니케이션을 최적화하는 데 매우 유용합니다.

▼ 그림 1-12 OpenAI의 토크나이저로 코드의 토큰 수를 확인하는 예시

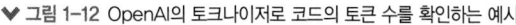

토큰 수에 대한 감각을 익히기 위해서는 다음과 같은 실험적인 접근 방식을 추천합니다.

- 동일한 내용을 서로 다른 길이로 표현하고, 토큰 수의 변화를 관찰한다.
- 여러 프로그래밍 언어로 구현해 보며, 토큰 효율성을 비교한다.
- 실제 프로젝트 코드를 토크나이저로 분석해 파일 크기와 토큰 수의 관계를 이해한다.

---

16 이 도구는 OpenAI 모델에서 토큰 수의 제한을 이해하는 데 유용합니다. 모델마다 서로 다른 토큰화 방식을 사용하고 있기 때문에 실제 사용 중인 모델에 맞춘 도구를 사용하는 것이 중요합니다.

예를 들어 100줄의 파이썬 코드가 몇 개의 토큰으로 계산되는지 확인하고, 비슷한 내용을 가진 자바(Java) 코드와 비교해 보는 것도 흥미로울 것입니다. 이 과정에서 가장 중요한 것은 평소에 다루는 코드나 텍스트가 AI에 어느 정도의 정보량으로 인식되는지 감각적으로 이해하는 것입니다. 특히 자주 사용하는 라이브러리나 권장 코딩 규칙에 주목하며, 함수나 파일 단위로 토큰 수를 조사해 보기 바랍니다.

적절한 토큰 수로 정보를 제공하는 것은 AI와의 효과적인 커뮤니케이션의 핵심입니다. 이때 정보가 너무 적으면 필요한 문맥이 부족해 AI의 출력 품질 또한 저하될 가능성이 높아집니다. 반대로 정보가 너무 많으면 노이즈가 증가해 정확도에 악영향을 줄 뿐만 아니라, 처리 시간도 길어질 수 있습니다. 평소에 꾸준히 AI를 활용해 보면서 감각을 키워 나가는 것이 중요합니다.

## 1.4.4 토큰 수를 조정하여 정확도 유지

생성형 AI에 정보를 제공할 때는 전략적인 접근이 필요합니다. 집필 시점 기준으로 1,000에서 2,000 토큰 정도를 기준으로 입력 토큰 수를 조절하는 것이 좋습니다. 단순히 많은 양의 정보를 제공하는 것이 아니라, AI에 실제로 도움이 되는 정보를 선별하는 것이 핵심입니다. 예를 들어 작업에 직접적으로 관련된 사실이나 배경 정보는 유용하지만, 불필요한 세부 정보나 관련 없는 주제는 AI에 노이즈로 작용할 뿐입니다.

토큰 수가 증가할수록 예측의 불확실성이 높아지고, 환각이 발생할 가능성도 높아집니다. 그리고 입력 길이가 늘어나면 모델의 추론 정확도가 저하된다는 연구 결과도 존재합니다.[17]

---

17 『Same Task, More Tokens: the Impact of Input Length on the Reasoning Performance of Large Language Models』
URL https://arxiv.org/pdf/2402.14848
AI 모델의 정확도는 모델에 따라 다르지만, GPT-4의 경우 2,000 토큰을 초과하면 정확도가 저하될 가능성이 있습니다(2024년 기준).

▼ 그림 1-13 토큰 수와 정확도의 관계를 나타내는 그래프

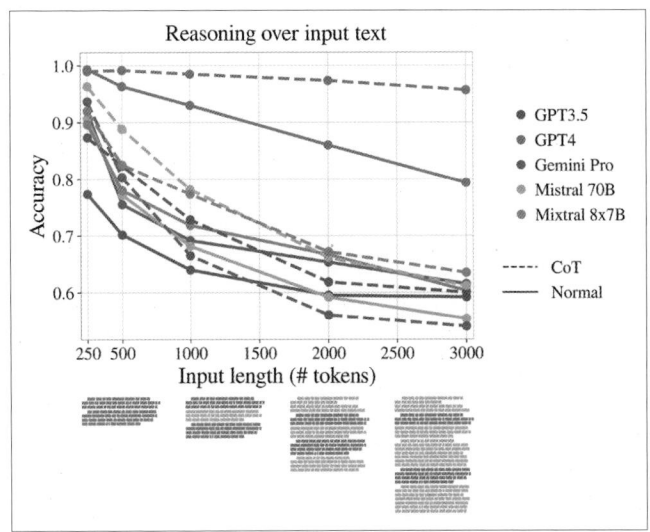

이 책에서 제시하는 1,000에서 2,000 사이의 토큰이라는 기준은 **사람의 인지 능력**도 함께 고려한 것입니다. 과도한 정보 제공은 AI뿐만 아니라 사람에게도 부담을 줄 수 있습니다. AI에 입력한 내용을 파악하거나 출력 결과를 이해하는 데 시간이 오래 걸려, **중요한 포인트를 놓칠 위험**이 높아진다는 뜻입니다.

그러나 크게 걱정할 필요는 없습니다. 2,000 토큰은 생각보다 긴 분량으로, 영어로 작성된 프로그램 기준으로 약 7,000자 정도에 해당합니다. 프로그래밍 언어나 프레임워크의 표현 방식에 따라 차이는 있지만, 집필 시점 기준으로 AI에 입력하는 코드는 대략 파일 몇 개 정도로 제한하는 것이 적절합니다. 이는 AI에 충분한 문맥을 제공할 수 있는 길이입니다.

AI에 제공할 수 있는 **유효 토큰 수**와 **추론 정확도**는 기술의 발전과 함께 계속 개선될 것입니다. 이 책의 작성 시점에서도 새로운 AI 모델이 계속 등장하고 있으며, 토큰 수의 제한이 지속적으로 완화되고 있을 뿐만 아니라, 정확도 또한 단기간에 비약적으로 향상되고 있습니다.

여기서 중요한 것은 만능 같은 토큰 수를 찾는 것이 아닙니다. 핵심은 AI의 능력을 **최대한으로 이끌어내면서, 정확성과 효율성**을 확보하는 것입니다. 이를 위해서는 특정 언어 모델과 이를 활용하는 사람 모두에게 최적의 토큰 수를 파악하고, 적절한 지시를 내리는 것이 중요합니다.

> **COLUMN** ▶ 모든 코드를 AI에 읽게 하고 싶다는 욕심은 일단 내려놓자
>
> 생성형 AI를 활용할 때 '정보를 많이 제공할수록 좋다'라는 생각에 빠지기 쉽습니다. 그 대표적인 예가 바로 '프로젝트의 전체 코드베이스를 AI에 보여 주고 싶다'라는 발상입니다. 그러나 여기에는 큰 함정이 있습니다.
>
> 사실 AI에 지나치게 많은 정보를 제공한다고 반드시 좋은 결과로 이어지지는 않습니다. 오히려 정확한 정보를 선별해 제공하는 것이 AI의 출력 품질을 높이는 핵심 요령입니다. 모든 정보를 전달하려는 태도는 오히려 적절한 정보 선택을 포기하는 것과 다름없습니다.
>
> AI와의 효과적인 상호 작용을 위해서는, 정보를 더하는 것뿐만 아니라 빼는 것도 똑같이 중요합니다. 불필요한 정보를 제거하고 본질적인 부분에 집중함으로써 AI의 이해력이 높아지고, 출력은 더욱 명확해집니다. 즉, 정보의 질과 양의 균형을 맞추는 것이 AI의 능력을 최대한 이끌어내는 핵심 전략입니다.
>
> 앞으로는 모델의 파인튜닝이나 검색 증강 생성(RAG)[17]을 통해 전체 코드베이스를 AI가 인식할 수 있는 환경이 가능해질 수도 있습니다. 그러나 이것이 AI가 모든 정보를 적절히 이해하고 활용할 수 있다는 의미는 아닙니다. 파인튜닝을 하더라도 모델에 대한 평가는 반드시 이뤄져야 하며, 그 과정에서 어떤 정보를 AI에 제공할지, 제공하지 않을지도 선택해야 합니다.
>
> 따라서 AI에 모든 정보를 전달하는 것에 집착하기보다는 적절한 정보를 선택해 제공하는 것에 집중해야 합니다.

## 1.4.5 코드 리뷰의 프로가 되자

이전 절에서는 작업 설계와 토큰 한계에 대해 AI의 관점에서 설명했습니다. 다음으로 고려해야 할 것은 **사람이 감당할 수 있는 코드 리뷰**의 한계입니다.

---

[18] 역주 파인튜닝과 검색 증강 생성에 관해서는 1.7절에서 설명합니다.

생성형 AI를 사용할 때 그 출력을 무비판적으로 수용하는 것은 매우 위험합니다. 버그 투성이인 코드를 제출하고, AI가 이렇게 생성했으니 어쩔 수 없다는 태도는 실제 업무에서 허용되지 않을 것입니다. AI가 생성한 출력물에 대해서는 반드시 사람의 적절한 리뷰가 반드시 필요합니다.

하지만 개발자가 시간당 리뷰할 수 있는 코드의 양은 개인의 경험, 기술력, 지식 수준에 따라 달라지기 마련입니다. 또한 생성된 코드의 복잡도뿐만 아니라 해당 코드를 추가할 코드베이스의 구조적 복잡성이나 의존성의 양에 따라서도 리뷰 속도는 크게 달라집니다.

그렇다면 일반적인 개발자가 감당할 수 있는 코드 리뷰의 한계는 어느 정도일까요? 구체적으로 개발자는 AI가 생성한 코드를 어느 정도까지 충분히 리뷰할 수 있을까요? 이 질문에 대해, 스마트베어(SmartBear)가 Cisco 개발 팀을 대상으로 진행한 연구 보고서인 『Best Practices for Code Review』[19]의 결과가 참고할 만합니다.

### 1.4.6 적절한 속도의 코드 리뷰

1시간에 500줄 이상의 코드 리뷰를 진행하면 그림 1-14에서 보여 주듯이 결함을 발견할 확률이 크게 떨어집니다.[20] **적절한 양의 코드를 천천히, 시간을 정해 두고** 리뷰하는 것이 가장 효과적입니다. 따라서 AI가 계속해서 새로운 코드를 제안한다고 해서 서둘러 리뷰를 진행하는 것은 피해야 합니다. 서둘러 리뷰를 진행한 코드는 코드의 질이 떨어질 가능성이 높으며, 이는 결국 코드베이스에 기술 부채가 쌓이는 원인이 될 수 있습니다.

---

19 URL https://smartbear.com/learn/code-review/best-practices-for-peer-code-review/
20 그림 1-14는 『Best Practices for Code Review』에서 인용했습니다.

▼ 그림 1-14 코드 결함과 검사율의 관계를 나타내는 그래프

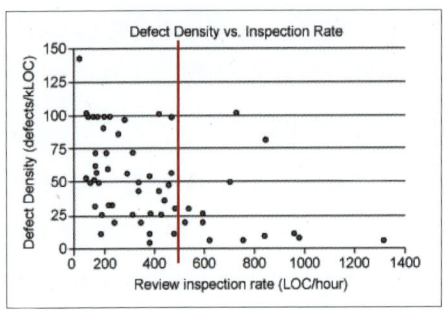

## 1.4.7 한 번에 적은 양의 코드 리뷰

인간의 뇌가 한 번에 처리할 수 있는 정보량에는 한계가 있어, **한 번에 리뷰하는 코드가 400줄을 초과하면 결함을 발견하는 능력이 저하**됩니다. 200~400줄의 코드를 60~90분 동안 리뷰하면 70~90%의 결함을 발견할 수 있습니다.[21] 또한 출력 토큰 수도 가능한 한 적게 유지하는 것이 좋습니다. 몇 분 안에 리뷰를 완료하고 싶다면 욕심내서 400줄을 검토하기보다는 AI의 코드 출력을 몇 줄에서 수십 줄 정도 수준으로 제한하는 것이 중요합니다.

▼ 그림 1-15 코드 결함과 코드 길이의 관계를 나타내는 그래프

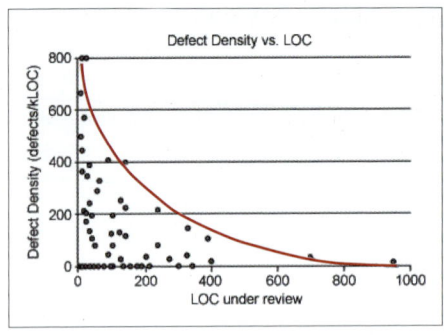

---

21 그림 1-15는 『Best Practices for Code Review』에서 인용했습니다.

리뷰의 효율은 사용하는 프로그래밍 언어나 라이브러리에 따라 달라집니다. 예를 들어 파이썬과 C언어에서는 프로그래밍 언어의 표현력[22] 차이에 따라 동일한 기능을 구현하는 데 필요한 코드의 양이 다릅니다. 또한 다양한 라이브러리나 프레임워크를 사용하면 코드의 양이 줄어드는 경우도 있습니다. HTML과 같은 마크업 언어는 렌더링된 UI를 직접 확인하면서 리뷰하기 때문에 많은 코드 라인을 효율적으로 검토할 수 있습니다.

효과적인 코드 리뷰의 핵심은 **자신의 한계를 이해하고 적절한 양의 코드를 다루는 것**입니다. 집중력이 유지되는 제한된 시간 내에 높은 수준의 리뷰를 진행하는 것이 중요합니다. 무리해서 많은 코드를 리뷰하기보다는 적절한 양을 꼼꼼히 확인한다면 더 많은 문제점을 발견하고 해결할 수 있습니다.

## 1.4.8 AI의 발전 속에서 시험 받는 개발자의 진정한 가치

AI 도구에 대한 리뷰는 단순한 검토 작업이 아닙니다. 이는 AI 도구의 출력에 대해 **정확한 판단**과 **의사 결정**을 내리는 과정이며, 개발자의 우수한 역량이 요구되는 작업입니다.

여기서 말하는 우수한 역량이란 단지 기술력이 뛰어나다는 것만을 의미하지 않습니다. 여기에는 문제 해결 능력, 커뮤니케이션 능력, 지속적인 학습에 대한 열의 등 종합적인 역량이 포함됩니다. 코드의 품질, 성능, 보안에 대한 평가뿐만 아니라 기존 시스템과의 일관성이나 프로젝트의 전체적인 방향성도 함께 고려해야 합니다. AI 도구가 생성한 코드를 정확히 이해하고, 해당 코드가 프로젝트의 요구 사항이나 설계 방침에 부합하는지를 판단하기 위해서는 깊이 있는 기술적 통찰력과 넓은 시야가 필요합니다.

---

[22] 프로그래밍 언어의 표현력이란 해당 언어로 표현하고 전달할 수 있는 아이디어의 범위를 의미합니다. 언어의 표현력이 높을수록, 표현에 사용할 수 있는 아이디어의 종류와 양이 많아집니다.

이런 다방면의 능력은 하루아침에 얻어지지 않습니다. 일상적인 업무를 통한 실천, 다양한 프로젝트 경험, 지속적인 학습과 같은 과정을 통해 점차 성장해 가는 것입니다. 실패로부터 배우고, 새로운 기술과 모범 사례를 끊임없이 흡수하는 자세는 개발자에게 필수적인 덕목입니다.

## 1.5 AI는 뛰어난 개발자만을 위한 것이 아니다

다음으로 'AI를 신입 개발자가 사용하면 위험하지 않을까?'라는 의문에 대해 생각해 보겠습니다. 생성형 AI의 전면적인 도입을 주저하는 이유 중 하나는, 뛰어난 개발자만이 AI를 효과적으로 활용할 수 있다는 인식 때문입니다. 이는 AI가 때때로 부정확한 코드를 생성할 수 있는데, 신입 개발자는 이를 올바르게 판단하지 못할 것이라는 우려 때문입니다.

물론 경험이 풍부한 개발자일수록 AI의 능력을 더 효과적으로 활용할 수 있을 것입니다. 그러나 이는 주니어 개발자에게 AI가 도움이 되지 않는다는 의미는 아닙니다. 오히려 AI는 주니어 개발자에게도 큰 힘이 되기도 합니다.

겉보기에는 앞서 언급한 '개발자의 탁월함이 요구된다'는 생각과 모순되어 보일 수 있습니다. AI로부터 끌어낼 수 있는 능력의 한계가 해당 개발자의 리뷰 능력과 코드의 양과 질에 달려 있다는 것은 사실입니다. 이러한 논의는 종종 여기서 끝나며, AI는 뛰어난 개발자만이 제대로 활용할 수 있다는 결론에 도달하는 경우가 많습니다. 그러나 여기서 놓치지 말아야 할 중요한 사실은, AI가 개발자의 학습을 촉진하는 강력한 도구가 될 수 있다는 점입니다.

## 1.5.1 AI는 주니어 개발자의 학습을 돕는 강력한 도구

AI는 엔지니어링 초보자에게 특히 강력한 학습 도구가 될 수 있습니다. 스택 오버플로가 실시한 2024년도 개발자 조사[23]에 따르면 AI를 활용한 학습 진행은 개발자에게 있어 가장 중요한 이점 중 하나로 꼽히고 있습니다.

▼ 그림 1-16 스택 오버플로가 실시한 개발자 조사 결과: AI의 주된 이점

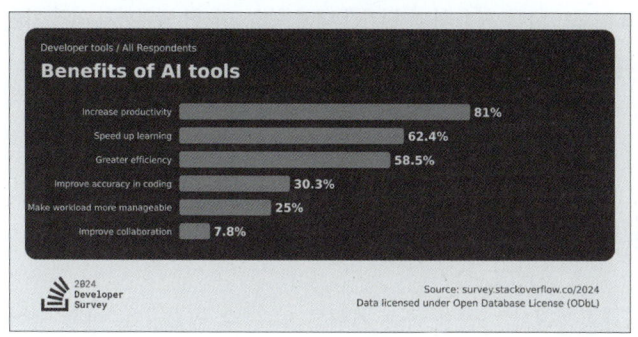

AI는 초보 개발자의 지식 격차를 해소하고, 배워 나가야 할 과정들을 가속화하는 든든한 동반자가 될 수 있습니다. 스택 오버플로의 조사에 따르면, 코딩을 학습 중인 개발자의 71%가 AI를 통한 학습 가속화를 주요 이점으로 평가하고 있습니다. 이는 전문 개발자(61%)보다 높은 수치로, 코딩을 배우는 개발자들이 AI의 학습 지원 기능을 더 중요하게 인식하고 있음을 보여 줍니다.

AI의 가장 큰 장점은 빠른 피드백과 개인에게 맞춤형 학습을 제공하는 점입니다. 초보자가 작성한 코드에 대해 AI는 실시간으로 개선 사항을 지적하고 최적화 방안을 제안해 줍니다. 이를 통해 학습자는 자신의 속도에 맞춰 효율적으로 지식을 습득할 수 있습니다.

---

[23] URL https://survey.stackoverflow.co/2024/

또한 AI는 동일한 개념이나 문제에 대해 여러 가지 접근 방식을 통한 구현 예시를 제시해 줄 수 있습니다. 이에 따라 초보자는 문제를 다각적인 시각으로 이해하고, 더 깊이 있는 통찰을 얻게 됩니다. 이처럼, AI는 전문 서적이나 숙련자의 설명보다 초보자의 수준에 맞춰 더 쉽게 이해할 수 있는 설명을 제공합니다.

AI는 방대한 정보 중에서 초보자에게 적합한 학습 자료나 다음 단계에 해야 할 것을 제시해 줍니다. 이를 통해 초보 개발자는 빠르게 문제를 해결하는 경험을 얻을 수 있습니다. 즉, AI를 활용하면 **단기간 내에 학습 가능한 범위까지 AI의 기능을 자유롭게 활용할 수 있습니다.** 호기심과 학습 의욕이 가득한 개발자일수록, AI의 힘을 빌린다면 더욱 빠르게 성장할 수 있을 것입니다.

## 1.5.2 AI를 통한 지식 습득

개발자는 AI와 대화하면서 다양한 학습 기회를 얻을 수 있습니다. 예를 들어 AI가 제안하는 새로운 라이브러리 사용법이나, 낯선 프로그래밍 언어의 문법(syntax)을 배울 수 있습니다. 또한 개발의 방향성이나 문제 해결 접근법에 대한 새로운 통찰을 얻을 수도 있습니다.

AI는 개발자가 코드를 작성하는 도중에도 효율 향상을 위한 코멘트를 해줍니다. 마치 경험 많은 멘토가 옆에서 지도하는 것처럼, 개발자의 부족한 기술이나 지식을 보완하며 학습 과정을 지원해 줍니다. 예를 들어 코드에 대한 설명이 필요할 때는 단계적으로 출력할 수 있도록 다음과 같은 형태로 프롬프트를 입력하는 것이 효과적입니다.

> **입력 프롬프트**
>
> 이 코드를 단계별로 설명해 주세요.

또한 리뷰할 때는 다음과 같이 문제점을 지적하고, 수정 방법과 수정 방법의 장점과 단점을 설명해 달라고 입력하는 것이 효과적입니다.

> **입력 프롬프트**
>
> 이 코드에서 문제점이 있다면 지적해 주세요.
> 또한 문제점의 수정 방법과 장점 및 단점에 대해서도 알려주세요.

더 나은 리뷰 및 리팩터링 방법에 대해서는 이 책의 후반부에서 자세히 설명하겠지만, 리뷰에서 중점적으로 다뤄야 할 관점을 명확히 전달하면 AI가 더 적절한 제안을 제공할 수 있습니다.

### 1.5.3 AI와의 협업을 통한 빠른 시행착오

AI와 협업할 때는 처음부터 완벽한 결과를 기대하기보다는, 빠른 시행착오를 통해 개선해 가는 것이 효과적입니다. 훌륭한 프롬프트를 작성하는 것보다 더 중요한 것은 AI와의 대화를 발판 삼아 **빠르게 답에 접근하는 것**입니다. AI의 피드백을 통해 부족했던 정보나 문맥은 점차 명확해집니다. 프롬프트의 평가와 개선 루프가 중요하다는 점은 앞서 언급했지만, 이를 어떻게 효율적으로 수행할 수 있는지에 대해서는 고민해 볼 필요가 있습니다.

깃허브의 2023년 보고서[24]에 따르면 깃허브 코파일럿은 개발자의 생산성 측면에서 긍정적인 영향을 미치고 있습니다. 대규모 사용자 샘플(n = 934,533) 분석 결과에 따르면 사용자는 AI의 코드 제안 중 약 30%를 실제로 채택하고 있습니다. 즉, 세 번 중 한 번 정도의 비율로 AI의 제안이 실제 개발에 기여하고 있다는 결론이 나온 것을 알 수 있습니다.

이 결과는 AI와의 협업에서 빠른 시행착오가 얼마나 중요한지를 시사합니다. 완벽한 제안을 기다리기보다는 오류를 거치더라도 여러 번 시도하여 유용한 결과를 얻는 것이 더욱 효과적이라는 뜻입니다.

---

[24] URL https://github.blog/2023-06-27-the-economic-impact-of-the-ai-powered-developer-lifecycle-and-lessons-from-github-copilot

예를 들어, 약 세 번 정도 협업을 시도하며 AI에게 이 작업이 적합한지, 프롬프트 개선의 여지가 있는지, 아니면 AI가 처리하기에는 너무 어려운 작업인지를 판단해 봐야 합니다. 생각대로 답이 나오지 않는다고 해서 10번, 20번씩 출력을 시도하는 것은 시간 낭비입니다. 한 번에 출력의 품질을 높이려고 하는 것보다 몇 차례의 시행착오를 거쳐 정확한 방향을 찾는 것이 훨씬 중요합니다.

빠른 시행착오에 특히 적합한 도구는 깃허브 코파일럿과 같은 자동 완성형 AI 도구가 대표적입니다. 이러한 도구들은 개발자가 코드를 작성하는 도중에 작은 코드 조각들을 연속적으로 제안해 줍니다. 예를 들어 파이썬으로 API를 구축하는 방법을 모르거나 심지어 파이썬 언어의 문법 자체를 몰라도, 단순히 item을 생성하라는 지시만으로도 AI는 함수명을 제안해 줍니다. 그 제안을 수락하면, 이후에는 해당 함수의 내부 코드 구현까지 자동으로 제안해 줍니다.

▼ 그림 1-17 AI의 자동 완성 예시

```
# Item 작성
@app.post("/items/")
async def create_item(item: Item):
    item_id = item + 1
    items[item_id] = item
    return {"item_id": item_id, "item": item}
```

자동 완성형 AI 도구는 대화형 AI 도구에 비해 출력 속도가 빠르므로 시행착오를 좀 더 효율적으로 진행할 수 있습니다. 개발자가 코드를 작성하는 동안에도 AI가 즉흥적으로 제안하여 빠른 실험이 가능합니다. 중요한 것은 **이 프로세스를 신속하게 반복하는 것**입니다. 반복적인 시도를 통해 점차 더 나은 결과에 가까워질 수 있습니다.

이제 'AI를 신입 개발자가 사용하면 위험하지 않을까?'라는 질문에 대해 다시 생각해 보겠습니다. 지금까지 내용을 바탕으로 생각해 보면 개발을 지원하는 AI 도구는 숙련된 개발자가 먼저 사용해야 한다는 생각은 AI의 잠재력을 과소평가하는 느낌입니다. 학습 도구로서 AI의 기능이나 빠른 시행착오를 통한 학습은 프로그래밍 초보자와 숙련자 모두에게 동일하게 적용됩니다. 정답에 도달하는 과정이 가장 중요하며, AI는 단지 그 과정을 효율화하기 위한 도구일 뿐입니다. 개발자의 경험 수준과는 무관하게 모든 개발자가 활용할 수 있어야 하는 기능입니다.

이제는 초등학생조차도 AI를 활용해 프로그래밍을 배울 뿐만 아니라 애플리케이션까지 만들 수 있는 시대입니다. 따라서 호기심을 가지고 AI와 함께 다양한 시행착오를 겪어 보는 것이 중요합니다.

## 1.6 개발을 지원하는 AI 도구를 적절히 활용하자

'개발을 지원하는 도구는 챗GPT만으로 충분한가?'라는 질문에 대해 필자는 부정적인 입장입니다. AI 기술의 급속한 발전으로 많은 개발자들이 챗GPT를 비롯한 대화형 AI에 주목하고 있습니다. 이러한 대화형 AI 도구는 확실히 강력한 도구이지만, 개발 현장에서는 다양한 유형의 AI 도구가 중요한 역할을 담당하고 있습니다. 효율적인 개발을 위해서는 각 도구의 특징을 이해하고 적절히 활용하는 것이 핵심입니다.

먼저 도구의 특성과 한계를 이해하는 것이 매우 중요합니다. 챗GPT는 자연어 대화에 강점이 있으며 다양한 질문에 폭넓게 답할 수 있는 기능이 있지만, 개발의 모든 상황에 적합하다고는 할 수 없습니다. 예를 들어 코드 자동 완성이나 화면 전환, 오류에 대한 즉각적인 피드백 제공 등의 기능은 지원하지 않습니다. 또한 차이를 보면서 코드 수정을 하는 것도 어렵습니다. 따라서 챗GPT와 같은 대화형 AI가 모든 개발의 상황과 과정을 아우를 수 있는 만능 도구는 아닙니다.

개발 지원 AI 도구는 주로 세 가지 유형으로 분류할 수 있습니다.

- 자동 완성형: 깃허브 코파일럿을 대표로 하는, 실시간 코드 자동 완성 기능을 제공하는 도구입니다. 코딩 중 생산성을 비약적으로 향상시킵니다.
- 대화형: 챗GPT처럼 사용자와의 대화를 통해 문제 해결을 지원하는 도구입니다. 복잡한 개념 설명이나 알고리즘 설계 등에서 강력한 효과를 발휘합니다.
- 에이전트형: 깃허브 코파일럿 워크스페이스처럼 복잡한 작업을 자율적으로 수행하는 도구입니다. 다양한 범용 작업에 대응할 수 있습니다.

이러한 도구들은 각각 다른 특성과 용도를 가지고 있습니다. 예를 들어 아이디어를 빠르게 코드로 구현하고 싶을 때는 자동 완성형 도구가 가장 적합합니다. 반면, 새로운 기술의 개념을 이해하거나 설계에 대한 상담이 필요할 때는 대화형 도구가 유용합니다. 그리고 일정 수준 이상으로 기능 구현을 AI에 맡기고 싶을 때는 에이전트형 도구가 적합합니다. 즉, 개발 상황에 따라 적절한 도구를 선택하는 것이 효율적인 개발의 핵심입니다.

▼ 그림 1-18 각 AI 도구의 강점 비교

|  | 자동 완성형 | 대화형 | 에이전트형 |
| --- | --- | --- | --- |
| 구현 | 집중력을 동반한 코딩 지원 | 보일러플레이트 및 코드 조각 생성 | 여러 파일에 걸친 구현 |
| 개선 | 시행착오를 통한 빠른 개선 | 코드 리뷰 및 부분적인 리팩터링 | 전체적인 수정 사항의 목록화 및 개선 |
| 질문 | 가벼운 지시(댓글)를 통한 질문 | 구현 내용 상담 및 기술 질문 | 복합적인 대상에 대한 리뷰 수행 |
| 변환 | 댓글 작성 및 샘플 제시를 통한 구현 | 문서나 코드를 다른 포맷으로 변환 | 프로젝트 전체 업데이트(기능 추가 및 문서 확장 등) |

이쯤에서 종종 혼동되는 AI 모델과 AI 도구의 차이를 짚고 넘어가겠습니다. AI라는 용어가 사용될 때 도구와 모델이 하나인 것처럼 이해되는 경우가 많지만, 이 둘은 명확히 구분해야 합니다. AI 모델은 도구의 기반이 되는 대규모 언어 모델을 의미하며, AI 도구는 이러한 모델을 실용적인 형태로 제공하는 인터페

이스입니다. 예를 들어 AI 모델인 GPT-4와 AI 도구인 챗GPT는 별개의 개념으로 이해해야 합니다.

또한 도구에 대해 논의하면서 '이 도구는 최신 AI 모델로 만들어졌는가?'라며 모델의 성능에만 집중하는 사람도 있습니다. 물론 AI 모델의 발전이 AI 도구의 성능 향상에 크게 기여하는 것은 사실입니다. 그러나 실제로 개발자에게 중요한 것은 단순히 모델의 성능뿐만 아니라 개발자로서 모델을 효율적으로 활용할 수 있는 종합적인 경험입니다. 항상 최신 성능 모델을 사용하는 것이 능사는 아니며, 경우에 따라서는 응답 속도나 비용 측면에서 이전 버전의 모델을 사용하는 것이 더 합리적일 때도 있습니다.

AI 도구를 골라 쓰는 일은 이동 수단을 선택하는 것과 비슷합니다. 가까운 거리를 이동할 때는 자전거, 중거리는 자동차, 빠르게 특정 위치로 이동해야 할 때는 기차를 이용하듯, 목적에 따라 적절한 수단을 선택하는 것이 중요합니다. 마찬가지로, 코드를 간단하게 수정할 때는 익숙한 에디터에서 자동 완성 기능을 사용하는 것이 더 빠르고 효율적일 수 있습니다. 반대로, 복잡한 알고리즘 설계에 대한 상담을 자동 완성 도구에 의존하는 것은 적절하지 않습니다. 즉, 하나의 도구에만 의존하지 않고 상황에 맞는 적절한 도구를 선택하는 것이 효율적인 개발을 위한 핵심 전략입니다.

### 1.6.1 자동 완성형: 실시간으로 소규모 코드를 제안

자동 완성형 AI 도구의 특징은 빠른 반응 속도와 매끄러운 개발 경험입니다. 대표적인 도구로는 깃허브 코파일럿이 있습니다. 이러한 AI 도구들은 에디터 플러그인으로 작동하며, 개발자의 작업을 실시간으로 지원합니다.

▼ 그림 1-19 자동 완성형 AI 도구의 출력 예시

```
def hello():
    print("Hello World!")
```

이 유형의 AI는 자동으로 프롬프트의 재료를 수집하고 구성합니다. 또한 코드의 문맥을 이해한 다음, 자연스러운 코드 몇 줄의 후보를 제안합니다. 개발자는 AI가 제안하는 소규모 코드를 수시로 검토하며, 이를 채택할지 여부를 판단합니다.

▼ 그림 1-20 자동 완성형 AI 도구의 자동 정보 수집

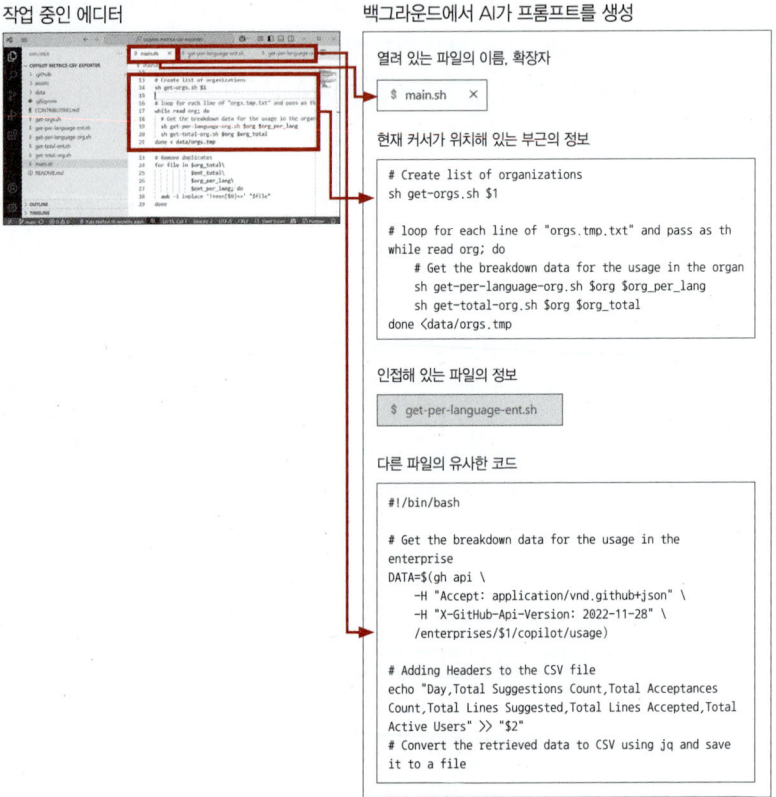

자동 완성형 AI 도구의 뛰어난 점은 에디터 내의 정보를 자동으로 수집해 프롬프트에 반영하는 구조에 있습니다. 이러한 자동 프롬프트 생성 기능 덕분에 개발자는 복잡한 프롬프트를 고민할 필요가 없습니다. 최소한의 입력만으로도 효과적인 코드 자동 완성이 가능합니다.

## 1.6.2 대화형: 문제 해결을 유연하게 지원

대화형 AI 도구는 코딩 중 실시간으로 제안하는 것이 아니라, 필요한 조건을 프롬프트로 입력하고 그에 대한 출력을 얻는 방식입니다.

▼ 그림 1-21 대화형 AI 도구의 출력 예시

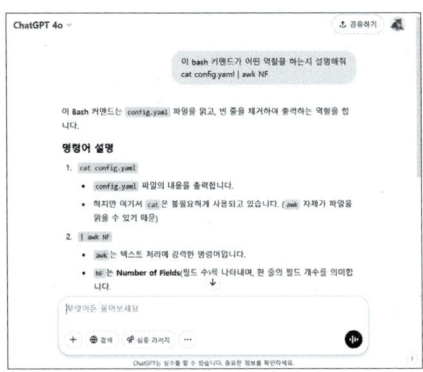

대화형 AI 도구는 주로 에디터나 웹 브라우저를 통해 제공되며, 채팅 형태의 UI(사용자 인터페이스)를 갖추고 있습니다. 이러한 도구들은 중간 규모의 코드 조각을 제공합니다.

이는 언어 모델을 직접 사용하는 느낌에 가까우며, 대화를 통해 자유롭게 문맥이나 콘텐츠를 AI에 전달할 수 있습니다. 주어진 콘텐츠 외에도 **조건이나 형식 등의 문맥을 명확히 전달함**으로써, 대화형 AI 도구는 이에 맞는 코드를 생성합니다.

많은 대화형 AI 도구는 프롬프트에 대화를 자동으로 기록하는 기능을 제공합니다. 이것은 매우 유용한 기능인데, 문제를 정확히 해석하기 위해서는 대화의 문맥이 필요하기 때문입니다.

▼ 그림 1-22 대화형 AI 도구가 자동으로 기록하는 대화 이력

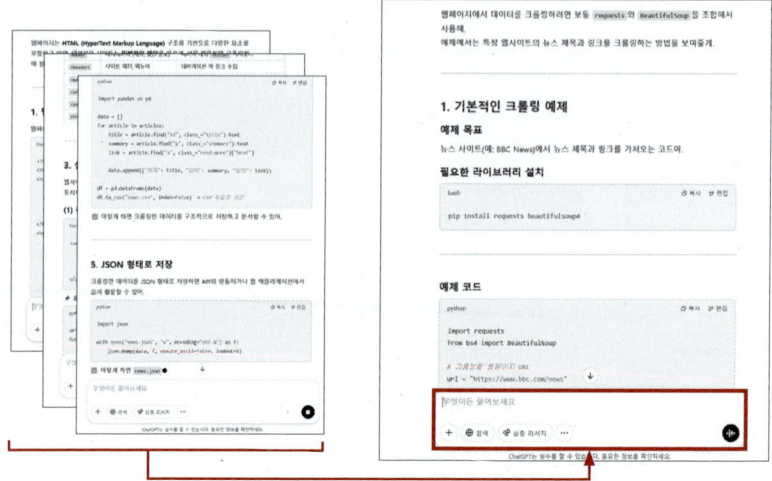

대화 이력을 자동으로 추가한다.

하지만 이 기능에는 주의할 점도 있습니다. 대화가 이어질수록 예상치 못한 문맥이 전달되어 코드 생성에 불필요한 정보가 섞여 들어갈 가능성이 있습니다. 대화형 AI 도구는 자유도가 높은 만큼, 개발자에게는 **상황에 맞는 프롬프트를 신속하게 작성하는 능력**이 요구됩니다.

대표적인 도구로는 OpenAI의 챗GPT, 마이크로소프트의 코파일럿, 구글의 제미나이, 앤트로픽의 클로드가 있습니다. 특히 개발자를 위한 도구로는 깃허브 코파일럿 챗이 잘 알려져 있습니다.

또한 2024년 5월에 출시된 GPT-4o는 멀티모달 봇과의 원활한 상호 작용을 가능하게 하며 큰 주목을 받았습니다. 앞으로는 텍스트뿐만 아니라 이미지나 음성을 통한 AI와의 상호 작용이 확대될 것이며, AI의 이해력을 높이기 위해 효과적으로 소통하는 능력이 더욱 중요해질 것입니다.

## 1.6.3 에이전트형: 복합적인 작업 처리를 지원

에이전트형 AI는 복합적인 작업이나 여러 파일에 걸친 작업을 처리하는 유형의 AI입니다.

이 도구의 특징은 단순히 제안을 넘어서 행동을 수행할 수 있는 능력에 있습니다. 즉, AI가 직접 코드를 실행하거나 파일을 생성할 수 있습니다. 이를 통해 완성된 애플리케이션이나 시스템을 제공하는 것이 가능해집니다. 이러한 유형의 도구는 생성되는 파일 수나 코드 줄 수가 많은 경향이 있습니다.

대표적인 도구인 깃허브 코파일럿 워크스페이스(GitHub Copilot Workspace)[25]는 다양한 범용 개발 작업을 폭넓게 지원합니다. 내부적으로 분석, 검색, 파일 편집 등 여러 작업을 계획하고 실행하여 개발 과정을 효과적으로 지원합니다.

▼ 그림 1-23 에이전트형 코딩 어시스턴트: 깃허브 코파일럿 워크스페이스의 샘플 화면

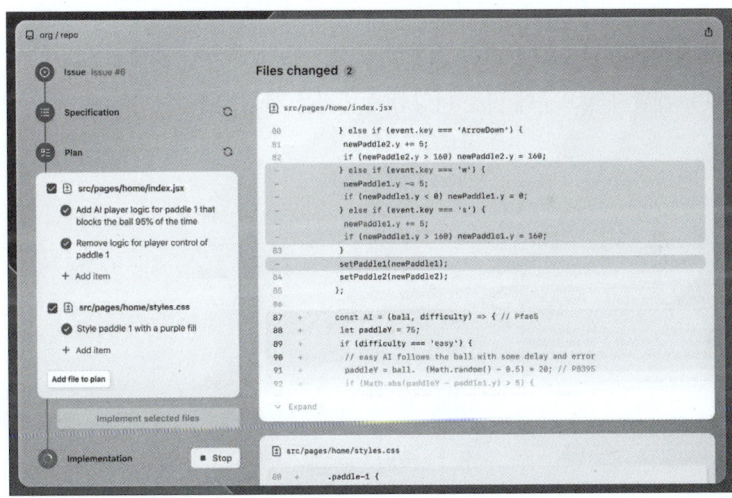

---

[25] 깃허브 코파일럿 워크스페이스는 작성 시점에서 프로토타입으로, 제한적으로 제공되고 있습니다.
URL https://githubnext.com/projects/copilot-workspace

개발자가 작업의 개요를 작성하면 코파일럿 워크스페이스가 상세한 계획을 제안합니다. 개발자는 이 계획을 조정한 후 코파일럿 워크스페이스와의 상호 작용을 통해 코드를 생성하고 다듬어 나갑니다. 완성된 코드는 코파일럿 워크스페이스 내에서 직접 테스트하고 빌드할 수 있습니다. 이처럼 깃허브 코파일럿 워크스페이스는 개발 작업의 아이디어 구상부터 테스트까지의 전체 프로세스를 AI로 통합하여 지원합니다. 이를 통해 개발자는 자연어 기반의 커뮤니케이션만으로도 높은 생산성을 유지하며 개발을 진행할 수 있습니다.

또한 특정 작업에 특화된 에이전트형 AI 도구도 있습니다. 작성 시점에서는 사실상의 표준(de facto standard) 도구가 정립되지 않은 상태이지만, 초기 등장한 React 컴포넌트 생성에 특화된 도구인 ReactAgent[26]는 특정 작업에서 AI 에이전트의 유용성을 보여 준 사례입니다. 이러한 특화형 도구는 특정 기술이나 프레임워크에 초점을 맞춰, 더욱 효율적으로 작업을 수행할 수 있도록 설계되었습니다. 이를 통해 특정 분야에서 높은 생산성을 발휘할 수 있습니다.

에이전트형 AI 도구는 범용적인 것부터 특정 작업에 특화된 것까지 다양하게 존재하며, 개발자의 요구에 맞춘 다양한 선택지를 제공합니다.

▼ 그림 1-24 오픈소스 에이전트 도구 구현 예시: ReactAgent

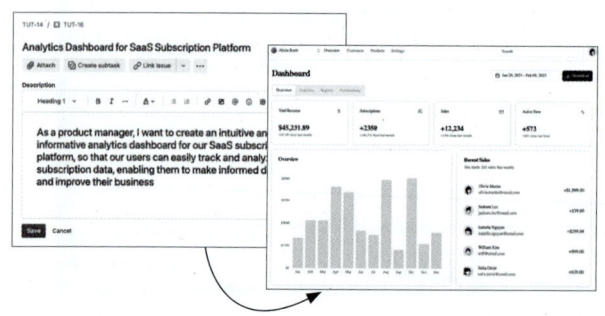

에이전트형 AI 도구 중에는 범용적인 작업을 자동화하는 도구도 존재하며, 이 책에서는 이를 범용 에이전트라고 부르겠습니다. 이러한 도구들은 단순히 프로

---

26 URL https://github.com/eylonmiz/react-agent

그래밍 작업에만 국한되지 않고, 데이터 분석이나 문서 작성 등 다양한 작업을 자동화하는 역할을 담당합니다. 또한 여러 AI의 개별적인 역할(성격)을 정의하고 이를 조합해 플로(흐름)를 구성하는 멀티 에이전트 접근 방식도 있습니다. 이러한 도구는 AI가 스스로 작업을 진행하고 결과물을 완성하기 때문에, 최종 결과물이 출력되기 전까지 개발자가 개입하거나 리뷰할 기회가 제한적입니다. 따라서 에이전트형 AI 도구를 효과적으로 활용하기 위해서는 **정확하고 안정적인 출력을 얻기 위한 프롬프트 설계가 특히 중요합니다.** 이를 위해서는 고도의 작업 이해력, 프로젝트에 대한 깊은 이해, 정교한 프롬프트 설계 능력이 필수입니다.

### 1.6.4 상황에 맞게 도구를 적절히 활용하자

다음은 개발을 지원하는 AI 도구의 특징을 정리한 것입니다. 각 도구는 출력 내용, 입력 원천, 출력 대상, 프롬프트 양, 출력량 등에서 차이를 보이며, 사용자는 이러한 요소에 따라 AI 도구에 기대할 수 있는 기능과 성능이 달라집니다.

▼ 표 1-1 AI 도구의 특징 비교

| 특징 | 자동 완성형 | 대화형 | 에이전트형 |
| --- | --- | --- | --- |
| 출력 내용 | 코드, 주석 | 코드, 주석, 해설문 | 편집 가능한 결과물 |
| 입력 방식 | 에디터 | 폼 | 폼, 다양한 입력 포맷 |
| 출력 대상 | 코드 자동 완성 | 채팅 응답 | 결과물 출력 |
| 프롬프트 분량 | 0줄~수 줄 정도 | 수 줄~수십 줄 | 대량 |
| 출력량 | 소규모(1줄~20줄 정도) | 중간 규모(1줄~수백 줄) | 대규모(수백 줄~수천 줄) |
| 응답 속도 | 수백 밀리초~수 초 | 수 초~수십 초 | 수십 초~수 분 |
| 중점 | 응답 속도, 사용자의 집중력 유지 | 응답 정확도, 프롬프트 구성 지원 | 솔루션으로서의 완성도 |
| 유사한 체험 | 페어 프로그래밍 | 슬랙에서 기술 질의 응답 | 로우코드 도구를 통한 개발 |
| 예시 도구 | 깃허브 코파일럿 | 챗GPT, 깃허브 코파일럿 챗 | 깃허브 코파일럿 워크스페이스, 챗GPT 어드밴스드 데이터 분석 도구 |

에이전트형 도구는 다양한 종류가 있지만, 이 책의 집필 시점에서 AI의 동향과 코딩 도구의 특성을 고려해 표 1-1과 같이 분류하고 있습니다.

## 1.7 AI로 팀의 경쟁력을 높이자

AI 도구의 활용법과 개인의 AI 활용 능력 향상에 대한 설명으로, 여러분도 한층 더 깊이 있는 이해를 얻었을 것입니다. 그러나 기업이 진정한 경쟁력을 확보하기 위해서는 개인의 능력만으로는 충분하지 않습니다. AI를 단순히 생산성 향상이나 비용 절감을 위한 도구로만 인식하는 것이 아니라, 새로운 가치 창출을 위한 전략적 도구로 활용하는 시각이 필요합니다. 앞으로의 성공은 AI를 얼마나 전략적으로 통합하고 조직적으로 활용할 수 있는가에 달려 있습니다.

이를 위해서는 AI의 역량을 최대한 끌어올리기 위한 맞춤형 최적화가 필요합니다. 이를 실현하기 위한 방법으로는 조직 고유의 정보를 활용하기 위한 검색 기능과의 연계, 파인튜닝(fine-tuning) 등 다양한 접근법이 있습니다. 그러나 이러한 방법을 실행하려면 준비를 철저히 해야 합니다. 구체적으로는, AI에 제공할 코드베이스 정비, 내재화 전략 추진, 코드를 조직 내에서 지속적으로 발전시킬 수 있는 체계 구축 등 조직 전반에서 AI 활용 역량을 강화하고, 전략적으로 AI를 활용할 수 있는 기반을 마련해야 합니다.

작성 시점에서도 일부 기업에서는 AI의 더욱 적극적인 활용이 시작되고 있습니다. 예를 들어 골드만 삭스(Goldman Sachs)의 최고 정보 책임자(CIO)인 마르코 아르젠티(Marco Argenti)는 인터뷰[27]에서 다양한 AI 모델을 통합한 플랫폼을 구

---

[27] URL https://www.youtube.com/watch?v=fGQv9yFd6JQ

축하고 있다고 언급했습니다. 이는 범용 모델과 독자적인 데이터를 활용해 파인튜닝 모델을 목적에 맞게 선택적으로 활용하는 새로운 접근 방식입니다. 인터뷰에서는 이러한 플랫폼 덕분에 개발자가 생성형 AI 애플리케이션을 구축하는 속도가 수개월에서 수주 단위로 단축되었다고 설명합니다.

이 절에서는 AI를 조직의 경쟁력 향상에 효과적으로 활용하기 위한 사고방식을 더욱 깊이 탐구해 보겠습니다. 조직 전체가 AI를 전략적으로 활용하고, 새로운 가치 창출로 이어질 수 있는 구체적인 방법과 전략을 모색해 봅시다.

### 1.7.1 맞춤형 AI로 팀 차별화하기

AI 도구의 도입이 빠르게 진행되는 가운데, 단순히 도구를 도입하는 것만으로는 다른 기업과 차별화를 두기가 어려울 것입니다. 앞으로 진정한 경쟁력을 확보하려면 조직의 특성과 목적에 맞춰 활용 방식을 전략적으로 고민하고, AI를 맞춤형으로 최적화하는 방법을 모색해야 합니다.

AI 도구 발전의 한 방향성은 바로 개인화(Personalization)입니다. 예를 들어 깃허브 코파일럿 엔터프라이즈(GitHub Copilot Enterprise)[28]는 프로젝트 고유의 정보를 인덱싱하여 더욱 적절한 제안을 제공하는 기능을 지원합니다. 이러한 도구를 활용하면 AI가 조직을 더 깊이 이해하게 되어, 조직의 일원처럼 기능할 수 있습니다.

▼ 그림 1-25 깃허브 코파일럿 엔터프라이즈의 인덱싱 기능

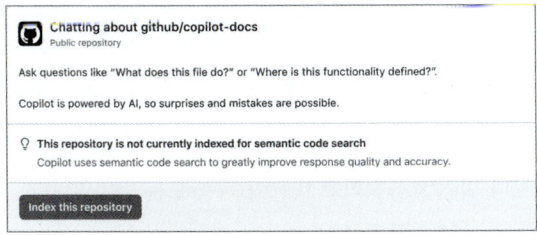

---

28  그림 1-25는 깃허브 코파일럿 엔터프라이즈로 저장소를 인덱싱할 때의 화면입니다.

이 책의 집필 시점에서는 현재 '개발 지원 AI 도구를 도입했는가'가 기업의 경쟁 우위로 작용할 수 있습니다. 그러나 이는 일시적인 현상에 불과합니다. **모든 기업이 어떤 형태로든 AI 도구를 도입하게 되면, 단순히 이를 활용하는 것만으로는 차별화할 수 없습니다.** 앞으로는 단순히 AI의 도입 여부가 아니라, 얼마나 효과적으로 AI를 활용하고, 동시에 자사 업무와 요구에 맞게 AI를 최적화할 수 있는지가 기업 경쟁력의 핵심 요소가 될 것입니다.

하지만 모든 기업이 독자적인 AI 모델을 처음부터 개발하는 것은 현실적으로 어렵습니다. 이는 방대한 데이터와 이를 처리할 컴퓨팅 리소스가 필요하므로 많은 기업에 부담이 되기 때문입니다. 따라서 중요한 것은 기존의 AI 모델이나 도구를 **자사 특성에 맞게 커스터마이즈하는 전략**입니다. 이 과정에서 조직의 고유한 특성을 반영하면 AI를 더 효과적으로 활용할 수 있으며, 이를 통해 차별화된 경쟁력을 확보할 수 있습니다.

이러한 커스터마이즈를 실현하기 위한 핵심 기술로는 파인튜닝과 검색 증강 생성(Retrieval-Augmented Generation, RAG)이 주목받고 있습니다. 파인튜닝은 기존의 AI 모델을 특정 작업이나 분야에 맞게 적응시키는 기법이고, 검색 증강 생성은 외부 지식을 활용해 생성 결과의 품질을 향상시키는 기법입니다. 이러한 기술들을 적절히 활용하면 일반적으로 공개된 언어 모델도 자사 고유의 요구에 맞게 최적화할 수 있습니다. 이를 통해 더 높은 정확도와 업무 맞춤형 성능을 달성할 수 있으며, 이는 곧 경쟁력 강화로 이어집니다.

### 파인튜닝으로 AI에 자신만의 코드를 이해시키기

파인튜닝이란 기존에 학습된 AI 모델을 특정 목적에 맞게 미세 조정하는 기술입니다. 예를 들어 GPT-4와 같은 범용 언어 모델을 자사의 코드나 문서, 기업 고유의 코딩 스타일에 맞춘 특화된 AI로 변환시킬 수 있습니다. 이는 처음부터 새로운 모델을 만드는 것보다 훨씬 효율적이고 비용이 적게 드는 방법입니다.

이 기술의 가장 큰 장점은 자사의 특수한 요구에 맞춰 AI를 단기간에 만들 수 있다는 점입니다. 범용 모델은 폭넓은 지식을 가지고 있지만, 특정 업계나 기업의 전문적인 내용에는 약한 면이 있습니다. 파인튜닝을 활용하면 이러한 격차를 메울 수 있습니다.

이렇듯 맞춤형 AI는 코드 품질 향상, 생산성 증대, 유지보수 개선 등에 기여합니다. 예를 들어 신입 개발자가 기존 코드베이스를 이해하는 데 도움을 주거나, 복잡한 버그의 원인을 더 빨리 파악하고 해결할 수 있는 효율성이 높아질 것입니다.

앞으로는 하나의 범용 AI만 사용하는 것이 아니라, 여러 특화된 AI를 상황에 따라 적절히 활용하는 시대가 올 것입니다. 파인튜닝은 이러한 AI를 유연하게 활용할 수 있게 합니다.

### 정보 검색과 생성을 함께 사용해 학습하지 않고 정보를 추출하기

검색 증강 생성은 언어 모델의 텍스트 생성에 외부 정보 검색을 결합해 응답 정확도를 높이는 기술입니다. 다음 그림과 같이 자사 지식 기반(knowledge base)에 대한 검색 결과를 AI에 입력함으로써, AI가 더욱 정확한 응답을 생성할 수 있게 합니다.

▼ 그림 1-26 검색 증강 생성의 구현 예시

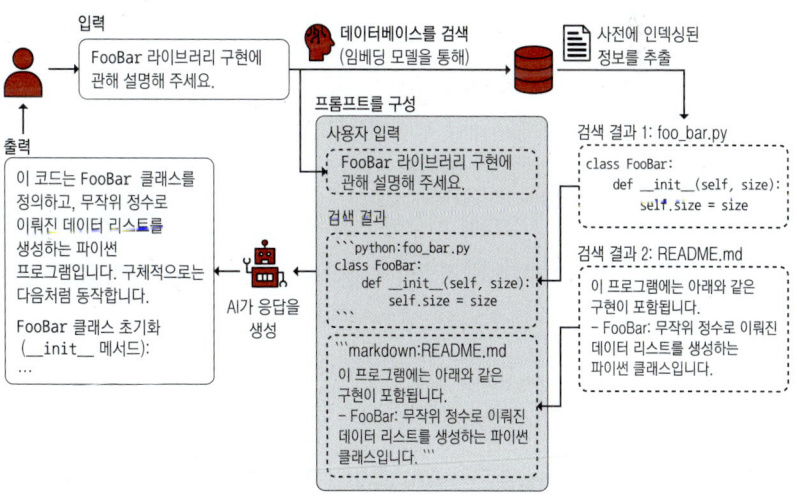

한편, 검색 증강 생성을 사용할 때는 정보 검색 설계가 매우 중요합니다. 잘못된 정보를 AI에 추가로 제공하면 이는 AI에 노이즈로 작용해 오히려 정확도를 떨어뜨릴 위험이 있습니다. 대규모 언어 모델은 어느 정도 노이즈에 대한 내성이 있지만, 여러 출처에서 얻은 정보를 적절히 통합하고, 일관성 있는 응답을 생성하며, 잘못된 정보를 걸러내는 일은 여전히 해결해야 할 중요한 문제로 남아 있습니다.[29] 따라서 검색 증강 생성이 반드시 파인튜닝보다 더 쉬운 방법이라고 할 수는 없습니다.

다음은 파인튜닝과 검색 증강 생성의 일반적인 특성을 비교한 표입니다.

▼ 표 1-2 파인튜닝과 검색 증강 생성 비교

| 특징 | 검색 증강 생성 | 파인튜닝 |
| --- | --- | --- |
| 동적인 정보에 대한 대응 | ○ – 최신 정보나 시스템의 조건에 유연하게 대응 | × – 최신 상태를 유지하기 위해 주기적인 업데이트 필요 |
| 커스터마이즈 | × – 검색으로 얻은 정보에 기반한 제한적 커스터마이즈 가능 | ○ – 고도화된 커스터마이즈 가능 |
| 데이터 효율성 및 요구 사항 | ○ – 레이블이 붙은 데이터가 많이 필요하지 않음 | × – 작업에 특화된 대량의 학습 데이터 필요 |
| 효율성과 확장성 | ○ – 범용 모델 사용 등을 통해 비용 절감 가능 | × – 학습뿐만 아니라 모델 호스팅을 위한 높은 인프라 비용 발생 |

파인튜닝은 학습과 호스팅에 높은 비용이 발생하는 반면, 검색 증강 생성은 범용 모델에 외부 정보를 결합하는 방식이므로 별도의 학습이나 독자적인 모델 호스팅이 필요하지 않습니다. 정확도는 데이터의 품질에 따라 달라질 수 있으니, 이 표의 내용이 모든 상황에 해당하는 것은 아니지만, 이 책의 집필 시점에서는 검색 증강 생성이 비교적 저렴한 비용으로 높은 정확도를 실현할 방법으로 주목받고 있습니다.

---

29 『Benchmarking Large Language Models in Retrieval-Augmented Generation』
　　URL https://ojs.aaai.org/index.php/AAAI/article/view/29728/31250

이 분야는 사전 학습된 모델의 다양화와 소규모 언어 모델의 발전 등으로 상황이 빠르게 변화하고 있으니 최신 정보를 지속적으로 파악하는 것이 필수입니다.

## 1.7.2 AI에 제공할 코드베이스는 준비되어 있는가?

AI 모델과 도구의 발전으로 좀 더 개인화된 경험이 가능한 시대가 다가오고 있습니다. 그러한 미래에서는 모두가 할 수 있는 것이 아닌 **아무나 할 수 없는 것을** AI로 실현하는 것이 중요해집니다. 즉, 단순히 공개된 언어 모델을 그대로 사용하는 것에 그치지 않고, 앞서 언급한 골드만 삭스의 사례처럼, **AI가 활용할 수 있는 데이터를 준비하고 이를 기업 차원에서 발전시키는 것이 핵심**이 됩니다.

최근에는 기업의 경쟁 우위가 데이터에 있다고 여겨지고 있지만, 생성형 AI의 맥락에서는 데이터의 의미가 더욱 확장되고 있습니다. 이제 단순히 사용자나 소비자 데이터뿐만 아니라 기업의 **코드베이스, 명세서, 문서 등도 AI가 활용할 수 있는 데이터로 인식**되고 있습니다. 이러한 데이터를 적극 활용함으로써, 기업 고유의 지식을 AI에 제공하고 이를 통해 더 고도화된 제안이나 지원을 받을 수 있습니다.

생성형 AI 시대에, 조직의 코드를 AI와 함께 자유자재로 확장해 나가는 미래를 상상해 봅니다. AI가 기업의 코드베이스나 명세서를 이해하고, 그것을 바탕으로 제안을 해주는 미래입니다. AI에 제공할 수 있는 정보가 많아질수록, AI는 더욱 조직에 적합한 제안을 할 수 있습니다. 따라서 다음의 세 가지 질문에 답할 수 있는지가 생성형 AI 시대에서 조직의 성공을 좌우할 것입니다.

- 조직은 AI에 제공할 수 있는 코드베이스나 문서화된 자료를 준비하고 있습니까?
- 코드나 정보는 AI가 이해하기 쉬운 형태로 정리되어 있습니까?
- 코드나 정보는 공개된 자료와 비교했을 때 더 높은 가치를 지닌 것입니까?

단기적으로는 강력한 지식 기반을 활용하고, 검색 증강 생성 기술로 AI에 정보를 제공하는 것이 매우 효과적입니다. 중장기적으로는 조직 고유의 코드와 전문 지식을 활용한 개발을 지원하는 AI 도구의 개발과, 파인튜닝된 모델의 사용이 점차 중요해질 것입니다.

AI를 활용해 개발 비용을 절감하고 품질을 향상시키려면, AI 내재화가 진행된 기업이 더 큰 혜택을 받을 가능성이 높습니다. 자사의 지식과 코드를 AI에 제공함으로써, AI는 이를 이해하고 더 정교한 제안을 제공할 수 있습니다. 개발 비용을 절감하고 비즈니스 속도를 더 내려면 내재화된 시스템에서 AI를 지속적으로 발전시키는 것이 핵심입니다.

앞으로 RAG나 파인튜닝이 일반화될 것을 대비해, 조직 전체에서 코드를 재사용할 수 있는 체계와 문화를 구축하는 것이 필요합니다. 이러한 환경을 조성하면 AI와의 협업이 더욱 효과적으로 이루어질 수 있으며, 결국 기업의 경쟁력 강화로 이어질 것입니다.

▼ 그림 1-27 기업의 AI 활용 로드맵

| AI 도구의 도입 | 개인 차원에서 활용 | 조직 차원에서 활용 |
|---|---|---|
| 단기적 목표<br>✓ 초기 사용자의 활용<br>✓ 사내 도구로 확장<br>✓ 방법이나 팁 공유 | 중간 목표<br>✓ 사내 유스 케이스 특정<br>✓ 사내 AI 활용 커뮤니티/발신<br>✓ 전사적인 직무 재교육 | 장기적 목표<br>✓ 지식 기반 구축(검색 증강 생성 활용)<br>✓ 파인튜닝으로 커스터마이즈<br>✓ 자사 AI 기반/도구 구축 |

## 1.7.3 내재화를 통해 AI를 최대한 활용하기

특히 기술을 경쟁력으로 삼는 기업이나 IT 및 엔지니어링 중심의 기업에게는 AI 활용을 내재화하는 것이 성공의 필수 요소입니다. 다른 기업을 위한 시스템 통합(System Integration, SI) 프로젝트가 중심인 기업이라도, 공통 부품이 될 수 있는 패키지를 자사 제품의 기반으로 삼는 것은 효과적인 전략입니다. 여기서 말하는 제품(product)은 단순히 배포할 수 있는 대규모 애플리케이션뿐만 아니라, 라이브러리나 문서화된 자료까지도 포함됩니다. 이러한 노력을 통해 AI 활용의 효과를 대폭 강화할 수 있으며, 개발 효율성과 품질 향상도 동시에 실현할 수 있습니다.

예를 들어 100개의 고객사를 대상으로 SI 프로젝트를 수행하고 있는 기업을 생각해 봅시다. 대부분은 코드의 소유권은 고객사에 있기 때문에 AI를 통한 학습이나 재활용이 어렵습니다. 설령 자사가 코드의 소유권을 가지고 있더라도 해당 코드에는 고객사의 기밀 정보가 포함되어 있거나 사용 범위에 대한 권리 문제가 얽혀 있어 이를 해결하기가 복잡합니다. 이에 따라 AI를 통한 코드 재활용이 제한됩니다. 결과적으로, 기업은 AI에 학습시킬 코드도, 참고 자료로 제공할 코드도 보유하지 못하게 되며, 결국 기업이나 프로젝트에 최적화되지 않은 범용 AI 모델이나 일반적인 AI 도구를 사용할 수밖에 없습니다.

반대로, 500명의 개발자가 자사 모놀리식 SaaS 애플리케이션을 개발하는 경우를 생각해 봅시다. 대규모 코드베이스에는 AI가 참고할 수 있는 정보가 풍부합니다. 또한 많은 개발자가 공유하는 코드베이스는 이해하기 쉽고 일관성 있어, AI가 다루기에도 용이합니다. 대규모 단일 코드베이스를 보유한 SaaS 기업이나 공유 라이브러리를 적절히 관리, 유지보수하는 기업은 앞으로도 생성형 AI가 제공하는 혜택을 최대한으로 누릴 수 있습니다.

비록 고객 맞춤형 프로젝트가 중심인 기업이라도, AI 활용을 극대화하기 위해 다음과 같은 노력을 기울이는 것이 좋습니다.

- 지식 기반 구축
- AI를 위한 코드베이스 정비
- AI 플랫폼화/AI 도구 개발

이러한 작업을 착실히 진행한다면 AI 시대에 자사의 코드와 지식을 AI가 활용하기 쉬운 형태로 정비하고, AI 활용을 촉진할 수 있는 기반을 마련할 수 있습니다. 자사의 강점을 활용한 개발 전략을 수립하고, 이를 단계적으로 실행해 나가는 것이 중요합니다.

### 지식 기반 구축

AI가 참조할 수 있는 정보량을 늘려 AI 제안의 품질을 향상시킵니다(예 프로젝트 문서를 충실히 작성).

- 프로젝트 간에 공유할 수 있는 지식이나 모범 사례를 위키(Wiki) 등을 통해 정리합니다.
- 명세서, 설계서, 문서 등을 AI가 참조할 수 있는 형태로 정비합니다.
- 정기적인 기술 공유 모임을 개최하여 암묵지를 형식지로 전환하는 것을 촉진합니다.

### AI를 위한 코드베이스 정비

AI가 참조할 수 있는 코드를 늘립니다(예 코드를 라이브러리로 정리하고, AI가 활용하기 쉬운 형태로 유지 관리).

- 공통적으로 사용되는 기능을 라이브러리화하고, 소스 코드 관리 시스템을 통해 관리합니다.
- 코딩 규칙을 설정하여 일관된 코드 스타일을 유지합니다.
- 지속적으로 유지보수하여 코드를 최신 상태로 유지합니다.

### AI 플랫폼화/AI 도구 개발

직원들이 AI를 즉시 활용할 수 있도록 보일러플레이트 코드와 사내용 프롬프트 모음을 정비합니다. 필요에 따라 이를 결합해 사내 전용 코드 생성형 AI 도구를 개발합니다(예 특정 프로젝트에 필요한 코드를 자동 생성하는 AI 도구 개발).

- 사내 전용으로 AI 특화 개발 플랫폼을 구축하고, 필요한 도구와 라이브러리를 정비합니다.
- 사내 프롬프트와 템플릿을 표준화합니다.
- 워크플로에 통합하여 사내 서비스로 운영합니다.

## 1.7.4 코드를 조직 차원에서 성장시키기

내재화가 AI 활용에 유리하다는 점은 이미 언급했지만, 그것만으로는 충분하지 않습니다. 조직 차원에서 AI를 효과적으로 활용하고, 자사의 코드와 지식을 경쟁력으로 전환하기 위해서는 다음과 같은 조건이 필요합니다.

1. **내재화**: AI가 참조하고 학습할 수 있는 형식의 리소스를 보유합니다.
2. **AI 활용 환경 구축**: AI가 해당 리소스에 적절히 접근할 수 있는 환경을 마련합니다.
3. **유지보수**: 코드와 정보를 지속적으로 업데이트하여 최신 상태를 유지합니다.

내재화가 되어 있더라도, 부서 간에 코드를 숨기고 재사용할 수 없는 상태라면 의미가 없습니다. 예를 들어 자신의 부서에서만 사용하기 위해 만든 코드를 다른 부서에서 사용할 수 없게 제한한다면, 그 코드는 학습이나 검색 증강 생성을 통해 다른 팀에서 활용될 수 없습니다. 또한 공유된 코드라 하더라도 최신 정보가 반영되지 않았다면 AI에 유용한 정보원으로 기능할 수 없습니다.

이러한 조건은 AI 학습 데이터로 활용된 오픈소스 코드의 요구 사항과도 유사합니다. 오픈소스 코드는 문서화되어 있어야 하며, 지속적으로 유지보수해야 합니다. AI도 마찬가지로, 모든 정보에 대한 적절한 접근성과 지속적인 유지보수가 필수입니다.

이러한 단계를 조직 차원에서 지속적으로 실행하는 것은 AI 활용의 고도화에 있어 매우 중요하지만 결코 쉬운 일은 아닙니다. AI에 제공할 데이터, 즉 코드베이스와 문서를 구축하는 데는 시간과 노력이 필요합니다. 따라서 앞으로 개발을 지원하는 도구로 AI를 효과적으로 활용하려면 AI와 협업할 수 있는 코드베이스 정비와 이를 활용할 수 있는 문화 및 체계 구축이 시급한 과제가 될 것입니다.

여기서 중요한 것은 바로 **이너소스**(Inner Source)의 개념입니다.

이너소스란 **기업 내에서 오픈소스와 유사한 문화를 조성하고, 투명성과 협업 중심의 문화를 만드는 것**을 의미합니다. 이 개념은 2000년 팀 오라일리(Tim O'Reilly)에 의해 제안되었습니다. 오픈소스가 전 세계적으로 소스 코드를 공유하는 것과 달리, 이너소스는 기업 내부에서 소스 코드를 대규모로 공유하는 것을 목표로 합니다. 기업 규모가 커질수록 부서 간, 제품 간 장벽이 생기고 협업이 어려워지는 문제가 발생합니다. 이너소스는 조직 전반에 걸쳐 공유 문화를 구축함으로써 이러한 문제를 해결하려는 혁신적인 시도입니다.

기업 내에는 협업을 방해하고 시너지를 저해하며 비용 절감을 어렵게 만드는 수많은 요소가 존재합니다. 이러한 상황을 극복하려면 조직 전체에서 코드 재사용, 개선, 공동 개발을 촉진하는 문화를 조성해야 합니다. 특히 AI에 의한 코드 재사용이 점차 일반화되고 있는 현재, 이러한 문화의 중요성은 더욱 커지고 있습니다.

7.1.1절에서는 이너소스의 구체적인 실행 방법과 소스 코드를 관리하는 도구를 효과적으로 운영할 방법을 자세히 설명할 예정입니다.

## 1.7.5 비용 절감만을 목적으로 AI를 도입하고 있지 않은가?

경영진에게 비용 절감은 시급한 과제이며, AI에 업무를 맡기는 것은 합리적인 선택입니다. 월별로 직원 1인당 몇만 원 수준의 비용으로 생성형 AI 도구를 도입하면, 1인당 수십만 원 이상의 비용 절감 효과를 기대할 수 있습니다. 그러나 여기서 멈추고, 'AI 도입의 목적이 정말로 비용 절감과 생산성 향상만으로 충분한가?'라는 질문에 대해 다시 한번 고민할 필요가 있습니다.

기업이 AI를 활용해 경쟁력을 강화할 방법은 주로 다음 세 가지로 분류할 수 있습니다.

- **비용 절감**: 필요한 노력과 자원을 줄이는 것
- **생산성 향상**: 동일한 노력으로 더 많은 성과를 창출하는 것
- **가치 창출**: 완전히 새로운 제품이나 서비스를 만들어 내는 것

많은 기업이 비용 절감 또는 생산성 향상에 주목하는 경향이 있습니다.

실제로, 프라이스워터하우스쿠퍼스 컨설팅(PwC)이 실시한 2024년 생성형 AI 관련 조사에 따르면, 생성형 AI 활용의 가장 큰 목적으로 '근로 시간 단축'을 꼽은 기업이 30%에 달했습니다. 그 뒤를 이어, '생산성 향상을 통한 매출 증가'가 21%, '판매관리비 및 인건비 등의 비용 절감'이 17%를 차지했습니다. 반면, 가치 창출과 관련된 목적은 상대적으로 낮은 비율에 그쳤습니다. '신기술 도입을 통한 신규 비즈니스 창출'은 9%, '제품 및 서비스의 차별화'는 3%에 불과했습니다.

비용 절감이나 생산성 향상은 기존 비즈니스 모델이나 운영 범위 내에서의 개선에 해당하기 때문에, 시도하기 쉽고 성과를 측정하기도 용이합니다. 예를 들어 AI로 코드 리뷰 시간이 절반으로 줄어들거나, 버그 발견 속도가 빨라지는 효과는 비교적 빠르게 수치로 나타나는 성과입니다. 그러나 이러한 단기적인 성과에만 집중하다 보면, 중요한 가치 창출의 기회를 놓칠 수 있으므로 주의해야 합니다.

지금까지의 논의를 바탕으로 보면, 생성형 AI는 단순히 생산성 향상 도구에 머무르지 않고, 새로운 가치를 창출하는 역할도 수행할 수 있다고 볼 수 있습니다. 기업은 기존 자산과 AI의 능력을 결합해 새로운 가치를 창출해야 하며, 동시에 개발자의 학습을 촉진해 새로운 가치를 창출할 수 있는 역량을 강화하는 것도 중요합니다.

예를 들어 사내 기술 자산을 공유하는 노력은 그 효과가 즉각적으로 눈에 띄지 않을 수 있지만, 중장기적으로는 조직의 지식 공유와 혁신 역량을 강화하는 데 이바지합니다. 이러한 노력은 결국 기업의 중장기적인 경쟁력 강화로 이어집니다.

결국 AI의 도입은 단기적인 생산성 향상과 장기적인 가치 창출의 균형을 고려해야 합니다. 비용 절감과 효율성 개선은 물론 중요하지만, 거기서 멈추지 않고 새로운 가치를 창출할 가능성에도 주목해야 합니다. 기업은 자사의 상황을 면밀히 분석하고, AI를 통해 단기적인 성과와 장기적인 경쟁력 강화를 동시에 달성할 수 있는 전략을 수립해야 합니다.

### COLUMN ▶ 생성형 AI란 결국 무엇일까?

생성형 AI라는 용어는 많은 사람에게 익숙한 개념이 되었습니다. 그러나 그 정의나 관련 용어에 대한 인식은 사람마다 다를 수 있습니다. 이 칼럼에서는 이 책에서 사용하는 생성형 AI의 정의와 관련 용어에 관해 설명합니다.

먼저, 언어 모델(Language Model)에 대한 이해가 중요합니다. 언어 모델이란 텍스트의 다음 내용을 예측하는 모델입니다. 대규모 언어 모델은 그 이름처럼 대규모 데이터셋을 기반으로 학습된 모델로, 방대한 텍스트 데이터에서 학습한 범용적인 언어 지식을 보유하고 있습니다. 또한 비교적 작은 규모의 소규모 언어 모델(Small Language Model, SLM)도 활발히 연구되고 있으며, 그중에서 높은 성능을 발휘하는 모델도 있습니다.

그리고 언어 모델과 생성형 AI의 차이점도 주의 깊게 살펴봐야 합니다. 이 책에서 말하는 생성형 AI란 주로 언어 모델에 인스트럭션 튜닝(Instruction Tuning)을 적용한 것을 의미합니다. 인스트럭션 튜닝을 통해 모델은 높은 대화 능력과 문제 해결 능력을 갖추게 되며, 사용자가 텍스트로 직접 명령을 전달할 수 있는 형식(프롬프팅)에 대응할 수 있습니다.

생성형 AI는 사용자의 명령(인스트럭션)이나 프롬프트에 적절히 대응하며, 문제를 해결하는 능력을 갖추고 있습니다. 따라서 '생성형 AI를 활용한다'는 것은 챗GPT와 같은 생성형 AI 애플리케이션이나 API를 통해 이 모델의 능력을 활용하는 것을 의미합니다.

이 책에서는 깃허브 코파일럿과 같이 개발에 특화된 생성형 AI를 '개발 지원 AI 도구'라고 부릅니다. 이러한 도구들이 주목받는 이유는 단순히 기능 때문만이 아니라, 혁신적인 UI(사용자 인터페이스)와 UX(사용자 경험) 덕분이기도 합니다. 실제로 생성형 AI의 폭발적인 확산은 사람이 직접 텍스트로 명령을 입력하는 새로운 인터페이스의 성공에 크게 기인하고 있습니다.

또한 생성형 AI가 더 넓은 의미로 사용될 때도 있습니다. 이는 단순히 모델 자체만을 의미하는 것이 아니라 그것을 둘러싼 생태계(에코시스템), 애플리케이션군, 그리고 이를 중심으로 한 연구와 개발 전체를 지칭하기도 합니다. 이 책에서도 문맥에 따라 이렇게 넓은 의미의 정의를 적용하기도 합니다. 이 의미에서 사용되는 생성형 AI는 단순히 AI로 표현될 때도 많으며, 이 책에서도 생성형 AI임을 특별히 강조할 필요가 없는 경우에는 AI로 표기합니다.

프롬프트 엔지니어링의 정의가 넓게 해석될 수 있듯, 생성형 AI라는 용어도 많은 의미를 가질 수 있다는 것을 이해하는 것이 중요합니다.

이 책을 읽을 때는 문맥에 따라 적절한 의미를 파악하며 이해하는 것이 필요합니다.

# 2장

# 프롬프트로 생성형 AI 제어하기

2.1 시스템 프롬프트와 사용자 프롬프트
2.2 프롬프트의 구성 요소:
    AI에 적절한 정보를 제공하기 위한 정보 전략
2.3 상황에 따른 프롬프트 최적화 전략

이제 본격적으로 AI와 협업하기 위한 프롬프트 작성 방법을 배워 보겠습니다. 프롬프트로 무엇을 어떻게 써야 할까요?

몇 줄의 프롬프트를 정성스럽게 작성해 AI로 하여금 코드를 생성하게 하는 사람도 있지만, 개발 지원 AI 도구의 자동 완성 기능을 활용해 Tab 과 Enter 를 반복하며 코드를 완성하는 사람도 있을 것입니다.

먼저 간단한 프롬프트 예시를 살펴보겠습니다. 다음 OpenAI가 Prompt examples 페이지[1]에서 공개한 프롬프트의 예시입니다.

▼ 그림 2-1 OpenAI가 제공하는 프롬프트 예시: 코드 효율 개선

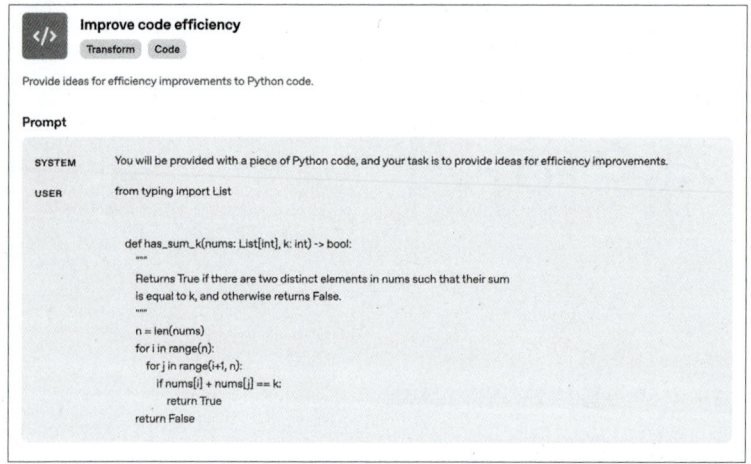

위 내용을 한국어로 번역하면 다음과 같습니다.

> 시스템: 당신에게 파이썬 코드의 일부를 제공합니다. 당신의 역할은 코드의 효율성을 개선하기 위한 아이디어를 제공하는 것입니다.
>
> 사용자: {파이썬 코드}

---

[1] URL https://platform.openai.com/examples

프롬프트를 다룬 기사나 글에서는 수십 줄에 달하는 긴 프롬프트를 볼 수도 있지만, 실제 개발 과정에서는 이 정도의 분량의 프롬프트를 단계적으로 AI에 제공하는 경우가 많을 것입니다. 데이터를 제외하면 보통 3~4줄 정도의 프롬프트로 충분한 경우가 많습니다.

그러나 이러한 단순한 프롬프트에 AI가 코드를 생성하도록 유도하는 핵심 요소를 담아내는 것이 중요합니다.

프로그래밍에서 '프롬프트'라는 용어가 사용될 때 그 접근 방식은 다양합니다. 이 장에서는 프롬프트에 어떤 종류가 있는지, 무엇을 작성해야 하는지, 어떻게 작성해야 하는지를 알아보고, AI가 좋은 코드를 생성할 수 있도록 돕는 기본적인 사고방식과 접근법을 소개합니다.

## 2.1 시스템 프롬프트와 사용자 프롬프트

앞서 소개한 예제에는 **시스템 프롬프트**와 **사용자 프롬프트**[2]라는 두 가지 요소가 포함되어 있다는 점을 눈치챘을 것입니다.

시스템 프롬프트란 사용자가 입력하기 전에 AI에 미리 전달해야 할 규정된 지시문을 의미합니다. 예를 들어 파이썬 코드의 효율을 개선하는 AI를 준비하고 싶다면, 그 목적을 시스템 프롬프트에서 지정해야 합니다. 이를 통해 AI의 역할과 응답 방향을 사전에 설정할 수 있습니다.

---

2  역주 유저(User) 프롬프트라고도 합니다.

언어 모델을 직접 활용할 때 시스템 프롬프트는 대부분 자유롭게 설정할 수 있습니다. 다음은 OpenAI가 제공하는 OpenAI Playground[3]에서의 시스템 프롬프트 예제입니다. 이를 통해 API를 이용해 웹에서 간편하게 AI와 대화해 볼 수 있습니다.

▼ 그림 2-2 OpenAI Playground의 시스템 프롬프트 설정 화면

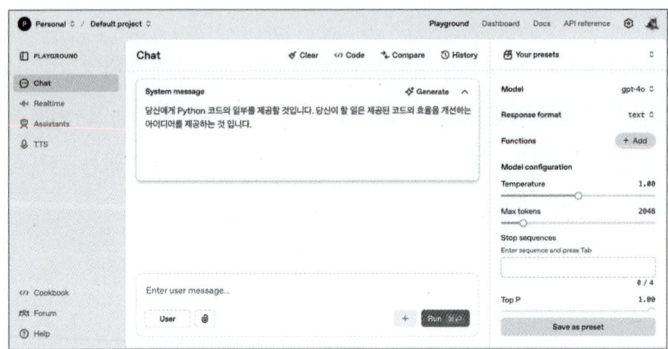

반면, 사용자 프롬프트는 사용자가 실제로 AI에 입력하는 구체적인 내용을 의미합니다. 결과적으로, 시스템 프롬프트와 사용자 프롬프트가 모두 AI에 제공되며, 이 정보를 바탕으로 AI의 응답이 생성됩니다.

▼ 그림 2-3 OpenAI Playground의 사용자 프롬프트 입력 화면

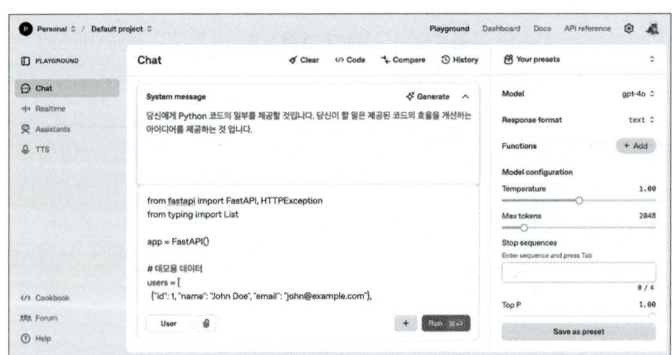

---

3 로그인이 필요합니다.
URL https://platform.openai.com/playground/

시스템 프롬프트의 필요성은 상황에 따라 다릅니다. 일반적인 AI 도구에서는 다음과 같은 범용적인 지시가 시스템 프롬프트로 미리 설정되어 있습니다.[4] 이를 통해 사용자는 별도의 설정 없이도 자연스러운 대화를 즐길 수 있습니다.

> 시스템: 당신은 프로그래밍에 관한 질문을 받습니다.
>   프로그래밍에 관한 질문에만 답해야 합니다.
>   윤리적으로 문제가 되는 질문에는 대답하지 마십시오.
>   답변은 단계별로 알기 쉽게 설명해야 한다.
>
> 사용자: 파이썬 코드의 일부를 제공합니다. 효율성을 개선할 수 있는 아이디어를 제공해 주세요.
>   {파이썬 코드}

AI 도구를 사용할 때 우리가 입력하게 될 부분은 주로 사용자 프롬프트입니다. 이는 챗GPT에 직접 지시나 질문을 입력하는 텍스트 박스를 의미합니다. 일반적인 AI 도구에서는 이 사용자 프롬프트를 입력하는 것만으로도 대화를 시작할 수 있습니다.

## 2.1.1 업무용 프롬프트의 재사용 여부 판단하기

생성형 AI를 활용하는 과정에서 시스템 프롬프트와 사용자 프롬프트를 구분하는 것은 실질적으로 그다지 중요하지 않습니다. 실제로 어느 쪽에 작성하더라도 정확도에 큰 차이는 나지 않습니다. 앞서 말했듯이, 대부분은 사용자가 직접 조작할 수 있는 것은 사용자 프롬프트밖에 없으므로 꼭 구분하지 않아도 됩니다.

오히려 중요한 것은 프롬프트를 재사용할 것인가, 아니면 일회성으로 사용하고 말 것인가에 대한 판단입니다. 이 구분은 효율적인 업무를 위해 매우 중요합니다. 예를 들어 특정 화면이나 로직, 문서 등의 리소스를 한 번에 생성하는 경

---

[4] 시스템 프롬프트는 일반적으로 공개되지 않으며, 실제로는 더욱 상세한 지시가 포함되어 있습니다. 이 책에서 소개하는 프롬프트는 그 본질을 이해하기 쉽게 설명하기 위해 저자가 추측해서 작성한 것이며, 실제 프롬프트와는 다를 수 있습니다.

우, 프롬프트의 재사용 가능성을 높여 두면 팀원들이나 미래의 자신이 더욱 편해질 것입니다. 재사용할 수 있는 프롬프트는 리팩터링이나 테스트 케이스 작성과 같은 반복적인 작업에도 유용합니다. 추상도가 높은 프롬프트를 구축해 두면 유사한 작업을 더욱 효율적으로 수행할 수 있습니다.

한편 개발자의 일상적인 업무에는 창의성을 요하는 작업을 한 번만 수행하는 경우가 많다는 점을 1장에서도 언급했습니다. 일반적인 개발 과정에서는 구체적인 상황에 맞춘 독특한 문제에 직면하는 경우가 많으므로, 일회성 프롬프트를 유연하게 구성하는 것이 더 좋습니다.

한 번만 사용하는 프롬프트에 시간을 지나치게 많이 들이는 것은 비효율적입니다. 상황에 따라 재사용할 프롬프트와 일회성 프롬프트를 적절히 구분해 사용하는 것이 효율적인 업무 수행의 핵심입니다. 프롬프트를 작성하는 데 드는 시간과 그로부터 얻을 수 있는 가치의 균형을 항상 생각합시다.

## 2.1.2 빠르고 간결한 일회성 프롬프트 생성하기

일상적인 업무에서 사용할 프롬프트를 작성할 때 100% 정확한 결과를 추구하는 것은 오히려 효율적이지 않을 수 있습니다. AI는 완벽하지 않다는 전제를 바탕으로, 80% 정도의 요구 사항을 충족하는 AI의 출력을 목표로 하고, 나머지 20%는 직접 보완하는 방식이 효율적일 수도 있습니다.

독자들도 완성하고 싶은 코드가 있을 때 완벽하게 동작하는 샘플 코드를 찾기 위해 검색 엔진이나 스택 오버플로에서 많은 시간을 소비한 경험이 있을 것입니다. 그리고 검색으로는 원하는 결과가 잘 나오지 않아, 결국 직접 문서를 읽고 코드를 작성하는 것이 더 빠르다는 사실을 깨닫기도 했을 것입니다.

프롬프트 작성도 마찬가지입니다. AI 프롬프트를 고민하는 시간, 스스로 생각하고 조사하는 시간, 코드를 입력하는 시간, 출력을 수정하는 시간을 적절히 배분하는 것이 중요합니다. **프롬프트를 최소한으로 작성하면서, 원하는 정보를 AI로부터 최대한 끌어내는 것을 목표로 합시다.**

## 2.1.3 재사용 프롬프트의 추상화 및 세분화하기

프롬프트를 재사용할 때는 완벽한 프롬프트를 공유하는 것이 아니라, 추상화해서 구성 요소로 나눠 활용하는 것이 중요합니다. 작업마다 문맥이나 의도가 다르므로, 프롬프트의 품질을 항상 일정하게 유지하는 것은 쉽지 않습니다.

여기서 추천하는 방법은 프롬프트에 필요한 **포맷, 조건, 주의 사항 등의 요소를 분리하여 구성**하는 것입니다. 이렇게 하면 프롬프트를 구성 요소별로 재사용하기 쉬워집니다. 이 접근 방식을 사용하면 프롬프트를 유연하게 사용할 수 있으며, 시간이 지나면서 계속 발전하는 요구 사항에도 유연하게 대응할 수 있습니다.

예를 들어 React와 Tailwind CSS를 사용한 단일 파일 웹 페이지를 생성하는 프롬프트를 생각해 봅시다. 다음처럼 항목별로 정리하면 프롬프트의 구성 요소를 효과적으로 재사용할 수 있을 것입니다.

- Stand alone 페이지에서 실행할 수 있도록 React를 포함합니다: ⟨script src="(이 예시에서는 생략)"⟩
- Tailwind를 포함합니다: ⟨script src="(이 예시에서는 생략)"⟩
- Google Fonts를 사용해도 좋습니다.

## 지시

- …
- …
- …

AI에 'React 코드를 생성해 주세요'라고 요청헤도, 어떤 버전에서, 어떻게 사용할 것인지에 따라 AI의 생성 결과는 매번 달라집니다. 앞의 예시처럼 관련된 구성 요소를 미리 준비해 두면, AI가 더욱 일관성 있는 코드를 생성하게 되고, 이에 다양한 상황에서도 다시 활용할 수 있습니다.

이처럼 프롬프트를 추상화하고 구성 요소로 분리하면 새로운 상황을 맞이하더라도 쉽게 적응할 수 있습니다. 그리고 행을 추가하거나 삭제했을 때 출력에 미치는 영향을 쉽게 이해할 수도 있습니다. 완벽함을 추구하기보다는 변화에 유연하게 대응할 수 있는 프롬프트를 목표로 합시다. 이 접근 방식을 활용하면 프롬프트의 재사용성이 향상될 뿐만 아니라, 더욱 효율적으로 개발할 수 있습니다.

### 작성한 프롬프트가 나중에 도움이 될지는 알 수 없다

기업에서는 활용할 수 있는 프롬프트를 공유하려고 시도하기도 합니다. 이런 행위는 효율적인 업무나 지식 공유 측면에서 의미 있는 일입니다. 그러나 작성된 프롬프트가 미래에도 유용할지 정확히 예측하는 것은 쉽지 않으며, 그에 투자해야 할 시간을 결정하는 것도 간단한 일이 아닙니다.

또한 내가 사용하기 편한 프롬프트라 할지라도, 다른 팀원으로서는 불편할 수도 있습니다. 이는 조직에서 만들어진 다양한 템플릿에도 해당하는 문제인데, **프롬프트의 완성도가 높고, 목적이 명확하며, 지속적인 유지보수가 이뤄지지 않는다면** 결국 활용되지 않을 것입니다. 게다가 프롬프트의 범용성을 높이려는 과정에서 본래의 목적에서 벗어나거나, 정확도가 떨어지는 문제가 발생할 수도 있습니다.

프롬프트의 가치는 AI 모델이나 AI 서비스의 발전에 따라 빠르게 변화할 가능성이 있습니다. 우선, AI 모델이 발전하면서 이전에는 제대로 동작하던 프롬프트가 새로운 모델에서는 기대한 결과를 내지 못하는 경우가 생길 수 있습니다. 그리고 범용적인 프롬프트는 시간이 지나면서 서비스의 기본 기능에 포함되거나, 커뮤니티를 통해 공유되는 경우도 있습니다.[5] 예를 들어 이전에는 여러 줄로 된 복잡하고 전문적인 프롬프트를 입력하지 않으면 원하는 이미지를 생성하

---

[5] OpenAI의 GPTs는 챗GPT를 커스터마이즈할 수 있는 기능입니다. 사용자가 자신만의 지시나 지식을 추가하여 AI의 동작을 조정할 수 있습니다. 또한 외부에 공개할 수도 있으며, 다른 사용자와 공유할 수 있는 마켓플레이스인 GPT Store에 제공할 수 있습니다.
URL https://openai.com/index/introducing-the-gpt-store/

는 것이 어려웠습니다. 그러나 AI의 이미지 생성 성능이 향상된 현재는 많은 사용자가 프롬프트 작성에 큰 노력을 들일 필요가 없어졌습니다. 예를 들어 마이크로소프트가 제공하는 마이크로소프트 디자이너(Microsoft Designer)[6]를 사용하면 간단하게 이미지를 생성할 수 있습니다.

▼ 그림 2-4 마이크로소프트 디자이너로 생성한 이미지

프롬프트를 작성할 때 **재사용할 수 있는지 고려하는 것은 중요하지만, 이를 위해 무리할 필요는 없습니다.** 반드시 재사용 자체를 목표로 할 필요는 없으며, 프롬프트를 참고용으로 보관하고 필요에 따라 수정하면서 다양한 상황에서 활용하는 것이 중요합니다. 명확한 재사용 가치와 투자 가치가 인정되는 영역을 제외하면 재사용을 전제로 한 프롬프트 작성에 지나치게 시간을 들이는 것은 피하는 것이 좋습니다.

---

6　URL https://designer.microsoft.com/image-creator

## 2.2 프롬프트의 구성 요소: AI에 적절한 정보를 제공하기 위한 정보 전략

프롬프트를 작성할 때 가장 중요한 것은 AI에 원하는 답을 자신이 이해하고 있어야 한다는 것입니다. 완벽한 답을 알지 못하더라도, 문제 해결의 접근 방식을 파악하고, AI의 도움 없이도 해결책을 도출할 수 있는 상태가 이상적입니다.

겉보기에는 단순해 보일 수도 있습니다. 하지만 요구하는 정보의 본질과 기대하는 응답 형식을 이해하지 못하면 AI를 적절하게 유도할 수 없습니다. AI를 활용하는 의미는 인간의 이해력과 AI의 능력을 결합하는 데 있습니다.

좋은 프롬프트를 작성하려면 자신의 목표를 명확히 하고, 그 구조와 배경, 접근 방식을 이해하고 있어야 하는 것이 필수입니다. 이를 위한 방법 중 하나가 정보 아키텍처(Information Architecture, IA)입니다. 정보 아키텍처란 사용자의 복잡하고 모호한 요구를 파악하고, 콘텐츠를 정리·구조화하며, 컨텍스트(문맥)를 명확히 함으로써 최적의 사용자 경험을 제공하는 설계 방법론입니다. 즉, **사용자가 올바른 정보를 효과적으로 이끌어낼 수 있도록 전략을 세우고, 이를 시스템에 반영하는 방법론**이라고 할 수 있습니다.

정보 아키텍처는 웹 개발, 앱 개발, 검색 시스템 개발 등 다양한 분야에서 활용되어 왔습니다. AI 시대에 '프롬프트'라는 개념이 등장했다고 해서 완전히 새로운 방법론을 만들어 낼 필요는 없습니다. 기존의 지식을 응용하는 것이 더 효과적일 수 있습니다.

프롬프트 개발자로서의 역할은 정보 아키텍처의 개념을 활용하여 AI에 원하는 정보를 이끌어내기 위한 전략을 수립하고 실행하는 것입니다. 이 역할을 수행함으로써, AI와 효과적인 커뮤니케이션할 수 있게 됩니다.

## 2.2.1 정보 구조화의 세 요소

프롬프트를 작성할 때는 **의도**(intent), **컨텍스트**(context), **콘텐츠**(content)를 생각해야 합니다. 이 세 가지 요소를 의식하면서 프롬프트를 작성하면 AI가 이해하기 쉬운 정보를 효과적으로 정리해서 제공할 수 있습니다.

정보 아키텍처 분야에서는 정보 정리의 기본적인 틀로 사용자, 컨텍스트, 콘텐츠라는 세 가지 요소가 자주 사용되었습니다. 그러나 이 책에서는 개발자가 직접 정보의 소비자 역할을 하기 때문에 사용자를 '의도'로 대체해 사용합니다. 의도란 AI에 요구하는 요구와 작업의 목표를 명확히 하는 것을 의미합니다.

▼ 그림 2-5 정보 아키텍처의 3요소

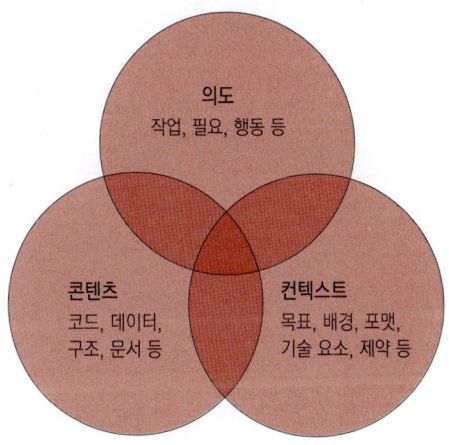

프롬프트에 다음과 같은 요소가 포함되었는지 확인해 봅시다.

▼ 표 2-1 프롬프트에 포함되어야 하는 요소

| 요소 | 내용 |
| --- | --- |
| 의도 | 기본적인 명령 집합, 개발자로서 자신의 요구, 기대하는 결과 |
| 컨텍스트 | 해당 정보를 추출하기 위한 프로젝트 상황, 배경, 기존 코드베이스 및 구현에서의 제약 |
| 콘텐츠 | 제공하는 정보 및 추출하려는 정보, 서식 및 구조, 함수 이름, 인수, 반환 값, 처리 내용, 포맷 |

특히 코드를 생성할 때는 컨텍스트 정보가 여러 위치에 분산된 경우가 많습니다. 예를 들어 현재 작업 중인 파일뿐만 아니라, 임포트된 모듈, 상위 클래스, 동일한 디렉터리 내의 파일, API 문서 등도 포함될 수 있습니다. 이러한 정보를 효율적으로 요약해 프롬프트에 반영하는 것이 매우 중요합니다.[7]

이 정리를 바탕으로, 파이썬에서 사칙연산을 수행하는 CalculationSystem 클래스를 구현하기 위한 프롬프트를 고민해 보겠습니다. 프롬프트는 대략 다음과 같은 형태가 될 것입니다.

---

의도: CalculationSystem 클래스를 구현하는 파이썬 코드를 작성

콘텐츠:
- sum, subtract, multiply, divide, average, median 함수를 구현
- validate 처리를 구현하여 숫자 데이터만 허용
- 숫자가 아닌 데이터를 입력받으면 오류 발생
- 반환 값은 숫자 데이터로 설정

컨텍스트:
- Python 3.8 이상
- PEP 8 스타일 준수
- 타입 힌팅 사용
- docstring을 사용해 설명 작성(한국어)

---

프롬프트에 절대적인 정답은 없지만, 효과적인 모범 사례는 분명히 존재합니다. 이는 웹 페이지 디자인이나 정보 구조를 다루는 정보 아키텍처 분야와 유사합니다. 예를 들어 대부분의 사람이 웹사이트의 내비게이션 바 위치에 익숙한 것처럼, 프롬프트에도 일반적으로 효과적인 방법이 있습니다. 이러한 일반적인 방법을 활용하면 AI로부터 기대하는 결과를 얻기 쉬워집니다.

---

[7] 「Repository-Level Prompt Generation for Large Language Models of Code」
URL https://proceedings.mlr.press/v202/shrivastava23a/shrivastava23a.pdf

여기서는 이해를 돕기 위해 의도, 컨텍스트, 콘텐츠를 분리해 설명하고 있지만, 반드시 이 형식을 따를 필요는 없습니다. **중요한 것은 형식이 아니라, 각 요소의 내용이 빠짐없이 포함되어 있는지를 확인하는 것**입니다.

챗GPT와 같은 대화형 AI와의 커뮤니케이션에서도 정보 아키텍처의 개념이 유용합니다. 정보를 구조화하고 정리하는 방법을 활용하면 프롬프트를 더욱 효과적으로 작성할 수 있습니다.

AI가 기대한 대로 응답하지 않을 경우, 우선 자신의 프롬프트를 다시 점검하는 것이 중요합니다. '내 의도를 적절하게 언어로 표현하고 있는가?'라는 관점에서 스스로 평가하고, 프롬프트를 개선해 나갑시다.

> **키워드 │ 정보 아키텍처**
>
> 정보 아키텍처란 정보를 정리하고 구조화해 분류하는 가독성을 높이기 위한 설계 방법론입니다. 웹사이트나 애플리케이션의 디자인, 정보의 시각화 및 공유 등 광범위한 영역에서 활용됩니다.
>
> 예를 들어 '어떤 내비게이션이 가장 적합할까?', '어떤 정보가 어떻게 표시되어야 할까?'와 같은 사용자 경험(UX)과 관련된 요소들이 정보 아키텍처 연구의 대상입니다. 우리도 일상적으로 정보 아키텍처의 모범 사례가 반영된 사용자 경험을 무의식적으로 접하고 있습니다.
>
> 정보 아키텍처에 대한 자세한 내용은 〈효율적인 웹사이트 구축을 위한 인포메이션 아키텍처〉(한빛미디어, 2003)[8]를 참고하기 바랍니다.

## 2.2.2 글머리 기호를 사용한 조건 지정하기

프롬프트의 조건은 항목별로 정리하여 최대한 구체적으로 전달하는 것이 중요합니다. 특히 대규모 결과물을 생성할 때 프롬프트가 길어질 수 있지만, 세부적인 조건을 명확하게 설정하면 AI가 더욱 적절한 코드를 생성할 수 있습니다.

---

[8] 원서는 〈Information Architecture, 4th Edition〉(O'Reilly, 2015)입니다.

다음 예시는 'HTML 랜딩 페이지 생성'이 주된 지시이며, 그 아래에 세부적인 지시 사항들이 이어집니다. 이러한 방식으로, AI는 더욱 정답에 가까운 코드를 생성할 수 있습니다.

> 다음 조건을 충족하는 HTML 랜딩 페이지를 생성해 주세요.
> - Bootstrap을 사용한다.
> - "Foo Bar Products Co."라는 제목을 포함한다.
> - Container에 콘텐츠를 배치하고, 좌우 여백을 둔다.
> - 콘텐츠에는 "Foo Bar Products Co."의 로고, 제품 이미지, 가격, 구매 버튼을 포함한다.
> - 이미지에는 placehold.co를 사용한다.
> - 콘텐츠는 가운데 정렬한다.
> - 내비게이션 바를 포함한다.
> - 푸터(Footer)에는 저작권 정보를 포함한다.

실제로 위 프롬프트를 AI에 전달하면 다음과 같은 랜딩 페이지가 생성됩니다.

▼ 그림 2-6 챗GPT가 생성한 샘플 웹페이지

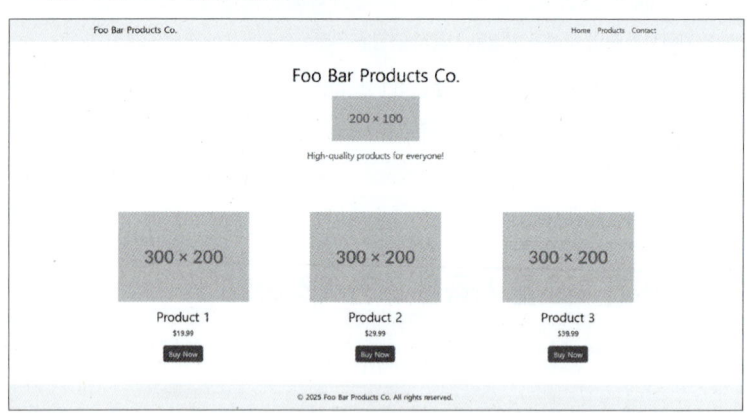

항목별로 정리해 작성하면 프롬프트를 통한 시행착오가 더욱 간편해집니다. 줄을 추가하거나 삭제하면서 반복적으로 비교하면, 정확도 향상에 이바지한 조건을 더 쉽게 특정할 수 있습니다. 또한 출력의 변화를 추적하기 쉬워지는 것도 장점입니다.

프롬프트를 하드코딩할 경우, 글머리 기호를 이용한 항목별 정리가 특히 유용합니다. 줄을 나눠서 작성하면 버전 관리 도구에서 변경 사항을 추적하기도 쉽습니다. 예를 들어 git diff 명령을 사용하면 변경 사항을 시각적으로 확인할 수 있고, git blame 명령을 사용하면 변경 이력을 쉽게 추적할 수 있습니다. 물론 깃허브와 같은 플랫폼을 사용하면 UI에서도 변경 이력을 직접 확인할 수 있습니다.

▼ 그림 2-7 깃허브 페이지에서 변경 부분을 직접 확인

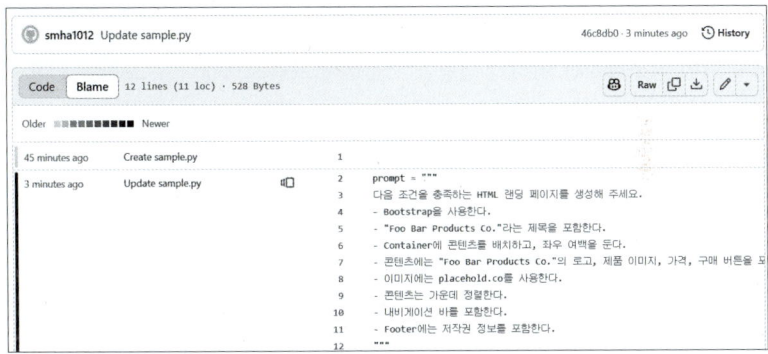

### 2.2.3 제약 조건을 단계적으로 도입하기

AI에 금지 사항을 전달하는 것은 원하는 작업을 지시하는 것만큼 중요합니다. 프롬프트에 제약 조건을 추가하면 더욱 적절한 코드 생성을 유도할 수 있습니다.

처음부터 완벽한 제약을 설정하는 것은 어렵습니다. 과도한 제약은 AI의 창의성을 저해할 가능성이 있기 때문입니다. 따라서 프롬프트에서 제약 조건을 한 번에 나열하기보다는 조금씩 추가해 나가는 것이 좋습니다. 이렇게 하면 AI의 능력을 최대한 활용하면서도 기대에 부합하는 코드를 생성할 수 있습니다.

앞서 생성한 HTML 예제를 다시 한번 살펴보겠습니다. AI가 매우 좋은 페이지를 출력했지만, 몇 가지 개선하고 싶은 부분이 있습니다. 푸터[9]가 페이지 하단에 고정되지 않았습니다. 그리고 스크린샷에서는 보이지 않지만, HTML 코드에 불필요한 주석이 포함되어 있습니다.

이런 문제를 해결하기 위해 다음과 같은 제약을 추가하는 것이 효과적입니다.

- 출력에 주석을 추가하지 마십시오.
- 푸터가 뜨지 않게 페이지 맨 하단에 고정하십시오.

다시 한번 강조하지만 이러한 명령을 처음부터 프롬프트에 모두 포함할 필요는 없습니다. 'AI가 주석을 포함할 것인가' 또는 '푸터를 맨 하단에 고정할 것인가'와 같은 사항은 AI가 한 번 출력한 다음에 알 수 있기 때문입니다. 따라서 처음에는 간단한 조건부터 시작하고, AI의 반응을 보면서 조금씩 추가해 나가는 것이 좋습니다. 이러한 조건 설정 방식은 시행착오를 거쳐 도출된 결과입니다.

### 2.2.4 프롬프트 수정하기

프롬프트를 완성하기 위해서는 시행착오가 필요합니다. 이상적인 출력을 얻으려면 AI와 대화하면서 프롬프트를 조금씩 개선해 나가는 과정이 필요합니다.

앞선 예제에서 '푸터를 페이지의 하단에 고정해 주세요.'라는 지시를 추가했음에도 기대한 결과가 나오지 않고, 푸터가 여전히 떠 있는 경우를 생각해 봅시다. 이러한 상황에서는 프롬프트를 수정하는 방법을 고민하는 것이 효과적입니다.

일반적으로 다음의 방법으로 프롬프트를 수정합니다.[10]

---

9 역주 푸터란 웹사이트의 가장 아래에 법적 정보(개인정보 보호정책, 이용약관 등), 연락처, 링크 등이 위치하는 공통 영역을 말합니다.

10 『Discovering the Syntax and Strategies of Natural Language Programming with Generative Language Models』
URL https://dl.acm.org/doi/abs/10.1145/3491102.3501870
URL https://www.youtube.com/watch?v=dDqO8-Zb_pg

- 단어 표현 변경(단어 추가, 삭제, 수정 또는 배열 변경)
- 범위 확대
- 범위 축소
- 더 간단한 목표를 설정한 다음 다시 실행
- 언어 모델의 파라미터를 조정해 다시 실행

이러한 방법들은 AI 모델의 출력을 개선하고, 원하는 결과를 얻기 위한 프롬프트 수정 기법으로 활용됩니다. 앞서 수정한 프롬프트의 예시를 참고해 봅시다.

▼ 표 2-2 프롬프트를 수정하는 방법

| 방법 | 수정 후 프롬프트/설정 |
| --- | --- |
| 단어 표현 변경 | 푸터를 하단에 고정하고, 페이지의 맨 하단에 배치해 주세요. |
| 범위 확대 | 푸터를 페이지의 맨 하단에 고정해 주세요. 페이지의 맨 하단과 맞닿도록 배치하고, 페이지를 스크롤해도 푸터가 떠오르지 않게 해주세요. |
| 범위 축소 | 푸터를 띄우지 마세요. |
| 더욱 간단한 목표 설정 | \<div class="foo-bar"\>에 mt-auto 클래스를 추가해 푸터가 떠 있지 않도록 하세요. |
| 언어 모델의 파라미터를 재조정 | 온도[11]를 0.5로 올려서 다시 실행함 |

그렇다면 프롬프트를 수정해 보겠습니다. 먼저 다음은 AI가 처음으로 출력한 〈footer〉 태그 부분입니다.

```
<footer class="bg-light mt-5 text-center py-3">
```

---

[11] 온도(Temperature)는 생성되는 텍스트의 다양성을 조절하는 파라미터입니다. 값을 낮게 설정하면 결정적이고 재현성이 높은 출력을 얻을 수 있으며, 값을 높이면 확률적이고 다양성이 높은 출력을 얻을 수 있습니다. GPT 모델에서는 0에서 1 사이의 값을 가집니다. AI 모델을 API로 직접 사용할 경우, 이 파라미터를 조정할 수 있는 경우가 많습니다. 그러나 개발을 위한 AI 도구를 통해 AI 모델을 사용할 경우, 이러한 파라미터는 조정하지 못하는 경우도 있습니다.

사실 이 코드는 페이지의 콘텐츠가 많다면 푸터가 뜨는 문제가 발생하지 않습니다. '맨 하단에 고정'이라는 초기 지시는 콘텐츠가 충분히 많은 경우라면 적절한 제약 사항이었습니다. 다시 말해, AI가 지시에 따르지 않은 것은 아니었습니다.

그러나 이것은 예상했던 구현 방식과는 다릅니다. 출력된 HTML을 보고 직접 이해할 수 있다면 더욱 간단한 목표를 설정해 다시 실행하는 방법을 선택할 수 있습니다. 반면, HTML에 대한 이해가 부족한 경우, AI의 출력을 확인한 후 단어 표현 변경, 범위 확대/축소 등의 전략을 선택할 수도 있습니다. 이번에는 더욱 구체적인 지시를 추가하고, 다른 고려 사항(범위)까지 추가해 보겠습니다.

> **입력 프롬프트**
>
> 콘텐츠가 적은 경우에도 \*\*푸터가 떠 있지 않도록\*\* 페이지의 맨 하단에 닿도록 배치해 주세요.

수정된 조건에서는 '콘텐츠가 적은 경우'라는 세부 조건이 추가되었고, **푸터가 떠 있지 않도록**이라는 강조가 추가되었습니다. 따라서 기존의 '맨 하단에 고정'이라는 제약이 '맨 하단에 닿도록 배치'라는 표현으로 변경되었습니다.

이러한 변경을 통해, 이번에는 AI가 mt-auto라는 CSS 클래스를 추가하여 플렉스박스 아이템이 컨테이너 내부에서 세로 방향으로 자동으로 여백을 잡도록 처리했습니다. 이렇게 프롬프트를 적절하게 수정하여 페이지 하단에 여백이 없는 HTML을 성공적으로 생성했습니다.

> **출력 프롬프트**
>
> `<footer class="mt-auto bg-light text-white text-center py-3">`

자신이 기대하는 바를 AI에 정확히 전달하는 것은 어렵습니다. 더군다나 처음부터 완벽한 제약 조건을 설정하는 것은 쉬운 일이 아닙니다. 제약을 조금씩 추가하면서 AI와의 커뮤니케이션을 반복해 나갑시다.

## 2.2.5 약속을 어기는 AI에 대응하기

AI에 지시를 내린다고 해서, 반드시 그것이 받아들여지는 것은 아닙니다. 사람의 지시가 모호할 가능성도 높지만, AI에 명확한 지시를 하더라도 이를 반드시 준수하는 것은 아닙니다. 특히 지시가 많아질수록 AI가 일부 명령을 무시하는 경우도 발생합니다.

이러한 상황에서는 강조나 표현 방식을 변경하는 등의 방법을 통해 AI가 제약 사항을 준수하도록 유도하는 것이 효과적입니다. 예를 들어 '푸터가 떠 있지 않도록, 페이지의 최하단에 고정해 주세요.'라는 제약을 정확하게 전달하려면 여러 방법이 있습니다. 2.2.4절의 연습에서 AI가 방향성을 따르도록 유도하는 방법을 다뤘습니다. 여기서는 이를 더욱 강조하여 전달하는 구체적인 방법을 알아보겠습니다.

### 더욱 구체적인 제약을 추가하기

조건을 더욱 구체적으로 적습니다.

> 콘텐츠가 적은 경우에도 푸터가 떠 있지 않도록 페이지의 최하단에 맞춰 배치해 주세요.

### 문자 형식을 강조하기

마크다운[12]의 굵은 글씨 표기 및 영어의 대문자[13] 사용을 적용합니다.

> 푸터가 **떠 있지 않도록** 페이지의 맨 하단에 맞춰 배치해 주세요.

---

[12] 마크다운(Markdown)은 문서를 작성하기 위한 경량 마크업 언어입니다.
[13] DO NOT USE...처럼 강조해야 할 부분은 대문자(ALL CAPS)로 표기합니다.

### 문장 강조하기

형용사나 부사를 사용해 문장의 의도를 명확하게 전달합니다.

> 푸터가 **절대로** 떠 있지 않도록 페이지의 최하단에 반드시 맞춰 배치해 주세요.

### 제약 반복하기

같은 내용을 두 번 반복해 작성합니다.

> 푸터가 떠 있지 않도록 페이지의 맨 하단에 맞춰 배치해 주세요. **페이지의 맨 하단에 맞춰 배치해 주세요!**

### 다른 표현으로 동일한 제약 추가하기

같은 내용을 다른 표현으로 표현해서 전달합니다.

> 푸터가 떠 있지 않도록 페이지의 맨 하단에 맞춰 배치해 주세요. **다시 말해, 푸터 아래에 공백이 나타나지 않도록 하고, 반드시 맨 하단에 밀착되도록 합니다.**

이처럼 AI에 제약 사항을 정확하게 전달하려면 다양한 전략이 필요합니다. 명확한 지시를 유지하면서, 강조 표현이나 반복적인 표현을 효과적으로 활용하면 AI가 제약 사항을 준수하도록 유도할 수 있습니다.

## 2.2.6 전문성을 이끌어내는 역할 설정하기

생성형 AI에 특정 역할을 부여하면 전문가처럼 응답하도록 유도할 수 있습니다. 이 방법은 롤플레이(Role-playing)라고 불리며, 이에 관한 연구도 활발하게 진행되고 있습니다.[14] AI의 모방 능력을 활용하면 더욱 자세하고 정확한 응답을 얻어낼 가능성이 높아집니다.

생성형 AI는 주어진 정보를 기반으로 모방하기를 잘합니다. 예를 들어 자신의 코드 스타일을 유지한 채로 코드를 이어서 작성하도록 지시하면 AI는 그 스타일을 그대로 따라 작성할 가능성이 높습니다. 하지만 이 특성은 양날의 검이 될 수 있습니다. 즉, 자신이 작성한 코드의 품질이 좋지 않을 경우, AI 역시 동일한 품질의 코드를 생성할 위험이 있습니다.

하지만 걱정하지 않아도 됩니다. AI는 다른 사람의 스타일도 모방할 수 있습니다. 예를 들어 우수한 개발자의 스타일을 따라 하도록 지시하면 AI는 그에 맞는 우수한 코드를 생성할 수 있습니다. 이 특성을 활용하면 자신이 만든 코드의 품질이 다소 떨어지더라도 AI가 모방하는 대상을 변경함으로써 고도화된 응답을 얻을 수 있습니다.

또한 언어 모델에 특정 역할을 부여하거나 전문성을 갖추도록 프롬프트를 작성하면 AI는 그 역할에 맞는 응답을 제공할 가능성이 높아집니다. 예를 들어 루비 온 레일즈(Ruby on Rails) 전문가처럼 코드를 생성하고 싶다면 다음처럼 프롬프트를 추가하면 됩니다.

> 당신은 루비 온 레일즈(Ruby on Rails) 전문가입니다.

롤플레이는 프로그래밍 작업뿐만 아니라 다양한 분야에서도 적용할 수 있습니다. PM(프로젝트 매니저), 디자이너, 데이터 사이언티스트 등 다양한 역할을 설정히면 AI는 그 전문성에 맞춘 코드나 문서를 생성할 수 있습니다. 이는 AI에 컨텍스트를 제공하는 강력한 기법 중 하나입니다.

---

14 『Better Zero-Shot Reasoning with Role-Play Prompting』
   URL https://arxiv.org/pdf/2308.07702

## 효과적이지 않은 역할 부여

AI와 효과적으로 소통하려면 적절한 역할을 부여해야 합니다. 하지만 지나치게 추상적인 역할이나 쓸데없는 캐릭터 설정은 피해야 합니다.

예를 들어 다음 예시가 반드시 좋은 역할이라고 할 수는 없습니다.

> 당신은 루비 온 레일즈에 능숙한 20년 경력의 개발자입니다.
> 풍부한 DevOps 경험도 보유하고 있습니다.
> 대기업에서 루비를 사용해 견고한 코드를 작성하는 개발자입니다.

이 역할 설정에는 몇 가지 문제가 있습니다.

▼ 표 2-3 효과적이지 않은 역할 부여

| 역할 설정의 문제점 | 상세 내용 |
| --- | --- |
| 관련 없는 역할 설정 | DevOps 경험을 보유하고 있음 → 이는 루비 온 레일즈 개발자라는 역할과 직접적인 관련이 없는 경우가 많음. |
| 의미가 불분명한 역할 설정 | 대기업에서 일하고 있음 → 코드 작성 방식에 미치는 영향이 불분명함. |
| 모호한 역할 설정 | 견고한 코드를 작성하는 개발자 → 얼핏 좋은 역할처럼 보이지만, 추상적인 표현이 남아 있음. 예를 들어 테스트 코드를 매번 작성해야 하는지, 오류 처리를 적절히 수행해야 하는지 등의 구체적인 지시가 부족해 AI가 해석하는 방식에 편차가 생길 가능성이 있음. |

효과적인 역할의 설정은 간결하고 구체적이며, 목적에 맞아야 합니다. 좋은 역할 설정의 예시로는 다음과 같은 것을 들 수 있습니다.

아래와 같이 범용적이고 최소한의 설정은 다양한 상황에서 사용할 수 있다는 장점이 있습니다.

> 당신은 루비 온 레일즈 전문가입니다.

또한 특정한 출력 조건을 캐릭터로 설정하여 포함할 수도 있습니다.

> 당신은 루비 온 레일즈 전문가입니다.
> 적절한 방식으로 오류를 처리하며, 최소한의 수정만으로도 문맥을 올바르게 보완하는 주석을 작성하는 것을 중요하게 생각하는 개발자입니다.

역할의 설정은 AI와의 커뮤니케이션을 효과적으로 개선하고, 원하는 결과를 얻기 위해 중요한 기술입니다. AI가 특정 역할을 갖도록 명확히 지정하면 AI의 출력을 더 쉽게 통제할 수 있습니다. 중요하지 않은 정보를 제거하고, 구체적이며 관련성이 높은 지시를 염두에 둡시다.

## 2.2.7 즉석으로 역할 설정하기

대화형 도구뿐만 아니라 자동 완성형 도구를 사용할 때도 챗봇과 같은 대화 형식을 간단하게 표현할 수 있습니다. 다음처럼 :(콜론)을 사용하면 AI는 파이썬 전문가로서의 역할을 인식하고 적절한 답변을 제공할 것입니다.

**입력 프롬프트**

Me: 파이썬에서 HTTP 서버를 실행하고 index.html을 보여 주는 방법은?
Python Expert:

**출력 프롬프트**

Me: 파이썬에서 HTTP 서버를 실행하고 index.html을 보여 주는 방법은?
Python Expert: python -m http.server 8000

▼ 그림 2-8 주석을 사용해서 간단하게 채팅을 실행한 예

```
server.py
1  #Me: python 명령어로 http 서버를 실행하고 index.html을 보여주는 방법은?
2  #Python Expert: python -m http.server 8080
```

더욱 간단한 방법은 Q:와 A: 기호를 사용하는 것입니다. 이 형식에서는 AI가 자동으로 응답자의 역할을 맡습니다. 다음은 vim 명령어에 관한 질문의 예시입니다.

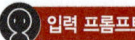 **입력 프롬프트**

Q: vim 명령어로 HTML 태그를 모두 제거하는 방법은?

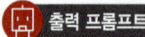 **출력 프롬프트**

A: :%s/<[^>]*>//g

이렇게 하면 AI의 역할을 암묵적으로 답변자로 설정할 수 있습니다.

## 2.2.8 퓨샷 프롬프팅

대규모 언어 모델은 소량의 데이터에서도 새로운 작업을 이해하고 실행할 수 있는 능력을 갖추고 있습니다.[15] 퓨샷 프롬프팅은 대규모 언어 모델의 능력을 활용하여 적은 수의 예시만으로 새로운 작업을 빠르게 이해하고 수행하도록 하는 기법입니다.

유사한 기법으로 원샷(One-shot) 프롬프팅이 있습니다. 이것은 하나의 예시만 사용해서 작업을 이해하도록 하는 방법입니다.

프로그래밍 분야에서도 이 기법은 매우 유용합니다. AI에 코드 생성을 요청할 때 품질 높은 샘플 코드나 데이터를 제공하면 **AI는 그 문맥을 이해하고, 의도에 맞는 적절한 출력을 생성할 수 있습니다.**

이 기법의 큰 장점은 AI에 원하는 지식을 전달하기 위해 모델에 추가적인 학습이 필요하지 않다는 점입니다. 토큰 수의 제한은 있지만, 최소한의 지식을 제공하고 싶을 때 효과적입니다. 예를 들어 다양한 프로그래밍 언어나 프레임워크의 예제를 제시하면 AI 모델의 대응 범위를 넓힐 수 있습니다.

---

15 「Language Models are Few-Shot Learners」
 URL https://proceedings.neurips.cc/paper_files/paper/2020/file/1457c0d6bfcb4967418bfb8ac142f64a-Paper.pdf

구체적인 적용 사례로, 데이터베이스 모델 클래스의 파이썬 코드를 AI에 생성하도록 하는 상황을 생각해 봅시다.

> **입력 프롬프트**
>
> 다음 JSON 데이터를 기반으로 파이썬의 모델 클래스를 생성합니다.
>
> ```json
> [
>     {
>         "listing_id": "RNS123",
>         "name": "XXX 아파트",
>         "rent": 100000,
>         "apartment_area": 30,
>         "location": "서울시, 서초구"
>     },
>     ...(생략)
> ]
> ```

그러면 AI는 이 샘플을 참고해 다음과 같은 모델 코드를 생성합니다.

```
class Listing(BaseModel):
    listing_id: str
    name: str
    rent: int
    apartment_area: float
    location: str
```

아이디어에 따라, 이때 카멜 케이스나 스네이크 케이스[16] 등 특정 코딩 스타일을 적용하거나 특정 프레임워크에서의 구현을 지정하는 등 세밀하게 명령할 수도 있습니다.

---

16 **역주** 언어마다 자주 쓰이는 네이밍 관례입니다. 카멜 케이스는 첫 단어는 소문자, 이후의 단어는 첫 글자만 대문자로 붙여 쓰는 방식으로 자바나 자바스크립트에서 자주 쓰입니다(**예** myVariableName). 스네이크 케이스는 모든 글자를 소문자로 쓰고 단어 사이를 밑줄(_)로 구분하는 방식으로 파이썬에서 주로 많이 쓰입니다(**예** my_variable_name).

### 퓨샷 프롬프팅은 제공하는 샘플의 품질이 관건이다

퓨샷 프롬프팅에서는 제공하는 샘플의 품질이 결과에 크게 영향을 미칩니다. 적절히 선별된 예제를 제공하는 것이 모델의 정확한 이해와 출력으로 이어집니다. 반대로 부적절한 예제를 제시하면 모델이 잘못된 해석을 유도할 가능성이 있습니다.

또한 제공하는 예제가 대상 집단을 적절히 대표하는 것도 중요합니다. 편향된 예제를 제공하면 AI의 출력이 불안정해질 수도 있습니다. 따라서 다양성을 고려하면서도 대상 집단의 특징을 정확히 반영한 예제를 선택해야 합니다.

게다가 모델에게 최소한의 정보를 제공하는 것도 효과적입니다. 예를 들어 방대한 데이터가 있더라도 그 특징을 대표하는 몇 개의 예제만 선택해 제공해도 AI에 효율적으로 정보를 전달할 수 있습니다. 이러면 100개의 항목이 있는 배열에서 대표적인 하나의 값만 AI에 전달하는 것으로 충분합니다.

### 퓨샷 프롬프팅의 활용 사례

퓨샷 프롬프팅은 다음과 같은 상황에서 활용할 수 있습니다.

▼ 표 2-4 퓨샷 프롬프팅의 주요 용도

| 용도 | 내용 |
| --- | --- |
| 코드 패턴의 제시 | 특정 코드 패턴이나 프레임워크의 예제를 제공함으로써, AI가 해당 스타일에 맞춘 코드를 생성하게 합니다. |
| 사양서 및 문서 출력 패턴의 제시 | 코드뿐만 아니라 사양서나 문서의 템플릿을 제공하면 AI가 그에 맞춘 출력을 생성할 수 있습니다. |
| 데이터 형식의 제시 | 특정 데이터 형식이나 구조에 대한 예제를 제공하면 모델이 해당 형식에 맞춘 코드를 생성할 수 있습니다. |

예를 들어 FastAPI의 엔드포인트 일부를 제공하면 AI는 나머지 CRUD 엔드포인트를 생성할 수 있습니다. 다음은 그 구체적인 예시입니다.

🗨️ **입력 프롬프트**

```
# FastAPI의 엔드포인트를 참고해서 나머지 CRUD 엔드포인트를 생성해 주세요.

@app.get("/items/{item_id}")
async def read_item(item_id: int, q: str = None):
    return {"item_id": item_id, "q": q}
@app.post("/items/")
async def create_item(item: Item):
    # 중략
    return item
```

AI는 이 예를 참고하여 다음과 같은 코드를 생성해 줍니다.

🤖 **출력 프롬프트**

```
@app.get("/items/{item_id}")
async def read_item(item_id: int, q: str = None):
    return {"item_id": item_id, "q": q}

@app.post("/items/")
# 중략
@app.put("/items/{item_id}")
# 중략
@app.delete("/items/{item_id}")
# 중략
@app.get("/items/")
# 생략
```

더 나아가 생성형 AI를 사용하면 JSON을 YAML이나 TOML과 같은 설정 파일이나 테이블 정의 문서로 변환할 수도 있습니다. 이를 통해 하나의 정보로부터 다양한 형식의 데이터를 생성할 수 있습니다.

▼ 그림 2-9 AI를 통한 데이터 변환 가능성

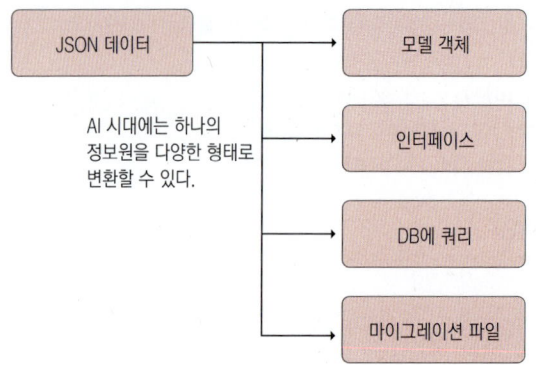

조직 내에 있는 코드베이스나 문서 등은 퓨샷 프롬프트 튜닝에서 제공할 수 있는 귀중한 정보가 될 가능성이 있습니다. 이러한 리소스를 활용하면 새로운 발견이나 효율적인 개발로 이어질지도 모릅니다. 자신이 속한 조직이 보유한 정보들을 재검토하고, AI와의 협업 가능성을 꼭 한번 찾아보기 바랍니다.

## 2.2.9 제로샷 프롬프팅

대규모 언어 모델은 광범위한 데이터를 학습했기 때문에, 외부에서 제공되는 정보가 제한적이어도 적절한 코드나 문제 해결 방법을 스스로 찾아낼 수 있습니다. 이 능력을 활용하는 제로샷(Zero-shot) 프롬프트 튜닝은 모델에 사전 정보나 예시를 제공하지 않고 직접 질문이나 작업을 제시하는 방법입니다. 퓨샷 프롬프트 튜닝과는 달리, 코드 예시나 상세한 설명이 필요하지 않습니다. 프로그램 관련 요구 사항이나 문제를 구글에 검색하듯이 그대로 AI에 물어보면 됩니다.

예를 들어 Bootstrap은 웹의 일반적인 스타일을 쉽게 구현할 수 있는 CSS 프레임워크입니다. 생성형 AI는 이와 같은 대표적인 프레임워크에 대한 지식을 이미 보유하고 있습니다. 따라서 다음처럼 질문하면 AI에 Bootstrap의 버튼 종류를 물어볼 수 있습니다.

🤖 입력 프롬프트

CSS의 Bootstrap에서 구현할 수 있는 버튼 유형을 알려주세요.

🤖 출력 프롬프트

여기서는 부트스트랩에서 자주 사용하는 버튼의 유형을 소개합니다. 각 버튼은 특정 클래스를 추가해 HTML에서 사용할 수 있습니다.

### 기본적인 버튼의 종류

1. Primary Button - ".btn-primary"
   - 메인 액션용 파란색 버튼
2. Secondary Button - ".btn-secondary"
   - 보조 액션용 회색 버튼
3. Success Button - ".btn-success"
   - 성공 또는 정상적인 액션을 나타내는 초록색 버튼
<!-- 생략 -->

제로샷 프롬프트 엔지니어링은 특정 프로그래밍 언어의 문법, 프레임워크 사용법, 알고리즘 구현 등 다양한 분야에서 활용할 수 있습니다. 다음과 같이 구체적으로 명령하기만 하면 AI에 특정 기술을 가르치지 않아도 원하는 출력을 얻어낼 수 있습니다.

> Terraform에서 Azure Functions의 리소스를 생성하는 코드 스니펫을 생성해 주세요.

**유명한 프레임워크나 프로그래밍 언어일수록 모델의 학습 데이터에 포함되었을 가능성이 높고, 정확도가 향상되는 경향이 있습니다.** AI가 이미 보유한 지식을 활용함으로써, 입력해야 할 토큰을 줄이면서 원하는 결과도 얻기 쉬워집니다. 이 기법은 모델이 특정 지식을 가지고 있는지 테스트하는 방법으로도 활용할 수 있습니다.

## 2.3 상황에 따른 프롬프트 최적화 전략

프롬프트를 작성할 때 반드시 특정한 형식을 따를 필요는 없습니다. 사실 프롬프트는 매우 자유롭게 구성할 수 있습니다. 그러나 적어도 **정보 아키텍처의 세 가지 요소를 의식하면서** 자신이 작성하는 프롬프트가 어떤 정보를 전달해야 하는지를 고민해야 합니다.

프롬프트를 작성할 때는 단순히 정보를 최대한 많이 넣는 것이 아니라, 다음과 같은 사항을 고려해야 합니다.

- 프롬프트의 품질과 분량의 균형
- 프롬프트를 표현하는 언어
- 프롬프트의 형식

위 내용을 기반으로, 상황에 맞게 간결하면서도 효과적인 프롬프트를 작성하도록 합시다.

### 2.3.1 프롬프트의 품질과 분량의 균형

AI에 문맥과 의도를 명확하게 전달하려면 **적절한 양의 고품질 정보를 제공**해야 합니다. 자주 발생하는 실수 중 하나는 항상 완벽한 프롬프트를 제공하려고 하는 것입니다. 물론 품질이 높은 프롬프트를 작성하는 것은 중요하지만, 앞서 2.1.2절에서 설명했듯이 프롬프트가 반드시 항상 완벽할 필요는 없습니다.

정보의 품질과 분량의 균형을 고려해 AI에 필요한 정보를 충분히 제공하는 것이 효과적인 프롬프트 작성에 필요한 요소입니다.

## 2.3.2 최소한의 프롬프트

개발자의 일상적인 업무에서 프롬프트를 작성할 때 그 품질은 최소한의 수준이면 충분합니다. 완벽한 프롬프트를 추구하면 개발 시간을 필요 이상으로 소비하게 될 수 있습니다. 효율적인 개발을 위해 프롬프트는 간결하게 작성합시다.

예를 들어 로그인 폼의 React 컴포넌트를 생성하는 프롬프트를 생각해 봅시다. 자주 사용하는 예시로는 다음과 같은 프롬프트가 있습니다.

> 로그인 폼의 React 컴포넌트를 생성해 주세요.
> 이것은 제 경력에 매우 중요한 요소입니다.
> 정성스럽고 아름답게 만들어 주세요.
>
> 조건
> - Tailwind를 사용해 주세요.
> - Google Fonts를 사용할 수 있습니다.
>
> 구현 내용
> - 폼에는 이메일 주소와 비밀번호 입력 필드가 포함됩니다.
> - 이메일에는 유효성 검사(Validation)가 필요합니다.
> - 비밀번호에도 유효성 검사(Validation)가 필요합니다.
> - 로그인 버튼을 포함해 주세요.
> - 비밀번호를 잊었을 경우를 위한 링크를 추가해 주세요.

하지만 이 프롬프트는 너무 길고 시간이 많이 걸립니다. 간단히 말하면, 일상적인 업무에서 사용할 프롬프트는 크게 공들이지 않고 작성해도 괜찮습니다.

> 로그인 폼의 React 컴포넌트를 생성해 주세요.
> 기술: Tailwind, Google Fonts
> 구현: 이메일, 비밀번호, 로그인 버튼, 비밀번호 찾기 링크
> 기타: 이메일 및 비밀번호 유효성 검사 포함

AI에 질문하는 방식을 다듬으면 더 좋은 응답을 얻을 수 있습니다. 하지만 일회성 작업이라면, 프롬프트는 원하는 작업이 끝나는 순간 쓸모 없어집니다. **프롬프트는 짧으면 짧을수록 아름답다고 생각합시다.**

## 2.3.3 효율성을 중시하는 언어 선택: 영어와 한국어의 적절한 활용

프로그래밍에서 생성형 AI를 활용할 때 프롬프트를 영어로 작성할지, 한국어로 작성할지는 중요한 선택입니다. 언어의 선택은 AI 도구에서 얻을 수 있는 결과의 품질에 직접적인 영향을 미치므로 신중하게 검토해야 합니다.

많은 대규모 언어 모델, 특히 OpenAI의 GPT-3.5 및 GPT-4는 학습 데이터에서 영어가 차지하는 비율이 높은 것으로 알려져 있습니다. 이는 애초에 인터넷에 있는 정보 대부분이 영어로 작성되어 있기 때문이기도 합니다. 따라서 영어로 프롬프트를 작성하면 기대한 결과를 얻을 가능성이 높습니다.[17] 다음 그림은 GPT-4의 언어별 처리 능력을 비교한 것으로, 두 모델 모두 영어에서의 성능이 두드러집니다.[18]

▼ 그림 2-10 언어별 MMLU의 GPT-4 정확도

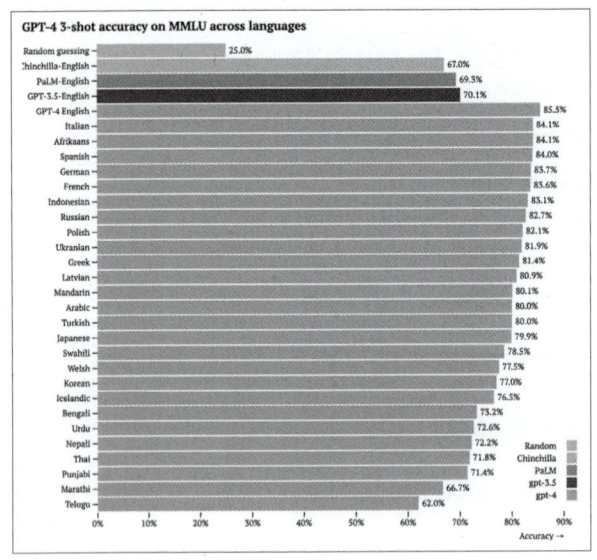

---

[17] OpenAI의 모델 비교에 관한 기사 'GPT-4'에서 인용했습니다.
　　URL https://openai.com/research/gpt-4
[18] MMLU(Massive Multitask Language Understanding)는 언어 모델의 성능 평가에 사용되는 벤치마크 중 하나입니다.

한편 최근에는 한국어에 특화된 모델 개발도 진행되고 있습니다. 한국어에 특화된 모델은 한국어 프롬프트에 대해 더욱 적절한 응답을 생성할 가능성이 있습니다. 따라서 사용하는 모델의 특성을 이해하고, 최적의 언어를 선택하는 것이 중요합니다.

프롬프트의 언어를 선택할 때는 사용하는 AI 모델의 특성, 작업의 성격, 기대하는 출력 언어를 고려해야 합니다. 또한 프로젝트의 성격이나 팀원들의 언어 능력도 중요한 요소입니다. 예를 들어 기술적인 질문은 영어로, 비즈니스 로직에 관한 질문은 한국어로 하는 등 유연한 대응이 효과적입니다. 실제 사용에서는 속도를 중시할지, 정확도를 중시할지에 따라서도 언어 선택이 달라질 수 있습니다. 최적의 선택을 하려면 실제로 시행착오를 거치면서 찾아가는 과정이 필요합니다.

## 2.3.4 모국어를 활용한 빠른 반복

일상의 창의적이면서 일회성인 작업을 위해 코드를 작성해야 할 때 목적에 맞는 프롬프트를 빠르게 고민하는 것이 중요합니다. 예를 들어 GPT-4의 경우 2023년 기준으로 영어 정확도가 85.5%, 한국어는 77%로 8.5%의 차이가 있습니다. 하지만 영어로 작성한다고 해서 정확하게 의미를 전달할 수 없다면, 오히려 영어를 읽고 이해하는 데 시간이 걸려 비효율적일 수도 있습니다. 이 작은 차이를 메우기 위해 영어를 사용하는 것보다, 익숙한 한국어로 질문의 정확도를 높이고 AI가 원하는 결과를 더 빠르게 찾아내도록 반복하는 것이 좋습니다.

또한 영어를 사용하는 이유로 토큰 소비량의 차이도 언급됩니다. 같은 내용이라도 한국어는 영어보다 최대 2~3배 많은 토큰을 사용할 가능성이 있고, 이는 비용에도 영향을 줍니다. 예를 들어 파이썬 코드 개선 시스템에 관한 한국어와 영어로 작성한 프롬프트를 비교하면 한국어는 많은 토큰을 소비하지만, 영어는 적은 토큰으로도 같은 의미를 충분히 표현할 수 있습니다.

▼ 그림 2-11 한국어 프롬프트의 토큰 수

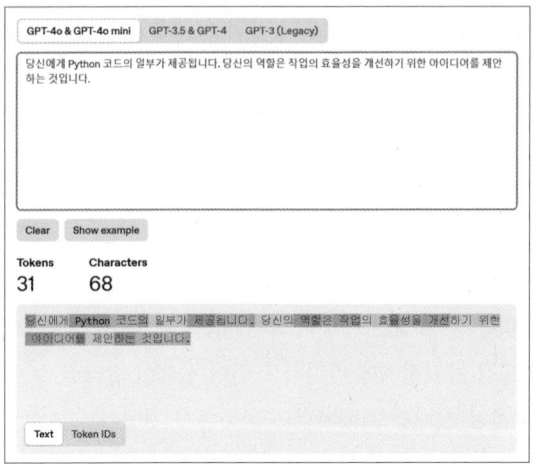

▼ 그림 2-12 영어 프롬프트의 토큰 수

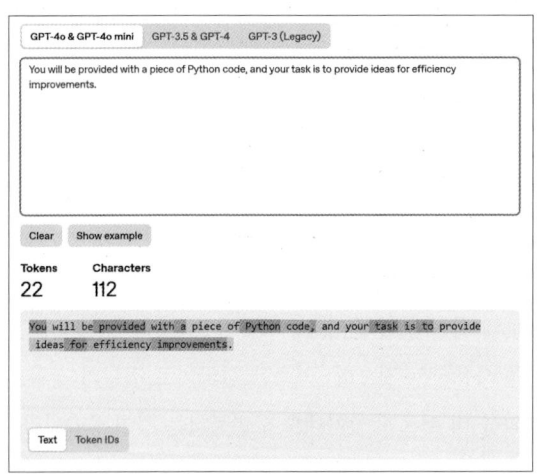

그러나 이러한 언어별 토큰 효율성 차이는 AI의 발전에 따라 점차 줄어들 가능성도 있습니다. 게다가 개발을 지원하는 AI 도구에서는 사용자 계정별 과금 방식이 주류[19]기 때문에, 토큰 수에 따른 경제적 제약은 크게 신경 쓸 필요가 없습니다. 이 점들을 고려하여 상황에 맞는 언어를 선택합시다.

---

19 집필 시점의 깃허브 코파일럿(GitHub Copilot) 등입니다. 실제 과금에 대해서는 각 서비스의 문서를 참고하기 바랍니다.

## 2.3.5 영어 프롬프트를 활용한 정교화

이 내용은 2.3.4절에서 설명한 내용과는 대조적인 접근 방식입니다.

재사용성과 높은 정확도를 위해서는 영어로 프롬프트를 작성하는 것이 더 효과적입니다. 특히 언어 모델을 애플리케이션에 통합할 때 중요합니다. 이는 사용자에게 직접 제공되는 출력이나 코드가 언어 모델의 출력 자체를 소비하는 경우, 일관성 있는 정확도가 요구되기 때문입니다. 예를 들어 이미지 생성 애플리케이션에서 고품질 이미지를 반복적으로 생성해야 한다면 사소한 품질 차이가 사용자 이탈로 이어질 가능성이 높습니다. 이런 상황에서는 프롬프트를 영어로 전환하여 안정적인 결과를 얻을 수 있어야 합니다.

또한 대규모로 확장하는 서비스에서는 토큰 절약이 중요한 과제가 됩니다. 다수의 사용자가 접근하게 되면 API 사용에 따른 비용이 급격하게 증가합니다. 이러한 토큰 수 절감이 큰 비용 절감으로 이어질 수 있으므로 영어 프롬프트를 사용하는 것이 일반적으로 비용을 절감할 방법입니다.

출력의 종류에 따라 프롬프트 언어를 선택하는 것도 효과적입니다. 한국어 문장을 출력하고 싶다면 한국어로 프롬프트를 작성하는 것이 적절합니다. 한국어 출력을 원하지만 프롬프트가 영어라면 AI에 'Please answer in Korean'이라고 지시해도 영어로 출력될 가능성이 있습니다. 반면, 이미지나 프로그래밍 코드처럼 언어에 의존하지 않는 출력일 때는 영어로 프롬프트를 작성해도 문제가 없습니다.

즉, 단기적인 실험이나 일회성 프롬프트 작성에는 한국어를 사용하는 것이 좋고, 항상 고품질 출력을 유지해야 하는 경우에는 영어를 사용하는 것이 유리합니다. 상황에 맞는 언어를 선택해야 효율적이고 효과적인 개발을 할 수 있습니다. 프롬프트의 언어 선택은 프로젝트의 목적과 규모에 따라 판단하는 것이 중요합니다.

## 2.3.6 문맥을 분리하기 위한 구분 기호

생성형 AI를 활용하는 기본적인 방법은 단순합니다. 적절한 프롬프트를 입력하면 AI가 해당 컨텍스트에 맞는 후속 문장을 생성합니다. 그러나 일반적인 문자열을 그대로 전달하는 것만으로는 의도가 제대로 전달되지 않는 경우가 있습니다.

이를 해결하기 위해 **의도를 정확하게 전달할 수 있도록 문맥을 명확히 표시하는 기호나 구분자를 사용하는 것이 효과적**입니다. 구체적인 예로는 하이픈(-) 같은 기호, XML 태그, 문자열 마커, 마크다운 문법 등을 사용할 수 있습니다.

사용자의 선호에 따라 다양한 방법을 선택할 수 있지만, 일반적으로 다음과 같은 방법이 널리 활용됩니다.

### 기호를 사용한 경계 설정

```
---
===
+++
```

### XML 태그를 사용해 장식

```
<prompt>
</prompt>
<example>
</example>
```

### 문자열 마커 사용

```
__START__
__END__
__PROMPT1__
```

### 마크다운 문법 활용

```
## Intent

## Context

## Content
```

### 무엇을 고를 것인지는 당신의 몫이다

필자도 다양한 패턴을 시도해 봤지만, 정확도에는 큰 차이가 없었습니다. 결국 **AI의 반응을 보면서 자신이 사용하기 편한 방법을 선택하는 것이 좋습니다.**

예를 들어 퓨샷 프롬프팅에서 문맥을 분리하는 방법을 생각해 봅시다. 포맷을 고려할 경우, 퓨샷 프롬프팅은 다음처럼 구성할 수 있습니다.

```
<input /> 태그로 제공된 내용을 <format /> 형식으로 변환하는 파이썬 스크립트를
작성해 주세요.

<format>
    <!-- 생략: 변환 대상 테이블의 형식, 컬럼 정보 등 -->
</format>

<input>
    <!-- 생략: 데이터 샘플 -->
</input>
```

이렇게 하면 AI는 <format> 태그로 감싸진 출력 형식을 이해하고, <input> 태그의 내용을 출력할 수 있습니다.

또한 코드 샘플을 제공하고 싶을 때는 마크다운 문법을 사용해 다음과 같이 작성할 수도 있습니다.

```
<!-- 프롬프트 본문 -->

```python
# 참조 코드
```[20]
```

**COLUMN ▶ 챗GPT가 활기를 띠는 '그 순간'을 예상할 수 있었을까?**

2022년 11월 챗GPT의 공개로 전 세계는 생성형 AI가 가져올 거대한 변화를 실감하게 되었습니다. 그렇다면, 과연 얼마나 많은 사람들이 이 기술이 세상을 바꿀 잠재력을 미리 내다보고 있었을까요?

어떤 이에게는 챗GPT가 갑작스럽게 등장한 것처럼 느껴질 수도 있습니다. 하지만 지금 돌이켜보면, 이러한 미래가 올 것이라는 사실을 일찍 알아차릴 수 있는 기회는 분명히 있었습니다.

- 2017년 6월, 'Attention Is All You Need'[20] 논문이 공개되고 트랜스포머 아키텍처가 제안되었을 때
- 2020년 7월, OpenAI가 GPT-3를 발표했을 때
- 2021년 6월, 대규모 언어 모델이 탑재된 깃허브 코파일럿의 테크니컬 리뷰가 공개되었을 때

앞으로도 이러한 순간들은 계속해서 찾아올 것이며, 다양한 형태로 개발자의 생산성을 높여 줄 것입니다.

AI의 발전은 그야말로 눈부신 속도로 이루어지고 있지만, **미래가 갑자기 나타나는 것은 아닙니다. 그 미래를 대비하기 위해 지금부터 준비하는 것이 중요합니다.**

가능한 한 다양한 정보에 접하고, AI를 직접 체험해 보는 것을 추천합니다. 실제로 경험하지 않으면 실감하기 어렵기 때문입니다. 체험을 통해 가까운 미래에 대비할 수 있습니다.

---

20 「Attention is All You Need」
URL https://proceedings.neurips.cc/paper/2017/file/3f5ee243547dee91fbd053c1c4a845aa-Paper.pdf

# 3장

# 프롬프트의 사례와 분석

3.1 React 컴포넌트 생성 프롬프트
3.2 스크린샷으로 UI를 생성하는 프롬프트
3.3 SQL 쿼리 생성 프롬프트
3.4 프롬프트에서 문맥 정보의 중요성
3.5 범용 에이전트의 프롬프트
3.6 프롬프트 엔지니어링의 본질

2장까지 프롬프트에 관한 기본 구조나 설계 과정에서 중요한 요소들을 살펴봤습니다. 이번 장에서는 프롬프트 엔지니어링의 실제 사례를 소개합니다. 구체적인 사례를 통해 프롬프트를 효과적으로 작성하는 방법 및 AI와 효율적으로 대화하는 방법을 배워봅시다.

**다른 사람이 작성한 사례를 참고하면 프롬프트 작성에 매우 도움이 됩니다.** 인터넷에 좋은 프롬프트가 많이 공개되어 있으며, 이것들을 분석해 보면 어떻게 프롬프트를 설계해야 실용적인지 배울 수 있습니다. 이 책에서는 다음과 같은 오픈소스 도구들을 통해 실제 프롬프트 사례를 소개합니다. 지금부터 소개하는 내용들은 고도화된 기술은 아니며, 오히려 초기에 등장한 원초적이고 간단한 예시들입니다.

- React의 컴포넌트 생성(ReactAgent에서 3.1)
- 스크린샷에서 코드 생성(screenshot-to-code에서 3.2)
- SQL 쿼리 생성(LangChain에서 3.3)
- 범용 에이전트(OpenHands에서 3.5)

이와 같은 도구들은 에이전트형 AI 도구로 분류되며, 그 안에서 사용되는 시스템 프롬프트는 프롬프트 엔지니어링의 본질을 이해하는 데 적합합니다. AI가 발전을 거듭하며 개발자가 AI로부터 얻을 수 있는 것은 코드의 일부분에 그치지 않고, **실행 결과 자체나 일괄적인 솔루션**[1]이 되어 가고 있습니다. 이미 깃허브 코파일럿 워크스페이스나 챗GPT 에이전트 모드와 같은 에이전트형 AI 도구들이 등장하고 있습니다.

---

1  여기서 말하는 솔루션이란 코드의 일부나 질문에 대한 답변이 아니라 애플리케이션의 사양 설계, 전체 코드, 배포 등을 포함한 종합적인 해결책을 의미합니다.

▼ 그림 3-1 챗GPT를 데이터 분석에 활용하는 예시

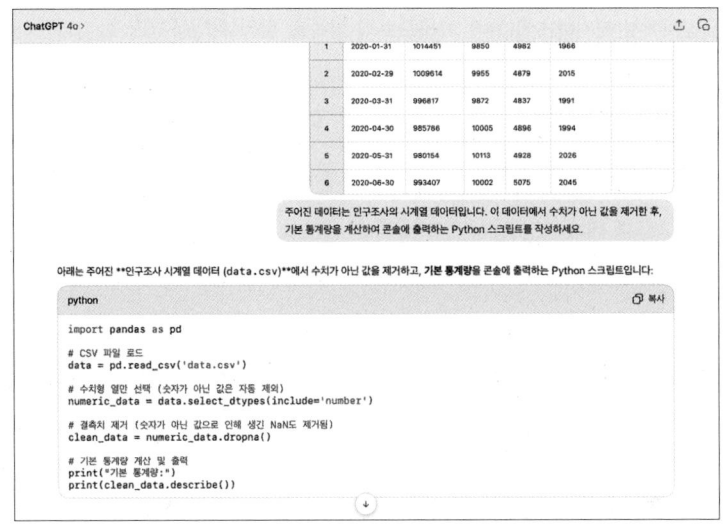

이와 같은 도구들은 데이터를 넘기면 AI가 분석하기 위한 코드는 물론이고 알아서 처리하고 그 결과까지도 반환해 줍니다. 이 책의 집필 시점에서는 데이터 분석이나 프런트엔드 개발처럼 특정 분야를 중심으로 활발하게 활용되고 있지만, 앞으로는 더욱 다양한 용도로도 응용될 것입니다. 에이전트형 AI 도구의 특징에 관해서는 4장에서 자세히 설명합니다.

에이전트형 AI 도구에 사용하는 프롬프트는 일상에서 작업하기 위해 사용하는 짧은 프롬프트와는 달리, 다양한 사용자 입력에 대응하기 위해 정확하고 범용적인 설계가 필요합니다. 따라서 이렇게 만들어지는 프롬프트는 재사용을 전제로 정밀하게 설계된 시스템 프롬프트이며, 필요한 기능이나 동작을 상세히 기술하기 때문에 길게 만들어지는 경향이 있습니다. 일상에서 일회성으로 사용할 프롬프트는 이런 점들을 고려할 시간은 없지만, 잘 다듬어진 프롬프트가 어떤 것인지 미리 배워 두면 분명히 도움이 될 것입니다.

잘 설계된 프롬프트들을 소개하는 목적은 단지 '작성 방법'을 배우기 위함만이 아니라, **업계에서 얘기하는 이른바 '프롬프트의 정체'를 알기 위해서**기도 합니다. 다양한 개발 지원 AI 도구가 등장하면서 마치 세계가 완전히 바뀐 것처럼 보일 수도 있습니다. 하지만 실제 내용을 들여다보면, 우리가 작성할 수 있는 일반적인 프롬프트와 크게 다르지 않다는 사실을 알 수 있습니다.

이 장에서는 실제 세계에서 영어로 작성된 프롬프트를 한국어로 번역하고 해설합니다. 하지만 이것은 하나의 해석일 뿐입니다. 중요한 것은 독자 여러분들이 **자신만의 해석**을 갖는 것입니다. 사례를 살펴보며 더욱 효과적으로 프롬프트를 작성하는 법과 깨달음을 얻을 수 있을 것입니다.

## 3.1 React 컴포넌트 생성 프롬프트

우선 프런트엔드 개발에서의 프롬프트 활용 사례입니다. 여기서는 UI 컴포넌트를 생성하기 위한 프롬프트의 특징과 설계의 핵심을 설명합니다. ReactAgent는 React 애플리케이션의 생성을 지원하는 오픈소스 프로젝트입니다. 이 도구는 자연어로 지시를 받고, 이에 따라 React 컴포넌트를 생성합니다. 매우 의욕적이면서 실험적인 개발 지원 AI 도구의 초기 사례로 개발자 커뮤니티에서 긍정적인 평가를 받고 있습니다.

소개할 프롬프트[2]에서는 프런트엔드 개발자로서 지시에 따라 React의 함수형 컴포넌트를 생성하도록 지시하고 있습니다.

---

[2] URL https://github.com/eylonmiz/react-agent/blob/main/backend/main/react-agent/generative/ReactComponentGenerator.ts

총 16줄의 프롬프트 안에는 프롬프트 엔지니어링의 중요한 내용이 많이 담겨 있습니다.

### 코드 3-1 영어 프롬프트

```
Act as a Frontend Developer.
Create TypeScript React Functional Component based on the description.
Make sure it is beautiful and easy to use.
Make sure it covers all the use cases and states.
--
Return Example:
${componentExample}
--
Instructions:
Make sure it's a working code, don't assume that I'm going to change
or implement anything.
Assume I have React TypeScript set up in my project. Don't use any
external libraries but @react-agent/shadcn-ui which is internal
library, recharts for charts.
--
Return Type:
return a React component, written in TypeScript, using Tailwind CSS.
return the code inside tsx/typescript markdown ```tsx <Your Code
Here>```.
```

### 코드 3-2 한국어 프롬프트

```
프런트엔드 개발자처럼 행동해 주세요.
설명에 기반해서 TypeScript로 된 React 함수형 컴포넌트를 작성해 주세요.
예쁘고 사용하기 쉬워야 합니다.
모든 유스케이스와 상태를 포함해야 합니다.

반환 예시:
${componentExample}
지시:
코드가 동작하는지 확인하고, 무언가를 수정하거나 직접 구현하지 않도록 해주세요.
프로젝트에 TypeScript 기반의 React가 설정되어 있습니다.
외부 라이브러리는 사용하지 말고, 내부 라이브러리인 @react-agent/shadcn-ui와
그래프용 recharts만 사용해 주세요.
```

반환 타입:
React 컴포넌트를 반환하며, TypeScript로 작성하고, Tailwind CSS를 사용해 주세요. tsx/TypeScript 마크다운 ```tsx <코드는 여기에>``` 내에 코드를 반환해 주세요.

---

각 항목의 포인트를 짚어 보겠습니다.

## 3.1.1 핵심 프롬프트는 단순하게: 롤플레이와 기본 지시

앞선 프롬프트의 첫 부분에 주목해 봅시다. 처음에는 프롬프트의 문맥을 명확히 하기 위해 역할을 설정하고 기본적인 지시가 이뤄집니다. 여기서 프롬프트의 목표를 설정하고, 그 뒤로 지시가 이어집니다.

> 프런트엔드 개발자처럼 행동해 주세요.
> 설명에 기반해서 TypeScript로 된 React 함수형 컴포넌트를 작성해 주세요.

프런트엔드 개발자처럼 행동하고, 거기에 맞춰 TypeScript의 React 함수형 컴포넌트를 작성하라는 지시입니다. 이 두 줄의 지시만으로도 대부분은 충분합니다. 에디터를 열어 놓고 있는 개발자가 AI의 출력을 수시로 수정할 수 있는 환경이라면 이 이상의 지시는 필요 없을지도 모릅니다. 하지만 이번에는 정확히 동작하고 요구 사항에 맞는 결과물을 얻어야 하므로 더욱 자세한 지시가 필요한 것입니다.

## 3.1.2 정확도를 높이기: 요구 사항을 정확하게 만족하는 지시

구체적인 역할과 지시가 정해지면 다음으로는 AI 출력의 품질을 높이기 위한 지시가 이어집니다. 이번 프롬프트로 생성하려는 코드는 예쁘고 사용하기 쉬워야 하는 등 이어지는 지시를 정확히 만족해야 합니다.

> 예쁘고 사용하기 쉬워야 합니다.
> 모든 유스케이스와 상태를 포함해야 합니다.

AI는 지시에 따라 코드를 생성하지만, 때때로 지시의 일부를 무시하거나 출력을 임의로 생략하는 때도 있습니다. 이러한 문제를 막기 위해서는 출력의 한도(범위)를 명확하게 지시하는 것이 중요합니다. 그럼에도 여전히 AI가 지시 자체를 정확히 처리한다는 보장은 없습니다. 따라서 개발자는 AI의 출력을 신중하게 확인해야 합니다.

### 3.1.3 프롬프트 출력을 제어하기: 포맷 지시

프롬프트의 출력을 제어하는 효과적인 방법 중 하나로 포맷 지시가 알려져 있습니다. 사용자가 명확한 출력 포맷을 지시하면 AI는 사용자가 원하는 포맷으로 응답을 생성합니다. 포맷을 지시하는 방법은 출력의 일관성을 유지하고, 필요한 정보를 정확히 포함해서 생성하는 데 큰 도움이 됩니다.

> 반환 예시:
> ${componentExample}

여기서 ${componentExample}에는 구체적인 샘플 포맷을 적습니다. 마지막으로 AI가 입력으로 받는 프롬프트는 사용자 지시와 샘플 포맷이 함께 포함된 형태입니다.

AI에 특정 포맷으로 출력을 유도하는 방법을 프롬프트 엔지니어링 분야에서는 **원샷 프롬프팅** 혹은 **퓨샷 프롬프팅**이라고 합니다. 이 방법들은 AI에 하나 또는 몇 가지 예시를 제시하여 동일한 포맷으로 출력을 유도하는 방식입니다. 이와 같은 방법으로 AI는 새로운 작업이나 생소한 출력에도 비교적 정확하게 적응할 수 있습니다.

### 3.1.4 사용하는 기술 지정하기: 명확한 조건

출력 포맷 등의 큰 틀의 지시가 주어진 다음에는 구체적인 조건이나 제약 등을 제시합니다. 구체적인 지시들도 출력의 품질과 일관성을 유지하는 데 중요한 부분입니다.

> 지시:
> 코드가 동작하는지 확인하고, 무언가를 수정하거나 직접 구현하지 않도록 해주세요.
> 프로젝트에 TypeScript 기반의 React가 설정되어 있습니다.
> 외부 라이브러리는 사용하지 말고, 내부 라이브러리인 @react-agent/shadcn-ui와 그 래프용 recharts만 사용해 주세요.

먼저 코드가 동작하는지 확인하는 조건을 설정합니다. 그리고 '무언가를 수정하거나 직접 구현하지 않도록 해주세요'라는 지시는 완성된 형태의 코드를 AI에 요구한다는 것을 강조합니다. 미완성된 코드나 실행할 수 없는 코드의 출력을 방지하기 위한 중요한 지시입니다.

다음으로 '프로젝트에 TypeScript 기반의 React가 설정되어 있습니다.'라는 지시가 있습니다. 이 지시는 두 가지 중요한 의미를 담고 있습니다. 하나는 출력의 안정성 보장입니다. 실제로 프롬프트의 앞부분에도 'TypeScript로 된 React 함수형 컴포넌트를 작성해 주세요.'라는 지시가 이미 있어서, 굳이 이 부분에서 다시 TypeScript를 명시하지 않아도 괜찮아 보일 수 있습니다. 하지만 여기서 다시 한번 출력 대상을 명확히 지정해 더욱 확실하게 TypeScript 코드를 생성하도록 유도하고 있습니다.

또 다른 하나는 출력하지 않아야 할 내용을 명확히 한 것입니다. '프로젝트에 TypeScript 기반의 React가 설정되어 있습니다.'는 전제를 통해 React 컴포넌트만을 반환하도록 유도하고 있는 것입니다. 에이전트형 구조에서는 출력이 여러 번 연속적으로 이뤄지고, 그 출력들을 조합하므로 매번 React를 설정한 코드를 생성할 필요는 없습니다.

마지막으로, '외부 라이브러리는 사용하지 말고, 내부 라이브러리인 @react-agent/shadcn-ui와 그래프용 recharts만 사용해 주세요.'라는 지시가 이어집니다. 에이전트형 구조에서는 사용자가 어느 정도 완성된, 실제로 동작하는 코드를 요구하므로 코드에 의존 관계를 초래할 수 있는 외부 라이브러리의 사용을 피하라는 지시를 추가한 것입니다. 그 대신 shadcn-ui와 recharts 같이 AI가 관련된 지식을 가지고 있을 가능성이 높은 라이브러리를 사용하도록 유도했습니다.

이 접근법에는 2.2.9절에 등장한 제로샷 프롬프팅의 핵심이 담겨 있습니다. 제로샷 프롬프팅이란 AI가 이미 알고 있는 지식을 그대로 활용하도록 유도하는 방법입니다. 이미 널리 알려진 라이브러리를 사용하도록 지시하여 AI의 지식을 최대한 끌어내고 환각이 발생할 위험을 줄이는 것입니다.

### 3.1.5 프로그램에서 활용을 고려하기: 출력 포맷에 관한 지시

마지막으로 출력 포맷에 관한 지시가 이어집니다. 앞서 나온 지시들에 더해서 출력 포맷을 통일하기 위한 것입니다. 반환 타입으로는 TypeScript로 작성된 React 컴포넌트를 지정했고, Tailwind CSS라는 AI가 알고 있을 가능성이 높은 유명한 CSS 프레임워크를 사용할 것을 함께 지시합니다. 여기서도 지시를 중복한 것을 확인할 수 있습니다. 'TypeScript로 작성'이라는 지시를 중복해서 썼을 뿐 아니라, 마크다운 코드 블록에서도 tsx 확장자를 사용할 것을 명시하고 있습니다.

> 반환 타입:
> React 컴포넌트를 반환하며, TypeScript로 작성하고, Tailwind CSS를 사용해 주세요.
> tsx/TypeScript 마크다운 '''tsx 〈코드는 여기에〉''' 내에 코드를 반환해 주세요.

이 출력 지시는 코드의 품질뿐만 아니라 프로그램이 분석하기 쉽게 만들기 위한 목적도 포함하고 있습니다. 출력은 마크다운 형식으로 백틱(```)으로 감싸서 반환하도록 지시합니다. AI의 출력 형식은 마크다운, 일반 텍스트, 순수 코드까지 매번 달라질 수 있습니다. 여러 개의 React 컴포넌트 출력을 통합하여 결과물을 완성해야 하는 상황에서 출력 형식이 서로 다르다면 프로그램이 매번 코드가 어디에 있는지 분석해야 하므로 매칭이 어려워집니다. 포맷을 통일하면 프로그램의 분석이 쉬워집니다.

▼ 그림 3-2 에이전트가 AI 출력 안에서 필요한 부분을 가져와 하나의 코드로 정리

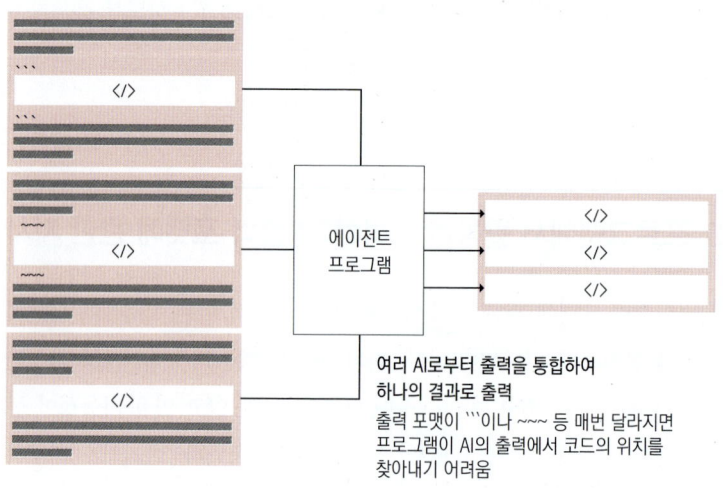

이와 같은 세부적인 지시는 일회성 프롬프트로는 과도하며, 개발자가 AI의 출력을 매번 검토해 선택하는 상황이라면 굳이 필요하지 않습니다. 하지만 자동화된 시스템에서 지속적으로 프롬프트를 활용하려면 출력의 일관성을 유지하는 것은 매우 중요합니다.

### 3.1.6 프롬프트 엔지니어링의 핵심

여태까지 살펴본 React 컴포넌트 생성을 위한 프롬프트는 매우 실용적인 사례였습니다. 프롬프트 엔지니어링에서 중요하게 생각해야 할 내용이 담겨 있었고, 역할 설정, 조건 설정, 프롬프트 강조를 통해 안정적인 출력을 목표로 했습니다. 특히 유용한 것은 다음과 같습니다.

- 프롬프트의 용도와 전제를 명확하게 제시하며, 사용자가 기대하는 출력이 확실하게 정해져 있다.
- 제로샷 및 퓨샷 프롬프팅의 핵심을 포함하고 있다.
- 출력 포맷을 정해 놓고 안정적인 출력을 얻기 위한 지시가 있다.

그러나 일회성 프롬프트로 사용하기에는 지나친 부분도 있습니다. 이번 사례를 토대로 자신의 프롬프트에 적용할 핵심을 찾아내는 것이 중요합니다.

## 3.2 스크린샷으로 UI를 생성하는 프롬프트

GENERATIVE AI FOR DEVELOPER

다음으로 다뤄 볼 것은 screenshot-to-code[3]라는 도구로, 스크린샷을 코드로 변환해 주는 AI 도구입니다. 입력을 분석할 때는 GPT-4 Vision과 같은 멀티모달 모델을 사용하고, 출력은 HTML을 포함해 React나 Vue 같은 다양한 프레임워크용 코드를 생성할 수 있습니다.

---

3　URL https://github.com/abi/screenshot-to-code

▼ 그림 3-3 screenshot-to-code 실행 샘플

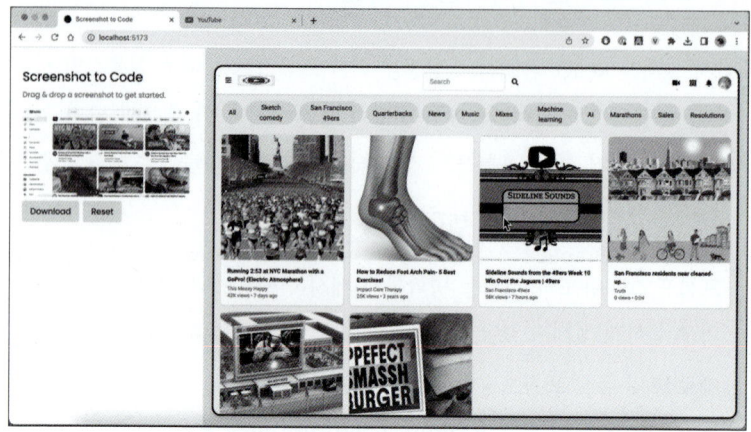

다음은 주어진 스크린샷을 입력했을 때 React와 Tailwind CSS로 작성한 UI 출력을 유도하는 프롬프트[4]입니다.

코드 3-3 영어 프롬프트(원문)

```
You are an expert React/Tailwind developer
- Do not add comments in the code such as "<!-- Add other navigation
links as needed-->" and "<!-- ... other news items ...-->" in place of
writing the full code. WRITE THE FULL CODE.
- Repeat elements as needed. For example, if there are 15 items, the
code should have 15 items. DO NOT LEAVE comments like "<!-Repeat for
each news item-->" or bad things will happen.
- For images, use placeholder images from https://placehold.co and
include a detailed description of the image in the alt text so that an
image generation AI can generate the image later.
In terms of libraries,
- Use these script to include React so that it can run on a standalone
page:
    <script src="<link to react.js omitted>"></script>
    <script src="<link to react-dom.js omitted>"></script>
```

---

4  URL https://github.com/abi/screenshot-to-code/blob/main/backend/prompts/imported_code_prompts.py

```
  <script src="<link to babel.js omitted>"></script>
- Use this script to include Tailwind: <script src="<link to Tailwind
CSS omitted>"></script>
- You can use Google Fonts
- Font Awesome for icons: <link rel="stylesheet" href="<link to Font
Awesome omitted>">

Return only the full code in <html></html> tags.
Do not include markdown "````" or "````html" at the start or end.
```

코드 3-4 한국어 프롬프트

```
당신은 숙련된 React/Tailwind 개발자입니다.
- 코드에 "<!-- Add other navigation links as needed -->"나 "<!-- ...
other news items ... -->"같은 주석은 추가하지 말고 완전한 코드를 작성해 주세
요. **반드시 완전한 코드를 작성해 주세요.**
- 필요에 따라 요소를 반복해서 작성해 주세요. 예를 들어 15개의 항목이 필요한 경
우, 코드는 실제로 15개의 항목을 포함해야 합니다. "<!-- Repeat for each news
item -->" 같은 주석은 남기지 마세요. 그렇지 않으면 문제가 생깁니다.
- 이미지는 https://placehold.co의 플레이스홀더 이미지를 사용하고, 나중에 AI
가 이미지를 생성할 수 있도록 alt 텍스트에 이미지의 상세 설명을 포함해 주세요.

라이브러리에 관해서는
- 아래의 스크립트를 사용해서 스탠드얼론 페이지에서 실행 가능하도록 React를 포함
해 주세요:
  <script src="(생략: react.js 링크)"></script>
  <script src="(생략: react-dom.js 링크)"></script>
  <script src="(생략: babel.js 링크)"></script>
- 아래의 스크립트를 사용해서 Tailwind를 포함해 주세요: <script src="(생략:
Tailwind CSS 링크)"></script>
- Google Fonts를 사용해도 됩니다.
- 아이콘에는 Font Awesome을 사용해 주세요: <link rel="stylesheet"
href="(생략: Font Awesome 링크)">

<html></html> 태그 내부의 완전한 코드만 반환해 주세요.
Markdown의 "````" 또는 "````html"을 처음이나 끝에 포함하지 마세요.
```

이 예시에서 기대되는 결과물은 앞서 다뤘던 ReactAgent의 프롬프트를 사용했을 때와 유사하지만, 더욱 상세하게 지시하고 있습니다. 지금까지 설명한 내용과 중복되는 내용도 일부 보이지만, 주목할 만한 점들을 몇 가지 짚어 봅시다.

### 3.2.1 당신은 숙련된 개발자: 롤플레이

우선 롤플레이가 시작하는 부분입니다. 예시에서는 React와 Tailwind 전문가로 설정되어 있고, 최소한으로 지시하고 있습니다.

> 당신은 숙련된 React/Tailwind 개발자입니다.

### 3.2.2 한 줄도 빠짐없이 전부 작성해!: 문맥을 강조하는 지시

코드의 완전성을 유지하기 위한 금지 사항이 강조된 형태로 제시되어 있습니다. 구체적으로는 주석을 남기지 말고 완전한 코드를 작성하라고 지시하고 있습니다.

> - 코드에 "<!-- Add other navigation links as needed -->"나 "<!-- ... other news items ... -->" 같은 주석은 추가하지 말고 완전한 코드를 작성해 주세요. **반드시 완전한 코드를 작성해 주세요.**
> - 필요에 따라 요소를 반복해서 작성해 주세요. 예를 들어 15개의 항목이 필요한 경우, 코드는 실제로 15개의 항목을 포함해야 합니다. "<!-- Repeat for each news item -->" 같은 주석은 남기지 마세요. 그렇지 않으면 문제가 생깁니다.

여기서 말하는 '완전'의 의미는 완전하지 않은 코드 스니펫이나 작동하는 코드의 일부분만 잘라낸 것이 아니라 코드 전체를 포함하는 것을 가리킵니다. 흥미로운 부분은 영어 원문에서는 'in place of writing the full code. WRITE THE FULL CODE.'처럼 매우 강한 어조로 쓰여 있다는 점입니다. 한국어로 번역한 프롬프트는 직역에 가깝지만, 결국 '코드를 생략하지 말고 전부 써. 전부 다!'라는 지시와 다르지 않습니다.

'예를 들어 필요한 항목이 15개라면 코드는 실제로 항목 15개를 포함해야 합니다.'라는 지시가 있지만, 표현을 바꿔 가며 같은 내용을 여러 표현 방식으로 반복해 지시하고 있습니다. 게다가 완전한 코드를 작성하지 않으면 '문제가 생긴다'라고까지 쓰여 있습니다. 이 부분은 감정 프롬프트[5]라는 프롬프트 엔지니어링 기법을 포함한 예시로 볼 수 있습니다.

### 3.2.3 외부에서 제공되는 기술: 명확한 조건

여기에서는 사용해야 할 라이브러리를 명시하고 있습니다. 품질을 유지하면서도 언어 모델이 이미지, CSS, 폰트 등을 제대로 지정할 수 있도록 유명한 라이브러리들을 제시하고 있습니다.

> – 이미지는 https://placehold.co의 플레이스홀더 이미지를 사용하고, 나중에 AI가 이미지를 생성할 수 있도록 alt 텍스트에 이미지의 상세 설명을 포함해 주세요.
>
> 라이브러리에 관해서는
> – 아래의 스크립트를 사용해서 스탠드얼론 페이지에서 실행 가능하도록 React를 포함해 주세요: <script (생략)>
> – 아래의 스크립트를 사용해서 Tailwind를 포함해 주세요: <script src="(생략: Tailwind CSS 링크)"></script>
> – Google Fonts를 사용해도 됩니다.
> – 아이콘에는 Font Awesome을 사용해 주세요: <link rel="stylesheet" href="(생략: Font Awesome 링크)">

---

[5] 『Large Language Models Understand and Can be Enhanced by Emotional Stimuli』
URL https://arxiv.org/abs/2307.11760
"이것은 제 경력에 매우 중요합니다"와 같은 감정에 호소하는 문장을 사용하면 언어 모델의 정밀도를 높일 수 있다는 연구입니다.

'이후 AI가 이미지를 생성할 수 있도록, alt 텍스트에 이미지에 대한 상세한 설명을 포함해 주세요'라는 지시는 후반부에 있을 AI의 이미지 생성 처리를 고려한 프롬프트입니다. 또한 AI가 알고 있는 지식 중 오래된 라이브러리 버전을 제안하지 않도록 라이브러리의 링크까지 명시하고 있습니다.

언어 모델은 학습 과정에서 많은 정보를 학습하지만, 모델의 지식 기준일[6] 시점 이후의 정보는 반영하지 않습니다. 그렇기 때문에 프롬프트로 AI에 최신 정보를 제공하는 것이 중요합니다.

### 3.2.4 완전한 코드만 반환: 출력 형식 지시

마지막에는 코드의 포맷에 관한 지시가 있습니다. 출력의 노이즈를 제거하기 위해 HTML 태그만 반환하도록 지시하고 있습니다.

> <html></html> 태그 내부의 완전한 코드만 반환해 주세요.
> Markdown의 "```" 또는 "```html"을 처음이나 끝에 포함하지 마세요.

AI는 코드를 출력할 때 마크다운 포맷을 사용하여 코드를 감싸 출력하는 경향이 있어서, 이 현상을 제거하기 위한 지시라고 할 수 있습니다. 3.1절에서 다룬 ReactAgent는 AI의 출력에서 특정 부분을 추출하는 처리를 프로그램으로 수행했습니다. 한편, 이 프롬프트는 AI의 출력 시점에서 코드 부분만이 출력되도록 보장하기 위해 HTML 태그만 반환하도록 지시하고 있습니다.

▼ 그림 3-4 에이전트가 AI의 출력 코드를 그대로 사용

---

[6] AI가 마지막으로 학습 데이터를 받은 시점으로, 널리 컷오프(Knowledge Cutoff)라고도 합니다.

어떤 방식이 적합한지는 AI의 출력을 활용하는 시스템의 설계에 따라 달라지지만, 적어도 프롬프트에서 '어떤 형식으로 출력할 것인가'를 명시하는 것은 출력의 일관성을 유지하기 위해 필요합니다.

### 3.2.5 목적에 맞는 구체적인 프롬프트 설계

이번 프롬프트에서는 3.1절의 ReactAgent에 비해 더욱 구체적인 지시가 주어졌습니다. 텍스트로 명령을 내린 사용자가 **추상적인 목표**를 그리고 있었다면, 스크린샷을 기반으로 명령을 내린 사용자는 **더욱 명확한 목표**를 가지고 있다고 생각할 수 있습니다. 사용자의 기대치가 더 높을 수 있기 때문에 **어떻게 하면 완벽한 코드를 생성하게 할 수 있을까**에 중점을 두고 있는 것이 이 프롬프트의 특징입니다.

특히 다음과 같은 점들이 독특한 지시로 꼽힙니다.

- 코드 포맷에 대한 세부적인 지시가 있다.
- 지시를 반복할 뿐만 아니라, 대문자 표현 등으로 명령을 강조하고 있다.
- 금지 사항을 제시하며 AI가 피해야 할 행동을 명확히 하고 있다.

이와 같은 지시 방법을 익혀 두면 AI의 출력을 더욱 정확하게 제어할 수 있습니다.

## 3.3 SQL 쿼리 생성 프롬프트

랭체인(LangChain)은 언어 모델을 활용한 애플리케이션 개발을 위한 프레임워크입니다. 이 책을 집필하고 있는 시점에서 특히 주목받고 있는, 오픈소스 프로젝트 중 하나입니다. 랭체인은 다음과 같은 랭체인 스택(LangChain Stack)으로 구성되어 있으며, AI 애플리케이션 개발 시 폭넓게 활용할 수 있습니다.

▼ 그림 3-5 랭체인 스택[7]

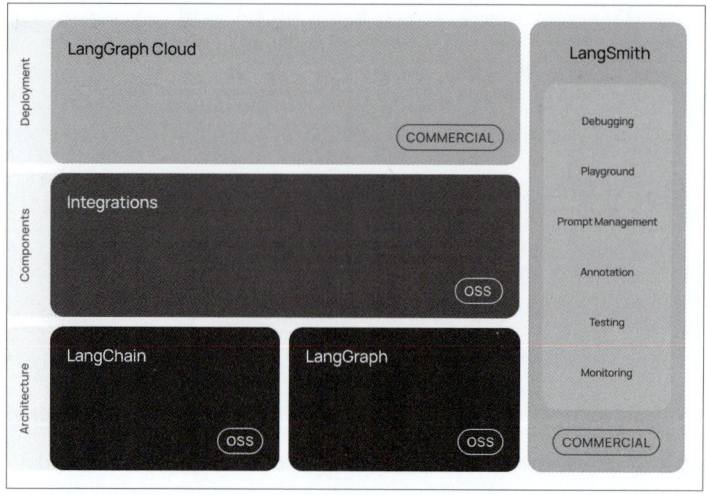

랭체인 자체가 에이전트는 아닙니다. 여러 프롬프트를 조합해 복잡한 플로를 구성하거나[8] AI 에이전트를 만들기 위한 기능[9]들이 패키지화된 프레임워크입니다. 랭체인에서는 여러 처리를 체인처럼 연결하여 실행할 수 있습니다. 문서 정리와 같은 일반적인 작업 외에도 데이터베이스에 접근해서 데이터를 가져오는 것도 가능합니다.

랭체인의 저장소에는 다양한 용도에 대응하기 위한 프롬프트들이 준비되어 있습니다. 여기서는 `create_sql_query_chain`[10]이라는 SQL 쿼리를 생성하기 위한 프롬프트에 초점을 맞춥니다.[11]

---

7 URL https://github.com/langchain-ai/langchain/blob/master/docs/static/svg/langchain_stack_062024.svg
8 랭체인의 Chains는 서로 다른 처리를 체인처럼 연결해서 실행하기 위한 프레임워크입니다. 여러 처리를 조합해서 복잡한 작업을 해결할 수 있습니다.
9 랭체인의 Agents는 AI가 어떤 의사 결정을 하고 어떤 행동을 실행으로 옮길지 제어하기 위한 프레임워크입니다.
10 URL https://api.python.langchain.com/en/latest/chains/langchain.chains.sql_database.query.create_sql_query_chain.html
11 URL https://github.com/langchain-ai/langchain/blob/master/libs/langchain/langchain/chains/sql_database/prompt.py

이 기능은 사용자의 질문을 SQL 쿼리로 변환하는 역할을 담당합니다. 예를 들어 Sales 테이블에 매출 데이터가 저장된 경우, 2024년 6월의 매출 데이터를 가져오는 쿼리를 작성하라는 자연어 질문에 대해 다음과 같은 SQL 쿼리를 생성할 수 있어야 합니다.

```
SELECT * FROM Sales WHERE YEAR(Date) = 2024 AND MONTH(Date) = 6;
```

프롬프트 원문은 다음과 같습니다.[12]

코드 3-5 영어 프롬프트(원문)

```
You are an MS SQL expert. Given an input question, first create a
syntactically correct MS SQL query to run, then look at the results of
the query and return the answer to the input question.
Unless the user specifies in the question a specific number of examples
to obtain, query for at most {top_k} results using the TOP clause in
MS SQL. You can order the results to return the most informative data
in the database.
Never query for all columns from a table. You must query only the
columns that are needed to answer the question. Wrap each column name
in square brackets([]) to denote them as delimited identifiers.
Pay attention to use only the column names you can see in the tables
below. Be careful to not query for columns that do not exist. Also,
pay attention to which column is in which table.
Pay attention to use CAST(GETDATE() as date) function to get the
current date, if the question involves "today".

Use the following format:
Question: Question here
SQLQuery: SQL Query to run
SQLResult: Result of the SQLQuery
Answer: Final answer here
```

---

[12] 여기서는 MS SQL(Microsoft SQL Server) 부분을 발췌하여 소개합니다. 이외에도 prompt.py 내에는 MySQL이나 PostgreSQL 등 다양한 데이터베이스에 대응하는 프롬프트들이 준비되어 있습니다.

코드 3-6 한국어 프롬프트

당신은 MS SQL의 전문가입니다. 입력된 질문에 대해 올바른 MS SQL 쿼리를 작성하고 실행한 뒤, 그 결과를 확인하고 입력된 질문에 대한 답을 반환하세요.
사용자가 질문 안에서 얻게 될 예시의 개수를 구체적으로 명시하지 않은 경우, MS SQL의 TOP 구문을 사용해서 최대 {top_k}건의 결과를 조회합니다. 데이터베이스 내에서 가장 유용한 데이터를 반환하도록 결과를 정렬할 수 있습니다.
절대로 테이블의 모든 열을 조회해서는 안 됩니다. 질문에 답하기 위해 필요한 열만 조회해야 합니다. 열 이름은 대괄호([])로 감싸고, 구분 기호로 정확히 구분합니다. 아래 테이블에서 확인할 수 있는 열 이름만 사용해 주세요. 존재하지 않는 열을 조회하지 않도록 주의하고, 각 열이 어떤 테이블에 속하는지도 정확히 고려해야 합니다.
질문에 '오늘'이라는 단어가 포함되어 있다면 CAST(GETDATE() as date) 함수를 사용해 현재 날짜를 조회할 수 있도록 주의해 주세요.

다음 형식을 사용해 주세요:
Question: 여기에 질문
SQLQuery: 실행할 SQL 쿼리
SQLResult: SQL 쿼리 실행 결과
Answer: 최종적으로 출력할 답변

## 3.3.1 당신은 SQL 전문가: 롤플레이와 지시

지금까지의 예시들과 마찬가지로, 첫 번째 줄은 롤플레이를 통한 역할 설정과 기본 명령을 조합한 프롬프트로 구성되어 있습니다.

> 당신은 MS SQL의 전문가입니다. 입력된 질문에 대해 올바른 MS SQL 쿼리를 작성하고 실행한 뒤, 그 결과를 확인하고 입력된 질문에 대한 답을 반환하세요.

여기서는 AI에 MS SQL 전문가로서의 역할을 부여하고, AI가 작동하는 문맥을 제어하고 있습니다. 이에 따라 AI는 MS SQL 전문가처럼 행동합니다. 지시는 입력된 질문에 대해 쿼리를 작성하고, 그 결과를 반환할 것을 요구하는 기본적인 내용으로 이뤄집니다. 본질적으로 기초가 되는 프롬프트는 이 시점에서 완결되며, 이후 이어지는 내용은 지시에 대한 구체적인 보완과 조건의 정의입니다.

## 3.3.2 절대 하지 마세요: 강한 금지의 지시

다음 지시는 AI의 동작을 더욱 적절하게 제어하기 위한 것입니다. 먼저, **'사용자가 구체적으로 명시하지 않은 경우'**라는 조건부 지시와 **'데이터베이스 내에서 가장 유용한 데이터를 반환하도록 결과를 정렬'**이라는 높은 자유도의 지시가 포함되어 있습니다. AI가 자율적으로 판단하여 적절한 작업을 수행하도록 유도합니다.

> 사용자가 질문 안에서 얻게 될 예시의 개수를 구체적으로 명시하지 않은 경우, MS SQL의 TOP 구문을 사용해서 최대 {top_k}건의 결과를 조회합니다. 데이터베이스 내에서 가장 유용한 데이터를 반환하도록 결과를 정렬할 수 있습니다.

그리고 이어지는 지시에서도 AI의 동작을 제어하기 위해 효과적인 항목들이 포함되어 있습니다. 테이블의 모든 열을 조회하지 않도록 제한해 과도한 데이터 처리에 따른 리소스 낭비를 막는 것입니다. 이러한 지시들은 AI가 불필요하게 많은 토큰을 처리하지 않도록 방지하는 데 중요한 역할을 합니다.

> 절대로 테이블의 모든 열을 조회하지 마십시오. 질문에 답하기 위해 필요한 열만 조회해야 합니다. 열 이름은 대괄호([])로 감싸서 구분 기호로 정확히 구분합니다.

주목할 점은 **절대로 테이블의 모든 열을 조회하지 말라**는 엄격한 금지 조항을 명시했다는 것입니다. 이것은 AI가 데이터베이스에서 관계없는 데이터를 가져오는 것을 방지하기 위한 목적입니다. 그리고 **질문에 답하기 위해 필요한 열만 조회해야 한다**는 지시를 포함하여 AI가 효율적이고 정확하게 데이터를 조회하도록 유도합니다.

'사용자가 구체적으로 명시하지 않은 경우'와 같은 표현이나 '절대 하지 마세요'와 같은 금지 조건을 함께 명시해 AI의 동작을 더욱 정밀하게 제어하고자 했습니다. 이처럼 지시를 장황하게 작성한 이유는, 과거에 AI가 지시를 무시한 사례 때문으로 추정됩니다. 또한 AI의 해석을 돕기 위해 각 열의 이름을 대괄호([ ])로 감싸서 구분 기호를 포함한 식별자로 표기하라는 구체적인 지시도 함께 포함되어 있습니다.

### 3.3.3 주의해 주세요: 지시에 우선순위를 부여

다음 지시는 AI가 데이터베이스의 열을 조회할 때 관련 없는 열까지 가져오지 않게 하기 위한 것입니다. AI가 자주 저지르는 실수를 방지하려면 '**주의해 주세요**'라는 표현을 사용하는 방법도 있습니다.

> 아래 테이블에서 확인할 수 있는 열 이름만 사용해 주세요. 존재하지 않는 열을 조회하지 않도록 주의하고, 각 열이 어떤 테이블에 속하는지도 정확히 고려해야 합니다.
> 질문에 '오늘'이라는 단어가 포함되어 있다면 CAST(GETDATE() as date) 함수를 사용해 현재 날짜를 조회할 수 있도록 주의해 주세요.

'주의하세요'라는 표현은 '절대 하지 마세요'와 같은 표현에 비해 허용 범위는 넓은 지시라고 볼 수 있습니다. 이처럼 **지시의 중요도에 따라 표현을 구분해 사용하는 것은 AI에 적절한 메시지를 전달하는 데 유효합니다**. 예를 들어 '전부 강조하라'라는 말은 '전부 강조하지 마라'라는 것과 똑같이 과도한 범위입니다. 즉, 지켜야 할 사항을 모두 강하게 명령하는 것이 아니라, 상황에 따라 표현을 조절하면서 AI에 우선순위를 전달하는 것이 더 효과적입니다.

### 3.3.4 출력 정리하기: 포맷 지정

다음 지시는 AI가 출력하는 데이터 포맷에 관한 것입니다. 질문, SQL 쿼리, 결과, 최종 답변 등 각 항목을 어떤 포맷으로 출력할 것인지가 명시되어 있습니다.

> 다음 형식을 사용해 주세요:
> Question: 여기에 질문
> SQLQuery: 실행할 SQL 쿼리
> SQLResult: SQL 쿼리 실행 결과
> Answer: 최종적으로 출력할 답변

### 3.3.5 실행 전에 명령을 구체화하기: 콘텐츠 삽입

이 프롬프트에 포함된 {top_k}와 같은 파이썬 포맷 문자열 리터럴 표현을 보면 알 수 있듯이, 실행할 때는 외부에서 여러 정보가 프롬프트에 전달됩니다. 다시 말해, 이 프롬프트는 템플릿 형태이고, input_variables에 정의된 값들이 삽입되어 최종 프롬프트가 완성되는 구조입니다.

```
MSSQL_PROMPT = PromptTemplate(
    input_variables=["input", "table_info", "top_k"],
    template=_mssql_prompt + PROMPT_SUFFIX,
)
```

최종 프롬프트는 템플릿의 본문(_mssql_prompt)과 추가 정보(PROMPT_SUFFIX)를 결합해 생성됩니다. PROMPT_SUFFIX는 다음처럼 정의되며, **사용할 수 있는 테이블의 스키마 정보와 사용자의 질문을 포함합니다.**

```
Only use the following tables:
{table_info}

Question: {input}
```

이 책에서는 더 이상의 자세한 설명은 생략하지만, 중요한 점은 데이터 흐름을 제어하기 위해 프롬프트에 콘텐츠를 삽입하고, 이를 통해 AI의 출력 결과를 제어한다는 점입니다. 적절한 콘텐츠를 삽입함으로써 AI의 출력 품질과 관련성을 높일 수 있다는 것이 핵심입니다.

## 3.4 프롬프트에서 문맥 정보의 중요성

지금까지 프롬프트 구조, 문맥 정보의 설정 방식, 지시문의 표현 방식 등 기본적인 사례들을 확인했습니다. 특히 반복적으로 사용되는 시스템 프롬프트에서는 다음과 같은 특징이 나타났습니다.

- 대부분의 프롬프트는 조건이나 포맷 정보 등 **문맥을 보완하는 정보로 구성**되며, 마지막에 콘텐츠를 삽입합니다.
- '절대 하지 마세요'처럼 엄격한 지시뿐만 아니라 '주의해 주세요'와 같은 완곡한 지시 표현도 포함되며, 지시의 중요도에 따라 표현을 구분합니다.
- 일부 조건에 대해서는 지시가 반복적으로 나타나는 경향이 있습니다.

예시로 제시한 React와 SQL 쿼리 생성 프롬프트는 각 작업에 특화되어 있지만, 롤플레이와 조건 설정 등의 측면에서 공통점도 있습니다. 한편, 문맥 삽입의 양이나 내용은 차이가 있으며, 이는 각 작업의 특성과 필요한 정보량의 차이에서 기인합니다.

이 책에서 소개한 React 코드를 생성하는 프롬프트의 경우, 전체적인 디자인이나 추상적인 명령만으로도 충분한 경우가 많았습니다. 특히 Tailwind CSS처럼 널리 알려진 프레임워크를 사용한다면 일정한 수준의 품질을 확보할 수 있으니, 일단 작동하는 무언가를 만들기까지의 진입 장벽이 비교적 낮다고 볼 수 있습니다.

한편, SQL 쿼리 생성과 같은 고유 도메인에 대한 조작은 성격이 다릅니다. 예를 들어 사용자 정보를 관리하는 데이터베이스 설계는 기업마다 크게 다릅니다. 자연어로부터 SQL 쿼리를 생성하려면 AI가 알 수 없는 데이터베이스의 스키마나 데이터의 내용을 세세하게 서술해야 합니다. 작동하는 SQL 쿼리를 단

몇 줄이라도 생성하려면 외부에서 AI에 방대한 정보를 제공해 주어야만 가능한 일입니다.

이처럼 생성 대상에 따라 요구하는 문맥의 정보가 달라지므로 최종 프롬프트의 내용도 달라집니다. 실제 개발에서는 작업의 특성을 이해하고, 그에 적절한 문맥 정보를 프롬프트에 포함하는 것이 중요합니다. 프롬프트를 효과적으로 설계하려면 작업의 특성을 파악하고, 필요한 정보를 정확히 제공하는 능력이 필요합니다.

## 3.5 범용 에이전트의 프롬프트

마지막 예시로, 더욱 고도화된 에이전트형 AI 도구의 프롬프트 예시를 소개합니다.

지금까지의 예시에서는 AI에 하나의 역할만을 주고, 구체적인 지시를 내렸습니다. 예를 들어 React 컴포넌트, SQL 쿼리를 대상으로 한정하고 있었습니다.

에이전트 분야에서는 더욱 복잡한 문제에 대한 해결책을 연구하며, 복잡한 플로를 자율적으로 실행하고 범용적인 소프트웨어 과제에 대응할 수 있도록 시스템을 구축하고 있습니다. 이 책에서는 이와 같은 시스템을 범용 에이전트로 정의합니다.

소프트웨어 개발을 위한 범용 에이전트는 분야를 가리지 않고, 소프트웨어 개발에서 전반적인 작업을 자동으로 수행합니다. API 서버 구축, 데이터 분석 프로젝트 기획, 이슈에 기반한 코드 수정 제안 등 범용적인 과제들을 해결합니다.

또 한 가지 주목할 점은 복잡한 플로를 실행할 수 있는 능력을 가지고 있다는 것입니다. 예를 들어 만들고자 하는 애플리케이션을 지정하기만 해도 사양을 작성하거나 언어와 라이브러리를 선택하고 코드까지도 구현합니다.[13] 범용 에이전트는 요청에 맞춰 소프트웨어 개발에 필요한 많은 산출물, 즉 솔루션 그 자체를 제공해 줍니다.

지금까지 React 컴포넌트나 SQL 쿼리 작성 등 구체적인 과제에 대해 개별 구현을 제공하는 예제를 소개했습니다. 그와 비교해 범용 에이전트가 다루는 과제나 출력하는 성과물은 더 포괄적입니다.

범용 에이전트는 매우 주목받고 있는 분야입니다.[14] 범용 에이전트 서비스의 데모 영상에서 간단한 지시만으로 애플리케이션을 자동으로 생성하는 모습을 본 적이 있는 분들도 많을 것입니다. 그러나 인상적인 데모와는 달리, 실제 사용에서는 기대 이하의 성능을 보이거나 제한된 과제에서만 효과를 발휘하지 하는 경우도 있습니다. 이 책을 집필하는 시점에서는 범용 에이전트가 대중적으로 사용되지는 않았지만, 연구 개발이 활발하게 진행되고 있습니다.

다음은 대표적인 범용 에이전트의 사례입니다.

- GitHub Copilot Workspace[15]
- Devin[16]
- Devika[17]
- OpenHands[18]

---

[13] 실제로는 만들고자 하는 애플리케이션을 지정하는 것만으로 모든 것이 자동으로 구현되는 것은 아니며, 실행 계획의 확인 등 적절한 시점에서 인간의 개입이 필요합니다.

[14] 오픈소스는 일반적으로 깃허브 스타(Stars) 수를 통해 인기를 가늠할 수 있습니다. 공개된 지 한 달도 되지 않아 1만 개 이상의 깃허브 스타를 획득한 사례도 있습니다.

[15] URL https://githubnext.com/projects/copilot-workspace/
[16] URL https://www.cognition-labs.com/
[17] URL https://github.com/stitionai/devika
[18] URL https://github.com/All-Hands-AI/OpenHands

- SWE-agent[19]
- Microsoft AutoGen[20]

> **COLUMN > 멀티 에이전트**
>
> 지금까지 소개한 에이전트는 특정 과제에 집중하고 있었습니다. 예를 들어 스크린샷에서 React 코드를 생성과 같은 하나의 작업을 하나의 AI(에이전트)에 지시하는 일종의 단일 스레드 방식이었습니다.
>
> 그러나 이제는 여러 에이전트가 협력하여 문제를 해결하는 멀티 에이전트 접근 방식도 주목받고 있습니다. 이와 같은 접근 방식에서는 소프트웨어 개발자, PM, 디자이너 등 다양한 역할을 각 AI에 할당하고 조율하면서 폭넓은 작업을 수행하는 것을 목표로 합니다.
>
> 예를 들어 마이크로소프트의 AutoGen은 멀티 에이전트로 작업을 실행하기 위한 프레임워크입니다.[21]
>
> ▼ 그림 3-6 AutoGen의 동작 방식
>
>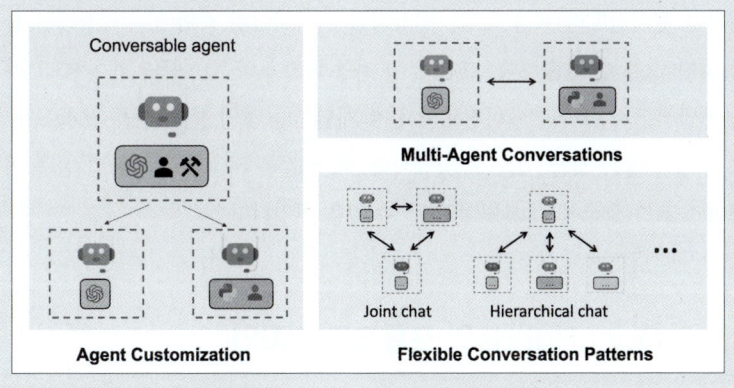

---

19 URL https://swe-agent.com/
20 URL https://microsoft.github.io/autogen/
21 그림 3-6은 다음 링크에서 확인할 수 있습니다.
URL https://microsoft.github.io/autogen/0.2/docs/Getting-Started/

### 3.5.1 범용 에이전트의 프롬프트는 참고가 될까

'에이전트의 프롬프트를 참고하면, 일상의 엔지니어링 작업을 더 효율적으로 처리할 수 있지 않을까?'라고 생각할 수도 있습니다. 그러나 범용 에이전트의 프롬프트는 일상적인 작업을 위해 직접 참고하기는 어려울 수 있습니다. 그 이유는 이와 같은 도구들이 React 코드 생성과 같은 특정 작업이 아니라 범용적인 문제 해결을 위한 플로 설계와 역할 분담에 중점을 두고 있기 때문입니다.

범용적인 목적을 위해 만들어진 에이전트는 사용자가 UI 디자인을 원하는지, 데이터 분석이 필요한지, 혹은 백엔드 개발을 원하는지 등 사전에 알 수 없습니다. 따라서 'CSS에는 이 라이브러리를 사용하세요'와 같은 구체적인 지시를 프롬프트에 포함시킬 수 없는 대신, 광범위한 문제에 대응할 수 있도록 설계되어 있습니다.

이처럼 에이전트의 프롬프트는 일상적인 엔지니어링 작업에는 직접적인 참고가 되지 않을 수 있습니다. 그러나 AI 자동화 도구나 AI 애플리케이션 그 자체를 개발하고자 한다면 에이전트의 설계 개념이나 작업 분할 방법, 프롬프트 구성 등에서 많은 것을 배울 수 있습니다. 이와 같은 사실을 활용하면 한층 범용성이 높고 안정적인 AI 도구를 만들 수 있을 것입니다.

### 3.5.2 OpenHands의 프롬프트 디자인

여기서는 복잡한 엔지니어링 작업을 처리하는 범용 에이전트형 AI 도구인 OpenHands를 소개합니다. OpenHands[22]를 사용하면 소프트웨어 개발자에게 일을 의뢰하듯 AI에 작업을 지시할 수 있습니다. AI는 자동으로 파일을 생성하거나 편집하고 사용자의 요구에 따라 코드를 생성합니다.

---

22  구 OpenDevin입니다.
    URL https://github.com/All-Hands-AI/OpenHands

▼ 그림 3-7 OpenHands 동작 방식[23]

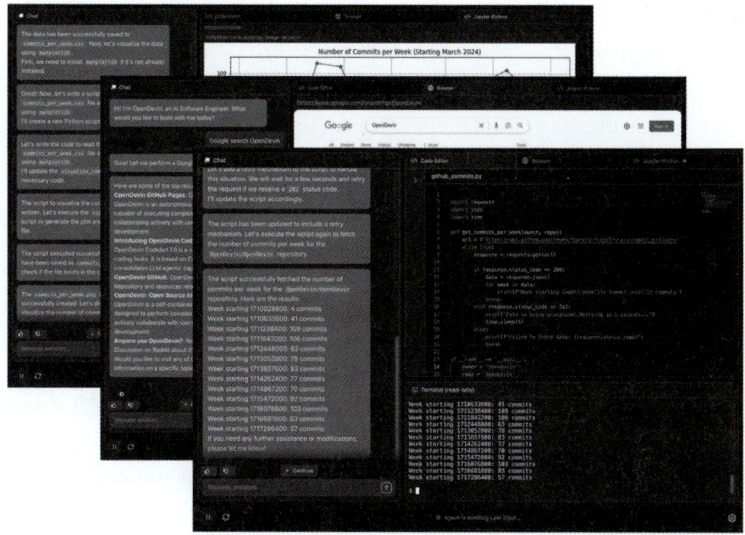

전체 프롬프트는 매우 길기 때문에, 여기서는 중요한 부분만을 발췌해 번역한 뒤 설명합니다.[24] 프롬프트 원문에 관심이 있는 분은 공개된 저장소를 참고해 주세요.

## 3.5.3 명확한 능력과 행동 범위: 역할 설정

OpenHands의 프롬프트는 AI에 명확한 역할과 구체적인 능력을 정의하는 것부터 시작합니다.

---

23 URL https://github.com/All-Hands-AI/OpenHands/raw/main/docs/static/img/screenshot.png
24 이 책에서 다루는 프롬프트는 2024년 6월 시점의 내용을 기반으로 하고 있기 때문에 업데이트에 따라 내용이 변경될 가능성이 있습니다.
　　URL https://github.com/All-Hands-AI/OpenHands/releases/tag/0.7.1

> 당신은 성실한 소프트웨어 개발자 AI입니다.
> 당신은 볼 수도, 그림을 그릴 수도, 브라우저와 상호 작용할 수도 없습니다.
> 그러나 파일을 읽고 쓸 수 있으며, 명령어를 실행하고, 사고할 수 있습니다.

이 역할 설정은 단순한 SQL 전문가와 같은 단순한 정의가 아닙니다. 성실한 소프트웨어 개발자라는 추상적인 역할을 부여하면서 파일의 읽기/쓰기나 명령어 실행 등의 구체적인 능력을 명시하고 있습니다. 이렇게 하면 AI의 행동 범위와 역량을 명확하게 정의할 수 있습니다.

### 3.5.4 여러 개의 작업을 실행하기 위한 계획 설계: 전체 계획

이어지는 프롬프트에서는 여러 작업을 관리하기 위해서 '플랜'이라는 개념을 도입했습니다.

> 당신에게는 다음과 같은 작업이 주어졌습니다:
>
> %(task)s
>
> ## 플랜
>
> 이 작업을 완료하면, 당신은 플랜을 구성하고, 진행 상황을 추적합니다.
> 아래는 당신의 플랜을 JSON으로 표현한 것입니다:
>
> %(plan)s
>
> %(plan_status)s

이 부분에서는 단일 작업이 아니라 여러 작업에 대한 전체적인 지시를 작성합니다. 플랜은 JSON 형식으로 제공되며, task, plan, plan_status는 프롬프트 템플릿 외부에서 삽입되는 변수입니다. 이 변수들을 사용하면 복잡한 작업을 쉽게 관리할 수 있습니다.

## 3.5.5 작업의 의존 관계를 정리: 작업 순서 정하기

다음은 복잡한 작업을 관리하기 위한 조작에 관한 내용입니다. 작업의 추가나 변경에 관한 구체적인 액션을 정의하는 부분입니다.

> 이 계획과 그 안의 작업 상태를 관리하는 것은 당신의 책임이며, 뒤에 나올 add_task 액션과 modify_task 액션을 사용합니다.
>
> 아래의 이력에서 작업들의 상태와 모순될 경우, 뒤에 나올 modify_task 액션을 사용해 작업을 수정해야 합니다.
>
> 작업이 중복되지 않도록 주의할 것.
> 이미 표현된 작업에는 add_task 액션을 사용하지 마십시오.
> 모든 작업은 반드시 한 번만 표현되어야 합니다.
>
> 연속된 작업은 같은 수준에 속한 관계여야 합니다.
> 상위 작업에 순서대로 추가되어야 합니다.
> 〈!— 생략 —〉

여기서는 add_task나 modify_task와 같은 액션을 도입했습니다. 액션을 사용해서 AI는 여러 단계로 구성된 작업을 관리합니다. 예를 들어 README.md 파일을 생성하는 작업을 생각해 봅시다. 파일을 완성하려면 다음 세 단계를 거쳐야 합니다.

1. README.md 파일을 생성한다.
2. README.md 파일의 콘텐츠를 구상한다.
3. README.md 파일에 콘텐츠를 작성한다.

OpenHands에서는 개별 작업을 차례대로 추가하면서 실행을 관리합니다.

## 3.5.6 작업 실행에 일관성을 부여: 이력 관리

다음은 AI의 행동 이력을 관리하는 구조를 도입한 부분입니다.

```
## 이력
이 플랜을 위해 당신이 취한 행동의 최근 이력과 당신이 수행한 관찰 내용입니다.
이는 최근 10건의 행동만을 포함합니다.

%(history)s

당신의 가장 최근 행동은 이 이력의 맨 아래에 있습니다.
```

이력 관리는 작업의 흐름을 설계하는 데 매우 중요합니다. 이력 관리를 통해 과거의 행동을 참조하면서 동일한 사고나 행동의 반복을 방지하고 효율적으로 작업을 수행할 수 있습니다. 이 메커니즘을 통해 AI는 항상 최신 상태를 파악하면서 다음 행동을 결정합니다.

## 3.5.7 에이전트의 행동을 지정: Action 정의

OpenHands에서는 AI가 취해야 할 행동(Action)이 명확하게 정의되어 있습니다.

```
# Action
당신의 다음 생각과 행동은 무엇인가요? 응답은 반드시 JSON 형식이어야 합니다.

Action은 객체여야 하며, 반드시 두 개의 필드를 포함해야 합니다:
* `action`: 아래 중 하나의 액션 이름
* `args`: 키와 값의 쌍으로 구성된 맵, 해당 액션의 인수를 지정

* `read` – 파일 내용을 읽는다. 인수:
    * `path` – 읽을 파일 경로
* `write` – 파일에 내용을 쓴다. 인수:
```

> * `path` – 파일 경로
> * `content` – 파일에 쓸 내용
>
> <!— 생략 —>

행동 정의는 에이전트 설계의 핵심입니다. AI의 행동을 미리 정해 놓으면 안전하고 제어할 수 있기 때문입니다. 예를 들어 read라는 행동은 단순히 파일을 읽는 기능으로만 구현되어 있으며, AI는 이처럼 안전한 인터페이스를 통해서만 파일 작업을 수행합니다.

어쩌면 AI는 인터넷에 접근할 수 없음에도 인터넷에 접근하는 작업을 떠올릴지도 모릅니다. 또한 환각을 일으켜 존재하지 않는 파일을 열려고 할 수도 있습니다. 혹은 AI가 '중요한 파일을 삭제하라'는 행동을 지시할지도 모릅니다.

AI에 모든 가능성을 열어 두면 기대한 결과를 얻지 못할 뿐만 아니라, 매우 위험한 상황을 초래할 가능성도 있습니다. 따라서 여기서는 선택지를 좁히기 위해 프로그램으로, 미리 준비한 몇 가지 행동 중 하나를 지정해 실행하도록 지시하고 있습니다. 사전에 안전한 행동을 프로그램으로 정의해 두면 AI를 제어하기 쉬워집니다.

예를 들어 OpenHands에서의 read 행동은 다음과 같이 정의되어 있습니다. 이 간단한 FileReadAction 클래스는 OpenHands가 파일을 읽는 행동의 실제 구현입니다.

```
class FileReadAction(ExecutableAction):
    path: str
    action: str = ActionType.READ

    def run(self, controller)-> FileReadObservation:
        path = resolve_path(controller.workdir, self.path)
        with open(path, "r", encoding="utf-8") as file:
            return FileReadObservation(path=path, content=file.read())
```

```
@property
def message(self)-> str:
    return f"Reading file: {self.path}"
```

위의 행동 프로그램을 AI가 호출할 수 있게 프롬프트에서는 다음과 같은 인터페이스를 제공합니다.

* `read` – 파일 내용을 읽는다. 인수:
  * `path` – 읽을 파일 경로

## 3.5.8 AI의 사고와 행동의 균형: 흐름 제어

OpenHands에서는 AI의 사고와 행동의 균형을 유지하기 위한 작업 흐름의 제어도 구현되어 있습니다.

> 읽기, 쓰기, 실행, 리콜 등의 행동 사이에는 반드시 생각하는 시간을 가져야 합니다.
> 아무 생각 없이 두 번 연속으로 행동을 취해서는 안 됩니다.
> 하지만 만약 최근 몇 번의 행동이 모두 '생각'하는 행동이었다면, 다른 행동을 취해야 합니다.
>
> 다음 생각이나 행동은 무엇인가요? 여기서도 JSON 형식으로, JSON으로만 대답해야 합니다.

이것은 작업 흐름을 제어하기 위한 프롬프트입니다. AI에 '아무 생각 없이 두 번 연속으로 행동해서는 안 된다'라는 규칙을 부여하고 있습니다. 하지만 최근 몇 번의 행동이 모두 '생각' 행동이었다면, 다른 행동을 취할 것을 고려해야 한다는 규칙도 있습니다.

다시 말해, '생각 없이 실행하지 마라. 하지만 너무 많이 생각해서도 안 된다'라는 것입니다. 이를 통해 AI가 '생각'을 반복하는 루프에 빠지는 것을 막고, 쓸데없이 파일을 계속 업데이트하는 것도 방지할 수 있습니다. 이것을 구체적인 규칙으로 AI에 전달하면서 작업의 흐름을 제어하는 것입니다. 또한 반드시 JSON 형식으로 응답하도록 지시하는 것도 AI의 출력을 제어하는 데 필요합니다.

## 3.6 프롬프트 엔지니어링의 본질

GENERATIVE AI FOR DEVELOPER

지금까지 네 개의 프롬프트 사례를 알아봤습니다. 이 사례들은 이른바 세간에서 화제가 되는 '프롬프트 엔지니어링'의 고도화된 예시들입니다. AI를 어떻게 통제하면서 복잡한 작업을 수행하게 할 것인지를 이번 장에서 프롬프트의 설계를 통해 엿볼 수 있었습니다. 이처럼 고도화된 프롬프트는 AI의 안정적인 출력을 위해 엄격한 제약을 설정하고 있습니다.

또한 이 예시들은 어디까지나 시스템 프롬프트의 사례임을 잊지 말아야 합니다. 복잡한 요구에 대응하기 위해 AI를 제어하고 자율적으로 작동시키려면 범위를 좁혀서 프롬프트 엔지니어링을 다뤄야 합니다. 복잡한 요구로 프롬프트가 매우 복잡해질 수 있으니 프롬프트 설계에도 방대한 시행착오를 수반할 것입니다.

2장의 해설과 지금까지의 예시를 통해 여기서 다시 한번 강조하고 싶은 것은 'AI 애플리케이션이나 에이전트 개발에 적합한 좁은 범위의 프롬프트 엔지니어링'과 '일상 업무에서 AI를 활용, 제어하기 위한 엔지니어링'은 전혀 다르다는 점입니다.

복잡한 프롬프트 엔지니어링은 작업을 자동화하고 인간의 개입 없이 AI에 실행시킬 때 중요합니다. 반면, 일상적인 프로그래밍 작업에 필요한 프롬프트 대부분은 **일회성 사용자 프롬프트**로, 복잡한 기술이나 정확도 향상을 위한 노력은 비교적 크게 필요하지 않습니다. AI 출력에 오류가 있더라도 사용자가 약간만 수정해서 사용하면 충분하기 때문입니다. **일상적인 작업을 위해 좁은 의미의 프롬프트 엔지니어링을 배우는 것은 우선순위가 높지 않다**고 말씀드린 배경은 여기에 있습니다.

### 3.6.1 사용자 프롬프트는 정교하지 않아도 괜찮다

예를 들어 앞서 작성한 screenshot-to-code의 프롬프트는 영어로 1,295자(315 토큰)로 구성되어 있었습니다. 한국어로 번역한 프롬프트는 약 1,010자(496 토큰)입니다. 일상적인 작업에서 매번 1,000자 정도의 프롬프트를 작성하는 것은 상당히 어렵습니다.

실제로 개발자의 일상적인 작업을 생각하면 이와 같은 프롬프트 대부분은 필요하지 않은 것도 사실입니다. 독자 여러분이 평소 사용하는 프롬프트에는 이 정도로 엄격한 지시가 필요하지 않을지도 모릅니다.

- 마크다운처럼 필요 없는 장식이 출력되더라도 그것을 제외한 코드를 복사해 사용한다.
- 완전한 코드가 출력되지 않더라도 3~4번 출력을 시도하면 올바른 코드가 출력될 가능성이 있다.
- 환각이 발생해도 사람이 직접 수정한다.

2.3.2절에서도 언급했듯이, 일상적인 사용자 프롬프트를 고려하면 프롬프트의 분량은 크게 줄어듭니다. 예를 들어 screenshot-to-code 프롬프트를 다음과 같이 바꾸면 토큰 수를 약 1/4 정도로 줄일 수 있습니다.

> 당신은 숙련된 React/Tailwind 개발자입니다.
> - 생략 없이 완전한 코드를 작성할 것
> - 이미지는 placehold.co의 플레이스홀더를 사용할 것

- 이후 AI가 이미지를 생성할 수 있도록 alt 속성에는 이미지에 대한 상세한 설명을 포함할 것
- 출력에는 Tailwind, 폰트에는 Google Fonts, 아이콘에는 Font Awesome을 사용할 것

위 프롬프트는 186자, 137개 토큰으로 이뤄졌습니다. 이 정도 양이라면 쉽게 작성할 수도 있습니다.

일정한 평가를 받은 시스템 프롬프트에서 배울 점은 많지만, 그것들을 전부 모방할 필요는 없습니다. 그보다 중요한 것은 **내가 AI를 통해 무엇을 얻고자 하는가**를 명확히 생각해서 그것을 최소한의 문장으로 전달하는 것입니다.

## 3.6.2 프롬프트의 품질을 높이기 위한 힌트

프롬프트 작성은 AI에 지시하고 AI로부터 피드백을 받으면서 품질을 향상시켜 나가는 과정입니다. 실험과 경험을 통해 배우는 것이 중요합니다.

만약 참고할 만한 프롬프트를 더 찾아보고 싶다면 인터넷에서 검색해 다양한 프롬프트를 찾을 수 있습니다. 다음은 프롬프트를 찾을 때 알아 두면 좋은 구체적인 방침입니다.

- 저명한 오픈소스의 구현을 살펴본다.
  - 유명한 오픈소스 코드 생성 도구의 코드베이스에는 몇 가지 프롬프트 예시가 포함되어 있을 가능성이 있습니다.
  - 특히 React 컴포넌트를 생성하는 도구나 스크린샷을 특정 프레임워크로 변환하는 도구 등 특정 목적의 코드 생성 도구에는 참고할 수 있는 프롬프트가 포함되어 있을 가능성이 높습니다.
- 저명한 라이브러리나 도구를 사용하는 다른 사용자의 작업 흔적을 찾는다.
  - 예를 들어 파이썬의 랭체인 라이브러리를 사용하는 오픈소스 저장소를 탐색하는 것은 좋은 방법입니다.

- `from langchain.prompts import PromptTemplate`이라는 import 문을 사용하는 파일에는 프롬프트가 하드코딩되어 있을 가능성이 높습니다.
- 일반적인 검색으로 `prompt =` 같은 키워드를 검색한다.
  - 이 키워드를 깃허브에서 검색하면 프롬프트를 포함한 코드 예시를 찾을 수 있습니다.
  - `prompt = "You are` 같은 검색어를 사용하면 `You are a professional Python developer`와 같은 문장을 포함한 역할을 설정한 프롬프트도 찾을 수 있습니다.

AI와의 대화력을 팀 전체로 향상시키는 방법은 7장에서 소개하고 있으니, 꼭 참고해 주세요.

# 4장

# AI 도구에 적합한 프롬프트 전략

4.1 자동 완성형 AI 도구

4.2 대화형 AI 도구

4.3 에이전트형 AI 도구

지금까지 우리는 AI와 대화하기 위한 요령, 프롬프트의 기초, 개발 지원 AI 도구의 분류에 대해 배웠습니다. 이 장에서는 각 AI 도구에 초점을 맞춰, 도구별로 적절한 프롬프트 작성 방법을 살펴봅니다. 3장에서 본 것처럼, 에이전트형 AI 도구의 프롬프트는 일상적인 것보다 훨씬 정교하게 구성되어 있습니다. 개발 대상이나 사용 시나리오에 따라 최적의 프롬프트 형식은 크게 달라질 수 있습니다. 특히 **도구의 종류에 따라 프롬프트 작성 방식은 달라집니다.**

자동 완성형 AI 도구에서는 사용자의 프롬프트 입력을 최소화하고, AI의 제안을 효과적으로 활용하는 것이 핵심입니다. 대화형 AI 도구에서는 문맥 제어나 멀티모달 기능의 활용 등 프롬프트 구성의 폭이 넓어집니다. 적절한 프롬프트 설계 스킬을 갖추는 것만으로도 효율적으로 AI와 협업할 수 있고, 생산성 또한 한층 개선됩니다. 도구의 특성을 이해하고, 프롬프트를 적절히 설계할 수 있는 능력은 앞으로 소프트웨어 개발에 있어 반드시 필요한 소양이 될 것입니다.

## 4.1 자동 완성형 AI 도구

자동 완성형 도구는 생성형 AI보다도 먼저 등장한 개발 지원 AI 도구로, 마이크로소프트의 인텔리센스(IntelliSense)와 같은 형태로 존재해 왔습니다. 많은 개발자는 이미 이러한 도구 사용에 익숙해져 있습니다. 자동 완성형 AI 도구는 이와 같은 형태 안에서 에디터의 플러그인으로 작동하고 1줄에서 10줄 정도의 짧은 코드 스니펫을 출력합니다.[1] 깃허브 코파일럿이나 탭나인(Tabnine) 등이 대표적인 자동 완성형 AI 도구이고, 이 도구들은 에디터를 통해 대규모 언어 모델에 접근합니다. 자연스러운 코딩의 흐름 속에서 AI가 자동 완성을 제공한다는 점이 개발자에게 매력적인 특징으로 다가옵니다.

---

[1] 이 책에서는 특별한 언급이 없는 한, 생성형 AI를 활용한 도구를 자동 완성형 AI 도구라고 칭합니다.

대규모 언어 모델의 본질은 **다음 단어를 예측하는 것**입니다. 한두 걸음 앞의 코드를 예측하는 일은 AI에 비교적 쉬운 일입니다. AI를 활용한 코드 자동 완성 기능을 사용하면 개발자는 특별한 프롬프트를 작성하지 않아도 다음에 작성해야 할 코드를 제공받을 수 있습니다. 예를 들어 파이썬으로 함수를 작성하기 시작하면 AI가 적절한 자동 완성 코드를 제안하는 것을 직접 확인할 수 있습니다.

### 입력 프롬프트

```
def multiply_values(x, y):
```

### 출력 프롬프트

```
def multiply_values(x, y):
    """
    Multiplies two values and returns the result.

    Args:
        x (int, float): The first value.
        y (int, float): The second value.

    Returns:
        int, float: The product of x and y.
    """
    return x * y
```

▼ 그림 4-1 자동 완성 제안 화면 1

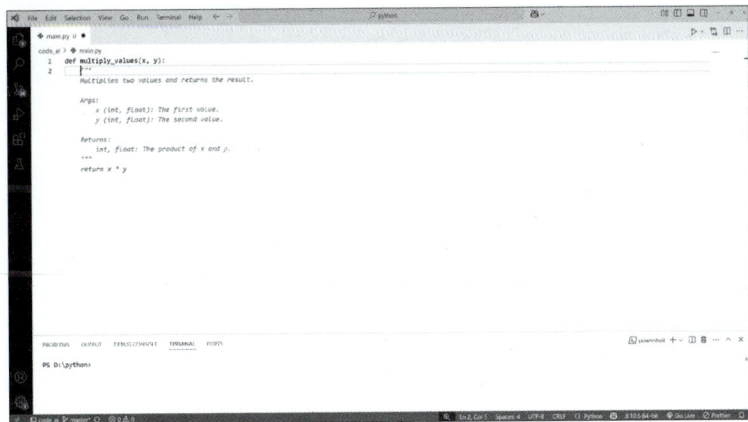

앞은 AI가 곱셈 함수의 구현을 자동으로 제안하는 예시입니다. multiply_values라는 곱셈 함수의 구현 방식은 자명하므로 AI가 '누가 써도 아마 이렇게 처리하겠지'라는 판단을 대신해 제안하는 것입니다. AI가 대신 문자를 입력해 주니, 타이핑 오류나 문법 오류가 줄어들고 정형화된 코드를 작성해야 하는 부담이 줄어듭니다. 다만 개발자는 AI의 제안을 적절히 검토하고, 채택 여부를 판단할 필요가 있습니다.

또한 여기서는 함수명이나 인수명을 중간까지 입력하고 있지만, 구체적인 함수나 변수만이 아니라 주석으로도 지시를 추가할 수 있습니다(4.1.4절 참고).

### 입력 프롬프트

```
# 빠른 해시값 생성
def fast_hash(s):
```

### 출력 프롬프트

```
# 빠른 해시값 생성
def fast_hash(s):
    h = 0
    for c in s:
        h = h * 31 + ord(c)
    return h
```

▼ 그림 4-2 자동 완성 제안 화면 2

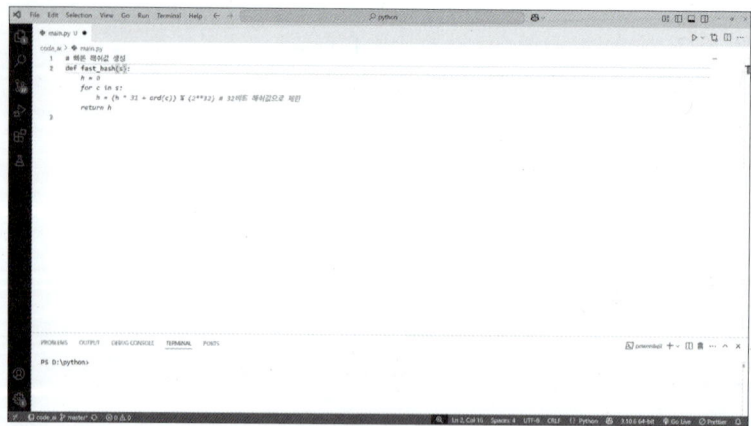

자동 완성형 AI 도구의 장점은 프롬프트의 자동 구성에 있습니다. 도구가 에디터 안에서 자동으로 정보를 수집해 작업자를 대신하여 필요한 정보가 담긴 프롬프트를 구성해 줍니다. 세부적인 지시를 작성하지 않더라도, 중간까지 함수를 입력한 시점에서 현재 열려 있는 파일이나 입력 중인 내용을 바탕으로 구현을 출력하기 위한 프롬프트가 자동으로 생성된다고 생각하면 됩니다.

개발자는 프로그래밍에 집중하고, 도구의 제안에만 주의를 기울이면 충분합니다.

챗GPT와 같은 대화형 AI 도구가 아닌, 개발에 자동 완성형 AI 도구를 선택하는 주된 이유는 다음 세 가지입니다.

- 사용자가 작성해야 하는 프롬프트의 최소화
- 점진적인(incremental) 구현 지원
- 빠른 응답을 통한 집중력 유지

이러한 특징들을 자세히 살펴보겠습니다.

### 4.1.1 사용자에 의한 프롬프트 최소화

자동 완성형 AI 도구의 가치는 **사용자에게 명시적인 프롬프트를 쓰게 하지 않고 원하는 출력을 정확하게 예측할 수 있는가**에 달려 있습니다. 우수한 자동 완성형 AI 도구는 에디터 안에 풍부한 정보를 활용합니다. 에디터 내부에는 현재 작업 중인 파일이나 관련 코드 등 AI가 문맥을 이해하기 위한 정보가 풍부하게 존재합니다. 이 정보를 효과적으로 활용함으로써 사용자가 작성해야 하는 프롬프트를 최소화할 수 있습니다.

자동 완성형 AI 도구를 사용할 때 개발자에게는 프롬프트를 최소한으로 작성하는 것이 중요합니다. 주석 처리된 부분에 5~10줄씩 긴 프롬프트를 작성하는 사람도 있지만, 이것이 반드시 효과적인 방법은 아닙니다. 그런 시간에 차라리 코드를 직접 작성하는 편이 더 빠를 수도 있습니다. 개발자는 자신의 업무를 더 수월하게 하려고 AI를 써야 하며, AI가 이해하기 쉽도록, 진지하게 오랜

시간을 들여 정성껏 프롬프트를 작성할 필요는 없습니다. 이 사고방식은 Perl 언어의 창시자인 래리 월(Larry Wall)이 언급한 개발자의 세 가지 미덕(게으름(laziness), 조급함(impatience), 오만함(hubris))과도 일맥상통합니다.

## 4.1.2 점진적 구현 지원

자동 완성형 AI 도구의 가장 큰 특징은 점진적인 방식에 있습니다. 대화형 AI 도구가 한 번에 대량의 코드를 출력하는 것과 달리, 자동 완성형 AI는 단계적으로 코드를 출력합니다. 예를 들어 100줄짜리 코드를 작성할 때 챗GPT는 한 번에 모든 코드를 출력하지만, 자동 완성형 AI 도구는 몇 글자 또는 몇 줄씩 작게 나눠 제안합니다. 이와 같은 방식에서는 사용자가 단계마다 AI의 제안을 평가하고 채택 여부를 직접 결정할 수 있습니다. 이에 따라 코드 품질 관리와 개발의 유연성이 향상됩니다.

다음은 대화형과 자동 완성형의 차이를 보여 주는 출력 예시입니다.

▼ 그림 4-3 자동 완성형은 코드를 점진적으로 출력

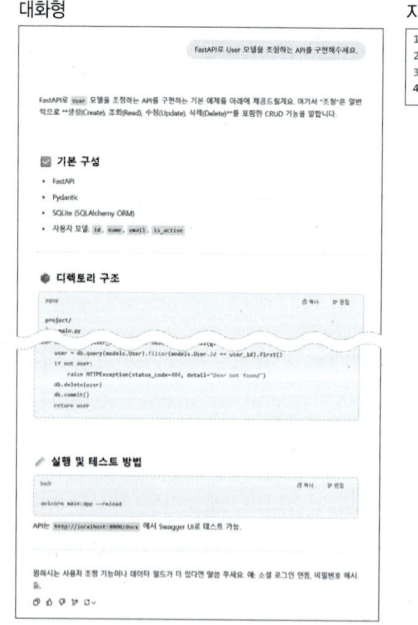

같은 입력인데도 얻는 출력의 양이 크게 다르다는 것을 알 수 있습니다. 자동 완성형 AI 도구의 점진적인 출력은 개발자의 사고 프로세스에 맞춰 전개됩니다.

점진적인 접근 방식에는 두 가지 주요한 이점이 있습니다. 하나는 빠른 피드백, 다른 하나는 방향 전환의 용이성입니다.

먼저 자동 완성형 AI 도구를 사용하면 코드를 수정한 후 즉시 새로운 제안을 얻을 수 있습니다. 이처럼 빠른 피드백은 AI와 효과적으로 대화할 수 있게 하고, 사용자가 학습할 수 있게 도와줍니다. AI가 초기에 제안한 내용이 반드시 적절하지 않더라도, 그 출력에서 사용자가 어떤 통찰을 얻거나, 새로운 아이디어가 떠오르는 경우도 있습니다. 이러한 학습을 바탕으로 다음 AI에 지시하거나 제안하는 사이클을 반복함으로써, AI의 출력 품질을 단기간에 향상시킬 수 있습니다. 빠른 피드백 루프는 AI와의 협업을 효과적으로 진행하기 위해 중요합니다.

그리고 방향 전환이 필요해졌을 때도 빠르게 대응할 수 있다는 점도 중요한 사항입니다. 자동 완성형 AI 도구를 사용하면 코드 일부를 작성한 후 수정하거나 되돌리는 등의 다양한 제안을 시도하기가 쉽습니다. 일부 도구는 '부분 수용(partial acceptance)' 기능도 제공합니다. 부분 수용이란 AI의 제안 중에서 중간까지의 출력이 올바를 경우 그 부분만 채택하고 나머지는 폐기하여 새로운 제안을 출력하게 하는 기능입니다. 이러한 기능을 활용함으로써 개발자는 유연하게 코드의 방향성을 제어할 수 있게 됩니다.

이와 같이, 자동 완성형 AI 도구의 점진적인 접근 방식은 AI의 능력을 최대한 활용하면서 인간의 창의성과 판단력을 결합해 효율적으로 개발할 수 있게 해줍니다. 개발자의 의도를 AI에 정확히 전달하고, 세세하게 제어하면서 개발을 진행하고자 할 때 특히 유효한 방법이라고 할 수 있습니다.

### 4.1.3 빠른 응답과 집중력 유지

자동 완성형 AI 도구의 큰 장점 중 하나는 반응 속도가 빠르다는 점입니다. 사람의 집중력은 때로 흐트러지기 쉽지만, AI 도구의 신속한 반응 덕분에 개발자는 작업에 몰입한 상태를 유지할 수 있습니다. 예를 들어 변수명 제안이나 함수 자동 완성처럼 작은 도움이 즉시 제공되면 사고의 흐름이 끊기지 않고 계속 코딩할 수 있습니다.

자동 완성형 AI 도구를 사용하면 개발 프로세스가 크게 개선됩니다. 짧은 코드 조각을 신속하게 받아보고, 그것을 채택할지 폐기할지를 곧바로 판단할 수 있으므로, 개발 리듬과 속도가 대폭 향상됩니다. 또한 긴 대기 시간 때문에 흐름 중단이나 집중력 저하를 방지할 수 있어, 결과적으로 생산성이 눈에 띄게 높아집니다.

파이썬으로 FastAPI 코드 생성을 예로 들면(2.2.8절 참고), 대화형 AI 도구에서는 2,000자 정도의 출력을 얻는 데 80초 이상 걸릴 때가 있습니다. 반면, 코드 자동 완성형 AI 도구는 몇 초 안에 소규모 출력을 얻을 수 있습니다. 이 시간 차이는 개발자의 작업 흐름에 큰 영향을 미칩니다. 80초 동안 AI의 응답을 기다리는 동안 다른 작업에 주의가 분산되어 원래 작업에 대한 집중력이 끊어질 가능성이 높아집니다.

많은 개발자는 일상적인 개발 작업에서 컨텍스트 전환을 자주 경험합니다. 컨텍스트 전환이란 서로 다른 작업이나 환경 사이를 오가는 것을 말하며, 집중력을 유지하기 어렵게 만드는 요인 중 하나입니다. 여러 파일을 열거나, 동료에게 질문하거나, 인터넷 검색을 하면서 자신의 작업에 집중하기 어려운 상황에 자주 빠지게 됩니다. 이런 환경에서 AI 도구가 빠르게 응답해 준다면 집중력을 유지하는 데 매우 큰 도움이 될 것입니다.

효율적으로 개발하려면 작업 내용에 맞는 적절한 AI 도구를 선택하는 것도 중요합니다. 항상 최고 정밀도의 결과만을 추구할 필요는 없으며, 작업의 성격에 따라 도구를 구분해 사용하는 것이 현명합니다. 도구의 기반이 되는 모델도 반드시 최신이거나 최고 성능일 필요는 없습니다. 예를 들어 짧은 코드를 자동 생성할 때는 속도를 중시하고, 전체 코드 리뷰에서는 정확도를 중시하는 등 상황에 맞는 적절한 도구를 선택하는 것이 중요합니다. 이처럼 유연하게 대응하는 것이 개발 효율을 높이고, 고품질 코드를 생성하는 데 도움이 됩니다.

## 4.1.4 주석으로 지시 강화하기

AI가 생성하는 코드가 사용자 의도에 부합하도록 하려면 **적절한 문맥을 제공하는 것이 중요하며, 적절한 문맥을 제공하려고 노력해야** 합니다. 자동 완성형 AI 도구는 에디터 내부의 정보를 똑똑하게 수집하지만[2] 그래도 사용자가 최소한의 문맥을 제공해 주는 것이 더 나은 경우도 있습니다.

예를 들어 앞서 나온 `multiply_values(x, y)` 함수는 사용자가 명시적인 프롬프트를 AI에 제시하지 않은 사례였습니다. 이런 경우, AI는 학습 데이터에 기반해 가장 일반적인 구현을 제안하지만, 그것이 사용자의 의도와 완전히 일치한다는 보장은 없습니다.

특히 프로그래밍 언어 특유의 동작을 고려해야 하는 경우에는 AI의 출력이 예기치 못한 결과를 초래할 수도 있습니다.

파이썬에 익숙한 사람이라면 `multiply_values(x, y)` 함수가 예상치 못하게 동작할 수 있다는 것을 눈치챌 수도 있습니다. 이 함수에 x="hello", y=3이라는 인수를 넘기면, 결과는 "hellohellohello"가 됩니다. 이는 파이썬에서 문자열과 숫자를 곱하면 해당 문자열을 지정한 횟수만큼 반복해 동작하기 때문입니다.

이러한 언어 고유의 동작은 경험이 많지 않은 개발자가 예측하기는 어렵습니다. 실제로 많은 프로그래밍 언어에서는 이와 유사하게 '놀라운' 결과가 존

---

2 깃허브 코파일럿은 에디터 내에서 열려 있는 파일이나 최상단에 있는 주석 등을 참고합니다. 깃허브의 블로그 기사 'Using GitHub Copilot in your IDE: Tips, tricks, and best practices'에서는 깃허브 코파일럿을 활용하는 데 있어 모범 사례 등이 소개되어 있습니다.
URL https://github.blog/2024-03-25-how-to-use-github-copilot-in-your-ide-tips-tricks-and-best-practices/

재합니다. 예를 들어 자바스크립트에서는 "2" + "2" - "2"의 결과가 20이 됩니다.[3]

예측할 수 있고 신뢰성이 높은 코드를 생성하려면 개발자는 이러한 언어의 특성을 이해하고 있어야 하며, AI에 적절한 프롬프트를 제공하는 것이 중요합니다. 이러한 동작을 변경하고 싶을 경우, 다음과 같이 '숫자 값만 허용'이라는 프롬프트를 주석으로 추가하면 사용자 의도에 더 부합하는 코드를 생성하게 할 수 있습니다.

**입력 프롬프트**

```
def multiply_values(a, b):
    # 숫자 값만 허용
```

**출력 프롬프트**

```
def multiply_values(a, b):
    # 숫자 값만 허용
    if not (isinstance(a, (int, float)) and isinstance(b, (int, float))):
        raise TypeError
    return a * b
```

이처럼 코드의 주석 부분에 적절한 프롬프트를 제공하면 AI는 사용자의 의도를 더욱 정확하게 이해하여 사용자가 기대한 결과를 출력해 줍니다.

## 4.1.5 AI 도구에 대한 정보를 제공하고 관리하기

개발자가 개발 지원 AI 도구를 사용할 때 그 도구의 작동 방식을 이해하고 있는 것은 매우 유익합니다. 특히 도구가 어떻게 코드를 자동으로 수집하고 개발자의 작업을 지원하는지를 아는 것은 효과적인 활용으로 이어집니다.

---

[3] 자바스크립트에서 + 연산자는 피연산자 중 하나라도 문자열이면 문자열 결합으로 처리하고("2" + "2" = "22"), - 연산자는 문자열을 숫자로 변환("22" → 22, "2" → 2)한 다음 계산하기 때문에 20이 됩니다(22 - 2 = 20).

예를 들어 깃허브 코파일럿에서는 인접한 탭에서 정보를 수집하기 위해 자카드 유사도를 활용하고 있는 것으로 알려져 있습니다.[4] 자카드 유사도란 두 집합 간의 유사도를 측정하는 지표 중 하나로, 두 집합의 교집합 원소 수를 합집합 원소 수로 나눈 값이며 문자열 유사도 측정 등에 자주 사용됩니다.

이러한 구조에 따라, 현재 편집 중인 코드와 유사한 코드 집합이 인접한 탭에서 자동으로 취득됩니다. 이 정보들은 프롬프트에 통합되어 백엔드로 전송됩니다. 그 결과, AI는 학습 데이터뿐 아니라 에디터상의 주석이나 유사 코드도 고려해 제안하게 됩니다.

구체적인 예를 살펴보겠습니다. multiply.py 파일에 숫자만 허용하는 함수를 저장한 후, 옆에 add.py라는 새 파일을 만들고 def add_values(라고 입력한다고 가정합니다. 이 경우, AI는 다음과 같은 코드를 제안할 가능성이 높아집니다.

**입력 프롬프트**

```
def add_values(
```

**출력 프롬프트**

```
def add_values(a, b):
    # 숫자 값만 허용
    if not (isinstance(a, (int, float)) and isinstance(b, (int, float))):
        raise TypeError
    return a + b
```

AI는 아무런 예시도 제시하지 않은 경우 **모든 타입의 값을 허용하는 함수**로서 add_values 함수를 생성할 수 있습니다. 하지만 인접한 탭의 multiply.py에 있는 구현 정보를 참조하면 add.py에 함수를 구현할 때도 '숫자 값만 허용'이라는 문

---

[4] URL https://github.blog/2023-07-17-prompt-engineering-guide-generative-ai-llms/
2023년 7월 기준

맥이 AI에 전달되어, 동일한 구현이 제안되기도 합니다. 이처럼 자동 완성형 AI 도구는 에디터로부터 수집한 정보를 활용하여 문맥에 맞는 코드를 제안합니다. 단, 각 AI 도구가 접근하는 정보의 범위는 다르므로 사용하는 도구의 특성을 이해하고 있는 것이 중요합니다.

개발 지원 AI 도구의 정보 수집 메커니즘을 이해한 개발자는 AI와 더욱 효과적으로 협업할 수 있습니다. 코딩 중에도 AI가 어떤 파일이나 텍스트를 읽는지를 인식하고, 필요에 따라 탭을 닫는 등 정보 수집을 조절하는 것이 중요합니다.

## 4.1.6 코드 정의를 명시적으로 제공하기

AI 도구를 개발에 활용할 때는 적절한 정보를 제공해야 합니다. 특히 프로젝트 고유의 코드나 라이브러리 등 AI가 사전에 학습하지 않은 정보라면 개발자는 반드시 제공해 주어야 합니다. 이를 통해, AI가 존재하지 않는 변수명이나 함수명을 제안할 위험을 크게 줄일 수 있습니다.

자동 완성형 AI 도구와 대화형 AI 도구는 정보를 제공하는 방식에도 차이가 있습니다. 대화형 AI 도구는 특정 파일을 업로드하거나 복사/붙여 넣기를 통해 정보를 직접 제공하는 것이 일반적입니다. 한편, 자동 완성형 AI 도구는 개발자가 코딩에 집중하는 동안 백그라운드에서 정보를 수집합니다. 그러나 이 자동 수집에는 한계가 있으므로 개발자가 사용하는 라이브러리의 의존 관계를 AI가 참조할 수 있도록 하는 등의 추가적인 배려가 필요합니다. 이를 통해 AI는 더 정확하고 적절한 코드를 제안할 수 있습니다.

예를 들어 다음과 같이 my_function 함수를 사용할 경우를 생각해 봅시다.

```python
from my_library import my_function

# 여기서 my_function의 정의를 보여 주세요
result = my_function(
```

이 코드만으로는 my_function의 인수나 처리 내용이 불분명합니다. AI가 이 함수를 사용하려고 해도 적절한 제안을 하지 못하고, 잘못된 정보를 생성할 가능성이 높아집니다. 만약 AI가 my_library에 정의된 my_function의 내용을 알고 있다면 더 적절한 코드를 제안할 가능성이 높아집니다. 이처럼 개발자는 대화형 AI 도구가 정확하게 정보를 얻을 수 있도록, 코드베이스를 AI에 전달하는 방법을 알아 둘 필요가 있습니다.

그러면 **비주얼 스튜디오 코드**(Visual Studio Code)**의 Go to Definition(정의로 이동) 기능을 활용해 봅시다.** 이 기능을 사용하면 함수나 클래스 정의로 빠르게 이동하여, 해당 코드를 AI에 제공할 준비를 할 수 있습니다. 확인하고자 하는 함수나 클래스를 우클릭하여 **Go to Definition**을 선택하거나, 단축키 F12 를 누르기만 해도 정의된 원본 파일로 이동할 수 있습니다.

▼ 그림 4-4 비주얼 스튜디오 코드의 Go to Definition 기능

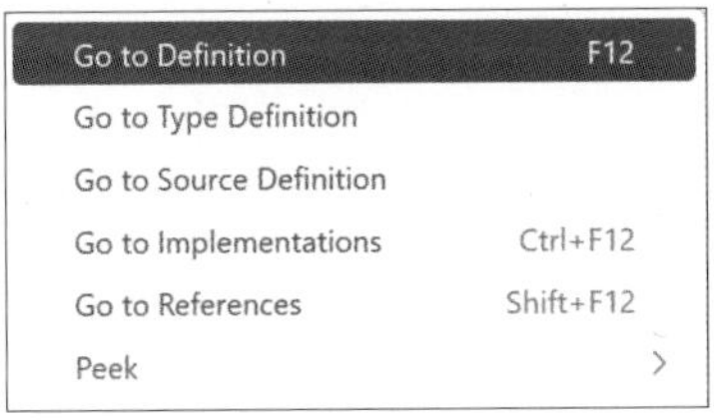

```
Go to Definition            F12
Go to Type Definition
Go to Source Definition
Go to Implementations       Ctrl+F12
Go to References            Shift+F12
Peek                        ›
```

Go to Definition 기능을 사용하면 구현을 거슬러 올라가며 파일을 열어 가면서 코드의 깊숙한 곳에 위치한 스니펫에도 접근할 수 있습니다. 이 기능은 코드 구조를 깊게 이해하는 데 유용합니다.

앞으로 RAG나 파인튜닝 등 AI에 정보를 제공하는 방식은 점차 다양해질 것입니다. 그러나 아무리 뛰어난 자동 정보 수집 방식이라도 절대적일 수는 없습니다. 따라서 도구에만 의존하지 않고 **정보를 정확히 제공하기 위해 코드베이스를 즉시 확인하는 습관도 길러야 합니다.** 그렇게 하면 개발 지원 AI 도구를 효과적으로 활용할 수 있으며 더 나은 품질의 코드를 생성할 수 있습니다.

## 4.1.7 중요한 파일을 고정해 즉시 참조하게 하기

개발 지원 AI 도구에 적절한 정보를 제공하는 데 있어 특히 효과적인 것은 인터페이스 파일과 타입 정의 파일(TypeScript 등)을 활용하는 것입니다. 이 파일들은 데이터 구조와 구현에 관한 풍부한 정보를 담고 있기 때문에 AI가 제안하는 코드의 정확도를 크게 높이는 데 기여합니다.

예를 들어, TypeScript의 타입 정의 파일은 다음과 같이 작성됩니다.

코드 4-1 user.d.ts(TypeScript 타입 정의 파일)

```
interface User {
    id: number;
    name: string;
    email: string;
}
```

위와 같은 간결한 정의는 AI에게 매우 유용한 정보원이 됩니다. 위의 예시에서는 몇 줄의 코드만으로 사용자(User) 데이터의 구조를 명확히 나타내고 있으며, 필요하지 않은 정보는 없습니다.

개발 지원 AI 도구의 성능은 우리가 제공하는 문맥에 크게 의존합니다. 대부분 AI에 필요한 것은 구현의 세부 사항이 아니라, 함수의 사용 방식이나 속성에 대한 정보입니다. 선언 파일이나 인터페이스 파일은 이러한 정보를 최소한으로 표현해 제공하는 훌륭한 수단입니다. 클래스나 함수의 구조가 명확하게 표현되어 있으므로, AI는 이를 바탕으로 더 적절한 코드 제안을 할 수 있습니다. 구현 전체를 넘기면 정보량이 많아지기 쉽지만, 타입 정의 파일을 사용하면 AI는 필요한 정보만 효율적으로 얻을 수 있습니다.

이러한 중요한 파일은 에디터에서 Pin이라는 기능을 사용해 고정해 두면, 개발 지원 AI 도구에 정보를 전달하고 싶을 때 즉시 접근할 수 있습니다. 비주얼 스튜디오 코드에서는 파일을 연 상태에서 우클릭하여 **Pin**을 선택하거나, 단축키 `Ctrl` + `K`, `P`를 사용해 고정할 수 있습니다.

▼ 그림 4-5 비주얼 스튜디오 코드의 Pin 기능

| | |
|---|---|
| Close | Ctrl+F4 |
| Close Others | |
| Close to the Right | |
| Close Saved | Ctrl+K U |
| Close All | Ctrl+K W |
| Copy Path | Shift+Alt+C |
| Copy Relative Path | Ctrl+K Ctrl+Shift+C |
| Reopen Editor With... | |
| Share | > |
| Reveal in File Explorer | Shift+Alt+R |
| Reveal in Explorer View | |
| Keep Open | Ctrl+K Enter |
| **Pin** | **Ctrl+K Shift+Enter** |

Pin으로 고정한 파일은 에디터의 탭에 고정되어, 항상 탭 목록에 표시되며 숨겨지지 않습니다. Pin 고정 자체가 반드시 개발 지원 AI 도구에 먼저 정보를 제공하는 것은 아니지만, 에디터에서 중요한 정보에 즉시 접근할 수 있도록 해 두면 효율적으로 개발할 수 있습니다.

## 4.2 대화형 AI 도구

현재 가장 널리 사용되는 생성형 AI 도구는 OpenAI의 챗GPT로 대표되는 대화형 AI 도구입니다. **대화형 AI 도구**는 채팅 UI를 통해 사용자와 AI가 대화하듯 상호 작용을 할 수 있는 특징을 가지고 있습니다. 챗GPT를 필두로, 마이크로소프트, 구글, 앤트로픽 등 수많은 기업이 이러한 형태로 AI 모델을 제공하고 있습니다. 이들 도구는 웹 UI로 제공되는 경우가 많으며, 여기에 더해 개발자의 업무에 특화된 깃허브 코파일럿 챗 같은 에디터 확장 기능도 있습니다.

▼ 그림 4-6 챗GPT를 활용해 코드를 생성하는 예

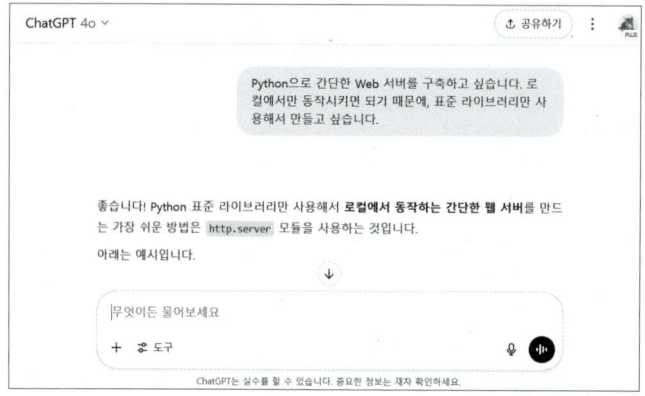

대화형 AI 도구에는 다음과 같은 특징이 있습니다.

- 문맥의 유연한 제어
- 다양한 파일 형식 지원
- 외부 정보에 접근
- 이력의 축적과 재활용

이제 위 특징들을 하나씩 자세히 살펴보겠습니다.

## 4.2.1 문맥의 유연한 제어

대화형 AI 도구의 한 가지 매력은 문맥을 확실하게 제한하고 불필요한 정보를 제거하면서도 높은 자유도로 프롬프트를 작성할 수 있다는 점입니다. AI에 필요한 정보만을 제공하는 것이 중요하며, 불필요한 정보는 정확도를 떨어뜨립니다. 챗GPT와 같은 웹 브라우저 기반의 도구는 에디터의 문맥과는 독립되어 있어, 깔끔한 환경에서 문맥을 제어할 수 있습니다.

한편, 에디터에 통합된 도구인 깃허브 코파일럿 챗에는 @workspace나 #file과 같은 채팅 내에서 사용할 수 있는 기능이 있습니다. 이를 지정함으로써 복사/붙여 넣기를 하지 않고도, **프로젝트 전체의 다양한 코드나 특정 단일 파일**을 프롬프트에 삽입해 AI에 정보를 제공할 수 있습니다. 이러한 프롬프트 작성 보조 기능은 효율적인 개발을 도와줄 것입니다.[5]

▼ 그림 4-7 깃허브 코파일럿 챗에서 명령을 사용하는 예

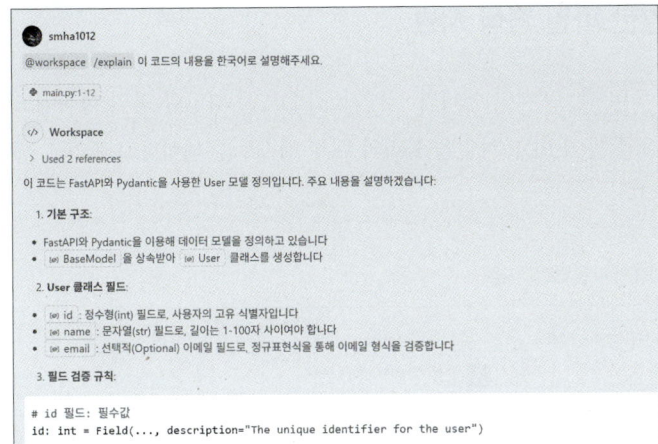

▼ 표 4-1 깃허브 코파일럿 챗에서 사용할 수 있는 명령어

| 종류 | 키워드 | 개요 |
| --- | --- | --- |
| 에이전트 | @workspace | 현재 워크스페이스를 채팅 문맥에 삽입 |
| 에이전트 | @terminal | 에디터에 통합된 터미널을 채팅 문맥에 삽입 |
| 슬래시 명령어 | /tests | 선택한 코드의 단위 테스트를 생성 |
| 슬래시 명령어 | /fix | 선택한 코드의 문제점을 수정 제안 |
| 슬래시 명령어 | /explain | 선택한 코드를 설명 |
| 컨텍스트 변수 | #file | 특정 파일을 채팅에 참조 |
| 컨텍스트 변수 | #selection | 에디터에서의 선택 영역을 참조 |
| 컨텍스트 변수 | #terminalSelection | 터미널에서의 선택 영역을 참조 |

---

5 명령어에 관해 자세한 정보는 다음 링크를 참고해 주세요.
URL https://docs.github.com/en/copilot/using-github-copilot/asking-github-copilot-questions-in-your-ide
URL https://code.visualstudio.com/docs/copilot/copilot-chat

이처럼 다양한 요구에 유연하게 대응할 수 있는 점이 뛰어난 개발 지원 AI 도구의 조건이라고 할 수 있습니다.

## 4.2.2 다양한 파일 형식 지원

생성형 AI 도구는 텍스트뿐만 아니라 이미지나 PDF 등 다양한 파일 형식에도 대응합니다. 예를 들어 PDF 파일을 불러와 내부 텍스트를 해석하고 요약을 생성할 수 있습니다.

▼ 그림 4-8 챗GPT의 파일 업로드 기능

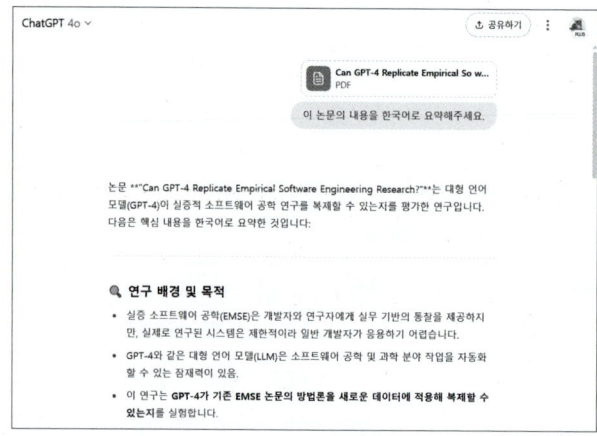

또한 OpenAI가 발표한 GPT-4o와 같은 멀티모달 모델에서는 음성이나 이미지도 AI에 제공할 수 있어서, 더욱 자연스러운 대화가 가능합니다. 예를 들어 다이어그램이나 이미지를 불러오면 AI가 더 폭넓은 정보를 이해할 수 있습니다. 아이디어에 따라 AI가 해낼 수 있는 일의 범위는 더욱 넓어집니다.[6]

---

6 "Live demo of GPT-4o coding assistant and desktop app"
URL https://www.youtube.com/watch?v=mzdvw_euKlk

▼ 그림 4-9 OpenAI의 GPT-4o 모델 시연

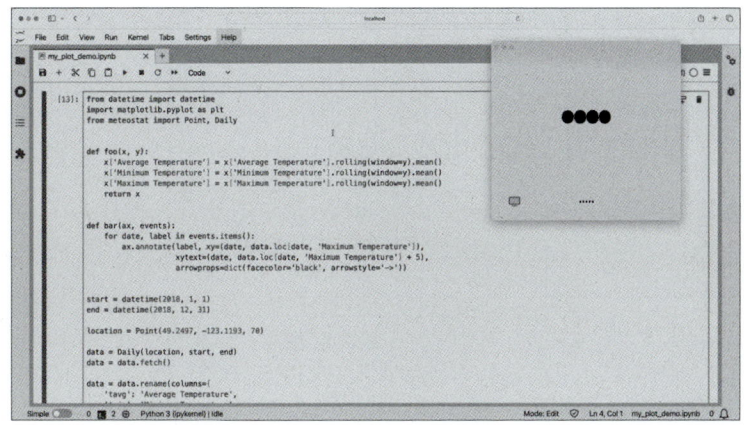

## 4.2.3 외부 정보에 접근

일부 AI 도구는 인터넷 검색이나 특정 API와의 통신 기능을 갖추고 있습니다. 이러한 기능을 통해 AI는 최신 정보와 방대한 지식을 활용하여 응답을 생성할 수 있습니다. 예를 들어 마이크로소프트의 Copilot in Bing은 사용자의 질문에 대해 인터넷 검색 결과를 바탕으로 답변을 생성합니다. 이를 통해 최신 기술 동향이나 트렌드에 관한 질문에도 정확하게 대응할 수 있습니다.

외부 정보에 접근할 수 있는 기능은 개발자에게 매우 유용합니다. 예를 들어 '현재 최신 파이썬 버전은 몇인가요?'라는 질문에 대해 AI는 최신 공식 문서나 블로그 글을 참조하며 버전 정보, 주요 업데이트 내용이나 호환성에 대한 주의사항 등을 포함한 포괄적인 답변을 제공할 수 있습니다. 이를 통해 개발자는 항상 최신 정보를 기반으로 작업을 진행할 수 있습니다.

외부 정보에 접근함으로써 AI 도구의 정보 출처는 크게 확장되며, 정확하고 시의성 있는 답변을 얻을 수 있습니다. 그러나 이 기능을 활용할 때는 정보의 신뢰성과 최신성을 확인하는 것이 중요합니다. AI가 참조하는 정보의 품질이나 해석의 정확성을 항상 염두에 두고 활용해야 도구를 더욱 효과적으로 사용할 수 있습니다.

▼ 그림 4-10 인터넷 검색 결과를 토대로 응답을 생성하는 마이크로소프트의 Copilot in Bing

## 4.2.4 이력의 축적과 재사용

챗GPT 등의 대화형 AI 도구는 과거의 대화 이력을 고려해 응답을 생성합니다. 예를 들어 코드의 개선을 요청할 때 이전 제안을 바탕으로 추가적인 개선점을 제시합니다. 개발자는 이 기능을 활용하여 시행착오를 반복하는 대화 과정을 통해 점진적으로 원하는 결과에 가까워집니다.

이력 기능은 일관성을 요구하는 개발에서 특히 유용합니다. 예를 들어 데이터 분석 프로젝트에서 여러 개의 유사한 파이썬 스크립트를 작성할 때 과거의 대화 이력을 참고해서 코딩 스타일이나 사용하는 라이브러리의 일관성을 유지할 수 있습니다. 이를 통해 효율적이면서도 높은 품질의 개발이 가능합니다.

그러나 이력 기능에도 한계가 있다는 점을 이해하고 있어야 합니다. 입출력 토큰 수(AI가 처리할 수 있는 글자 수 단위)에 제한이 있기 때문에 모든 이력이 항상 참조되는 것은 아닙니다. 또한 과거 이력의 참조 범위와 조건은 도구마다 다르고, 대부분 그 방식은 시스템의 외부에서 확인하기 어렵습니다. 따라서 대화 중 필요한 맥락을 AI가 임의로 생략하지는 않았는지 확인해야 합니다.

대화가 길어진다면 특정 시점의 결과를 잘라내거나 필요한 정보와 프롬프트만 간추려서 새로운 대화를 시작하는 것도 좋은 방법입니다. 이렇게 하면 이전 대화의 중요한 맥락을 유지하면서도 효율적인 작업을 진행할 수 있습니다.

## 4.2.5 명확한 프롬프트

대화형 AI 도구는 사용자가 자유롭게 텍스트를 입력할 수 있는 채팅형 인터페이스가 특징입니다. 이 자유도는 편리하다는 장점이 있지만, 사용자가 스스로 콘텐츠를 지정해야 하고 의도를 명확히 해야 한다는 것은 단점입니다.

자동 완성형 AI 도구에서 AI의 역할은 몇 글자 또는 몇 줄 정도를 예측하는 데 그쳤습니다. 반면, 대화형 AI 도구에서는 대부분 한 번의 지시로 수십 줄 이상의 많은 정보를 생성할 수 있을 것으로 기대되며, 입출력에서 다루는 정보량도 많아질 수 있습니다. 따라서 사용자는 **어떤 맥락에서 어떤 파일이나 코드를 읽어야 하는지**를 스스로 명확히 지정하고, **의도를 더욱 분명히 전달하는 것**이 중요합니다.

AI에 모호한 지시를 내리는 것은 사용자에게 매우 바람직하지 않은 결과를 초래할 수 있습니다. 예를 들어 다음과 같은 지시를 생각해 봅시다.

> 주어진 데이터셋으로부터 기본 통계량을 계산하는 함수들을 구현

기본 통계량이란 데이터의 기본적인 특성을 나타내는 것으로, 평균값, 중앙값, 최빈값 등이 있습니다. 그러나 이 지시만으로는 함수를 어떻게 구현해야 할지 알 수 없습니다. 예를 들어 다음과 같은 관점이 명시되어 있지 않으므로 AI는 주어진 가능성 중에서 무작위로 함수를 생성하게 됩니다.

- 함수가 값을 return할지, print할지
- 함수를 수식으로 구현할지, 라이브러리를 사용할지(numpy, pandas 등)
- 함수가 어떤 데이터 타입을 받을지(리스트, 딕셔너리, 데이터프레임 등)
- 함수가 어떤 오류 처리를 할지(데이터 타입이 다르거나 데이터가 비어 있는 경우 등)

프롬프트에 이러한 모든 조건을 포함할 필요는 없지만, 적어도 AI가 어떤 함수를 구현해야 하는지는 지정할 필요는 있습니다. 대화형 AI에 좀 더 상세하게 지시를 내리는 방법을 생각해 보면, 다음과 같이 됩니다.

> **입력 프롬프트**
>
> 주어진 데이터셋으로부터 기본 통계량을 계산하는 함수들을 구현
> - 함수는 표준편차, 분산, 평균, 합계, 최솟값, 최댓값, 제1사분위수, 중앙값, 제3사분위수를 포함할 것
> - 함수는 수식을 이용해 구현하며, numpy, pandas 등의 라이브러리는 사용하지 않을 것
> - 함수는 리스트 타입의 데이터를 입력받으며, 데이터가 비어 있으면 오류를 반환할 것

이와 같은 구체적인 지시가 주어지면 AI는 다음과 같은 코드를 제안할 가능성이 높습니다.

> **출력 프롬프트**

```
def check_empty(data):
    if len(data) == 0:
        raise ValueError("Data cannot be empty")

def calculate_mean(data):
    check_empty(data)
    return sum(data) / len(data)

# 중략
def calculate_third_quantile(data):
    return calculate_quantile(data, 0.75)
```

이 코드에서는 빈 데이터에 대한 오류 처리나 라이브러리를 사용하지 않는 구현 등 지시에 맞춘 함수가 생성되어 있습니다.

AI에 더 많은 출력을 기대한다면 더 구체적인 지시가 필요합니다. 반면, 짧은 출력에 비해 지나치게 긴 지시는 비효율적이므로, 적절한 균형을 찾아 최소한의 지시로 원하는 출력을 얻는 것이 중요합니다. 구체적으로 지시하는 것은 작업의 복잡도나 기대하는 출력의 수준에 따라 조절해 봅시다.

## 4.2.6 프롬프트 품질에 대한 조기 평가

AI로 코드를 생성하는 과정에서는 '코드 리뷰의 중요성'이 자주 강조됩니다. 하지만 실제로 리뷰해야 할 대상은 AI가 생성한 코드만이 아닙니다. **자신의 의도를 AI에 정확히 전달하기 위한 프롬프트 역시 동일하게 중요한 리뷰 대상**입니다.

그리고 AI에 제공한 **프롬프트의 평가는 가능한 이른 단계에서 수행해야 합니다**. 초기 리뷰를 통해 부적절한 프롬프트에 따른 시간 낭비를 방지하고, AI와의 대화를 효율적으로 이어갈 수 있습니다. 또한 프롬프트의 어느 부분이 효과적인지 빠르게 판단할 수 있다는 장점도 있습니다.

자동 완성형 AI 도구는 AI로부터의 응답을 실시간으로 확인할 수 있으므로, 프롬프트의 효과를 즉시 평가할 수 있습니다. AI의 응답이 만족스럽지 않다면 프롬프트를 즉시 수정하고 다시 제안받으면 됩니다. 그러나 대화형 AI 도구의 경우, 프롬프트를 여러 줄 입력한 뒤 전송 버튼을 눌러야 처음으로 AI의 제안을 받을 수 있습니다. 자신이 작성한 프롬프트가 좋은 것이었는지 판단할 수 있는 시점은 프롬프트를 다 작성하고 나서 AI로부터 제안을 받은 이후입니다.

성능 판단을 포함한 프롬프트의 품질 평가가 늦어지면 다음과 같은 문제가 발생합니다.

- AI에 도움이 되지 않는 프롬프트를 계속 작성하게 되어 시간을 낭비한다.
- 프롬프트의 어느 부분이 효과적인지 판단하기 어려워진다.
- 프롬프트를 수정하는 데 필요한 시간이 늘어난다.

▼ 그림 4-11 프롬프트 리뷰는 조기에 실시

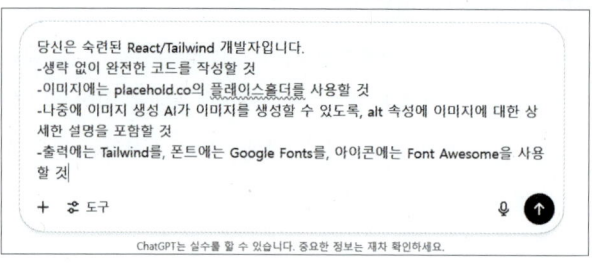

프롬프트의 품질 평가(프롬프트 리뷰)는 애자일한 방식으로 수행하는 것이 효과적입니다. 길고 방대한 프롬프트를 한 번에 작성하는 것이 아니라, 짧은 프롬프트를 차례대로 입력하고 매 순간 AI의 반응을 확인하면서 진행해 나가는 것이 바람직합니다. **조기에 프롬프트의 실패를 발견하고 수정하는 것이 핵심입니다.** 이러한 반복 과정을 통해 프롬프트의 품질이 향상되어 더 나은 결과를 더욱 빠르게 얻을 수 있습니다.

프롬프트를 조기에 리뷰하기 위해서는 다음 단계를 따르는 것이 좋습니다.

1. **최소한의 지시부터 시작하기**: 우선 핵심적인 지시만 포함된 짧은 프롬프트를 작성합니다.
2. **AI의 반응을 확인하기**: AI의 응답을 분석하여, 의도한 방향성과 일치하는지를 평가합니다.
3. **프롬프트를 미세 조정하기**: 필요에 따라 프롬프트를 수정하고, 더욱 명확하고 구체적인 지시를 추가합니다.
4. **반복**: 2번과 3번 단계를 반복하여 원하는 결과가 나올 때까지 이어갑니다.

이 방법을 통해 대화형 AI 도구를 사용할 때도 프롬프트의 품질을 점진적으로 향상시키고, AI와의 커뮤니케이션을 효율적으로 진행할 수 있습니다.

200자 정도의 프롬프트라도, 작성에는 예상보다 많은 시간이 걸릴 수 있습니다. 시행착오의 주기를 단축하고 신속하게 최적의 응답을 얻으려면 반드시 프롬프트를 조기에 리뷰해야 합니다. 이러한 일련의 프로세스를 거쳐 점차 훌륭한 코드가 완성될 것입니다.

## 4.2.7 AI 기반 프롬프트 생성

AI로 하여금 코드를 생성하게 하려면 프롬프트를 구체적으로 작성해야 하며 이 작업은 때때로 상당한 시간이 소요됩니다. 이 과제에 대해 프롬프트 자체를 AI가 생성하게 함으로써 작성 시간을 크게 단축할 수 있습니다. 이 방법은 특히 복잡한 요구 사항이나 다양한 조건이 포함된 프롬프트를 작성할 때 효과적입니다.

예를 들어 기본 통계량을 계산하는 함수들의 구현을 요구하는 다음과 같은 프롬프트를 생각해 봅시다.

> 주어진 데이터셋으로부터 기본 통계량을 계산하는 함수들을 구현
> - 함수는 표준편차, 분산, 평균, 합계, 최솟값, 최댓값, 제1사분위수, 중앙값, 제3사분위수를 포함할 것
> - 함수는 수식을 이용해 구현하며, numpy, pandas 등의 라이브러리는 사용하지 않을 것
> - 함수는 리스트 타입의 데이터를 입력받으며, 데이터가 비어 있으면 오류를 반환할 것

자세한 요구 사항을 처음부터 전부 직접 작성하기보다는 다음과 같이 프롬프트 자체를 만들어 달라고 하는 편이 더 효율적입니다.

> 데이터셋으로부터 모든 통계량을 numpy와 같은 라이브러리를 사용하지 않고 수식으로 직접 계산하는 함수를 구현하고 싶습니다. 함수를 구현할 때 주의할 점을 항목별로 알려주세요.

그렇게 하면 다음처럼 리스트를 반환해 줄 것입니다. 이것을 프롬프트에 재활용합니다.

- 데이터 타입 확인: 숫자 타입인지 확인합니다.
- 에지 케이스 처리: 빈 데이터셋이나 요소가 하나뿐인 경우 등.
- 정렬 처리: 중앙값이나 사분위수를 계산할 때 데이터를 정렬된 상태로 유지합니다.
- 분할 가능성: 여러 기본 통계량을 계산할 때 재사용할 수 있는 중간 결과를 저장합니다.
- 부동소수점 처리: 계산 과정에서의 반올림 오차에 주의합니다.
- 효율성: 큰 데이터셋에 대해서도 효율적으로 계산할 수 있도록 최적화합니다.
- 오류 처리: 부적절한 입력이나 계산이 불가능한 경우에 적절한 오류 메시지를 제공합니다.

프롬프트 생성에서 중요한 것은 AI에 직접적인 구현 방법을 묻는 것이 아니라, 고려해야 할 관점이나 조건 등의 정보를 먼저 끌어내는 것입니다. 단지 '구현 방법을 알려줘'라고 질문하면 AI는 수많은 가능성 중 하나의 답안을 선택해 줄 뿐입니다.

AI가 생성한 코드에 대해 다시 AI에 구현 리뷰를 요청할 수도 있지만, 초기 구현에 집착하거나, 혹은 정확한 초기 구현을 덮어쓰는 의견을 제시할 가능성도 있습니다. 이처럼 처음부터 구현을 요구하면 반드시 최적의 결과를 얻을 수 있는 것은 아닐뿐더러, AI의 제안을 수용할지에 대한 의사 결정의 부담이 커지게 됩니다. 열려 있는 질문은 AI의 창의성을 끌어내는 데 도움이 되지만, 구현하고자 하는 기능과 조건이 명확할 때는 구체적인 정보를 AI에 제공하는 것이 효과적입니다.

실행 시 주의할 점이나 조건 등을 미리 정리해 두면 AI의 제안이 적절한지를 평가하는 데 도움이 됩니다. 이와 같은 접근 방식을 취하면 프롬프트가 더욱 명확해지고, AI가 구현할 가능성을 좁힐 수 있게 됩니다. 사람이라면 놓치기 쉬운 관점까지 포함한 폭넓은 정보를 얻을 수 있을 뿐 아니라, 프롬프트 작성 효율과 리뷰 효율도 함께 향상됩니다. 특히 하고자 하는 일은 명확하지만 구현 방식이 뚜렷하지 않으면, 주의할 점을 중심으로 정보를 추출해내는 방식이 효과적입니다.

이처럼 코드뿐만 아니라 프롬프트 자체의 생성도 AI에 맡겨 보는 것을 고려해 보세요. AI와 대화하면서 프롬프트를 더욱 효율적으로 작성할 수 있게 될 것입니다.

## 4.2.8 AI를 사용한 자동 리팩터링

AI에 코드의 개선점을 지적해 달라고 요청하고, 이어서 그 코드를 그대로 수정해 달라고 할 수도 있습니다. 예를 들어 다음과 같은 프롬프트를 작성해 AI에 제안을 받으면, 코드의 개선점을 짚어 주고 개선 예시까지 받을 수 있습니다.

> **입력 프롬프트**

다음 코드는 개선이 필요합니다.
개선할 점을 나열한 뒤, 개선된 예제를 제안해 주세요.

```python
# 정렬된 리스트에서 특정 값을 찾는 함수
def binary_search(arr, x):
    low = 0
    high = len(arr) - 1
    mid = 0
    while low <= high:
        mid = (high + low) // 2
        # 중앙값이 찾고자 하는 값과 일치하는지 확인
        if arr[mid] < x:
            low = mid + 1
        elif arr[mid] > x:
            high = mid - 1
        else:
            return mid
    return -1
```

다음은 AI가 생성한 응답입니다.

> **출력 프롬프트**

이 코드에는 다음과 같은 개선점이 있습니다:

1. 함수의 설명, 파라미터, 반환 값에 대한 설명이 없습니다.
2. 입력값에 대한 검증이 없습니다(빈 리스트나 정렬되지 않은 리스트에 대한 처리).
3. 오버플로 가능성이 있습니다((high + low) // 2 계산 시).
4. mid의 초기화는 불필요합니다.

5. 함수명이 너무 일반적일 가능성이 있습니다.

```python
def binary_search_sorted(arr: list, target: int) -> int:
    """
    정렬된 정수 리스트에서 특정 값을 이진 탐색으로 찾는 함수

    Args:
        arr (list): 정렬된 정수 리스트
        target (int): 탐색 대상 정수

    Returns:
        int: 찾은 경우 해당 요소의 인덱스, 찾지 못한 경우 -1
    """
    if not arr:
        return -1
    low = 0
    high = len(arr) - 1
    while low <= high:
        mid = low + (high - low) // 2
        if arr[mid] < target:
            low = mid + 1
        elif arr[mid] > target:
            high = mid - 1
        else:
            return mid
    return -1
```

---

이 접근 방식의 가장 큰 장점은 **간편함과 범용성**에 있습니다. 다양한 코드에 동일한 방법을 적용할 수 있으므로 개발 프로세스 전체의 효율화로 이어집니다. 또한 AI의 지적을 통해 자신이 미처 깨닫지 못했던 개선의 관점을 배울 수도 있습니다. '개선점을 나열한 뒤 개선 예시를 제안해 주세요'라는 여러 번 반복해 지시하면 코드 품질을 점진적으로 향상시킬 수 있습니다.

단, AI가 제안하는 개선점을 그대로 받아들이는 것이 아니라, 매번 응답을 비판적으로 평가하는 것이 중요합니다. 앞에서의 지적은 자신만만하게 써 내려가 그럴듯해 보이지만, 다음과 같은 관점에서 더 비판적으로 지적을 반박할 수 있습니다.

- 오버플로 문제
  - 파이썬은 자동으로 큰 정수를 처리할 수 있으므로 (high + low) // 2 의 계산으로 오버플로가 발생할 가능성은 매우 낮습니다.
- 함수명 변경
  - 함수명을 binary_search에서 binary_search_sorted로 변경한 것은 함수의 특성을 더 명확하게 한다는 점에서 좋지만, 이진 탐색은 본질적으로 정렬된 리스트에 대해서만 동작하므로, 꼭 필요하지는 않습니다.
- 타입 힌트 개선
  - 타입 힌트를 추가하는 것은 좋은 실천이지만, (from typing import List를 임포트한 후) arr: list보다는 arr: List[int]로 명시하는 것이 더 정확합니다.

AI가 제안하는 개선점을 그대로 채택할 때는 주의가 필요합니다. AI는 주어진 정보에 근거하여 제안하지만, 프로젝트의 특성이나 요구 사항을 완전히 이해하고 있는 것은 아닙니다. 또한 '좋은 개선'과 '최적의 개선'을 구별하고 책임 있게 의사 결정을 내릴 수도 없습니다.

AI의 제안에는 "둘 다 맞다"는 경우도 자주 있습니다. 따라서 AI의 제안을 활용할 때는 인간의 판단이 필수적입니다. 개발자는 프로젝트의 특성과 목적을 이해하고, AI의 제안을 비판적으로 평가할 수 있어야 합니다. 제안된 개선점을 선별하여, 자신과 조직에 가장 적합한 개선점만을 채택하는 것이 중요합니다.

'AI에 의한 자동 리팩터링'을 효과적으로 활용하려면 반복적인 프로세스 속에서 AI와 사람이 협력하는 것이 필수입니다. AI의 제안을 바탕으로 사람이 더 개선하고, 그것을 다시 AI에 평가받는 것입니다. 이 주기를 반복함으로써 코드 품질을 점진적으로 향상시킬 수 있습니다. AI에 모든 것을 맡기거나 제대로 확인하지 않고 반복적으로 AI에만 요구하기보다는, 필요한 부분에서는 인간의 판단을 개입시키는 것이 AI를 활용한 코드 개선의 핵심입니다.

## 4.2.9 AI의 가독성을 고려한 정보 설계

개발에서는 테스트 케이스, 테이블 정의, 아키텍처 다이어그램, 시퀀스 다이어그램 등 다양한 데이터를 AI에 제공할 기회가 있습니다. 이때 AI와 원활하게 커뮤니케이션하려면 읽기 쉽고 이해하기 쉬운 단순한 포맷으로 데이터를 제공하는 것이 좋습니다. 평소에 AI에 제공할 정보의 가독성을 높이기 위해 노력하면, AI와의 협력이 더욱 효과적으로 이루어질 수 있습니다.

파일의 포맷에 따라 AI가 데이터를 이해하는 데 방해가 되는 경우도 있습니다. 예를 들어 테스트 케이스 목록이나 테이블 정의 등이 포함된 엑셀 데이터에는 셀 병합이나 색상 구분, 오브젝트 배치 등의 부가 정보가 포함된 경우가 있습니다. 이러한 정보는 AI가 이해하기 어려우며, 특히 이미지나 도형은 많은 의미 정보를 포함하고 있습니다. 형태, 색상, 좌표, 화살표의 방향 등 겉보기에는 단순한 도형에도 많은 정보가 담겨 있는 것입니다.

▼ 그림 4-12 복잡한 엑셀 시트의 예시

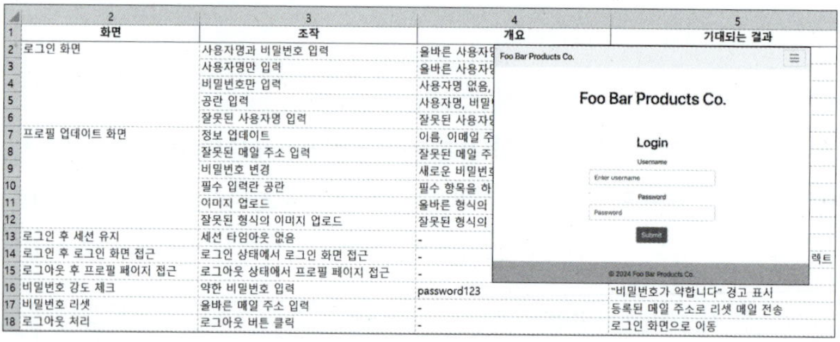

| | 2 | 3 | 4 | 5 |
|---|---|---|---|---|
| 1 | 화면 | 조작 | 개요 | 기대되는 결과 |
| 2 | 로그인 화면 | 사용자명과 비밀번호 입력 | 올바른 사용자 | |
| 3 | | 사용자명만 입력 | 올바른 사용자 | |
| 4 | | 비밀번호만 입력 | 사용자명 없음, | |
| 5 | | 공란 입력 | 사용자명, 비밀 | |
| 6 | | 잘못된 사용자명 입력 | 잘못된 사용자 | |
| 7 | 프로필 업데이트 화면 | 정보 업데이트 | 이름, 이메일 주 | |
| 8 | | 잘못된 메일 주소 입력 | 잘못된 메일 주 | |
| 9 | | 비밀번호 변경 | 새로운 비밀번 | |
| 10 | | 필수 입력란 공란 | 필수 항목을 하 | |
| 11 | | 이미지 업로드 | 올바른 형식의 | |
| 12 | | 잘못된 형식의 이미지 업로드 | 잘못된 형식의 | |
| 13 | 로그인 후 세션 유지 | 세션 타임아웃 없음 | - | |
| 14 | 로그인 후 로그인 화면 접근 | 로그인 상태에서 로그인 화면 접근 | - | 렉트 |
| 15 | 로그아웃 후 프로필 페이지 접근 | 로그아웃 상태에서 프로필 페이지 접근 | - | |
| 16 | 비밀번호 강도 체크 | 약한 비밀번호 입력 | password123 | "비밀번호가 약합니다" 경고 표시 |
| 17 | 비밀번호 리셋 | 올바른 메일 주소 입력 | - | 등록된 메일 주소로 리셋 메일 전송 |
| 18 | 로그아웃 처리 | 로그아웃 버튼 클릭 | - | 로그인 화면으로 이동 |



엑셀 파일은 겉보기에는 AI가 다루기 쉬운 2차원 데이터처럼 보이지만, 사실은 복잡한 XML 구조를 가지고 있습니다. 물론 엑셀이 다루는 테이블 데이터 자체에 초점을 맞춘다면 AI가 이해하기 쉬운 2차원 데이터 형식입니다. 그러나 많은 메타 정보를 포함한다면 AI가 이해하는 데 어려움을 겪을 수 있습니다.

생성형 AI를 사용할 때는 데이터를 단순화하는 것이 더욱 중요합니다. 엑셀 파일과 같은 문서는 다음과 같은 사항을 고려하여 단순화하면 AI의 가독성을 높일 수 있습니다.

- 셀 병합을 하지 않는다.
- 색상 구분 대신 텍스트로 정보를 표현한다.
- 테두리는 이해를 돕기 위한 용도로만 사용하고, 의미를 담지 않는다.
- 오브젝트 배치는 없애거나, 최대한 단순하게 한다.

또는 애초에 엑셀이나 워드 같은 형식의 파일을 피하는 것도 한 가지 방법입니다. 반드시 엑셀 형식일 필요가 없는 데이터는 CSV나 YAML 형식으로 주고받고, 문서는 마크다운으로 작성하는 식의 대책도 생각해 볼 수 있습니다.

이러한 방식들을 실천함으로써, AI가 데이터를 더 쉽게 이해할 수 있게 됩니다. 일상적인 업무에서 AI의 가독성을 의식하는 것만으로도, 장기적으로는 큰 효과를 기대할 수 있을 것입니다.

### 멀티모달 모델은 만능 해결책일까?

대규모 언어 모델을 활용할 때는 콘텐츠의 **AI 가독성**이 과제가 되기도 하지만, 멀티모달 모델의 등장으로 이 문제가 단번에 해결될 것이라는 기대도 있습니다. '텍스트로 만들 수 없으면 스크린샷을 찍으면 된다'는 사고방식은 실제로 유효할 때도 있습니다. 이미지로 정리된 정보를 AI가 이해할 수 있는 시대는 이미 도래했다고도 볼 수 있습니다. 하지만 한편, 다음과 같이 평문 텍스트로 다루는 것이 적절한 정보도 있습니다.

- 여러 페이지에 걸친 문서나 관련된 여러 파일을 다룰 때
- 긴 텍스트가 필요할 때
- 불필요한 정보를 적절히 삭제할 필요가 있을 때
- RAG 등 검색을 통해 정보를 불러와야 하며, 대규모 모델뿐만 아니라 검색 엔진도 데이터를 읽어야 할 때

AI의 가독성을 고려할 때 '모든 것을 텍스트로 하면 된다'라는 것도, '멀티모달 모델이 모든 문제를 해결한다'라는 것도 정답이 아닙니다. **AI의 발전에 맞추어, AI가 데이터를 어떻게 읽어 들이는지를 고려하며, 데이터 형식을 최적화해 가는 것이 중요합니다.**

## 파일 업로드로 문제가 해결되는 것은 아니다

PDF나 파워포인트, 엑셀 파일을 그대로 AI에 넘기면 정보를 이해할 거라고 생각하는 사람도 있을 것입니다. 실제로 이러한 파일 형식을 지원하는 도구들도 존재합니다. 하지만 이 방법에는 몇 가지 문제점이 있으며, 기대한 만큼의 결과를 얻지 못할 가능성도 있다는 점을 이해해야 합니다.

파일을 AI에 넘길 때 실제로는 복잡한 처리가 이루어집니다. 예를 들어 RAG를 사용할 경우의 처리 흐름을 생각해 봅시다. RAG를 사용해 파워포인트 파일을 AI에 넘길 때 준비와 생성 단계에서 다음과 같은 처리가 이루어집니다.

- 준비
    1. 파일 해석: 파워포인트 파일의 구조를 해석하여 내부의 XML 형식 데이터를 읽는다.
    2. 텍스트 추출: XML 데이터에서 문자 정보와 메타데이터를 추출한다.
    3. 데이터베이스에 저장: 추출한 정보를 인덱싱하여 데이터베이스에 저장한다.
- 생성
    1. 검색: 사용자의 쿼리를 기반으로 데이터베이스를 검색한다.
    2. 프롬프트 생성: 검색 결과(분할된 정보의 조각)를 바탕으로 프롬프트를 작성한다.
    3. AI에 의한 생성: AI 모델이 주어진 정보를 바탕으로 응답을 생성한다.

실제로 파워포인트 파일의 내부 구조를 들여다보면, 그 복잡함을 잘 알 수 있습니다. 파일을 압축 해제하면 다수의 XML 파일과 이미지 파일의 집합이 나타납니다. 예를 들어 다음과 같은 파일 구조를 확인할 수 있습니다.

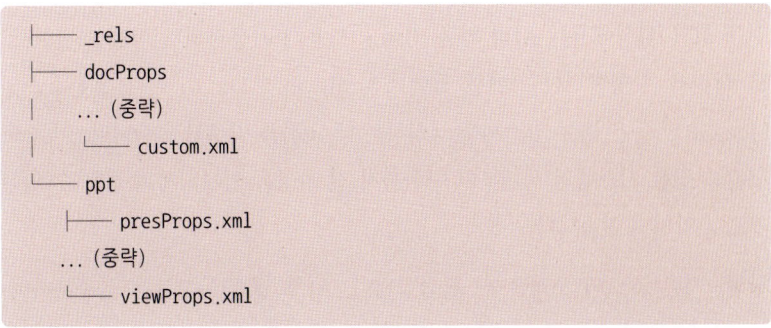

이 구조를 보면 알 수 있듯이, RAG를 이용해 AI에 전달되는 정보는 파워포인트의 의미 있는 전체 정보가 아니라, 분할된 단편적인 정보에 지나지 않습니다. 모든 XML 파일을 그대로 전달하려 해도 정보량이 방대해지고, XML 태그의 문자열이 처리에 필요한 문자 수(토큰 수)를 증가시키기 때문에 효율적이지 않습니다.

결국 방대한 분절된 XML 정보를 의미 있는 형태로 재구성하여 AI가 이해하게 하는 것은 매우 어렵습니다. 따라서 정말 중요한 정보를 AI에 전달하고자 할 때는 AI가 이해하기 쉬운 형식으로 정보를 제공하는 것이 중요합니다. 필요에 따라 마크다운 같은 가벼운 마크업 언어를 사용하여 필요한 정보를 정리해 제공하는 것이 효과적일 수도 있습니다.

## 4.3 에이전트형 AI 도구

개발 지원 AI 도구의 진화에서 특히 기대되는 분야는 **에이전트형 AI 도구**입니다. 깃허브 코파일럿 워크스페이스를 비롯해 다양한 에이전트형 AI 도구들이 등장하고 있습니다. 이들 도구는 주로 신규 코드 생성과 기존 코드베이스 조작이라는 두 가지 영역에 초점을 맞추고 있습니다.

신규 코드 생성에서는 AI의 기존 지식을 활용해 사용자의 입력에 기반한 코드 생성을 수행합니다.[7] 예를 들어 Cognition의 Devin[8]이나 오픈소스인 MetaGPT[9] 등은 솔루션 전체를 생성하는 데 초점을 맞추고 있습니다. 이들 도구는 복잡한 시스템의 설계부터 구현까지 전 과정을 일관되게 수행할 수 있는 것으로 알려져 있습니다.

한편, 기존 코드의 조작은 더 복잡합니다. AI 모델 단독으로는 불충분하며, RAG 기술을 활용해 소스 코드를 검색하고 외부 정보를 프롬프트에 포함해야 합니다. 이 처리는 복잡하지만, 성공한다면 코드 수정이나 기능을 추가할 때 효율성이 크게 향상됩니다.

깃허브 코파일럿 워크스페이스는 작업에 대해 AI가 자동으로 코드를 생성하고, PR(Pull Request) 작성까지 일련의 흐름을 수행합니다. 다만 작업의 기획이나 리뷰와 같은 중요한 단계에서는 개발자의 개입이 필요합니다. 기존 코드베이스를 조작하는 데 초점을 맞춘 도구들은 AI와 개발자 간의 협업을 중요시한다고 볼 수 있습니다.

3장에서는 에이전트 도구의 내부 프롬프트를 통해 프롬프트 자체를 학습했는데, 여기서는 깃허브 코파일럿 워크스페이스와 같은 에이전트형 AI 도구 자체를 효과적으로 사용하기 위한 실용적인 팁들을 소개합니다. 이러한 팁은 도구의 성능을 최대한 끌어내고 개발 효율성을 높이는 데 도움이 될 것입니다.

### 4.3.1 AI 작업 적합성의 사전 평가와 세분화 수준의 조정

에이전트형 AI 도구를 효과적으로 활용하려면 작업에 대한 사전 조사가 중요합니다. 우선 해당 작업을 에이전트에게 맡기는 것이 적절한지 신중하게 판단해

---

[7] 구체적인 코드나 구현을 프롬프트로 제공하지 않더라도, 구현 조건이나 요구 사항만 전달하면 구현할 수 있습니다. 이는 제로샷 프롬프팅이라 불리는 기법의 일종입니다.
[8] URL https://www.cognition-labs.com/introducing-devin
[9] URL https://github.com/geekan/MetaGPT

야 합니다. 막연한 기대만으로 긴 프롬프트를 작성하다가는 귀중한 시간을 낭비할 가능성이 있습니다.

자동 완성형 AI 도구와 비교하면 에이전트형 AI 도구는 시간적으로 비용이 더 많이 듭니다. 자동 완성형은 실수하더라도 몇 초 만에 해결되지만, 에이전트형은 질의 한 번에 몇 분 이상 걸릴 수도 있습니다. 따라서 에이전트형 AI 도구를 사용할 때는 사전 준비가 더욱 중요합니다. 에이전트에 지시를 내리기 전에 간단한 프롬프트를 직접 시도해 보며, AI가 작업을 어느 정도 이해할 수 있는지, 어떤 수준의 코드를 생성할 수 있는지를 파악해 두는 것도 도움이 됩니다. 구체적으로는 다음 두 가지 접근 방식이 있습니다.

- 대화형 AI 도구에 작업 내용을 작성한 프롬프트를 입력해 본다.
- 에이전트형 AI 도구에는 실제로 수행할 작업보다 작은 규모의 프롬프트를 입력해 본다.

### 대화형 AI를 활용한 사전 조사

우선 대화형 AI를 사용하여 작업에 대한 사전 조사를 해 봅시다. 간단한 프롬프트를 작성하여 AI의 작업 이해도나 코드 생성 능력을 확인합니다. 이를 통해 에이전트에게 본격적인 지시를 내리기 전에, 작업의 난이도나 적절한 세분화 수준을 파악할 수 있습니다. 대화형 AI는 응답까지 걸리는 시간이 비교적 짧으므로 시행착오를 시도하기 쉬운 장점이 있지만, 에이전트형과는 사용 방식이 많이 다르다는 단점도 있습니다.

### 에이전트형 AI 도구를 활용한 소규모 테스트

또한 '일단 에이전트에게 시켜 본다'라는 접근 방식도 유효합니다. 본 작업을 바로 맡기는 것이 아니라, 더 소규모의 작업으로 시험해 보는 접근 방식입니다. 대화형보다 실행 시간이 더 걸릴 가능성은 있지만, 에이전트형으로 할 수 있는 일을 확인하는 데 적합합니다. 에이전트형 AI 도구는 여러 파일에 걸친 조작이나 복합적인 작업 처리에 강점이 있습니다. 자동 완성형이나 대화형 AI로는 어려운 작업도 에이전트라면 효율적으로 처리할 수 있습니다. 에이전트형 AI 도구에 그런 복잡한 작업을 맡기고자 할 경우에는, 우선 최소한의 작업부터 시켜 보는 것이 좋습니다.

처음부터 복잡한 작업을 바로 맡기는 것이 아니라, 단계적으로 접근하는 것이 중요합니다. 작업을 더 작은 단위로 나누고, 각 단계의 결과를 확인해 가면서 다음 단계로 나아가면, 효율적이고 정확한 결과를 얻을 수 있습니다. 예를 들어 '웹 스크래핑으로 페이지의 중요한 정보를 추출해 정리하는 코드를 작성해 줘'라고 요청하는 대신, '특정 웹 페이지에서 제목만 추출하는 코드를 작성해 줘'처럼 구체적이고 단순한 요청부터 시작하는 방식입니다.

AI가 생성한 출력의 정확도는 작업의 복잡성에 크게 영향을 받습니다. 단순한 작업일수록 정확하게 처리할 수 있지만, 복잡해질수록 개발자의 개입이 필요합니다. 에이전트형 AI 도구는 개발자가 개입할 여지가 작기 때문에 사전에 작업을 적절한 수준으로 세분화하는 것이 중요합니다. 작업의 적절한 분할과 복잡도를 미리 파악해 두면 에이전트형 AI 도구의 효과를 최대한으로 끌어낼 수 있습니다.

### 4.3.2 에이전트에 대한 부분적인 의뢰

AI를 효과적으로 활용하려면 작업을 분할하고 적절한 부분을 에이전트에게 맡기는 것이 중요합니다. 확실히 의뢰할 수 있는 부분, 즉 '구현 방법을 이해하고, 정확하게 요청 및 리뷰할 수 있는 부분'으로 범위를 좁힘으로써 AI와 효과적으로 협업할 수 있습니다.

우선은 스스로 조사하거나 직접 구현한 후 그다음에 특정 작업을 AI에 맡기는 방법을 고려해 봅시다. 처음부터 모든 작업을 한꺼번에 맡기지 말고, 일부만 단계적으로 의뢰하면 AI의 출력 결과를 확인하기 쉬워집니다. 다음은 에이전트를 효과적으로 활용하기 위한 구체적인 접근 방식을 몇 가지 소개합니다.

- 대략적인 구현이나 전체적인 디자인의 형태를 잡는다.
- 일부분을 토대로 전체를 생성한다.
- 명확한 영역에 대한 작업을 AI에 의뢰한다.

## 대략적인 구현이나 전체적인 디자인의 형태를 잡기

우선 기본적인 구현이나 디자인을 스스로 수행하고, 이후의 수정이나 추가를 AI에 맡깁니다. 예를 들어 코드 내에 TODO 주석(TODO:)을 기록하거나, AI에 줄 지침을 미리 코드에 삽입하여 가이드라인을 설정해 두는 것이 효과적입니다.

## 일부분을 토대로 전체를 생성하기

대규모 구현이 필요한 경우, 일부만 먼저 스스로 구현하고 이를 바탕으로 나머지 부분을 AI에 맡기는 방법이 있습니다. 예를 들어 엔드포인트 20개를 만들어야 한다면 먼저 하나를 직접 구현한 후 나머지를 AI에 맡기면 AI가 패턴을 이해하기 쉬워집니다. 또한 한 부분이라도 직접 구현해 두면 개발자 자신도 'AI에 어떤 식으로 요청해야 할지' 더 잘 이해할 수 있게 됩니다.

## 명확한 영역에 관한 작업을 AI에 의뢰하기

구현을 기반으로 한 테스트 케이스 생성이나 문서화와 같은 비교적 명확한 작업을 AI에 맡김으로써 개발 효율을 높일 수 있습니다. 예를 들어 API 문서의 서식 정리나 코드 주석 추가 등 AI에 맡기기 쉬운 작업을 찾아봅시다.

모든 것을 에이전트에게 맡기기보다는 적절히 분담하려는 의식을 갖는 것이 중요합니다. 때로는 리팩터링을 진행하는 동시에, 자신의 디자인 의도에 맞춰 코드를 생성하도록 AI를 보조 도구로 활용할 수도 있습니다.

### 4.3.3 필요한 도구 찾아보기

개발 지원 분야에서는 다양한 AI 도구가 존재하며, 날이 갈수록 진화하고 있습니다. 이 책에서 소개한 자동 완성형, 대화형, 에이전트형의 세 가지 범주 외에도 여기에 속하지 않는 도구들도 속속 등장하고 있습니다.

예를 들어 명령줄 작업을 보조하는 CLI 도구, PR 리뷰를 효율화하는 도구, 보안 강화를 위한 도구 등 다양한 기능을 가진 도구들이 존재합니다. 또한 UI 디자인으로부터 코드를 생성하는 혁신적인 도구도 등장하고 있어, 개발 프로세스 전체를 아우르는 다양성이 보입니다.

AI 도구를 효과적으로 활용하려면 프로젝트의 요구 사항과 도구의 특성을 신중히 파악하는 것이 중요합니다. 대화형 AI 도구는 자유도가 높고 범용성이 있지만, 그것만으로는 충분하지 않은 경우도 있습니다. 예를 들어 코드 자동 완성에 특화된 도구와 보안 점검에 특화된 도구를 조합하는 등 여러 도구를 적절히 조합함으로써 더욱 효과적으로 개발할 수도 있습니다. 소셜미디어에서 화제가 된 도구에 휩쓸리지 말고, 자신의 프로젝트나 과제에서 필요한 요구 사항을 침착하게 분석해서 가장 적합한 도구 조합을 찾아내는 것이 중요합니다.

AI 기반의 개발 지원 도구는 개발자의 창의력을 끌어내고, 생산성과 효율을 높이는 강력한 도우미입니다. 생산성 향상뿐만 아니라 품질 향상, 학습 효과 증대, 개발자의 동기 부여 등 다양한 장점이 기대됩니다. 또한 팀의 전문 지식과 개발 자산을 AI 도구와 어떻게 조합하느냐에 따라 창의성을 얼마나 발휘할 수 있는지 등 다양한 관점에서 AI 도구의 활용을 고민해야 합니다. 각 도구의 특성을 깊이 이해하고, 개발 목표 달성에 가장 적합한 사용 방법을 모색함으로써 진정한 개발 역량 향상으로 이어질 수 있을 것입니다.

**COLUMN ▶ 생성형 AI의 출력은 가산점 평가로**

최근 AI에 대해 다양한 기대가 모아지고 있으며, 그중에서도 특히 주목받고 있는 것이 AI를 활용한 코드 변환입니다. 예를 들어 오래된 COBOL 코드를 특정 버전의 자바로 변환하고 싶다는 요구 사항이 있습니다. 그러나 이것은 AI에도, 인간에게도 매우 어려운 작업입니다.

현재 널리 사용되고 있는 대규모 언어 모델은 기본적으로 텍스트 생성을 위한 확률적 AI입니다. 따라서 특정 프로그래밍 언어의 코드를 다른 언어의 코드로 '변환'하는 것을 주요 목적으로 만들어진 것은 아닙니다. 또한 **프로그래밍 언어 간에는 1:1로 정확히 대응되지 않는 경우가 많으므로, 변환 자체가 기술적으로 불가능한 경우도 있습니다.**

예를 들어 자바스크립트에서는 비동기 처리를 Promise나 async/await로 구현하는 것이 보통이지만, 루비에서는 Thread나 Fiber를 사용한 병렬 처리 관리가 필요할 수도 있습니다. 같은 기능을 구현하더라도 각 언어가 취하는 방식은 다릅니다.

자바스크립트 코드를 루비로 변환하는 경우를 생각해 보겠습니다.

### 입력 프롬프트

다음 JavaScript 코드를 Ruby로 변환하세요.

```javascript
function getFullName(firstName, lastName) {
    let fullName = firstName + lastName;
    console.log(fullName);
}
```

### 출력 프롬프트

```
# 변환된 Ruby 코드
def get_full_name(first_name, last_name)
    full_name = first_name + last_name
    puts full_name
end
```

언뜻 보면 잘 변환된 것처럼 보일 수 있지만, 서로 다른 입력이 주어졌을 때 예상치 못한 동작이 발생할 가능성도 있습니다. 예를 들어 자바스크립트에서는 'foo'와 null을 인수로 넘겼을 때 결괏값은 'foonull'이라는 문자열이 되지만, 루비에서는 오류가 발생합니다. 루비에서는 문자열과 nil을 더하는 것이 허용되지 않기 때문입니다.

생성형 AI를 활용해 코드를 변환할 때 중요한 것은 서로 다른 언어 간의 1:1 변환을 목표로 하기보다, 각 언어와 환경의 강점을 살려 동일한 문제를 해결하는 '동등한 해석'을 찾는 것입니다.

변환을 정답처럼 여기고 '80%밖에 안 맞네'라며 부정적으로 평가하기보다는, AI를 시행착오를 거쳐 해결책을 제시해 주는 파트너로 여기는 것이 중요합니다. 이런 관점에서 AI의 출력은 가산점 방식으로 평가하는 것이 바람직합니다. 그렇게 보면, AI의 결과물을 볼 때마다 '여기까지 해 주는구나!'하고 감동하게 될 수도 있을 것입니다.

AI가 변환한 내용은 사람이 직접 확인하거나 규칙에 기반한 변환과의 조합을 통해 품질을 확보해야 합니다. 모든 책임을 AI에게 전가해서는 안 됩니다.

생성형 AI를 코드 변환에 활용할 때는 반드시 AI의 특성을 이해하고 적절한 기대치를 가지도록 합시다. AI의 출력이 완벽하지는 않지만 작업을 크게 도와주는 존재임을 명심합시다.

# 5장

# AI와 협업하기 위한 코딩 테크닉

5.1 AI로 작업 단위 최적화하기
5.2 코드의 AI 가독성 향상
5.3 AI와 협업을 위한 코딩 스타일
5.4 부가 정보를 제공해 AI의 이해를 돕기
5.5 AI가 가진 지식을 최대한 이끌어내기

지금까지 우리는 프롬프트의 구축과 개발을 지원하는 AI 도구를 살펴보았습니다. 독자 여러분은 지금까지 내용을 통해 이미 프롬프트를 작성하기 위한 기본적인 능력을 충분히 익혔을 것입니다.

AI와 효과적으로 협업하려면 AI의 특성을 이해하고 그에 맞는 코딩 스타일을 선택해야 합니다. 이번 장에서는 정보의 최적화, 코드의 AI 가독성 향상, AI의 지식을 최대한 활용하는 방법 등 다양한 관점에서 AI와의 협업에 도움이 되는 테크닉을 설명합니다. 이러한 테크닉은 인간에게도 이해하기 쉬운 코드를 작성하는 데 유용합니다.

이러한 테크닉을 익혀 두면 코드의 가독성과 유지보수성이 높아지고, AI의 이해도와 생성 정확도 역시 높아집니다. 그 결과, 개발 효율의 향상과 코드 품질의 개선을 기대할 수 있습니다. 나아가 AI의 지식을 최대한 활용하여 더욱 좋은 코드를 만들어 낼 수 있습니다.

## 5.1 AI로 작업 단위 최적화하기

AI와 사람은 모두 적절한 정보량을 다루는 것이 무엇보다 중요합니다.

AI가 처리할 수 있는 토큰 수에는 한계가 있으며, 한 번에 처리할 수 있는 정보량에도 제약이 있습니다. **사람도 한 번에 대량의 정보를 받아들이기는 어렵습니다.** 우리는 종종 특정 AI 모델이 처리할 수 있는 토큰 수가 늘어난 것에 기뻐하곤 하지만, 그에 따라 사람이 감당해야 할 정보량이 병목이 될 수 있다는 사실을 간과하기 쉽습니다.

앞으로 AI가 처리할 수 있는 토큰 수는 점차 증가하겠지만, 사람의 인지 능력이 획기적으로 향상될 가능성은 높지 않습니다. AI 시대에는 AI가 생성한 정보를 인간이 리뷰하고 검토할 기회가 늘어날 것입니다. 이런 상황에서는 **자신이 검토할 수 있는 정보량의 범위를 명확히 파악하는 것이 더욱 중요**해질 것입니다.

다시 말해 AI에 제공하는 정보는 핵심을 좁혀 정리하고, AI가 주는 정보 역시 과도해지지 않도록 조절해야 합니다. **AI의 토큰 수와 인간의 인지 능력의 한계를 고려하면서 정보의 입력과 출력을 최적화하는 것**은 AI를 효과적으로 활용하기 위한 중요한 사항 중 하나라고 할 수 있습니다.

## 5.1.1 관심사의 분리를 통한 코드 최적화

코드를 적절히 분할하면 AI에 제공하는 정보를 최적화하고, 생성되는 코드의 품질 향상도 도모할 수 있습니다.

실제 개발 업무에서는 `Util`이나 `Helper` 같은 접미사를 가진 클래스에 다양한 처리를 몰아넣는 경우가 자주 있습니다. 예를 들어 다음의 `DataManagementUtil` 클래스는 데이터의 저장과 분석 등 여러 책임이 집중되어 있습니다.

```python
class DataManagementUtil:
    def __init__(self):
        # 중략

    def save_data(self, path, data):
        # 중략

    def analyze_foo_data(self, data):
        # 중략

    def analyze_bar_data(self, data):
        # 중략

# 생략 (수십 개의 데이터 관련 함수)
```

이와 같은 구조는 클래스의 구현을 지나치게 복잡하게 하기 때문에 코드를 이해할 수 없게 만듭니다. 또한 AI를 활용하는 데 있어서도 다음과 같은 문제를 유발할 가능성이 있습니다.

- AI에 전달되는 정보량이 많아지면 생성 정확도가 저하된다.
- 테스트 코드 생성이나 리팩터링할 때 AI의 출력이 중간에 끊길 가능성이 높아진다.
- AI가 한 클래스에 대해 여러 작업을 수행하면 각 작업에 대해 일관성을 유지하도록 AI에 명시적으로 지시해야 한다.

이 문제들을 피하려면 클래스를 관심사 단위로 나누고, 구조를 단순화하는 것이 효과적입니다. 다음은 앞서 등장한 클래스를 적절히 분할한 예시입니다.

```python
class DataManagementUtil:
    def save_data(self, path, data):
        # 중략

class DataAnalyzer:
    def analyze_foo_data(self, data):
        # 중략

    def analyze_bar_data(self, data):
        # 중략

# 관련된 처리를 적절히 분할
```

이처럼 코드를 분할하면 AI에 제공하는 정보량을 더욱 쉽게 제어할 수 있어 생성되는 코드의 품질 향상으로 이어집니다. 또한 프롬프트를 통한 지시도 더욱 명확하게 전달할 수 있기 때문에 AI와 효율적으로 상호 작용할 수 있습니다.

> **키워드 단일 책임 원칙**
>
> 단일 책임 원칙(Single Responsibility Principle, SRP)은 클래스나 모듈이 하나의 책임 (역할)만을 가져야 한다는 소프트웨어 설계 원칙입니다. 이 원칙을 따르면 코드의 유지보수성과 재사용성이 향상되며, 버그가 발생할 가능성도 줄일 수 있습니다.

## 5.1.2 AI의 효율을 고려한 파일 구성

코드 자체의 최적화뿐만 아니라 파일 구조의 최적화도 매우 중요합니다. 적절하게 파일을 분리하는 것은 AI와 사람 모두에게 이해하기 쉬운 개발 환경을 만들어냅니다.

많은 개발 지원 AI 도구들은 관련된 코드 파일을 자동으로 AI에 전달합니다. 그러나 토큰 수의 제한이나 노이즈 제거를 목적으로, 파일 중 일부만을 추출해 전송하는 때도 있습니다. 이러한 자동 추출 과정은 반드시 사용자의 의도대로 작동하지 않을 수도 있습니다(여기서 사용자란 AI 도구를 사용하는 개발자를 의미합니다).

한 파일에 여러 기능이 혼합되어 있으면 AI가 정보를 정확하게 해석하지 못할 가능성이 높아집니다. 불필요한 정보는 AI의 응답 정확도에 악영향을 미치기 때문입니다. 예를 들어 1,000줄짜리 파일이 있고, 이 중 AI에 전달해야 할 정보가 단 50줄뿐이라고 가정해 봅시다. 이때 개발 지원 AI 도구가 해당 1,000줄 중에서 개발자가 의도한 50줄만을 정확히 추출해 줄 것이라고는 장담할 수 없습니다.

개발자가 직접 특정 부분을 선택해 AI에 제공하더라도, 남은 950줄의 불필요한 노이즈 데이터를 매번 걸러내야 하는 부담이 생깁니다. 게다가 필요한 50줄이 파일 전반에 흩어져 있다면 정보 추출은 더욱 어려워집니다. 이러한 상황은 개발 지원 AI 도구뿐만 아니라 개발자에게도 매우 비효율적인 작업이 될 수 있습니다.

이 문제를 구체적으로 이해하기 위해, 루비 온 레일즈의 컨트롤러를 예로 들어 보겠습니다. 예를 들어 다음 파일 구성을 보면 단일 파일에 여러 기능이 섞여 있는 것을 알 수 있습니다. 이러한 파일 구조에서는 특정 기능에 관련된 정보를 AI에 정확히 전달하기 어려워집니다.

```
# 적절히 분할되지 않은 파일 구성의 예시
controllers/
├── admin_controller.rb
│   # 관리 화면 전반의 처리를 하나의 컨트롤러에서 모두 다루고 있음
├── site_controller.rb
│   # 사용자용 사이트 전반의 처리를 하나의 컨트롤러에서 다루고 있음
├── content_management_controller.rb
│   # 콘텐츠 생성, 편집, 삭제를 하나의 컨트롤러에서 모두 처리
├── notifications_and_messages_controller.rb
│   # 알림 및 메시지 기능을 하나의 컨트롤러에서 모두 처리
├── api_controller.rb
    # API 관련 처리를 버전에 관계없이 하나의 컨트롤러에서 처리
```

AI에 전달할 정보를 최적화하려면 파일을 사전에 적절한 구조로 분리해 두는 것이 효과적입니다. 다음 예시에서는 각 컨트롤러가 단일 책임을 갖도록 파일 단위로 분리한 것입니다.

```
# 적절하게 분할된 파일 구성의 예시
controllers/
├── admin/
│   ├── base_controller.rb
│   ├── dashboard_controller.rb
│   ├── posts_controller.rb
│   └── users_controller.rb
├── api/
│   └── v1/
│       ├── base_controller.rb
│       ├── posts_controller.rb
│       └── users_controller.rb
```

```
├── application_controller.rb
├── concerns/
│   ├── authentication.rb
│   └── error_handling.rb
├── home_controller.rb
├── posts_controller.rb
└── users_controller.rb
```

프로덕트 개발 초기 단계에서는 구조가 단순한 경우가 많지만, 성장함에 따라 점차 복잡해지는 경우가 있습니다. 그런 상황에서는 파일이 비대해지기 쉽고, 코드를 이해하기도 어려워집니다. 주기적으로 파일 구조를 재검토하고, 적절하게 분리하여 AI 도구를 효율적으로 활용한다면 개발 생산성 향상을 기대할 수 있습니다.

## 5.1.3 작은 코드 단위부터 점진적으로 작업

AI를 활용한 프로그래밍에서는 큰 기능을 한 번에 구현하기보다는 작은 단위로 나누어 작업하는 것이 중요합니다. 이 방식을 사용하면 자신의 의도를 더욱 정확하게 이해시키고, 적절한 코드를 제안받기 쉬워집니다.

코드를 관심사 단위로 분리하는 것은 소프트웨어 설계 측면에서도 이점이 있습니다. 단, 이 원칙을 항상 적용해야 하는 것은 아닙니다. 예를 들어 데이터 분석 관련 작업이나 일회성 목적의 코드, 실험적인 접근이 필요한 개발 등은 예외에 해당합니다.

AI와의 협업을 염두에 두고, 코드를 작은 조각(청크)으로 분할하여 처리하는 방식을 의식하면서 코드를 작성하는 것을 추천합니다. 구체적으로는 다음과 같은 접근이 효과적입니다.

- 루프 내부에서 복잡한 처리를 피하고, 루프 외부에서 후처리를 수행한다.
- 중간 처리 결과를 적절히 콘솔에 출력하여 AI에 전달할 수 있도록 한다.

- 처리를 단계별로 함수로 정리하고, 모듈화를 진행한다.
- 코드 주석을 적극 활용하고, 작업을 작은 단위로 나누는 것을 의식한다.

예를 들어 다음 코드는 AI와의 협업에서 바람직하지 않은 사례입니다. 이 코드는 AI가 수백 줄의 코드를 한 번에 이해해야 하며, 프롬프트에 자세한 설명이나 주석을 추가하는 등 맥락 정보를 제공해야 하는 작업도 매우 번거롭습니다.

```python
def process_data(data):
    for items in data:
        for item in items:
            if item:
                # 수십 줄 ~ 수백 줄의 코드
    return analyzed_data
```

다음과 같이 AI와의 협업을 염두에 두고, 코드를 작은 조각(청크)으로 분할하는 것이 효과적입니다. 핵심은 **어느 줄에서 처리를 잘라내더라도 AI에 전달하기 쉬운 상태로 만들어 두는 것입니다.**

```python
# 큰 함수가 되더라도 각 처리 단계를 명확히 나눈다
def process_data(data):
    # 데이터 필터링 처리 구현
    cleaned_data = clean_data(data)

    # 중략

    animal_data = pd.DataFrame()
    for items in cleaned_data:
        # 작은 코드 청크 단위로 작업 진행
        animal_data.append(analyze_animal(items))

        # 콘솔에 출력해 AI에 전달되도록 하면 유용하다
        # 예:
        # animal ...
```

```
    # 0  cat ...
    # 1  dog ...
    # 2  parrot ...

    # 중략 (데이터 분석 처리 구현)

# 명확하지만 AI에 줄 필요 없는 처리는 함수로 분리
def clean_data(data):
    # 중략 (데이터 클리닝 처리 구현)
    return cleaned_data
```

이 코드는 처리 로직이 작은 단위로 분할되어 있어, 각 부분을 독립적으로 이해할 수 있습니다. 또한 중간 결과를 출력함으로써, AI가 데이터의 상태를 쉽게 파악할 수 있도록 돕습니다.

AI의 능력을 최대한 끌어내기 위해서는 복잡한 해결책 전체를 한 번에 요구하기보다, 여러 조각으로 나눠 각 단위 해결책을 개별적으로 요청하는 방식이 바람직합니다. 함수의 길이가 길어지고 복잡해질 때 함수를 더 나누는 것도 고려할 만하지만, 그게 어렵다면 5~10줄 정도로 묶인 코드 단위를 의식하여 작업하는 것이 중요합니다. 각 단위가 독립적으로 작동하고, 제한된 맥락에서도 이해 가능하다면 AI는 더 정확하고 고품질의 제안을 생성할 수 있습니다.

향후 AI의 능력은 점점 향상되겠지만, 인간의 인지 한계가 그만큼 확대되지는 않을 것입니다. 따라서 자신의 집중력 한계를 인식하고, 그 한도를 넘는 작업은 AI에 위임하는 것이 현명한 전략이라 할 수 있습니다.[1]

---

[1] 이것은 작업 단위에 관한 것이며, 아키텍처 설계와는 다른 관점이라는 점에 주의해야 합니다. 이 프랙티스의 본질은 개발자가 문맥을 이해하고, AI가 생성한 코드를 리뷰할 수 있는 범위 내로 제한하는 것입니다.

# 5.2 코드의 AI 가독성 향상

AI가 제안하는 코드의 품질은 결국 사용자가 기대하는 수준에 달려 있습니다. AI는 일종의 예측 엔진이며, 작성자의 습관을 학습하고 그것을 모방하는 데 능숙합니다. 우리가 고품질의 코드를 작성하면 AI도 그 수준에 맞춰 예측하고, 반대로 저품질의 코드를 작성하면 AI 역시 그것을 본받아 결과를 생성할 가능성이 높습니다.

AI는 '문자 연결의 흐름' 속에서 의미를 파악합니다. 그러므로 변수명이나 주석의 작성 방식, 영어 표현의 사용법에도 주의를 기울일 필요가 있습니다. 이 원칙은 자동 완성형 AI나 대화형 AI뿐만 아니라 에이전트형 AI에도 똑같이 적용됩니다.

**AI가 제안하는 코드의 품질을 높이고 싶다면 무엇보다 먼저 자신의 코드 품질을 높이는 것이 필수입니다.** 이것은 AI와 인간이 협업할 때 지켜야 할 코딩의 기본 원칙이라 할 수 있습니다.

## 5.2.1 AI와의 협업을 고려한 명명

AI가 제안하는 코드의 품질을 높이기 위해 변수, 함수, 클래스 이름으로 **구체적이고 설명적인 이름**을 사용하는 것이 좋습니다. 적절한 명명으로 개발자와 AI 모두가 쉽게 이해할 수 있는 코드를 작성할 수 있습니다.

명명이 적절하지 않은 예시를 살펴보겠습니다. 다음 코드에서는 이름에 일관성이 없고, 의미도 구체적이지 않습니다.

```
maemul_id = "MA0012"   # 매물 ID: 영어 표현이 아님(일관성 부족)
fee = 12000   # 무엇에 대한 요금인지 불분명함
fee2 = 80000   # 일련 번호로 명명하는 것은 피해야 함
```

```
sq_price = 180   # 제곱미터당 가격: 단위가 생략됨(의미 불명확)
administrative_fee_value = 10000   # value는 당연해서 불필요한 표현
```

한편, 다음과 같이 구체적이고 설명적인 이름을 사용하면 AI가 이해하기 쉬운 코드가 됩니다.

```
property_id = "MA0012"   # 영어로 명명하여 AI가 이해하기 쉬움
administrative_fee = 12000   # 의미가 분명하게 구분되는 이름
rent = 80000   # 일련 번호가 아닌 구체적인 의미를 가진 이름
price_per_square_meter = 180   # 단위를 포함하여 명확하게 표현한 이름
```

이 변수명을 사용할 때 AI는 '월 요금은 관리비와 임대료의 조합일 것이다'라는 추론을 바탕으로 코드를 제안하게 됩니다. 반대로 명확한 이름을 지정하지 않으면 price_per_square_meter와 같은 관련 없는 값을 monthly_fee에 더해 버릴 가능성도 생깁니다.

**입력 프롬프트**

```
monthly_fee =
```

**출력 프롬프트**

```
monthly_fee = rent + administrative_fee
```

좋은 이름을 짓기 위한 포인트는 다음과 같습니다.

- 올바른 영어로, 구체적이고 설명적인 이름을 사용한다.
- 과도한 생략은 피하고 변수의 의미가 한눈에 드러나도록 한다.
- 동일한 개념은 동일한 단어로 표현해 일관성을 유지한다.

AI는 변수명이 담고 있는 의미를 해석하고, 그것을 바탕으로 코드를 생성합니다. 변수 이름을 적절하게 지정하는 것은 AI에 필요한 문맥 정보를 제공하는 가장 효과적인 수단입니다. 또한 개발자에게도 코드를 더 이해하기 쉽게 만들어

줍니다. 좋은 명명 습관을 익히는 것만으로도, AI와의 협업 효율은 크게 향상될 수 있습니다.

## 5.2.2 검색에 최적화된 명명 전략

AI와 커뮤니케이션할 때는 검색과 생성이 동시에 이뤄지는 경우가 많습니다. AI 도구가 적절한 코드를 제안하도록 하려면 통일된 명명 규칙을 적용하고, 검색에 잘 걸리는 코드를 작성하는 것이 중요합니다. 이를 통해 AI 도구가 코드를 정확히 이해하고, 더 나은 제안을 할 수 있습니다. AI 도구는 대부분 그 작동 원리를 내부에 감추고 있지만, 이러한 점을 인지하고 있는 것만으로도 AI와의 커뮤니케이션을 훨씬 원활하게 만들 수 있습니다.

많은 AI 도구는 검색과 생성이라는 두 가지 처리를 결합하여 작동합니다. 예를 들어 자동 완성형 도구는 사용자의 입력을 바탕으로 에디터 내에서 검색을 수행하고, 관련 정보를 프롬프트에 포함시킵니다. 또한 RAG를 사용하는 개발 지원 AI 도구는 인덱싱된 정보를 검색해, 그것을 조합하여 코드를 생성합니다. 이 과정을 통해 AI는 문맥에 맞는 더욱 적절한 제안을 수행할 수 있게 됩니다.

즉, 개발 지원 AI 도구는 일종의 결정론적인 검색과 확률적인 생성을 조합하여 코드를 만들어냅니다. 따라서 AI에 제공하는 코드나 주석은 언어 모델이 처리하기 전에 검색 단계에서 검색되어야 합니다. 다시 말해, 검색에 걸리지 않는 코드는 AI에 존재하지 않는 것과 마찬가지일 수 있습니다. 따라서 이 점을 인식하고 코드를 작성하는 것이 AI를 효과적으로 활용하는 데 있어 핵심 열쇠가 됩니다.

구체적인 예시를 들어 설명해 보겠습니다. 부동산 앱 개발에서 '부동산 매물 ID'를 나타내는 변수명이 여러 파일에서 서로 다르게 사용되는 경우를 생각해 봅시다. 예를 들어 개발자라면 다음 예시들이 같은 개념을 가리키고 있음을 쉽게 이해할 수 있을 것입니다.

- maemul_controller.py에서는 maemul_id
- property_model.py에서는 property_id
- migration.py에서는 self.id  # 부동산 매물 ID

그러나 이렇게 일관성이 부족하면 AI 도구의 내부 검색 처리에서 예기치 않은 불안정성을 초래할 가능성이 있습니다.

따라서 통일된 명명 규칙을 적용하고, 검색에 잘 걸리는 코드를 작성하는 것이 중요합니다. 앞선 예시처럼, 가능하다면 property_ 등과 같은 일정한 접두어(prefix)로 통일해 두면 AI 도구뿐만 아니라 개발자에게도 코드의 의미는 더욱 쉽게 전달됩니다. 만약 다른 이름을 사용할 수밖에 없다면 주석에 관련된 단어를 추가함으로써 검색 시 해당 코드가 정확히 매칭되도록 유도할 수 있습니다.

일관성 있는 명명 규칙과 주석의 효과적인 활용을 통해 AI 도구와의 커뮤니케이션을 개선할 수 있습니다. 이를 통해 AI로부터 더 적절한 코드 제안을 받을 수 있고, 개발 효율성 향상에도 이바지하게 됩니다. 작은 노력이 쌓이면 큰 생산성 향상으로 이어질 수 있는 잠재력을 품고 있는 것입니다.

> **COLUMN ▶ 벡터 검색의 한계**
>
> AI 도구의 구현에 익숙한 분이라면 '벡터 검색'이라는 용어를 들어본 적이 있을지도 모릅니다. 이 기술은 대규모 데이터 속에서 관련성 높은 정보를 빠르게 추출하기 위해 사용됩니다. 특히 검색 결과를 언어 모델에 전달하여 답변을 생성하는 RAG에서는 벡터 검색이 널리 활용되며, AI 서비스의 품질 향상에 크게 기여하고 있습니다.
>
> 벡터 검색의 동작 원리는 단어 또는 문장을 다차원 벡터로 변환한 다음, 이들 간의 유사도를 계산하는 것입니다. 유사도 계산에는 일반적으로 코사인 유사도 같은 수학적 기법이 사용됩니다. 이 방식의 가장 큰 장점은 단어가 정확히 일치하지 않더라도 의미적으로 유사한 항목을 검색할 수 있다는 점입니다. 예를 들어 '물건'과 '부동산'은 동일한 단어는 아니지만, 벡터 공간에서 가까운 위치에 존재할 가능성이 높아, 더 관련도 높은 정보를 빠르게 찾을 수 있게 해줍니다.

> 하지만 벡터 검색에도 한계는 존재합니다. 예를 들어 다른 언어 간에는 의미가 완전히 일치하지 않아 매칭이 어려운 경우도 있습니다. 한 가지 예로, 로마자 표기의 'Maemul'과 영어의 'Property'는 부동산이라는 문맥에서는 같은 의미를 갖지만, 이 두 단어의 연관성을 벡터 검색이 항상 정확히 인식한다고는 장담할 수 없습니다. 또한 전문 용어나 산업 특유의 표현을 쓰면 벡터 검색의 정밀도가 낮아질 가능성도 있습니다.
>
> 벡터 검색을 사용하지 않는 AI 도구가 있다는 점도 알아야 합니다. 예를 들어 자동 완성형 AI 도구에서는 자카드 계수, 레벤슈타인 거리 등의 방식이 사용되는 경우도 있습니다. 이 방식은 인덱스되지 않은 정보에서 유사성을 판단할 때 특히 유효합니다.
>
> AI 도구가 코드를 어떻게 이해하고 제안할지는 그 내부 구조에 크게 좌우됩니다. 따라서 AI 도구의 동작 원리를 이해하고, 적절한 정보를 제공하는 것이 중요합니다. 예를 들어 일관된 명명 규칙과 명확하고 쉬운 주석은 AI 도구와의 커뮤니케이션을 원활하게 만들어 주는 중요한 요소가 됩니다.

## 5.2.3 AI의 적절한 명명 제안

프로그래밍에서 적절한 명명은 코드의 가독성과 유지보수성을 높이는 핵심 요소입니다. 하지만 함수, 클래스, 변수에 최적의 이름을 붙이는 일은 개발자에게 항상 어려운 과제가 되곤 합니다. 이때 AI의 명명 제안 기능은 매우 강력한 도우미가 될 수 있습니다. AI는 코드의 문맥을 이해하고, 적절하고 구체적인 이름을 제안함으로써 개발자의 부담을 크게 줄여 줍니다.

> **입력 프롬프트 | 코드 5-1 명명 제안 프롬프트**
>
> 다음 함수에 적절한 이름을 10개 제안해 주세요.
> 또한 각 이름이 가진 의미와 그 이름을 선택한 이유도 설명해 주세요.
>
> ```python
> def process_data(input_data):
>     # 중략
>     return processed_data
> ```

함수나 변수에 적절한 이름을 붙이는 일은 프로그래밍에서 매우 중요하지만, 때로는 어려운 작업입니다. 특히, 함수나 클래스의 역할이 예상을 넘어서 확장될 경우, 이름을 다시 지어야 하는 상황이 발생할 수도 있습니다. 그럴 때는 **AI에 이름 생성을 맡기면 적절한 변수명 선택에 도움이 됩니다.**

AI를 활용해 변수 이름을 붙이는 방법을 효과적으로 활용하려면 몇 가지 포인트가 있습니다.

- 팀에서 공유된 규칙이 있다면 AI에 알려줍시다. AI는 그 정보를 기반으로 더 적절한 이름을 제안해 줍니다.
- 로컬 코드만이 아니라 프로젝트 전체의 문맥이나 사양서 정보도 AI에 제공해 봅시다. 더욱 적절한 이름이 제안될 수 있고, AI에 전달할 수 있는 다른 정보는 없는지도 고려해 봅시다.
- AI에 여러 개의 이름 후보와 그 이유를 설명하게 하면 더욱 깊게 이해할 수 있고 최적의 선택을 할 수 있습니다.

특히 영어가 모국어가 아닌 개발자에게 AI의 이름 제안 기능은 매우 유용합니다. AI는 영어의 미묘한 뉘앙스나 전문 용어의 적절한 사용법을 제안할 수 있습니다. 예를 들어 '데이터를 정리하다'라는 의미의 함수명을 고민할 때 AI는 organize_data, arrange_data, sort_data 등 여러 후보를 제시하고, 각 이름의 미세한 차이까지 설명해 줄 수 있습니다. 또한 시제나 전치사, 단어의 배치 등 영문법에 관한 통찰도 함께 제공해 줄 수 있습니다.

반면, 기존 코드의 이름을 변경할 때는 주의가 필요합니다. 특히 대규모 프로젝트에서는 예상치 못한 의존성 문제가 발생할 가능성이 있습니다. 이러한 위험을 줄이기 위해서, 에디터나 IDE에 리팩터링 기능이 있다면 해당 기능을 활용하는 것이 좋습니다. AI의 제안과 개발 도구의 기능을 적절히 결합하여 사용하는 것이 가장 안전하고 효율적으로 이름을 개선할 방법입니다.

AI가 제안하는 이름은 클래스명, 메서드명, 프로퍼티명, 프로젝트명 등 다양한 상황에서 유용하게 활용될 수 있습니다. 적절한 이름을 붙이면 코드 리뷰의 효율이 올라가고, 팀원 간의 커뮤니케이션도 원활해집니다. 하지만 AI의 제안을 그대로 수용해서는 안 되며, 항상 인간의 판단이 필요합니다. AI는 문맥을 완전히 이해하지 못하며, 특정 프로젝트의 요구 사항이나 팀 고유의 관습에 맞지 않는 이름을 제안할 수도 있습니다. 따라서 AI의 제안을 참고하되, 최종 결정은 개발자 본인이 직접 내리는 것이 중요합니다.

## 5.2.4 일관된 변수명 부여

변수명은 그 변수가 어떤 역할을 하며, 어떤 목적을 가지고 쓰이는지를 나타내는 중요한 정보입니다. 적절한 변수명을 선택하면 코드의 가독성이 높아지고, 개발자나 AI 도구가 코드를 더 잘 이해할 수 있게 됩니다. 변수명은 코드의 문맥을 전달하는 중요한 요소이므로 신중하게 선택해야 합니다.

변수에 값을 다시 할당하거나, 다른 파일에서 같은 이름의 변수를 전혀 다른 용도로 사용할 경우, 코드의 가독성이 떨어질 뿐 아니라 AI 도구의 이해를 방해할 수도 있습니다. AI가 프롬프트 내의 참고 정보를 에디터에서 추적할 때 동일한 이름의 변수가 서로 다른 문맥에서 사용되고 있으면 잘못된 문맥의 정보를 기반으로 판단하거나 제안하는 오류가 발생할 수도 있습니다. 이에 따라 AI가 부적절한 정보를 바탕으로 판단하거나 제안할 우려가 있습니다.

이러한 문제를 피하려면 변수의 재사용은 최대한 피하는 것이 좋습니다. 대신, 상황에 맞게 적절한 이름의 새 변수를 정의하고, 고유한 변수명을 부여하기를 권장합니다. 예를 들어 파일이 다르더라도 각기 다른 변수명을 사용하는 것만으로도 AI가 정확한 정보를 더욱 쉽게 찾아낼 수 있게 됩니다.

구체적으로는 다음과 같은 사항을 주의하면 좋을 것입니다.

- 변수명은 그 변수의 역할이나 내용을 명확하게 표현해야 합니다. 예를 들어 `data`가 아닌 `userProfileData`처럼 구체적으로 씁니다. `data` 외에도 `item`, `value`, `temp` 같은 포괄적이고 추상적인 이름은 피해야 합니다.

- 같은 파일 내에서 변수를 다시 사용할 때도 문맥이 달라진다면 새로운 변수명으로 구분합니다. 예를 들어 result는 searchResult와 validationResult처럼 나눠 씁니다.
- 다른 파일 간에 역할이 비슷하더라도 변수명을 공유하지 마세요. 각 파일에서 고유한 변수명을 사용해야 AI가 문맥을 혼동하지 않습니다.
- 값이 고정되거나 다시 할당할 필요가 없는 변수에는 const, final, readonly 등을 사용해 재할당을 방지합니다.
- 함수명도 변수명과 마찬가지로, 해당 함수의 역할이 명확하게 드러나도록 작성하며, 재사용을 피해야 합니다. 예를 들어 getItem 대신 getUserProfile과 같이 구체적으로 사용합니다.

이러한 개선을 통해 코드의 가독성이 향상되며, AI가 정보를 더 정확하게 수집할 수 있게 됩니다.

## 5.3 AI와 협업을 위한 코딩 스타일

소프트웨어 개발에서 일관된 코딩 스타일은 매우 중요합니다. 이는 단순히 코드의 가독성을 높이는 것에 그치지 않고, AI로부터 더 나은 제안을 얻는 데도 직결됩니다. AI는 확률 기반의 예측 모델이므로, 일관된 코드가 작성되어 있다면 그것을 모방해 일관된 제안을 생성할 수 있습니다. 반면, 팀원마다 코딩 스타일이 제각각이라면 AI는 그 패턴을 따르다가 일관성이 부족한 제안을 하게 될 가능성도 있습니다.

들여쓰기, 탭, 명명 규칙, 주석 작성 방식, 언어 고유의 생략 방식 등 코딩 스타일의 범위는 매우 다양합니다. 일관된 코딩 스타일과 패턴을 따름으로써, 개발자는 코드를 더 빠르게 이해할 수 있고, AI도 더 적절한 제안을 할 수 있게 됩니다.

다음에 소개할 사항을 고려하여 팀 차원에서 일관된 코딩 스타일을 도입해 봅시다.

- 포맷 스타일의 통일
    - 린터[2]나 코드 포매터[3] 등을 사용해 봅시다. 이를 통해 들여쓰기, 공백, 줄 바꿈 등의 코드 형식이 프로젝트 전체에서 일관성 있게 유지됩니다.
- 주석과 문서화
    - 코드의 목적이나 복잡한 로직을 명확히 설명하기 위한 주석을 적극적으로 활용합시다. 또한 함수나 클래스 내부 문서에는 파라미터, 반환 값, 예외 처리 등의 내용을 작성합니다.
- 오류 처리의 일관성
    - 오류 처리 방법을 통일하고, 오류 메시지를 명확하게 작성합시다. 이렇게 하면 디버깅 시 이해도가 높아집니다.

팀 전체가 일관된 코딩 스타일을 실천함으로써 더욱 효율적이고 고품질의 개발이 가능해질 것입니다.

## 5.3.1 스타일 가이드를 명시적으로 제공

AI로 코드를 생성할 때 표준 스타일 가이드에 따른 코드를 생성하도록 유도하면, 더 일관된 코드를 **효율적으로** 생성할 수 있습니다. 예를 들어 'PEP 8을 따르세요' 같은 간단한 문구를 프롬프트에 포함시키기만 해도, AI의 출력 스타일을 유도할 수 있습니다.

---

[2] 린터(linter)는 코드를 분석하여 잠재적인 오류나 문제를 검출하는 도구입니다.
[3] 코드 포매터(code formatter)는 코드의 스타일을 통일하여 가독성과 유지보수성을 향상시키는 도구입니다.

> # PEP 8을 따르는 코드로 작성할 것

스타일 가이드로는 PEP 8[4](파이썬)이나 Ruby Style Guide[5], Google Java Style Guide[6] 등이 잘 알려져 있습니다.

> # Ruby Style Guide를 따르는 코드로 작성할 것

> // Google Java Style Guide를 따르는 코드로 작성할 것

개발 현장에서는 통일된 코드베이스를 만들기 위해 표준 코딩 규약이 중요합니다. 기존의 린터나 코드 포매터는 눈에 보이는 포맷 문제를 해결하는 데 적합하지만, 코드의 의미적인 부분이나 리팩터링까지는 담당하지 않습니다. 예를 들어 docstring과 같은 주석의 자동 생성, 클래스명·함수명·변수명의 자동 리팩터링은 포매터로는 어렵습니다.

AI를 사용함으로써, 코드 생성 단계부터 스타일 규약을 따르도록 유도하면 더 효율적으로 코드를 생성할 수 있습니다. 단, 이러한 문구(예 '스타일 가이드를 따르세요')를 넣더라도 생성된 코드가 반드시 코딩 규약을 완벽히 따르는 것은 아닙니다. 또한 AI가 실제로 존재하지 않는 규칙에 기반해 코드나 정보를 생성할 가능성도 있으므로 주의가 필요합니다.

이러한 스타일 가이드를 유도하는 문구는 보조적인 팁으로 기억해 두면 도움이 되는 상황이 있습니다. 개발 작업 중에 적절히 활용함으로써 더욱 효율적인 코드를 생성할 수 있을 것입니다.

---

4　URL https://peps.python.org/pep-0008/
5　URL https://github.com/rubocop/ruby-style-guide
6　URL https://google.github.io/styleguide/javaguide.html

### 5.3.2 스타일 가이드 커스터마이즈

AI와 효과적으로 협업하려면 적절한 코딩 규칙 설정이 중요합니다. 하지만 팀의 기존 규칙을 그대로 AI에 전달하는 것은 효율적이지 않습니다. 예를 들어 파이썬의 표준 스타일 가이드인 PEP 8의 전체 문서는 약 9,000 토큰을 소비하며, 불필요한 문맥까지 포함될 수 있습니다.

따라서 완전히 독자적인 코딩 규칙을 AI에 알리는 것이 아니라, 표준 스타일 가이드를 기반으로 필요에 따라 최소한의 커스텀 규칙 세트를 만들어 AI에 전달하는 규칙 전달 비용을 최소화할 수 있습니다.

다음은 파이썬에서 PEP 8을 준수한 코딩 규칙의 예입니다.

> 출력은 PEP 8을 따르되, 아래의 커스텀 규칙을 적용합니다.
> - TODO 주석 스타일: 권장
> - 한 줄짜리 if 문: 권장
> - 람다식: 권장

AI 시대에 맞춰 **코딩 규칙을 재정비함으로써, AI와 더 원활하게 협업해 봅시다.** 적절한 유연성을 부여하면 AI의 능력을 최대한으로 끌어낼 수 있을 것입니다. 동시에, 개발자에게도 이해하기 쉽고 유지하기 쉬운 규칙이 됩니다.

## 5.4 부가 정보를 제공해 AI의 이해를 돕기

코드의 보충 설명은 인간과 AI의 이해를 돕는 중요한 요소입니다. 적절한 설명을 더함으로써, 코드의 가독성이 향상되고 유지보수성도 높아집니다. 코드에 보충 설명을 추가하는 방법에는 다양한 방식이 있습니다.

- **주석 추가**: 코드의 동작이나 의도를 설명하는 짧은 설명을 삽입합니다.
- **코드 내 문서 작성**: 함수나 클래스에 대한 상세한 설명을 코드 안에 기술합니다.
- **애너테이션 및 타입 힌트 사용**: 코드의 구조와 예상되는 입출력을 명확히 합니다.

이러한 장식은 코드 실행과 직접적인 관련은 없지만, 코드를 이해하고 유지보수하는 데 매우 중요합니다. 또한 AI가 코드를 이해하는 데도 중요한 정보가 됩니다. AI와 협업하려면 주석이나 애너테이션 등도 적절히 활용할 수 있어야 합니다.

## 5.4.1 표준화된 코드 안의 문서

표준적인 주석 작성 관행을 따르는 것 역시 AI와 원활하게 협업하기 위한 중요한 요소입니다. 예를 들어 파이썬의 경우, 해당 코드에 docstring을 생성해 달라고 프롬프트에 지시하면 AI는 적절한 문서를 생성할 수 있습니다.

언어별로 다음과 같은 문서 생성 메커니즘이 마련되어 있습니다.

▼ 표 5-1 주요 프로그래밍 언어의 문서 생성 방식

| 언어 | 방식 | 개요 |
| --- | --- | --- |
| 파이썬 | docstring | PEP 257을 기준으로 상세한 주석을 작성하고, 문서화 |
| 타입스크립트 | JSDoc | 타입스크립트의 타입 정보와 함께 JSDoc을 사용하여 문서화 |
| 자바 | Javadoc | 자바의 클래스 및 메서드에 주석을 작성하여 문서화 |
| C# | XML 문서 | XML 형식으로 주석을 작성하여 문서화 |

이러한 기능들은 코드 문서를 작성하는 데 큰 도움이 됩니다. AI는 이러한 문서들을 단순히 포맷팅하는 것에 그치지 않고, 문서의 본문까지 포함하여 자동으로 생성하는 것도 가능해졌습니다. 평소에 표준적인 주석 작성 방식을 따르

고 있다면 추가적인 프롬프트 없이도 AI 도구가 적절한 문서를 한 번에 생성해 줄 가능성이 높아집니다.

예를 들어 깃허브 코파일럿에는 /doc 명령어가 준비되어 있어, 이를 실행하는 것만으로도 개발자가 프롬프트를 일일이 작성하지 않아도 AI가 적절한 문서를 자동으로 생성해 줍니다.

▼ 그림 5-1 깃허브 코파일럿의 /doc 명령어 사용 예시

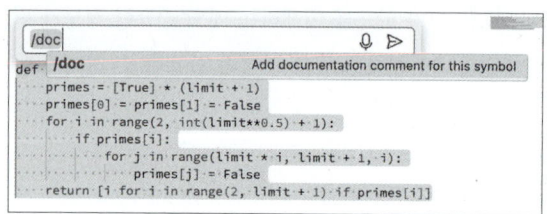

최종적으로, 코드의 소비자는 인간만이 아닙니다. AI도 코드의 소비자가 됩니다. AI가 코드의 문맥을 이해하고 효과적으로 작업을 수행하기 위해서는 코드에 적절한 문서와 정보가 포함되어 있는 것이 중요합니다.

## 5.4.2 최소한의 주석 추가

AI 시대에 주석을 작성하는 방식에 있어, **최소한의 주석을 작성하는 것**이 코드 이해를 돕는 동시에 유지보수의 수고를 줄일 수 있습니다.

**생성형 AI가 등장하면서 주석의 중요성도 변화하고 있습니다.** 이전에는 팀원이나 미래의 자신을 위해 어느 정도 장황한 주석을 남기기도 했지만, AI가 훌륭하게 코드를 해석해 주는 지금은 장황한 주석을 남길 필요가 없어졌습니다.

예를 들어 다음 코드에는 자명한 주석이 많이 포함되어 있습니다. 함수 이름 sieve_of_eratosthenes는 에라토스테네스의 체 알고리즘을 나타내며, 소수를 구하는 함수임이 명확하게 드러납니다. 에라토스테네스의 체라는 알고리즘을 몰라도, AI는 이 함수가 어떤 역할을 하는지 정확하게 이해하고 설명할 수 있으므로, 장황한 주석은 필요하지 않습니다.

```python
def sieve_of_eratosthenes(n):
    """에라토스테네스의 체 알고리즘을 사용하여 소수를 구한다"""
    primes = [True] * (n + 1)
    primes[0] = primes[1] = False
    # 소수를 판별
    for i in range(2, int(n**0.5) + 1):
        # 소수의 배수를 제거
        if primes[i]:
            # 소수의 배수를 제거
            for j in range(i * i, n + 1, i):
                # 소수가 아닌 수를 제거
                primes[j] = False
    # 소수 리스트를 반환
    return [i for i in range(2, n + 1) if primes[i]]
```

굳이 주석을 남겨야 한다면 함수명을 get_primes_upto처럼 수정하고, 주석은 docstring에 작성하는 예를 생각해 볼 수 있습니다. 근본적으로는 n과 같은 변수명에 주석으로 의미를 보완하기보다는 **함수명이나 변수명을 적절히 명명하여 주석을 줄이는 것도** 중요합니다. 또한 줄 바꿈과 들여쓰기를 적절히 사용함으로써 코드의 가독성을 높일 수도 있습니다.

```python
def get_primes_upto(limit):
    """에라토스테네스의 체를 사용하여 상한까지의 소수를 구한다"""
    primes = [True] * (limit + 1)
    primes[0] = primes[1] = False

    # 소수의 배수를 제거
    for i in range(2, int(limit**0.5) + 1):
        if primes[i]:
            for j in range(i * i, limit + 1, i):
                primes[j] = False

    # 소수 리스트를 생성
    return [i for i in range(2, limit + 1) if primes[i]]
```

개발 초기 단계에서는 코드가 자주 변경됩니다. 그에 따라 코드와 주석의 정합성을 유지하기가 어려워지는 경우가 많습니다. 정합성이 없는 주석은 AI 도구가 잘못된 제안을 하는 원인이 되기도 합니다. 이러한 문제를 피하려면 개발 초기에는 코드 내 주석이나 문서를 최소한으로 유지하는 것이 현명합니다.

## 주석은 AI가 해석하지 못하는 부분에 초점을 맞춘다

주석은 AI가 해석할 수 없는 부분에 초점을 맞추는 것이 효과적입니다. 업무 도메인 특유의 정보나 비즈니스 로직, 클래스의 상태 전이, 변수의 의미 등에는 AI가 알지 못하는 정보가 포함되어 있을 가능성이 있습니다. 이런 부분에 적절한 주석을 다는 것으로 AI의 이해를 도울 수 있습니다.

복잡한 정규표현식, 알고리즘, 수식 등에도 주석을 다는 것을 추천합니다. AI의 정확도가 아무리 높아져도, 최종적으로 코드를 이해하고 책임지는 것은 인간의 역할입니다. 정확한 주석은 AI가 코드를 해석할 때 환각 가능성을 줄이고, 문제가 발생했을 때 빠르게 알아차릴 수 있도록 돕습니다.

다음은 복잡한 정규표현식에 주석을 단 예시입니다.

```python
# 복잡한 정규표현식의 설명은 주석으로 보완한다
# RFC2822를 준수하며, +로 연결된 이메일 주소도 허용함
email_regex = re.compile(
    r"([A-Za-z0-9]+[._-+])*[A-Za-z0-9]+@[A-Za-z0-9-]+(\.[A-Z|a-z]{2,})+")
```

주석을 작성할 때는 다음과 같은 점에 유의합시다.

- 댓글은 간결하게 작성한다.
    - 주석이 너무 길면 오히려 코드 이해를 방해할 수 있습니다.
- 주석은 최신 상태로 유지한다.
    - 코드를 수정했을 때는 주석도 함께 갱신해야 합니다.
- 주석은 코드의 의도를 설명해야 한다.
    - 코드 내용을 그대로 설명하는 주석은 피해야 합니다.

불필요한 주석을 많이 달면 달수록, 주석과 실제 구현 간의 일관성을 유지하기가 어려워집니다. AI가 주석을 순식간에 생성해 준다고 해서, 불필요한 주석을 마구 추가하는 것은 오히려 작업 효율을 떨어뜨릴 뿐 아니라 AI의 정확도까지 떨어뜨릴 수 있으므로 주의해야 합니다. 예를 들어 최신 구현을 반영하지 않은 주석이 남아 있으면 AI가 그 주석을 참고해 잘못된 제안을 할 가능성도 있습니다. 적절한 주석을 유지하며, AI와 협업해 더 나은 코드를 작성해 나갑시다.

### 5.4.3 애너테이션을 활용한 의도 전달

애너테이션과 타입 힌트는 AI에 코드의 의도를 명확하게 전달할 수 있는 강력한 도구입니다. 이를 활용함으로써 코드의 보존성과 가독성이 향상되며, 동시에 생성되는 코드의 품질과 일관성 역시 높아질 것으로 기대할 수 있습니다. 동적 타입 언어인 파이썬에서는 애너테이션을 사용함으로써 함수의 인수나 반환 값에 대한 정보를 명시적으로 제공할 수 있습니다.

다음은 파이썬에서 애너테이션을 사용하는 구체적인 예시입니다. 함수의 인수와 반환 값에 대한 정보를 제공하고 있습니다. 이를 통해 AI는 코드의 의도를 더 정확하게 이해하고, 적절한 제안할 수 있게 됩니다.

```
def calculate_tsubo_price(price: "원", area: "평") -> "원":
    """평단가(1평당 가격)를 계산한다"""
    return price / (area / 0.3025)
```

타입 힌트(타입 애너테이션)[7]를 사용하면 함수나 변수의 타입에 대한 정보를 더 상세하게 제공할 수 있습니다.

```
def multiply(x: int | float, y: int | float) -> int | float:
    return x * y
```

---

[7] URL https://docs.python.org/3/library/typing.html

파이썬에서는 애너테이션이 기본적으로 코드 실행에 직접적인 영향을 주지는 않지만, 에디터에서 개발할 때는 유용하게 활용됩니다. 에디터의 플러그인 기능을 사용하면 AI의 잘못된 제안에 대해 경고를 표시할 수도 있습니다. 이에 따라 개발자는 코드를 더 효율적으로 작성할 수 있으며, 오류도 조기에 발견할 수 있습니다. 언어나 버전에 따라 표기 방법이나 문법이 다를 수 있으므로, 자세한 내용은 각종 문서를 참고하기 바랍니다.

다만 애너테이션은 보조적인 정보 제공 수단이며, 코드 자체는 그 자체로 명확해야 합니다. 부적절하게 사용하면 오히려 혼란을 초래할 수 있습니다. 예를 들어 변수명이 이미 충분히 의도를 표현하고 있는 경우라면 동일한 내용을 애너테이션으로 중복해서 표현하는 것은 피해야 합니다.

다음은 인수 이름으로 표현해야 할 정보를 애너테이션으로 중복 표현하여 바람직하지 않은 예시입니다.

```python
def concatenate(x: "prefix", y: "content", z: "suffix") -> "concatenated content":
    return x + y + z
```

한편, 다음 예에서는 간결하면서도 명확하게 애너테이션을 사용하고 있어 효과적입니다.

```python
def concatenate(prefix: str, content: str, suffix: str) -> str:
    return prefix + content + suffix
```

마지막으로, 코드 변경에 따라 애너테이션도 잊지 말고 함께 변경해야 한다는 점에 유의해야 합니다. 변경하는 것을 잊으면 코드의 의도와 실제 동작 간에 불일치가 생길 수 있습니다. 애너테이션을 적절히 활용하면 AI와 협업을 더욱 효과적으로 수행할 수 있을 것입니다.

## 5.5 AI가 가진 지식을 최대한 이끌어내기

AI의 지식을 최대한 활용하는 것은 AI를 잘 활용하는 데 있어 매우 중요한 사항입니다. AI는 방대한 지식을 보유하고 있으므로, 그것을 능숙하게 끌어낼 수 있다면 엔지니어링에 있어서 큰 도움이 됩니다. 적절한 질문과 지시를 포함한 프롬프트를 통해, AI가 가진 폭넓은 지식과 경험을 효과적으로 활용하여 문제를 해결하거나 창의적인 아이디어로 이어질 수 있습니다.

예를 들어 특정 배열을 정렬하는 함수를 구현할 때 AI에 구현을 맡기면 다양한 알고리즘을 제안받을 수 있습니다. 퀵 정렬, 병합 정렬, 힙 정렬 등 서로 다른 특성을 가진 여러 알고리즘을 비교하고 검토할 수 있으며, 이를 통해 떠올리지 못했던 접근법을 발견하고 최적의 해결책을 선택할 기회까지 얻을 수 있습니다. 또한 각 알고리즘의 장단점이나 적절한 사용 상황에 대한 설명을 요청함으로써 더욱 깊이 이해할 수도 있습니다.

다만 AI의 지식에 지나치게 의존해서는 안 됩니다. AI는 때때로 잘못된 정보나 오래된 정보를 제공할 수 있으니, 얻은 정보는 항상 비판적으로 평가해야 하고 필요에 따라 신뢰할 수 있는 다른 정보원과 비교하는 것이 중요합니다. 특히 최신 기술 동향이나 특정 제품에 관한 정보는 AI의 지식이 업데이트되어 있지 않을 수 있다는 점을 염두에 두어야 합니다.

AI가 가진 지식을 효과적으로 활용하려면 **자신이 필요로 하는 정보**를 명확히 인식하는 것이 가장 중요합니다. AI에 질문할 때는 목적을 명확히 하고, 구체적이고 초점을 좁힌 질문을 던지도록 합시다. 또한 받은 답변은 자신의 과제와 목적에 맞게 적절히 평가하고 활용하는 것이 중요합니다. 예를 들어 새로운 기술의 개요를 파악하고 싶다면 '이 기술의 주요 특징과 장점을 세 가지 들어 주세요'와 같이 구체적인 정보를 요청하는 지시를 통해 더 유용한 정보를 끌어낼 수 있습니다. 이처럼 AI에 지식을 묻는 접근법은 **제로샷 프롬프팅**이라고도 불리며, 그 구체적인 방법을 이해하고 잘 활용하는 것이 중요합니다.

## 5.5.1 정보 요구 사항에 맞춘 도구 선택

정보 아키텍처 분야에서는 정보 요구 사항을 네 가지 유형으로 분류하고 있습니다. 이러한 유형을 이해하는 것은 AI 도구를 효과적으로 활용하는 데 매우 중요합니다. 각각의 요구 사항을 인식함으로써, 개발의 각 상황에 맞는 적절한 도구를 선택할 수 있습니다.

정보 요구 사항의 네 가지 유형은 다음과 같습니다.

▼ 표 5-2 정보 요구 사항의 네 가지 유형

| 유형 | 개요 |
| --- | --- |
| 기존 정보 탐색 | 이미 알고 있는 정보에 접근하고 싶다. |
| 탐구 탐색 | 내가 무엇을 찾고 있는지를 명확히 알지 못한 채로 찾아보고 싶다. |
| 전수 탐색 | 가능한 모든 정보를 빠짐없이 탐색하고 싶다. |
| 재검색 | 예전에 찾았던 정보를 다시 찾고 싶다. |

이미 알고 있는 정보를 찾는 **기존 정보 탐색**이나 한 번 본 적이 있는 것을 다시 찾는 **재검색** 작업이라면, AI는 개발자의 작업 시간을 크게 줄여 줄 수 있습니다. 예를 들어 특정 함수의 사용법이 기억나지 않을 때 AI에 질문하면 정보를 즉시 얻을 수 있습니다. 다만, 이는 AI의 응답이 정확한지 판단할 수 있는 경우나 에디터의 기능으로 함수 존재 여부나 문법을 확인할 수 있는 경우에 한합니다. 이런 상황에서는 AI를 고성능 검색 엔진처럼 활용하여 작업 효율을 높일 수 있습니다. 반면, 탐구 탐색이나 전수 탐색과 같은 과제라면 생성형 AI를 검색 엔진처럼 사용하는 것은 신중할 필요가 있습니다.

다음은 각 검색 요구에 맞는 적절한 도구의 예시가 나옵니다. 올바른 도구를 선택함으로써 효율적으로 정보를 얻을 수 있습니다.

▼ 표 5-3 정보 요구 사항의 네 가지 유형에 따른 도구 선택

| 유형 | 필요 예 | 도구 예 |
| --- | --- | --- |
| 기존 정보 탐색 | 특정 클래스가 가진 함수를 찾고 싶다. | IntelliSense |
| 탐구 탐색 | 특정 언어의 표준 라이브러리에서 어떻게 동작하는지 확인하고 싶다. | 개발 지원 AI 도구, 공식 문서 등 |
| 전수 탐색 | 프로젝트 전체의 의존 관계를 확인하고 싶다. | IDE의 분석 도구, Visual Studio Map dependencies |
| 재검색 | 이전 프로젝트에서 사용한 코드를 다시 활용하고 싶다. | 개발 지원 AI 도구, IDE 내 검색 기능 |

과제에 따라 사용해야 할 도구는 개발자의 지식과 경험에 따라 매우 달라집니다. AI가 아무리 고성능이라 해도, 사용하는 방법을 잘못 선택하면 오히려 효율이 떨어질 수 있습니다. 따라서 현재 상황에 필요하고 경험 수준에 맞는 도구를 선택하는 것이 중요합니다.

## 5.5.2 창의성을 이끌어내는 개방형 질문

개방형 질문이란 AI에 자유로운 발상으로 대답하게 하는 질문 방식입니다. 정답의 선택지를 제한하지 않음으로써, AI의 창의성을 최대한 이끌어낼 수 있습니다. **개발 지원 AI 도구를 잘 활용하려면 개방형 질문을 적절히 사용해 AI의 창의성을 유도하는 것이 효과적입니다.**

개방형 질문의 예시는 다음과 같습니다.

- JSON 객체를 파싱하는 방법을 알려주세요.
- N+1 문제를 해결하는 방법을 알려주세요.
- 이 함수의 단위 테스트에는 어떤 패턴이 있나요?
- 이 함수의 좋지 않은 점을 알려주세요.

개방형 질문을 사용할 때는 질문에 의도하지 않은 맥락이 포함되어 있지 않은지 주의가 필요합니다. 예를 들어 대화형 AI 도구를 사용할 때 과거의 대화에

서 파이썬에 관해 질문했었다면 AI가 파이썬에 한정된 답변을 생성할 가능성이 있습니다. 자동 완성형 AI 도구를 사용할 때도 특정 라이브러리가 자동으로 참조되는 경우가 있기도 합니다. AI에 편향을 주거나 특정 프레임에만 국한된 질문을 하는 것은 AI의 창의성을 방해할 수 있습니다.

개방형 질문에서 얻은 답변을 신뢰하기 어렵다는 생각이 든다면 AI와의 대화를 한 차례 마친 후에 반드시 사용자가 추가로 조사할 것을 권장합니다. AI와의 대화를 통해 문제 해결의 실마리를 얻는다면 더욱 효과적인 해결책을 찾을 수 있을 것입니다.

### 5.5.3 개수를 지정해 AI의 아이디어 발산 유도

AI로부터 아이디어를 이끌어낼 때 선택지가 적거나 설명이 충분하지 못해서, 원하는 결과를 얻지 못하는 경우가 있습니다. 이런 상황에서는 원하는 아이디어의 수를 구체적으로 지정하는 것이 효과적입니다. 수량을 명시하면 AI는 더 많은 제안을 하려고 노력하고, 결과적으로 더욱 다양한 아이디어를 얻을 수 있습니다.

- 이 함수의 문제점을 10가지 이상 제시해 주세요.
- 이 함수의 단위 테스트 패턴을 10가지 이상 보여 주세요.
- N+1 문제 해결 방법을 3가지 이상 제안해 주세요.

이처럼 수량을 구체적으로 명시하면 AI는 지정된 수 이상의 아이디어를 생성하려 시도합니다. 그 결과, 일반적으로 생각하지 못했던 참신한 아이디어나 깊이 있는 통찰을 얻을 가능성이 높아집니다. 또한 많은 아이디어 중에서 가장 좋다고 생각하는 것을 선택할 수 있고, 여러 아이디어를 조합해 사용자가 원하는 해결책에 다가갈 수도 있습니다.

## 5.5.4 AI로부터 미지의 아이디어 추출

문제점이나 테스트 케이스를 탐색적 접근 방식으로 도출하려는 경우에는 가능한 다양한 관점을 담아내고 싶어집니다. 하지만 AI로부터 충분한 아이디어를 얻지 못하는 경우도 있습니다. 그 원인으로는 다음과 같은 점들을 꼽을 수 있습니다.

- 제공된 정보가 충분하지 않다.
- 해당 프롬프트를 바탕으로 AI가 끌어낼 수 있는 정보의 한계에 도달했다.
- AI가 출력을 반복하면서 그 출력을 바탕으로 새로운 출력을 생성하는 루프에 빠져, 새로운 아이디어를 도출하기가 어려워졌다.

이러한 상황에서는 의도나 문맥, 콘텐츠 중 어떤 부분에 문제가 있는지를 특정하여, 새로운 관점을 탐색해 봅시다. 예를 들어 다음과 같은 프롬프트를 생각할 수 있습니다.

> 이 함수의 테스트 코드를 작성할 때의 패턴을 3가지 이상 제시해 주세요.

이 프롬프트에서는 다양한 테스트 패턴이 기대되지만, AI가 비슷한 답변을 반복할 수 있습니다. 예를 들어 확인 항목이 중복된 다음과 같은 테스트 코드가 생성될 가능성이 있습니다.

```
class TestMultiply(unittest.TestCase):
    def test_multiply_positive(self):
        """양의 정수 곱셈 테스트"""
        self.assertEqual(multiply(1, 1), 1)
        self.assertEqual(multiply(1, 2), 2)
        self.assertEqual(multiply(2, 1), 2)
        self.assertEqual(multiply(2, 2), 4)
        self.assertEqual(multiply(2, 3), 6)
        # 생략 (이후에도 유사한 테스트 코드가 계속됨)
```

AI로부터 새로운 아이디어를 끌어내기 위해서는 다음과 같은 프로세스가 효과적입니다.

1. 가능한 한 많은 제안을 AI에 요청한다.
   - 이때 출력 항목의 카테고리도 함께 고려하게 하면 좋다.
2. 출력의 중복과 불필요한 정보를 제거하고 정렬한다.
   - 양이 많을 경우 체크 항목을 리스트 형식에서 테이블로 변환하고, 카테고리별 또는 태그별로 정렬함으로써 질문 항목이 특정한 주제에 몰려 있거나 혹은 너무 적게 배치되어 있는지를 알아낼 수 있다.
3. 내용이 부족한 카테고리에 대해 AI에 재차 제안하게 한다.

▼ 그림 5-2 발산과 분류를 반복하면서 부족한 영역을 발견해 나가는 과정

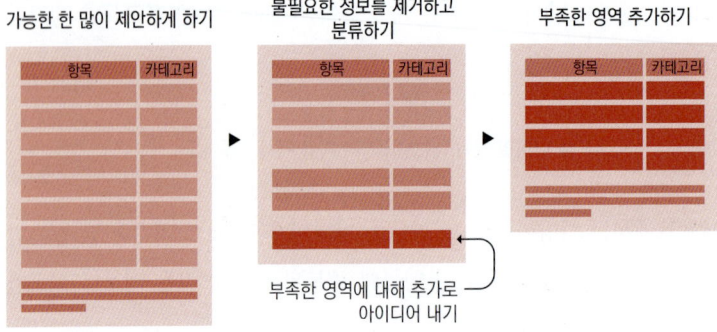

아무리 시도해도 아이디어 수가 부족하다면 환경을 새로 고치거나 금지 조건을 설정하는 것이 효과적입니다.

이 방법들을 적절히 조합하여 AI로부터 더욱 다양하고 유용한 아이디어를 이끌어낼 수 있습니다. 항상 새로운 관점을 받아들이고, AI와의 대화를 계속해서 다듬어 나갑시다.

### 모든 것을 보장하는 마법의 키워드는 없다

'프롬프트에 특정 키워드를 넣으면 더 좋은 답변을 얻을 수 있다'는 테크닉이 소개되는 경우가 있습니다. 프롬프트 설계에서 특정 키워드를 넣는 테크닉은 응답의 정확도를 높이는 데 효과적인 경우도 있지만, 생성형 AI에 **모든 내용의 출력을 보장하는 마법의 키워드는 없습니다**.

예를 들어 다음의 키워드는 언뜻 보기엔 의미 있어 보입니다. 하지만 AI에 MECE 같은 단어를 써도 AI는 본질적으로 다음 문자를 예측할 뿐이며, 아무렇지 않게 거짓말도 합니다.

- 이 **코드 전체**를 보고 확인해야 할 점은 무엇인가요?
- 이 테스트 케이스가 **포괄적**이려면 어떤 점을 확인해야 할까요?
- 아이디어를 **MECE**로 생각해 보세요.

그러므로 책상머리에서 무슨 단어를 선택할지 고민하기보다는, 먼저 AI가 아이디어를 최대한 많이 제안하게끔 하는 것을 우선으로 합니다.

## 5.5.5 아이디어 평가를 위한 체크리스트 생성

AI는 아이디어를 발산하는 데는 능하지만, 수렴시키는 것은 서툽니다. 수렴에는 의사 결정이 따르고, 책임이 수반되기 때문입니다. 언제나 **최종적으로 책임을 지는 것은 인간**이라는 점을 AI 도구를 사용할 때 항상 명심해야 합니다.

하지만 최종적으로 수렴을 결정하는 것이 인간이라 하더라도, AI가 수렴 작업을 도와주는 존재인 것은 분명합니다. 예를 들어 다음과 같은 체크리스트를 출력함으로써, 인간이 의사 결정할 때 지원을 받을 수 있습니다.

- 이 함수의 단위 테스트에 대해 범위를 확인하기 위한 체크리스트를 작성해 주세요.
- 코딩 스타일이 적절한지를 확인하기 위한 체크리스트를 작성해 주세요.

- 상세 설계서와 비교하여 구현이 적절한지를 확인하기 위한 체크리스트를 작성해 주세요.
- 모델의 유효성 검사가 적절한지를 확인하기 위한 체크리스트를 작성해 주세요(MVC 프레임워크에 대해).

이 체크리스트 자체도 5.5.4절을 활용하여 더욱 다양하게 변형할 수 있습니다.

> **COLUMN > AI가 제안한 구현 방식을 의심하라**
>
> 가장 중요한 전제로서, AI의 제안을 비판 없이 수용하지 말고 **항상 신중하고 비판적인 자세로 받아들이는 것이 중요**합니다. 즉, 의심하고 검토하는 자세가 중요합니다. AI의 제안이 헛소리가 아닌지 확인하고, 그 방식이 최선인지를 함께 검토해야 합니다. AI는 단지 여러 구현 방식 중 하나를 선택하여 제안할 뿐입니다.
>
> 또한 사용자의 의도가 명확하지 않으면 AI는 적절하게 제안하지 못하는 경우가 있습니다. 따라서 사용자는 명확한 의도를 전달해야 합니다. 예를 들어 다음 파이썬 함수에 대해 '인수로 숫자만 허용하도록 수정하라'는 지시를 AI에 내린 상황을 생각해 봅시다.
>
> 🔲 **입력 프롬프트**
>
> 인수가 숫자만 허용하도록 수정해 주세요.
>
> ```python
> def multiply(a, b):
>     return a * b
> ```
>
> 이 지시는 적절할까요?
>
> 실제로 숫자만 허용하는 방법은 여러 가지입니다.
>
> - isinstance()를 사용한 타입 확인
> - try-except 블록을 이용한 변환 가능성 확인
>
> 어떤 방법이 가장 적절한지를 판단하려면 **목적을 명확히 전달하는 것**이 중요합니다. 여기 몇 가지 방법을 소개합니다.
>
> 다음은 인수가 파이썬의 **숫자형**인지를 확인하는 방법입니다.[8]

---

8  1e1은 지수 표기법으로, 10과 같습니다.

```
value = "10"
if isinstance(value, (int, float, complex)):
    print("값은 숫자형입니다.")
else:
    print("값은 숫자형이 아닙니다.")

# value = 10    → 값은 숫자형입니다.
# value = "10"  → 값은 숫자형이 아닙니다.
# value = "1e1" → 값은 숫자형이 아닙니다.
```

파이썬에는 객체의 타입을 확인하기 위한 두 가지 함수인 isinstance()와 type()이 있으며, 이 둘은 동작 방식이 다릅니다.

- isinstance() 함수: 객체가 지정한 클래스 또는 그 클래스를 상속한 클래스의 인스턴스인 경우 True를 반환합니다.
- type() 함수: 객체의 클래스가 지정한 클래스와 완전히 일치할 때만 True를 반환합니다.

파이썬에서는 덕 타이핑(duck typing)[9]이라고 하는 사고방식이 일반적입니다. 객체의 동작(메서드나 속성 등)을 기반으로 판단하는 것을 중시하기 때문에 isinstance() 함수를 사용한 타입 확인을 권장합니다.

다음은 인수를 **숫자로 변환할 수 있는지**를 확인하는 방법입니다.

```
value = "10"
try:
    value = float(value)
    print("값은 숫자로 변환 가능")
except ValueError:
    print("값은 숫자로 변환 불가능")

# value = 10    → 값은 숫자로 변환 가능
# value = "10"  → 값은 숫자로 변환 가능
# value = "1e1" → 값은 숫자로 변환 가능
```

---

[9] 객체의 타입을 명시적으로 선언하지 않고, 필요한 메서드나 속성을 가지고 있는지를 기준으로 판단하는 유연한 타입 시스템 접근 방식입니다. '오리처럼 걷고 운다면, 그것은 오리다'라는 사고방식에 기반한 개념이기도 합니다.

정규표현식을 이용한 확인이나 16진수에 대한 대응 등 다양한 방법도 고려할 수 있습니다. 이러한 구현 방식들은 각각 적절한 상황이 있기 때문에 **목적에 맞게 방법을 구분하여** 올바른 방법을 선택하는 것이 필요합니다.

예를 들어 타입 확인을 기대하는 것이라면 단순히 '숫자만 허용한다'고 하기보다는 '타입 확인을 한다'고 AI에 전달합시다. 더 구체적인 지시가 있으면 AI는 더욱 적절한 제안을 하기 쉬워집니다.

# 6장

# AI의 잠재력을 이끌어내는 개발 방식

6.1 AI에 적합한 코드 아키텍처
6.2 AI를 활용한 코드 품질 향상
6.3 코드 리딩에서 AI 활용
6.4 코드 리뷰에서 AI 활용

5장에서는 AI와 협력하는 과정에서의 코드 작성 방식과 스타일, 기본적인 정보를 끌어내기 위한 접근법을 배웠습니다. 이번 장에서는 더욱 넓은 범위의 개발 방식과 AI를 활용해 코드의 품질을 향상시키는 방법을 알아봅니다. AI의 특성을 고려한 코드 설계부터 품질 향상을 위한 구체적인 기법까지 폭넓게 설명합니다.

이번 장에서 다루게 될 주요 주제는 AI에 적합한 아키텍처 설계 방법입니다. 그리고 AI를 활용한 단위 테스트를 생성하는 방법과 효율적인 코드 리뷰 방법도 소개합니다. 이와 같은 기법을 활용하면 개발의 생산성과 품질을 크게 향상시킬 수 있습니다.

기존의 소프트웨어 공학 지식과 최신 AI 기술을 결합해 사용한다면 지금까지 없었던 새로운 개발 스타일을 확립할 수 있습니다. AI는 단순한 코딩 보조에 그치지 않고, 개발 프로세스 전체를 검토하는 계기가 될 수 있습니다.

## 6.1 AI에 적합한 코드 아키텍처

AI와 협업하기 쉬운 형태의 코드라면 **사용자가 직접 리뷰하기도 쉬워야 합니다.** AI가 계속해서 아이디어를 제시하더라도, 사람이 정해진 시간 동안 리뷰할 수 있는 코드의 분량에는 한계가 있습니다. 최대한 리뷰하기 쉬운 분량의 코드 조각을 AI가 제안하기 쉽도록, 코드 구조를 정교하게 구성하는 것이 효과적입니다.

리팩터링할 때도 마찬가지입니다. 리팩터링이란 **코드의 동작은 바꾸지 않으면서 내부 구조를 개선하는 것**을 뜻합니다. 가독성이나 유지보수성, 확장성이 낮은 복잡한 코드는 버그의 원인이 되기 쉬우므로, 지속적인 리팩터링이 필요합니다. 또한 AI와 함께 리팩터링을 시도할 때는 AI가 코드를 망가뜨리지 않도록 주의해야 합니다.

이번 절에서는 AI와 효과적으로 협업하기 위한 코드 작성법을 구체적으로 설명합니다.

## 6.1.1 중첩을 줄여 AI 협업의 효율성 개선

AI는 중첩 구조가 깊은 복잡한 코드를 이해할 수 있는 능력이 있지만, 아무리 깊어도 괜찮다는 것은 아닙니다. **중첩 구조가 깊을수록 AI와 협업하기 어렵습니다.** AI와 사람에게 모두 중첩 구조가 깊은 코드는 다루기 까다롭기 때문입니다.

이 문제를 해결하려면 **가드 절을 사용해 중첩을 줄이는 것**이 좋습니다. 가드 절이란 함수나 루프의 초반에 처리하지 않아도 되는 조건을 먼저 확인하여 즉시 처리를 종료하거나 다음 단계로 넘어가도록 하는 기법입니다. 이렇게 중첩을 줄이면 메인 로직을 평탄하게 유지할 수 있고, AI와의 협업이 한층 편해집니다.

이제 중첩 구조의 좋지 않은 예시를 살펴봅시다.

```
# 좋지 않은 처리
if <조건>:
    # 처리 A
    if <조건>:
        # 처리 B
        if <조건>:
            # ...
            # 해당 처리
```

예를 들어 수백 줄에 달하는 복잡한 중첩 구조의 코드가 있다고 가정해 봅시다. 이때 '**이 부분의 처리만 바꾸고 싶다**'라고 AI에 정확하게 전달하는 것은 매우 번거로운 작업입니다. 또한 AI가 출력한 중첩이 깊은 코드를 사람이 여러 번 리뷰하고 테스트하는 것은 매우 큰 부담이 따르는 작업입니다. AI가 다른 부분을 수정하지 않도록 감시하고, 다른 영역에 미치는 영향을 고려하면서 AI로 하여금 코드를 수정하게 해야 합니다.

따라서 중첩 구조 내부의 처리를 가드 절을 사용하여 다시 작성해 봅시다. 이렇게 하면 AI에 중첩 코드 전체를 통째로 넘길 필요 없이, 특정한 부분만 수정하도록 지시하기 쉬워집니다.

가드 절을 사용해서 개선한 예를 살펴봅시다.

```
# 좋은 처리 방식
if not <조건>:
    return  # 또는 상황에 따라 continue / break
# 처리 A

if not <조건>:
    return  # 또는 continue / break
# 처리 B

if not <조건>:
    return  # 또는 continue / break
# ...
# 해당 처리
```

**가드 절을 활용하면 많은 경우에서 코드의 가독성을 향상시킬 수 있습니다.** 단, if와 else 양쪽 모두가 정상적인 흐름일 경우에는 가드 절의 사용이 적절하지 않은 경우도 있으니, 상황에 맞게 구분하여 사용해야 합니다.

## 6.1.2 AI와 분리된 코드

AI를 활용한 프로그래밍에서는 AI가 어려워하는 복잡한 로직이나 알고리즘 생성에 주의해야 할 문제가 있습니다. **AI가 변경하려는 코드에서 중요한 로직을 보호하기 위해 계산 로직은 의도적으로 독립시키는 것**을 권장합니다. 이에 따라 코드의 유지보수성과 가독성을 높일 수 있고, 리팩터링과 같은 작업에서 AI가 코드를 다시 작성할 때 변경되면 안 되는 계산 로직이 수정될 위험을 줄일 수 있습니다.

구체적인 예로, 자연어 처리 시스템에서 점수를 처리하는 계산을 살펴보겠습니다. 우선 점수를 계산하는 로직이 다른 기능과 섞여 있는 예를 봅시다.

```python
def calculate_score(data):
    """데이터를 기반으로 점수를 계산하고, 처리된 데이터를 반환"""

    if data['type'] == 'A':
        score = data['value'] * 2
    elif data['type'] == 'B':
        score = data['value'] * 3
    elif data['type'] == 'C':
        score = data['value'] * 5
    else:
        score = data['value']

    # 중략: 기타 처리

    processed_data = process_data(data)
    return score, processed_data
```

이 코드는 여러 if 문을 포함하고 있어서, AI가 제안하는 변경 사항이 사양과 일치하는지 확인하기 어렵습니다. 따라서 **계산 로직을 분리하면 AI와 협업하기 쉬운 코드베이스를 만들 수 있습니다.**

다음은 **점수를 계산하는 로직을 분리한 예시**입니다.

```python
def calculate_score(data):
    """점수를 계산하고 데이터를 처리하는 함수"""
    score = _calculate_score_logic(data)

    # 중략: 기타 처리

    processed_data = process_data(data)
```

```
        return score, processed_data

def _calculate_score_logic(data):
    """데이터 타입에 따라 점수를 계산하는 내부 함수"""
    if data['type'] == 'A':
        return data['value'] * 2
    elif data['type'] == 'B':
        return data['value'] * 3
    elif data['type'] == 'C':
        return data['value'] * 5
    else:
        return data['value']
```

이 예시는 calculate_score 함수에서 점수를 계산하는 로직을 _calculate_score_logic 함수로 분리한 결과입니다. 이와 같은 개선을 통해 AI가 calculate_score 함수를 수정하더라도 점수를 계산하는 로직에는 영향을 주지 않게 됩니다.

AI의 지원을 받으며 코드를 분리할 때는 다음과 같은 사항들에 유의합시다.

- 함수의 구성: 함수 내부의 처리를 의미 있는 그룹으로 나눈다.
- 역할의 변경: 함수의 책임을 명확히 하기 위해 역할을 바꾼다.
- 순서의 재구성: 처리 순서를 바꿔서 코드 흐름을 개선한다.
- 단순화: 복잡한 처리를 더 단순한 처리로 대체한다.

이 개선점에 유의해서 AI에 다음과 같이 지시하면 구체적인 제안을 이끌어낼 수 있습니다.

> 이어지는 함수에 대해 구성, 역할 변경, 순서 재구성, 단순화의 관점에서 개선점을 제시해 주세요.

이번 연습은 개발의 초기 단계에서 특히 유용합니다. 실험 단계나 프로토타입 작성 단계에서는 코드 구조나 로직 분리가 소홀해지기 쉽기 때문입니다. 또한 테스트도 대체로 충분하지 않은 경우가 많습니다. 초기에 로직을 분리해 두면 AI가 적극적으로 코드 변경을 제안하도록 만들 수 있습니다.

복잡한 알고리즘 외에도 의존 관계가 많은 코드 역시 분리하면 좋습니다. 동시에 DRY 원칙(Don't Repeat Yourself, 동일한 코드를 반복하지 않기)을 의식하는 것도 코드 품질 향상으로 이어집니다.

그러나 다음과 같은 경우에는 굳이 분리할 필요는 없습니다.

- 테스트가 충분히 준비된 코드
- 리뷰하기 쉬운 코드
- 자주 변경되지 않는 코드

이러면 기존 코드 구조를 유지하는 편이 훨씬 효율적일 수 있습니다.

미래에는 AI가 진화를 거듭해서 더욱 복잡한 논리에 대응할 수 있을 것으로 기대됩니다. 그러나 최종적인 검토는 여전히 사람의 몫입니다. 그렇기 때문에 AI가 건드리지 않게 하고 싶은 중요한 부분은 미리 분리해 두는 것이 중요합니다.

> **키워드 | DRY 원칙**
>
> DRY 원칙은 소프트웨어 설계 원칙 중 하나로, 동일한 코드를 반복해 작성하는 것을 피하는 것을 뜻합니다. 같은 코드의 반복적인 작성은 코드의 유지보수를 불편하게 하고, 버그의 원인이 되기도 합니다. DRY 원칙을 지키기 위해 공통적인 처리는 함수나 클래스로 정리해서 같은 코드를 반복하지 않는 것이 일반적입니다.

## 6.1.3 확장을 고려한 코드 설계

미래의 확장성을 고려한 코드 설계도 중요합니다. 생성형 AI는 아이디어를 퍼뜨리는 발산에는 강하지만, 아이디어를 하나로 모으는 수렴에는 약합니다. 다시 말해, 기존 코드를 모방해서 새로운 코드를 만들어 내는 것은 잘하지만, 코드의 구조를 수정하거나 바꾸는 결정은 어려워합니다.

기존 코드를 변경하지 않고, 새로운 코드를 덧붙일 수 있도록 하기 위한 설계에는 다음과 같은 장점이 있습니다.

- 기존 코드에 영향을 줄 위험이 줄어든다.
- 코드의 유지보수성과 확장성이 향상된다.
- 코드의 품질이 향상된다.

AI를 활용한 코드 생성을 통해 개발의 속도가 빨라지고 있는 가운데, 기존 자산이 개발 속도를 저해하는 요인이 되지 않도록 하는 것도 중요합니다.

예를 들어 다양한 유형의 결제 방식을 처리하는 자바 청구 시스템을 생각해 봅시다. 처음에는 신용카드만 지원하고 있었다면 앞으로는 QR 결제 등 다른 결제 방식도 지원하고 싶어질 수 있습니다.

우선 PaymentGateway라는 인터페이스를 정의합니다. 이 인터페이스는 모든 결제 방식이 구현해야 하는 handleTransaction 메서드를 가지고 있습니다.

```
interface PaymentGateway {
    void handleTransaction(double amount);
}
```

다음으로, 신용카드용 CreditCardPaymentHandler 클래스를 구현합니다.

```
class CreditCardPaymentHandler implements PaymentGateway {
    @Override
    public void handleTransaction(double amount) {
        // 신용카드의 결제 처리
    }
}
```

앞으로 QR 결제를 지원하려는 계획을 가지고 있다면 새롭게 QRPaymentHandler 클래스를 PaymentGateway 인터페이스를 구현해서 추가하기만 하면 됩니다.

```
class QRPaymentHandler implements PaymentGateway {
    @Override
    public void handleTransaction(double amount) {
        // QR의 결제 처리
    }
}
```

이와 같이 새로운 결제 방식을 추가하기 위해 기존 코드를 변경할 필요는 없습니다. 새로운 클래스를 작성하고, `PaymentGateway` 인터페이스를 구현하기만 하면 됩니다.

이 원칙은 개방-폐쇄 원칙(Open-Closed Principle)이라고도 불리며, 소프트웨어의 보수성과 확장성을 높이기 위한 중요한 설계 원칙입니다. AI가 코드를 생성할 때 기존 구현을 활용해 새로운 코드를 쉽게 추가할 수 있도록 설계하는 것이 효과적입니다.

> **키워드 개방-폐쇄 원칙**
>
> 개방-폐쇄 원칙이란 소프트웨어 설계 원칙 중 하나로, 소프트웨어의 기능을 확장할 때 기존 코드를 수정하지 않고 새로운 코드를 추가할 수 있도록 하는 것을 말합니다. 확장에는 열려 있고, 변경에는 닫혀 있다는 의미에서 Open-Closed Principle(OCP 원칙)이라고 불립니다. 이렇게 기능을 확장하면 기존 코드에 영향을 주지 않고도 새로운 기능을 추가할 수 있어서, 소프트웨어의 보수성과 확장성이 향상됩니다.

## 6.1.4 체계적인 리팩터링 기법 적용

AI에 개방형 질문을 하면 뻔한 답변만 돌아오는 경우가 있습니다. 예를 들어 '리팩터링을 어떻게 하면 좋을까요?'라고 물으면, AI는 '코드 중복을 없애세요', '코드의 복잡도를 줄이세요'와 같이 일반적인 답변만 할 가능성이 큽니다. 이럴 때는 잘 알려진 '카탈로그'나 '리스트'를 활용해 AI가 답변할 수 있는 선택지를 제한함으로써 더욱 구체적인 제안을 이끌어낼 수 있습니다.

예를 들어 Thoughtworks가 제공하는 '리팩터링 카탈로그'처럼, 포괄적인 리스트를 활용해 봅시다. '리팩터링 아이디어를 주세요'라고 묻는 대신, '포괄적인 리팩터링 리스트에 따라 확인해 주세요'라는 구체적인 형식으로 리프레임[1]하면 AI는 더욱 구체적인 제안을 할 수 있을 것입니다.

▼ 그림 6-1 Thoughtworks의 Refactoring.com(마틴 파울러)

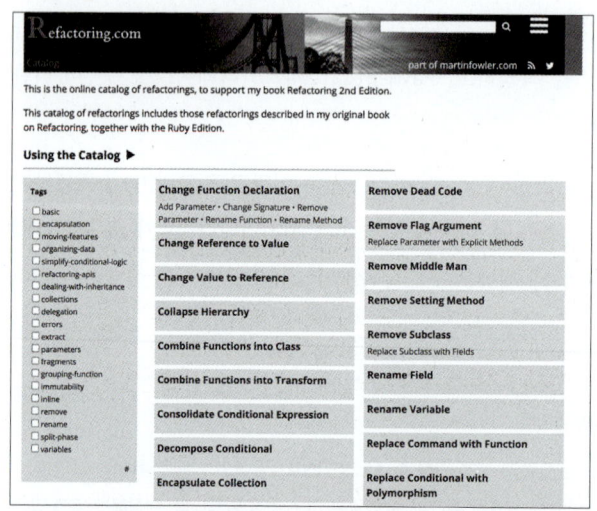

> 입력 프롬프트

Thoughtworks의 Refactoring Catalog를 토대로 아래 코드를 리팩터링하세요. 지적 사항과 그 해설을 10개 이상 생성해 주세요.

```python
def foobar():
    # 리팩터링 대상 코드
```

---

[1] 리프레임이란 문제를 바라보는 방식을 바꿔 새로운 해결책을 찾는 방법입니다. 여기서는 AI에 '리팩터링 카탈로그'라는 틀(프레임)을 제공해서 AI로부터 더욱 구체적인 제안을 이끌어내는 것을 목표로 합니다.

이쯤에서 **개방형 질문이 폐쇄형 질문으로 바뀌고 있다**는 점에 주목해 봅시다. 여기서는 'Thoughtworks의 리팩터링 카탈로그에서 선택'하라는 구체적인 지시를 부여하여 AI가 더욱 구체적인 제안을 하도록 유도할 수 있습니다. 물론 환각을 일으킬 가능성이 있으므로 그 점은 주의할 필요가 있습니다.

소프트웨어 개발 분야에는 다양한 카탈로그와 리스트가 존재합니다. 여기에는 각 분야의 모범 사례가 모여 있으므로, 적극적으로 활용하면 좋습니다.

- Thoughtworks의 리팩터링 카탈로그(마틴 파울러)[2]
- Smells to Refactorings Quick Reference Guide[3]
- Refactoring to Patterns[4]
- GoF의 디자인 패턴[5]
- 더스틴 보즈웰(Dustin Boswell)과 트레버 파우커(Trevor Foucher)의 『읽기 좋은 코드가 좋은 코드다』(The Art of Readable Code)[6]

개발 지원 AI 도구를 활용해서 리팩터링할 때는 위와 같은 자료를 참고하면서 **무엇을 개선하고 싶은지 명확히 하는 것**이 매우 중요합니다. 개선하려는 점이 명확하다면 적절한 명령을 통해 AI로부터 원하는 결과를 얻어낼 수 있을 것입니다.

효과적으로 리팩터링하려면 **적절한 지표와 레퍼런스를 참조하는 것이 중요**합니다. 적절한 지표와 레퍼런스는 코드에서 개선해야 할 포인트를 비판적으로 찾아내는 기준이 됩니다.

---

2　URL https://www.refactoring.com/catalog/index.html
3　URL https://www.industriallogic.com/img/blog/2005/09/smellstorefactorings.pdf
4　URL https://silab.fon.bg.ac.rs/wp-content/uploads/2016/10/Refactoring-Improving-the-Design-of-Existing-Code-Addison-Wesley-Professional-1999.pdf
5　URL https://en.wikipedia.org/wiki/Design_Patterns
6　URL https://www.yes24.com/product/goods/6692314

카탈로그의 제목만으로 구체적인 제안이 반환되지 않는다면 카탈로그의 목차를 프롬프트에 포함시켜 보거나, 특정 리팩터링 기법 이름을 지정해서 구체적인 제안을 이끌어낼 수 있습니다.

> **입력 프롬프트**
>
> 이어지는 코드를 아래의 Refactoring Catalog 관점에서 지적해 주세요.
> - Change Function Declaration
> - Change Reference to Value
> <!-- 중략 -->
>
> ```python
> def foobar():
>     # 리팩터링 대상 코드
> ```

중요한 것은 필요한 지식을 적절한 시점에 정확히 꺼내서 적용할 수 있는 능력입니다. 그런 능력은 리팩터링의 효율성과 코드의 품질을 모두 높일 수 있습니다. 이를 위해, 리팩터링에 관한 자료나 카탈로그를 문제 해결을 위한 학습 자료로 삼아 깊이 있게 배우는 과정이 필요합니다.

## 6.1.5 소규모 오픈소스 재구현

오픈소스 라이브러리는 편리하지만, **지나치게 의존하면 예기치 못한 문제에 직면할 수 있습니다.** 겉보기에는 편리해 보여도 실제로는 직접 작성하는 편이 더 나은 코드도 있습니다. AI가 간단하게 생성할 수 있는 수준의 코드라면 오픈소스 소프트웨어에 의존하기보다 AI에 맡기는 편이 훨씬 현명합니다.

우리는 오랫동안 '바퀴를 다시 발명하지 말라'고 배워 왔습니다. 이것은 오픈소스를 무조건 사용하라는 뜻은 아닙니다. 오픈소스를 사용할지 말지는 상황에 따라 신중하게 판단해야 합니다. 다음 깃허브 액션에서 CI/CD를 구성한 코드를 예시로 보겠습니다. 이 예시에서는 오픈소스로 공개된 액션을 사용해서 이슈를 생성합니다. 물론 쉽게 쓸 수 있다는 점은 매력적이지만, 정말로 그것이 가장 적절한 선택인지 신중하게 검토해 봐야 합니다. 사실, 다음 예시는 이슈를 생성하기 위해 마켓플레이스의 액션을 사용하는 좋지 않은 사례입니다.[7]

```
- name: Create an issue
  uses: foo_bar/create-issue@main
  with:
    token: ${{ YOUR_TOKEN_HERE }}
    title: Simple test issue
    body: 새로운 Issue가 작성되었습니다.
```

이 예시는 서드파티의 오픈소스 코드에 의존하고 있어서, 해당 코드가 유지보수되지 않는다면 CI/CD 프로세스가 정지할 가능성이 있습니다. 또한 처리 내용도 특별한 것이 아니며, 공식 CLI를 사용해도 동일한 처리가 가능합니다. 따라서 다음과 같이 공식 CLI인 gh[8] 커맨드를 사용해서 이슈를 생성하도록 변경하는 것이 바람직합니다.

```
- name: Create an issue
  run: gh issue create --title "Simple test issue" --body "새로운 Issue가 작성되었습니다."
```

또는 깃허브 액션에는 단순히 코드를 작성할 수 있는 깃허브 스크립트[9]가 있기 때문에, 그것을 사용하는 것도 좋은 방법입니다. 이로써 지원, 유지보수, 보안 측면에서도 유리한 점이 있을 수 있습니다.

오픈소스 프로젝트 중에는 직접 개발하면 몇 달이 걸릴 기능을 단 몇 줄의 코드만으로 구현할 수 있는 것도 있습니다. 하지만 그 내용을 보면 실제로는 하루도 걸리지 않아 작성할 수 있는 경우이거나, 단지 서비스의 공식 API를 래핑한 것에 불과한 경우도 있습니다.

---

7 해당 마켓플레이스 액션은 실제 사례가 아닙니다.
8 URL https://github.com/cli/cli
9 URL https://github.com/actions/github-script

스스로 API 명세나 CLI 명령어 사용법을 조사하는 것은 번거롭게 느껴질 수 있습니다. 그러나 오래된 블로그 글을 참고하거나, 내부 구조를 알 수 없는 오픈소스 프로젝트에 의존하기보다는 최신 공식 문서를 참고해서 구현하는 편이 훨씬 현명합니다.

오픈소스 라이브러리가 유지보수되지 않으면 프로덕션 코드에 장애가 발생할 가능성이 있을 뿐 아니라, 최악의 경우 보안 위험을 초래할 가능성도 있습니다. 오픈소스 라이브러리 사용에 대해서는 영향 범위와 구현, 유지보수에 드는 공수를 고려해서 신중하게 판단해야 합니다. 정답은 존재하지 않지만, AI를 활용해 오픈소스 코드의 일부를 직접 다시 구현하는 것도 하나의 선택지가 될 수 있습니다.

> ### COLUMN ▶ left-pad 문제의 교훈
>
> 2016년에 발생한 left-pad 문제를 기억하시나요? npm에서 left-pad 라이브러리가 삭제되면서, 여기에 의존하던 많은 라이브러리가 정상적으로 작동하지 않게 되었습니다. left-pad는 지정된 문자 수 또는 기본값을 기준으로 문자열의 왼쪽을 채우는 단순한 자바스크립트 라이브러리입니다. 실제로는 다음처럼 몇 줄 정도의 코드로 구현할 수 있는 내용이었습니다.
>
> ```javascript
> // 패딩 문자(기본은 공백)를 필요한 횟수만큼 반복해서 원래 문자열 앞에 추가
> function leftpad(string, length, char = ' ') {
>     return String(char).repeat(Math.max(0, length - string.length))
>     + string;
> }
> ```
>
> 우리는 때때로 귀찮다는 이유로 단순한 코드조차 직접 작성하기 싫어서 라이브러리를 가벼운 마음으로 가져다 쓰곤 합니다. 오픈소스 라이브러리를 사용하는 것은 겉보기에 개발을 빠르게 도와줄 수 있는 것처럼 보이지만, 오픈소스에 의존하다 보면 장기적으로는 오히려 유지관리 비용이 커질 수도 있습니다.
>
> 예를 들어 left-pad 문제에서는 고작 몇 줄의 코드만 제공하는 라이브러리에 수많은 프로젝트가 의존하고 있었기 때문에, 해당 라이브러리가 갑작스럽게 삭제되었을 때 많은 관계자에게 큰 혼란이 발생했습니다.

## 6.2 AI를 활용한 코드 품질 향상

생성형 AI는 프로그래밍 생태계에 혁신을 가져오고 있지만, 생산성의 향상과 코드 품질 확보 사이의 균형이 새로운 과제로 떠오르고 있습니다. 고품질의 코드를 위해서는 개발자가 테스트를 직접 작성하는 것이 중요합니다. **AI에 구현을 먼저 맡긴 다음 테스트를 작성하라고 지시해도 생성된 테스트는 구현에 의존하게 됩니다.** 구현을 바탕으로 통과하는 테스트를 생성한다 하더라도, 그 테스트가 정말로 필요한 케이스인지는 별개의 문제입니다.

개발 지원 AI 도구는 단위 테스트 생성을 도와줍니다. 하지만 '테스트 코드를 작성해 주세요'라고 직접 질문하기보다, 필요한 테스트 케이스에 대해 먼저 고민해야 합니다. 나아가 테스트 케이스를 먼저 구현하는 테스트 주도 개발(TDD) 방식도 가능합니다.

AI가 생성한 테스트 케이스에는 누락이 있거나 기대한 바와 다른 결과를 낼 수 있습니다. 그래서 의사 결정 테이블이나 상태 전이도와 같은 테스트 설계 기법을 활용하여 AI가 생성하는 테스트 코드의 품질을 높여 나가는 것이 좋습니다.

AI와 협력하여 테스트를 효과적으로 작성하기 위한 절차는 다음과 같습니다.

1. 발산: 테스트 케이스의 패턴을 생성하도록 한다.
2. 정리: 패턴 정리를 AI에 맡기고, 사람이 리뷰한다.
3. 수렴: 포괄적인 테스트 케이스를 좁혀 나간다.
4. 선택: 테스트 케이스를 선별한다.
5. 구현: AI에 테스트 코드를 구현하게 한다.

각 단계에서는 다음과 같은 기법을 활용할 수 있습니다.

1. **발산**: 패턴을 카테고리화하기 쉽게, CSV나 마크다운 형식으로 출력하도록 한다.
2. **정리**: 출력 결과를 정리한다. 필요에 따라 엑셀 등으로 정렬하고 재배열한다.
3. **수렴**: 테스트 케이스를 좁혀 나가기 위해 페어와이즈 기법 등을 이용해 시각화한다.
4. **선택**: 사람이 리뷰해서 필요한 테스트 케이스를 선별한다.
5. **구현**: AI에 정리된 리스트를 넘겨주고 테스트 코드를 생성하게 한다.

AI는 테스트 설계의 발산 작업을 도와주지만, **최종적으로 테스트 케이스의 선택은 사람이 합니다**.

AI는 수렴과 선택 단계에서 의사 결정 보조 역할도 할 수 있습니다. 예를 들어 글머리 기호로 항목을 단순히 나열하기보다 테스트 케이스를 테이블이나 머메이드(Mermaid)로 시각화하도록 하면 누락 여부를 확인하기 쉬워집니다. 좋은 테스트를 작성하려면 AI의 출력 결과를 사람이 이해하기 쉬운 형태로 변환하고, 적절히 리뷰하는 작업을 반복하는 것이 효과적입니다.

## 6.2.1 AI를 활용한 단위 테스트 생성

단위 테스트는 코드의 최소 기능 단위가 의도한 대로 동작하는지를 확인하기 위해 반드시 거쳐야 합니다. 하지만 포괄적인 테스트를 작성하려면 많은 시간과 노력이 필요하며, 개발자에게도 부담이 될 수 있습니다. AI를 적절하게 활용하면 개발자는 애플리케이션의 단위 테스트를 쉽게 작성할 수 있습니다.

예를 들어 간단한 파이썬 함수에 대한 단위 테스트 자동 생성을 생각해 봅시다. 다음과 같이 곱셈을 계산하는 함수가 있다고 가정합니다.

> **입력 프롬프트**
>
> 아래의 Python 함수에 대해 단위 테스트를 생성해 주세요.
>
> ```python

```
def multiply(x, y):
    return x * y
```

이 같은 함수를 AI에 단위 테스트 생성을 요청하면 대부분은 다음과 같은 테스트 코드가 생성됩니다.

> **출력 프롬프트**

```
# AI가 생성한 테스트 코드
import unittest

class TestMultiply(unittest.TestCase):
    def test_positive_numbers(self):
        """양의 정수 곱셈 테스트"""
        self.assertEqual(multiply(3, 4), 12)
        self.assertEqual(multiply(5, 7), 35)

    def test_negative_numbers(self):
        """음의 정수를 포함한 곱셈 테스트"""
        self.assertEqual(multiply(-3, 4), -12)
        self.assertEqual(multiply(5, -7), -35)

    def test_zero(self):
        """0을 포함한 곱셈 테스트"""
        self.assertEqual(multiply(0, 5), 0)
        self.assertEqual(multiply(3, 0), 0)

    def test_float_numbers(self):
        """소수를 포함한 곱셈 테스트"""
        self.assertAlmostEqual(multiply(2.5, 4), 10.0)
        self.assertAlmostEqual(multiply(3, 1.5), 4.5)

if __name__ == "__main__":
    unittest.main()
```

이렇게 AI가 테스트의 큰 틀을 생성해 주면, 개발자는 테스트 코드를 작성하는 시간을 크게 단축할 수 있습니다. 단, AI가 제안한 테스트 케이스는 충분하지 않을 수도 있으므로 개발자는 AI의 제안을 기반으로 테스트 케이스를 추가로 작성하거나, 엣지 케이스를 고려하면서 테스트를 다듬어 나가야 합니다.

또한 테스트 케이스를 개선할 때도 AI에 다시 질문하면 AI는 그 출력을 되돌아보고 추가적인 아이디어를 제시할 수 있습니다. 예를 들어 출력 재검토, 경계 값 테스트, 예외 처리 테스트, 성능 테스트 등 고려하면 좋을 다양한 관점을 제안할 수 있습니다.

### 입력 프롬프트

이 테스트에서 부족한 테스트 케이스는 무엇입니까?

### 출력 프롬프트

이 테스트에는 몇 가지 추가되어야 할 요소가 있을 수 있습니다. 구체적으로는 다음과 같은 점들이 고려되었는지 확인해 볼 필요가 있습니다:

- 경계 값 테스트: 경계 값(예: 최솟값, 최댓값, 0 등) 주변의 동작을 테스트할 필요가 있습니다. 이를 통해 함수가 경계 값에서도 올바르게 동작하는지 확인할 수 있습니다.
- 오류 처리 테스트: 함수가 오류를 적절히 처리하는지 테스트하는 것도 중요합니다. 예를 들어 입력이 유효하지 않거나 예기치 않은 타입인 경우, 함수가 어떻게 반응하는지를 확인합니다.
- 성능 테스트: 함수가 대용량 데이터셋에 대해서도 적절히 동작하는지를 확인하는 테스트도 중요합니다. 대규모 입력에 대한 처리 시간이나 메모리 사용량을 확인하는 것이 포함됩니다.

이러한 테스트 케이스들을 추가함으로써, 더욱 신뢰성 높은 테스트 스위트를 구성할 수 있습니다.

AI가 생성한 테스트 코드는 어디까지나 대략적인 수준일 뿐이며, 개발자가 테스트 케이스를 실제로 설계할 수 있는 역량을 갖추고 있어야 한다는 점에 주의해야 합니다. 개발자는 프롬프트를 작성하면서도 이러한 케이스들을 고려하도록 AI에 지시할 수 있어야 합니다.

## 6.2.2 명확한 테스트 조건

AI를 활용하여 테스트 코드를 생성할 때 '해당 코드의 단위 테스트를 작성해 주세요'와 같은 모호한 지시만으로는 생성된 코드가 충분하지 않거나, 프로젝트의 요구 사항을 만족하지 못할 수 있습니다. 따라서 테스트 프레임워크나 생성할 테스트 케이스의 수 등 테스트 조건을 구체화한 지시를 제공하면 한층 정확하고 포괄적인 결과를 얻을 수 있습니다.

구체적인 지시를 제공하려면 다음과 같은 정보를 함께 제공하는 것이 효과적입니다.

- 테스트 프레임워크나 라이브러리 등 기술적인 정보를 제공한다.
- 기대하는 테스트 케이스의 수를 지정한다.
- 오류 케이스나 에지 케이스를 포함한 구체적인 조건을 제시한다.

다음은 구체적인 지시를 제시하는 프롬프트의 예입니다.

> **입력 프롬프트**
>
> multiply() 함수에 대해 다음 조건을 충족하는 단위 테스트를 작성해 주세요.
> - unittest를 사용하여 단위 테스트를 작성해 주세요.
> - 에지 케이스를 포함하여 최소 20가지 입력에 대해 함수의 동작을 테스트해 주세요.
> - 테스트 케이스에는 유효한 입력, 무효한 입력, 오류 케이스 등 다양한 조건을 고려해 주세요.
>
> ```python
> def multiply(x, y):
>     return x * y
> ```

위와 같은 프롬프트를 제공하면 AI는 지정된 프레임워크를 사용하고, 유효/무효한 입력 조합을 고려하여 단위 테스트 코드를 생성합니다. 이런 방식으로 테스트를 효율적으로 작성할 수 있으며, AI가 생성하는 테스트 코드의 품질도 향상됩니다. 또한 어떤 구체적인 지시를 줄 수 있는지에 대해 AI에 다시 질문해 보는 것도 좋은 방법입니다. AI의 제안을 참고한다면 더욱 적절한 프롬프트를 작성할 수 있을 것입니다.

## 6.2.3 포괄적인 테스트 설계를 위한 의사 결정 테이블 활용

AI가 생성하는 테스트 코드의 품질을 높이려면 테스트 케이스 설계에 의사 결정 테이블을 활용하는 게 좋습니다. 먼저 대상 함수에 대해 곧바로 테스트 코드를 생성하게 하지 말고, 조건을 토대로 의사 결정 테이블을 먼저 작성하도록 AI에 지시합니다. 다음으로 해당 의사 결정 테이블을 사용하여 테스트 코드를 생성하도록 유도함으로써, 포괄적이면서도 유효한 테스트 코드를 만들 수 있습니다.

의사 결정 테이블을 출력하면 AI가 생성한 테스트 코드를 직관적으로 이해하고 리뷰하기 쉬워진다는 장점도 있습니다.

> 아래 조건에 따라 Markdown 형식으로 의사 결정 테이블을 작성하세요.
>
> 조건
> - 일반 회원과 VIP 회원이 있다.
> - VIP 회원은 항상 10% 할인이 적용된다.
> - 할인 시에는 각각 10% 할인 또는 20% 할인이 적용된다.
>
> 출력 포맷
> - 행: 조건 및 각 할인율
> - 열: 패턴 번호
> - 콘텐츠: TRUE / FALSE / X

다음은 앞의 조건에 따라 AI가 마크다운 형식으로 출력한 의사 결정 테이블입니다. 생성된 의사 결정 테이블을 확인하고, 필요에 따라 수정합니다.

```
| 조건 / 할인율   | 패턴 1 | 패턴 2 | 패턴 3 | 패턴 4 |
|---------------|--------|--------|--------|--------|
| VIP 회원       | FALSE  | FALSE  | TRUE   | TRUE   |
```

```
| 할인 시    | FALSE | TRUE | FALSE | TRUE |
| 일반 가격   | X     |      |       |      |
| 10% 할인   |       | X    | X     |      |
| 20% 할인   |       |      |       | X    |
```

의사 결정 테이블을 출력할 때는 일관된 출력 스타일을 위해 다음과 같은 금지 조건을 명확하게 제시하는 것이 좋습니다. '금지 사항: 셀에는 반드시 Y, N, X 외에는 절대 포함하지 않을 것'처럼 조건을 설정합니다. 이렇게 하면 AI가 생성하는 의사 결정 테이블의 품질을 높일 수 있습니다. 안정적인 출력을 얻기 위해서는 이 책에서 설명한 시스템 프롬프트에 대한 내용을 참고하는 것도 도움이 됩니다. 여러분의 상황에 맞게 조정해 보기 바랍니다.

의사 결정 테이블을 만들면 불가능한 조합을 쉽게 발견할 수 있고, 결과에 영향을 주지 않는 열이 포함되었을 때 이를 제거해서 쓸모없는 테스트 케이스를 줄일 수도 있습니다. 복잡한 케이스에서는 단계적으로 여러 개의 의사 결정 테이블을 작성하는 것도 효과적입니다.

내용을 확인한 후에는 의사 결정 테이블의 출력을 바탕으로 파이썬으로 작성된 calculate_discount_price() 함수의 테스트 코드를 구현해 달라고 AI에 지시해 봅시다. 이런 방식으로, 갑작스럽게 구현부터 시작하는 것이 아니라 테스트를 우선하는 방식으로 코딩을 진행할 수 있습니다.

```
import unittest

class TestDiscountCalculation(unittest.TestCase):
    def test_vip_non_sale(self):
        self.assertEqual(calculate_discount_price("VIP", False, 1000), 900)

    def test_vip_sale(self):
        self.assertEqual(calculate_discount_price("VIP", True, 1000), 800)
```

```python
    def test_normal_member_sale(self):
        self.assertEqual(calculate_discount_price("일반회원", True, 1000), 900)

    def test_normal_member_non_sale(self):
        self.assertEqual(calculate_discount_price("일반회원", False, 1000), 1000)
```

AI에 테스트 코드를 생성하게 한 다음, 의사 결정 테이블을 작성시켜 테스트 케이스가 충분히 커버되고 있는지도 확인할 수 있습니다. 예를 들어 위의 테스트 케이스 중 하나를 일부러 생략한 후 다음과 같은 프롬프트를 AI에 입력하면 누락된 테스트 패턴을 식별할 수 있습니다.

> 다음 테스트 코드를 기반으로 의사 결정 테이블을 작성해 주세요.
> 누락된 패턴은 보완하고, 굵은 글씨로 표시해 주세요.
>
> 행: 조건 및 각 할인율
> 열: 패턴 번호
> 셀에 들어갈 수 있는 값: TRUE, FALSE, X
>
> ⟨— 테스트 코드 —⟩

AI가 생성한 테스트는 누락된 경우의 수가 생길 수 있기 때문에, 의사 결정 테이블 같은 프레임워크를 활용해 테스트 케이스에 누락이 없는지 확인해야 합니다. 그래도 걱정이 된다면 AI를 믿지 말고 의사 결정 테이블 같은 프레임워크를 직접 사용해서 빠짐이 없는지 직접 점검합시다.

## 6.2.4 상태 전이도를 기반으로 테스트 코드 생성

상태 전이를 확인하기 위해 AI에 상태 전이도를 출력하도록 지시하고, 출력된 그림을 바탕으로 테스트 케이스를 점검하거나 테스트 코드를 생성할 수도 있습니다.

머메이드(Mermaid)에는 stateDiagram-v2라는 문법이 있습니다. 예를 들어 헤어드라이어의 상태 전이를 고려하는 경우, 다음과 같은 프롬프트만으로도 AI에 상태 전이도를 생성하게 할 수 있습니다.

> 드라이어의 상태 전이를 머메이드의 stateDiagram-v2로 표현해 주세요.
> 드라이어 기능:
> - 스위치: OFF ← 전원 ON/OFF → COLD ← 모드 전환 → HOT

이처럼, AI는 다음과 같은 상태 전이도까지 생성할 수 있으며, 상태 전이를 시각적으로 확인할 수 있습니다.

▼ 그림 6-2 머메이드로 작성한 다이어그램을 확인

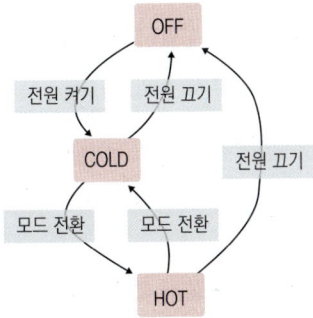

사실 다음 예시는 잘못된 상태를 포함하고 있습니다. 'HOT --> OFF: 전원 끄기'와 같은 전이는 있을 수 없으므로 상태 전이도를 시각적으로 확인함으로써 AI가 만든 오류라는 것을 즉시 파악할 수 있습니다.

> stateDiagram-v2
>     OFF —> COLD: 전원 켜기
>     COLD —> HOT: 모드 전환
>     HOT —> COLD: 모드 전환
>     COLD —> OFF: 전원 끄기
>     HOT —> OFF: 전원 끄기

시각적으로 리뷰한 다음 'HOT --> OFF: 전원 끄기' 부분을 제거한 상태 전이도는 다음과 같이 됩니다.

▼ 그림 6-3 리뷰를 거친 다이어그램

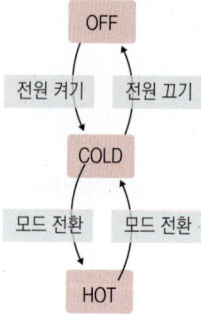

다음으로, 앞의 다이어그램을 바탕으로 상태 전이표를 작성합니다. 다음과 같은 프롬프트를 AI에 입력함으로써, 상태 전이표를 생성할 수 있습니다.

> 이 내용을 반영하여 상태 전이표를 작성해 주세요.
> 행에는 각각의 상태를, 열에는 조작을 기재해 주세요.

다음은 앞의 지시를 반영해 생성된 상태 전이표입니다. 이 표는 각 상태에서 가능한 모드 전환과 전원 조작 및 그 결과 상태를 보여 줍니다.

▼ 표 6-1 상태 전이표

| 상태 | 모드 전환 | 전원 |
| --- | --- | --- |
| OFF | – | COLD |
| COLD | HOT | OFF |
| HOT | COLD | – |

이에 따라, 다음 두 가지가 비정상 상태임을 다시 한번 확인할 수 있었습니다.

- OFF 상태에서 모드 전환 버튼을 눌러 바로 HOT 상태가 되는 것
- HOT 상태에서 전원 버튼을 눌러 바로 OFF 상태가 되는 것

상태 전이도를 통해 직관적으로 동작을 확인하고, 상태 전이표를 활용하여 테스트 케이스 누락을 점검함으로써 테스트 코드의 품질을 높일 수 있습니다. 표 6-1이나 그림 6-3을 바탕으로 '테스트 코드를 생성해 주세요'라고 AI에 지시하면 테스트 코드를 더욱 정확하게 생성할 수 있습니다.

## 6.2.5 필요 없는 테스트 제거

개발 지원 AI 도구를 활용해 테스트 코드를 생성할 때는 필요한 부분만을 테스트하는 것이 핵심입니다. AI가 무한히 테스트를 작성해 준다고 해서, 그 분위기에 휩쓸려 과도하게 테스트를 작성하지 않도록 주의해야 합니다.

불필요한 테스트를 대량으로 작성하면 **테스트 실행 시간의 증가, 테스트 코드의 가독성 저하, 테스트 유지보수 비용의 증가**와 같은 문제가 발생할 수 있으며, 기술 부채로 이어질 수도 있습니다.

소프트웨어 개발에서 테스트는 품질과 신뢰성을 확보하기 위해 반드시 거쳐야 합니다. 하지만 테스트를 작성하고 유지보수하는 데는 시간과 비용이 들기 때문에, 효율적이고 균형 잡힌 테스트 전략을 짜야 합니다.

다음은 불필요할 수 있는 테스트 코드의 예입니다. AI가 출력한 대량의 테스트 코드 중에 이러한 테스트가 포함되어 있는지 확인해 봅시다.

- 세터나 게터의 테스트
- 언어나 프레임워크가 제공하는 기능 자체의 테스트
- 서드파티 라이브러리의 테스트
- 동일한 로직을 반복하는 장황한 테스트
- 지나치게 세세한 로직의 테스트

개발 지원 AI 도구를 이용해 테스트 코드를 생성할 때 개발자는 방대한 양의 테스트 코드를 만들어 내기 쉽습니다. 예를 들어 한 함수에 대해 다음과 같은 프롬프트를 설정하기만 해도, 쓸모없는 수많은 테스트 케이스가 생성됩니다.

> - 특정 오류가 적절히 발생하는지를 확인하기 위한 단위 테스트를, 적어도 8 종류 이상의 다양한 입력으로 생성해 주세요.
> - 외부 API의 다양한 정상/이상 응답을 시뮬레이션하여, 그에 기반한 10 종류 이상의 테스트 케이스를 작성해 주세요.
> - 함수에 전달되는 입력값의 검증 로직을 테스트하기 위해, 적어도 10 종류 이상의 다양한 입력 패턴을 포함한 테스트를 작성해 주세요.
> - 함수 내 모든 조건 분기를 커버하는 테스트 케이스를 적어도 10 종류 이상 작성해 주세요.
> - 함수의 예외 처리의 적절성을 테스트하기 위해 다양한 예외 상황을 포함한 테스트를 작성해 주세요.
> - 입력 데이터 형식(JSON, XML 등)을 검증하는 테스트 케이스를 포함해 주세요.
> - 외부 의존성을 가짜 객체(Mock Object)로 대체하고, 그 동작을 테스트하는 케이스를 포함해 주세요.

이렇듯 탐색적 접근 방식으로 생성된 테스트는 '다양한 테스트'일 수는 있지만, 반드시 '충분히 포괄적인 테스트'라고는 할 수 없습니다.

테스트의 필요성을 판단하려면 다음과 같은 관점을 고려해야 합니다

- 대상 기능이나 컴포넌트가 비즈니스에 대해 어느 정도 중요한가?
- 버그나 문제가 발생했을 경우 영향 범위는 어느 정도인가?
- 대상 시스템의 복잡성과 변경 빈도는 어느 정도인가?

프로젝트의 요구 사항이나 품질 기준을 고려하여, 가장 가치 있는 테스트를 우선으로 작성하는 것이 중요합니다.

**COLUMN > AI 시대에 시프트 라이트는 필요한가**

AI 시대에서 시프트 라이트(Shift Right)[10]의 중요성에 대해 흥미로운 논의가 이루어지고 있습니다. **AI가 생성한 코드는 완성된 후가 아니면 품질을 확인할 수 없다**는 근거로, AI 시대에는 시프트 라이트가 필요하다는 주장입니다.

하지만 이 논의에는 주의가 필요합니다. 이 책의 집필 시점에서 AI의 능력을 고려하면 시프트 라이트의 개념을 그대로 적용하는 것은 이르다고 말할 수 있습니다.

시프트 라이트에 관련된 언급에는 '**앞으로는 에이전트형 생성 도구가 등장하고, 솔루션을 한 번에 생성하게 된다면**'이라는 전제가 숨겨져 있는 경우가 많습니다. 앞으로, AI가 생성하는 코드의 품질이 비약적으로 향상되어 한 번에 애플리케이션을 생성하게 된다면 시프트 라이트의 개념이 유효할 것입니다. 그러나 이 책의 집필 시점에서는 아직 그 정도의 수준에는 도달하지 못한 것이 현실입니다. AI를 '부조종사(Copilot)'와 같은 보조 도구로 2~3행의 코드를 보완하거나, 함수 단위로 10행에서 20행의 코드를 생성하는 경우에는 테스트를 작성하는 것이 충분히 가능합니다.

또한 AI가 생성하는 코드는 사전에 테스트할 수 없다고 해서, **사후적인 탐색 테스트나 카오스 엔지니어링만으로 충분하다고는** 할 수 없습니다.

AI의 발전과 함께 개발 프로세스도 변할 것입니다. 그러나 품질을 보장하기 위한 테스트의 중요성은 변하지 않습니다. AI의 특성을 이해하고 적절한 방법으로 테스트를 수행하는 것이 앞으로 개발자에게 요구되는 바가 될 것입니다.

# 6.3 코드 리딩에서 AI 활용

코드 리딩(코드를 읽는 능력)은 엔지니어링에서 반드시 필요한 스킬입니다. 하지만 복잡한 코드를 이해하려면 시간과 노력이 듭니다. AI는 방대한 양의 코드

---

10 개발 후에 테스트를 수행하는 것을 말합니다.

를 순간적으로 분석해 그 구조나 기능을 설명할 수 있으므로 개발자의 작업 시간을 크게 줄일 수 있습니다.

코드를 쉽게 이해하기 위한 방법으로는 문장을 통해 설명하거나 그림으로 표현하는 방법이 있습니다. 또한 이러한 방법들을 조합하여 코드의 구조나 흐름을 시각적으로 표현할 수도 있습니다. AI에 시각화를 부탁하면 복잡한 알고리즘이나 설계 패턴도 직관적으로 이해하기 쉬운 자료를 얻을 수 있습니다.

### 6.3.1 자연어를 활용한 코드 로직 설명

AI를 활용해 코드를 해석할 때는 먼저 자신이 필요로 하는 것을 명확히 하는 것이 중요합니다. 해석의 수준이나 세부 내용을 사전에 정해 두면 한층 효과적인 결과를 얻을 수 있습니다. 예를 들어 개요 정도의 해석만 필요한 경우나 코드가 짧은 경우에는 '이 코드를 해석해 주세요'와 같이 간단한 지시만으로 충분할 수 있습니다.

그러나 구체적인 해석을 원한다면 다음과 같은 지시를 추가하면 좋습니다.

- 해석은 단계별로 자세하게 해주세요.
- 각 함수의 역할과 함수 간의 관계를 설명해 주세요.
- 코드의 구조(들여쓰기 등)를 유지하면서 간결하게 해석해 주세요.

도구에 따라 코드를 설명하기 위한 특별한 기능을 제공하기도 합니다. 예를 들어 깃허브 코파일럿에서는 /explain 명령을 사용하면 선택한 코드의 설명을 얻을 수 있습니다. 이러한 기능을 활용하면 효율적으로 코드를 깊게 이해할 수 있습니다.

▼ 그림 6-4 /explain 명령어로 이해하기 쉬운 코드의 설명을 빠르게 확인하는 방법

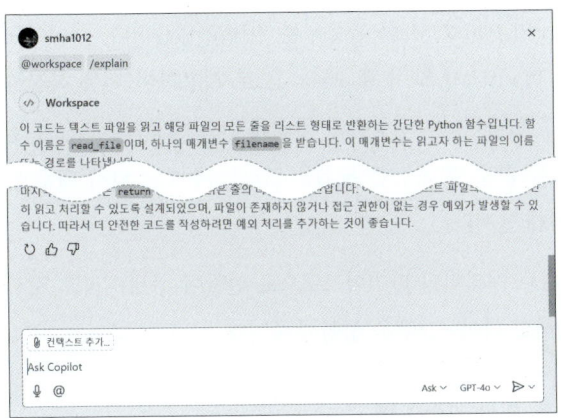

AI에 분석을 맡긴 코드는 많은 경우 단편적인 내용만 포함되어 있어서, 중요한 의존 관계가 빠져 있을 가능성이 있습니다. 엔드-투-엔드(end-to-end)로 코드에 대한 설명을 요구하면 의존 관계가 부족하여 AI가 정확하게 설명하지 못할 수도 있습니다. 이런 문제에 대응하기 위해 '이 코드의 설명에 필요한 의존 관계가 부족하다면 그것을 함께 지적해 주세요'와 같은 지시를 추가하면 AI가 지어낸 정보를 사용자가 더 쉽게 알아차릴 수 있습니다.

또한 '표준 라이브러리나 널리 알려진 라이브러리에 대한 의존은 설명하지 않아도 됩니다.'라고 지시하면 불필요한 정보를 줄이면서도 본질적인 부분에 초점을 맞춘 설명을 이끌어낼 수 있습니다. 이러한 방법을 통해 억지스러운 해설을 줄이면서도 정확하고 유용한 설명을 이끌어낼 수 있습니다.

### 6.3.2 복잡한 로직의 시각적 표현 생성

생성형 AI를 활용해 코드를 시각화할 때는 머메이드와 PlantUML이 도구로 특히 유용합니다. 이 도구들은 다양한 종류의 다이어그램을 간편하게 작성할 수 있도록 문법을 제공해 코드의 구조를 시각적으로 표현할 수 있습니다. 특히 머메이드는 깃허브나 노션과 같은 플랫폼에서도 지원하고 있어, 개발자 간의 커뮤니케이션을 원활하게 도와주는 강력한 도구입니다.

코드를 시각화할 때 머메이드보다도 고도화된 도식을 작성할 수 있도록 텍스트 기반 UML 작성 도구인 PlantUML을 활용하는 방법도 있습니다. 머메이드로 표현이 부족하다면 PlantUML을 폴백(fallback)으로 사용하여 더욱 복잡한 다이어그램을 작성할 수 있습니다. 이 방식에 익숙해지려면 약간의 연습이 필요하지만, 어차피 코드를 읽을 때 복잡한 도식을 그리는 주체는 AI기 때문에, PlantUML도 적극 활용해 봅시다.

'다음 코드를 PlantUML로 액티비티 다이어그램으로 만들어 주세요'라고 지시하면 AI가 코드를 이해하고 다이어그램을 생성해 줍니다.

▼ 그림 6-5 PlantUML로 생성한 액티비티 다이어그램

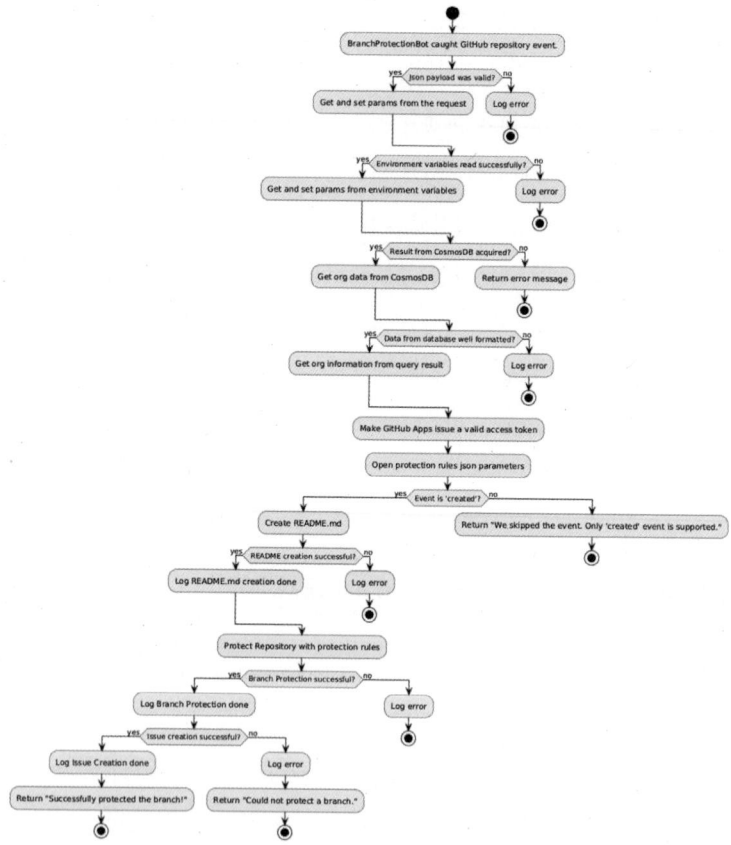

AI를 활용해 코드를 시각화할 때는 목적에 부합하는 적절한 다이어그램을 생성하도록 지시해야 합니다. 예를 들어 클래스가 아니라 단순한 함수들의 모음을 그림으로 표현하려 하면 AI가 함수 하나하나를 서로 다른 클래스로 간주해버려 클래스 다이어그램을 출력할 가능성이 있습니다. 다시 말해, 원래의 코드 구조와 다른 형태로 시각화가 이뤄질 수도 있습니다. 이 현상은 머메이드 등 표현 방식에 제약이 있는 도구에서 특히 자주 발생하는 문제입니다.

주요 다이어그램의 종류와 용도는 다음과 같습니다.

▼ 표 6-2 다이어그램의 종류와 용도

| 종류 | 용도 |
| --- | --- |
| 플로차트 | 알고리즘과 처리 흐름을 표현하는 데 적합합니다. |
| 액티비티 다이어그램 | 비즈니스 로직을 명확히 하기 위한 목적으로 사용됩니다. |
| 시퀀스 다이어그램 | 오브젝트 간의 상호 작용을 시간 순서대로 나타냅니다. |
| 클래스 다이어그램 | 클래스의 구조와 관계를 나타냅니다. |
| 상태 전이 다이어그램 | 시스템의 상태 변화를 나타냅니다. |

이와 같은 도표를 코드 설명과 함께 출력한다면 더욱 빠르고 효과적으로 코드 리딩을 할 수 있을 것입니다.

## 6.4 코드 리뷰에서 AI 활용

AI가 작성한 코드는 사용 전에 리뷰를 통해 품질을 확인하는 것이 중요합니다. 그러나 모든 리뷰를 사람이 할 필요는 없으며, AI에 리뷰를 맡기는 것도 가능합니다. 그렇다면, AI에 어떤 프롬프트를 주고 리뷰를 시켜야 할까요?

앞서 소개한 리팩터링 카탈로그는 아키텍처나 설계에 관한 리뷰에 적합합니다. 반면, 이런 자료들은 설계 중심이기에 컴퓨터 사이언스의 기초가 되는 부분이 빠져 있는 경우도 있습니다. 이는 '개발자라면 당연히 알고 있어야 한다'라는 전제가 깔려 있어 응용을 중심으로 쓰인 책에서는 다뤄지지 않는 경우가 많습니다.

이럴 때 참고할 수 있는 것이 바로 **코딩 인터뷰 관련 도서**입니다. 예를 들어 〈코딩 인터뷰 완전 분석〉(인사이트, 2017)[11]은 매우 추천할 만한 책입니다. 여기에 수록된 질문은 성능과 설계에 관련된 기본적인 문제들이 주를 이루며, 예시는 다음과 같습니다.

- 알고리즘의 Big-O 표기법을 이용한 계산량 평가
- 스택, 큐 등 자료구조의 적절한 사용법
- 메모리 효율과 실행 효율의 향상 방안

AI에 이와 같은 질문을 하면 더욱 정제된 코드를 작성할 수 있습니다. 리팩터링 카탈로그뿐만 아니라 코딩 인터뷰 도서를 함께 활용한다면 AI의 능력을 효과적으로 끌어올릴 수 있을 것입니다.

기초와 응용이라는 두 관점을 아우르는 접근이야말로 고품질 코드를 만들어 내기 위한 핵심입니다.

## 6.4.1 Big-O 표기법 기반 성능 개선

Big-O 표기법은 알고리즘의 효율성을 평가하는 데 매우 유용한 도구입니다. 이는 알고리즘의 계산량을 적절히 표현하고, 그 성능을 객관적으로 평가하기 위한 방법입니다. 특히 대규모 데이터를 다룰 때는 알고리즘의 계산량이 선택의 중요한 기준이 됩니다. Big-O 표기법은 알고리즘의 실행 시간이나 메모리 사용량의 상한, 즉 최악의 경우 성능을 나타냅니다.

---

[11] 원서는 〈Cracking Coding Interview〉(Careercup, 2015)입니다.

다음은 대표적인 계산량 그래프입니다. 각 함수는 입력 크기 n에 대해 몇 번의 연산이 수행되는지를 나타냅니다.[12]

▼ 그림 6-6 계산량을 비교한 그래프

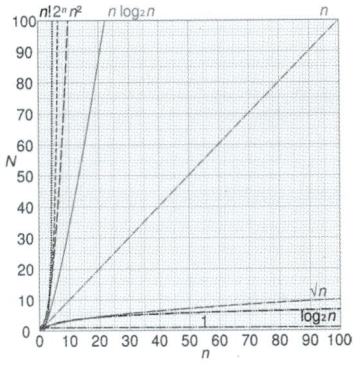

이와 같은 계산량의 대표 예를 살펴봅시다.

- $O(1)$은 **상수 시간**으로, 입력 크기와 관계없이 일정한 시간 내에 처리가 완료됩니다. 배열의 첫 번째 요소에 접근하는 경우가 이에 해당합니다.
- $O(n)$은 **선형 시간**으로, 입력 크기에 비례하여 처리 시간이 증가합니다. 배열의 요소를 하나씩 처리하는 경우가 이에 해당합니다.
- $O(n^2)$은 **이차 시간**으로, 입력 크기의 제곱에 비례하여 처리 시간이 증가합니다. 이중 루프 등이 이에 해당합니다.

AI를 활용해 Big-O 표기법에 따른 알고리즘 평가를 수행할 때는 구체적인 질문을 던지는 것이 효과적입니다. 예를 들어 다음과 같은 **구체적인 Big-O 표기법을 포함한 질문**이 효과적입니다.

> 이 프로그램의 실행 시간 복잡도를 Big-O 표기법으로 표현해 주세요.

---

[12] 그림 6-6은 크리에이티브 커먼즈 저작자표시-동일조건변경허락 4.0 국제 라이선스(CC-BY-SA 4.0)를 따릅니다. 원본 파일은 다음 링크입니다.
URL https://en.m.wikipedia.org/wiki/File:Comparison_computational_complexity.svg

> 이 코드의 실행 시간 복잡도를 O(n) 이하로 줄이려면 어떻게 해야 하나요?

이에 따라 AI는 알고리즘의 계산량을 적절히 평가하고 구체적인 개선안을 제시할 수 있습니다. 한편, 다음과 같은 모호한 질문을 AI에 던지는 것은 피해야 합니다.

> 이 프로그램의 성능을 향상시키기 위한 방법은 어떤 것이 있을까요?

이런 경우, AI가 제안한 개선안의 효과를 직관적으로 평가하는 데 시간이 걸릴 수 있습니다.

계산량을 개선하는 일반적인 방법으로는 루프의 중첩을 줄이거나, 적절한 데이터 구조(해시맵, 집합 등)를 선택하는 방법이 있습니다.

구체적인 예로, 리스트 내에서 특정 요소를 검색하는 알고리즘을 생각해 봅시다. 이 알고리즘의 시간 복잡도는 O(n)이며, 여기서 n은 리스트의 길이를 의미합니다. 최악의 경우, 검색 대상 요소가 리스트의 마지막에 있거나 존재하지 않으면 리스트 전체를 순회해야 합니다.

다음과 같이 구체적인 질문을 던져 AI가 개선안을 제시하도록 시도해 봅시다.

### 입력 프롬프트

다음 코드의 시간 복잡도를 Big-O 표기법으로 표현하고, O(1)로 개선하는 방법을 제안해 주세요.

```python
def find_element(lst, target):
    """리스트 내의 특정 요소를 검색하여 해당 인덱스를 반환하는 함수"""
    for i in range(len(lst)):
        if lst[i] == target:
            return i
    return -1
```

> 📤 출력 프롬프트

현재 이 코드의 시간 복잡도는 O(n)입니다. 여기서 n은 리스트의 길이입니다. 개선된 코드는 다음과 같습니다:

```python
def find_element_improved(lst, target):
    """리스트 내의 특정 요소를 검색하여 해당 인덱스를 반환하는 함수"""
    element_dict = {elem: idx for idx, elem in enumerate(lst)}
    return element_dict.get(target, -1)
```

---

이 개선안에서는 딕셔너리를 사용하여 요소와 그 인덱스를 매핑합니다. 이로써 평균적인 경우에 O(1)의 시간 복잡도로 요소를 검색할 수 있습니다. 단, 이 방법은 메모리 사용량이 증가한다는 트레이드오프가 있습니다. 원래 리스트의 크기에 비례하는 추가적인 메모리가 필요합니다.

이처럼 적절한 데이터 구조와 효율적인 알고리즘을 선택함으로써 연산량을 개선할 수 있습니다. Big-O 표기법을 이해하고 적절히 활용함으로써 좀 더 효율적인 개선안을 찾을 수 있을 것입니다.

## 6.4.2 BUD 프레임워크를 활용한 코드 최적화

코드를 효율적으로 개선하기 위해 문제점을 체계적으로 식별하는 방법이 필수입니다. 그럴 때 유용한 것이 바로 **BUD 프레임워크**입니다. 이 프레임워크는 다음 세 가지 관점에서 코드의 문제점을 찾아내는 강력한 도구입니다.

1. Bottlenecks(병목): 성능 저하를 유발하는 지점
2. Unnecessary(불필요한 처리): 불필요하거나 생략할 수 있는 부분
3. Duplicated(중복된 처리): 동일한 처리가 여러 번 반복되고 있는 지점

예를 들어 다음 코드는 리스트 내에서 중복된 요소를 찾아 반환하는 함수지만, 잠재적인 문제점이 몇 가지 있습니다.

```python
def find_duplicates(numbers):
    """리스트 내 중복 요소를 찾아 반환"""
    duplicates = []
    for i in range(len(numbers)):
        for j in range(i + 1, len(numbers)):
            # 중복을 찾고, 아직 리스트에 없는 경우 추가
            if numbers[i] == numbers[j] and numbers[i] not in duplicates:
                duplicates.append(numbers[i])
    return duplicates
```

BUD 프레임워크를 사용해 문제점을 식별할 때 AI의 도움을 빌리면 깊이 있는 통찰을 얻을 수 있습니다. 다음과 같이 AI에 질문하면 코드의 문제점을 효율적으로 파악할 수 있습니다.

### 입력 프롬프트

이 프로그램에 대해, BUD 관점에서 문제점을 식별해 주세요. 또한 각각의 문제점에 대한 구체적인 개선안을 제안해 주세요.

그러면 AI는 다음과 같은 응답을 반환합니다.

### 출력 프롬프트

```
Bottlenecks (병목):
```
문제점: 현재 알고리즘은 $O(n^2)$의 시간 복잡도를 가지며, 입력값이 클수록 성능이 저하됩니다.
개선안: 해시 테이블(파이썬의 set)을 사용하면, 시간 복잡도를 $O(n)$으로 개선할 수 있습니다.

```
Unnecessary work (불필요한 작업):
```
문제점: 중복이 발견된 후에도 해당 패스의 나머지 요소들에 대해 계속 비교하고 있습니다.
개선안: 중복이 발견되면 내부 루프를 종료하고, 외부 루프의 다음 반복으로 진행할 수 있습니다. 다만 이 개선은 위의 병목 개선안을 적용한 경우에는 필요하지 않습니다.

Duplicated work (중복된 작업):
문제점: 동일한 요소의 쌍을 여러 번 비교하고 있을 가능성이 있습니다.
개선안: 이 역시 하나의 개선안(해시 테이블 사용)으로 해결됩니다. 각 요소를 한 번만 체크하면 중복된 비교를 피할 수 있습니다.

BUD 프레임워크를 활용해 문제점을 파악한 뒤에는 적절한 문제 해결 방법이나 알고리즘 설계 기법을 적용하는 것이 중요합니다. 알고리즘의 계산량을 개선하기 위한 방법에는 다음과 같은 것들이 있습니다.

- 좀 더 효율적인 데이터 구조 사용: 적절한 데이터 구조를 선택함으로써, 연산량을 줄일 수 있습니다.
- 불필요한 계산 제거: 불필요한 계산을 제거해 알고리즘을 최적화합니다.
- 분할 정복법의 적용: 문제를 작은 하위 문제로 나눠 재귀적으로 해결해 연산량을 줄일 수 있습니다.
- 동적 계획법의 활용: 중복되는 부분 문제의 결과를 저장하고 재활용하여 연산량을 줄일 수 있습니다.

다음과 같이 AI에 지시를 하고 개선책을 제안해 달라고 요청하는 것이 효과적입니다.

> **입력 프롬프트**

어떤 문제 해결 방식이나 알고리즘 설계 기술을 적용할 수 있나요?

> **출력 프롬프트**

이 문제에 대해 다음과 같은 문제 해결 방식과 알고리즘 설계 기술을 적용할 수 있습니다.

- 해시 테이블 사용(공간과 시간의 트레이드오프): 파이썬의 set을 사용함으로써 시간 복잡도를 $O(n^2)$에서 $O(n)$으로 개선할 수 있습니다. 이는 '공간과 시간의 트레이드오프'의 대표적인 예입니다.
- 한 번만 순회(싱글 패스): 해시 테이블을 사용하여 배열을 한 번만 순회하면서 중복을 찾을 수 있습니다. 이는 싱글 패스 알고리즘의 적용 예시입니다.

- 조기 종료: 현재 알고리즘에서는 적용되지 않지만, 해시 테이블을 사용할 경우 중복을 찾는 즉시 그 요소의 처리를 종료할 수 있습니다.
- 데이터 구조 선택: 문제의 요구에 가장 적합한 데이터 구조(이 경우 해시 테이블)를 선택함으로써 알고리즘의 효율을 크게 향상시킬 수 있습니다.

위 기법들을 적용한 개선된 코드는 다음과 같습니다.

```python
def find_duplicates(numbers):
    """중복된 숫자를 찾아 반환"""
    seen = set()
    duplicates = set()
    for num in numbers:
        # 이미 등장한 숫자면 중복으로 간주
        if num in seen:
            duplicates.add(num)
        else:
            seen.add(num)
    return list(duplicates)
```

이 코드에서는 아래와 같은 점을 개선했습니다.

- 시간 복잡도: O(n)으로 개선. 각 요소를 한 번만 처리함
- 공간 효율성: 추가 공간을 사용하지만, 시간 효율성과의 적절한 트레이드오프가 이루어짐
- 단순성: 코드가 더 간결하고 이해하기 쉬움
- 유연성: 중복 탐지가 더 효율적이며, 대규모 데이터셋에도 대응 가능

이와 같이 BUD 프레임워크를 활용하여 문제점을 파악하고, 적절한 문제 해결 방법을 적용함으로써 코드의 품질을 향상시킬 수 있을 뿐만 아니라, 왜 이 개선이 효과적인지를 이해하고 리뷰의 품질을 높일 수 있습니다.

### 6.4.3 데이터 구조의 적절성 평가

프로그래밍에서 **데이터 구조의 선택**은 매우 중요한 요소입니다. 적절한 데이터 구조를 선택하면 다음과 같은 이점이 있습니다.

- 알고리즘의 계산량을 줄일 수 있다.
- 프로그램의 성능을 향상시킬 수 있다.

데이터 구조에는 다음과 같은 것들이 있습니다.

▼ 표 6-3 데이터 구조의 종류와 설명

| 데이터 구조 | 개요 |
| --- | --- |
| Linked List(연결 리스트) | 데이터를 노드 단위로 표현하며, 각 노드가 데이터와 다음 노드에 대한 포인터를 갖는 구조입니다. 삽입과 삭제는 빠르지만, 랜덤 접근은 느립니다. |
| Tree, Tries & Graphs | 계층 구조나 네트워크 구조를 표현하는 데 적합합니다. 검색 및 정렬 성능이 우수합니다. |
| Stack & Queue | 스택은 후입선출(LIFO), 큐는 선입선출(FIFO)의 특성을 갖는 데이터 구조입니다. 일시적인 데이터 저장이나 순서 관리에 유용합니다. |
| Heap | 우선순위 큐를 구현하는 데이터 구조입니다. 최댓값이나 최솟값을 빠르게 얻을 수 있습니다. |
| Vector/ArrayList(동적 배열) | 크기가 자동으로 조정되는 배열입니다. 랜덤 접근은 빠르지만, 삽입과 삭제는 느립니다. |
| Hash Table(해시 테이블) | 키-값 쌍을 저장하는 데이터 구조로, 빠른 탐색이 가능합니다. |

코딩 인터뷰에서도 데이터의 구조에 관한 문제는 자주 등장하지만, AI를 활용해 코드 리뷰를 할 때도 적용할 수 있습니다. 적절한 데이터 구조를 선택하면 프로그램의 효율성뿐만 아니라 가독성과 유지보수성도 향상시킬 수 있습니다. AI에 프로그램을 리뷰하도록 할 때 다음과 같은 질문을 던지면 더욱 구체적인 피드백을 이끌어낼 수 있습니다.

> 이 프로그램에 대해 어떤 데이터 구조를 사용할 수 있나요?

> 해당 코드의 데이터 구조를 개선하고 싶습니다. 어떻게 변경하는 것이 좋을까요?

AI의 피드백을 참고해서 적절한 데이터 구조로 변경하면 프로그램의 품질을 향상시킬 수 있습니다.

AI를 활용하여 데이터 구조의 선택에 관한 피드백을 얻으면서 더 나은 리팩터링도 가능할 것입니다.

### 6.4.4 SOLID 기반의 코드 품질 향상

프로그래밍 세계에서 SOLID 원칙은 설계 지침으로 널리 알려져 있습니다. 원칙을 이해하고 실천하면 확장성이 높고 유지보수가 쉬운 프로그램을 만들 수 있습니다. 코딩 인터뷰에서도 객체 지향 설계 문제가 자주 출제되지만, AI를 활용한 리팩터링에도 적용할 수 있습니다.

AI로 프로그램을 리뷰할 때 SOLID 원칙을 적용하면 구체적인 피드백을 얻을 수 있습니다. SOLID 원칙 중 일부는 이미 앞에서 소개했지만, 전체 원칙을 다시 정리합니다.

1. 단일 책임 원칙(Single Responsibility Principle, SRP)
    - 클래스는 단 하나의 책임만을 가져야 한다.
    - 클래스 변경의 이유는 오직 하나만 존재해야 한다.

2. 개방-폐쇄 원칙(Open/Closed Principle, OCP)
    - 확장에는 열려 있어야 하고, 수정에는 닫혀 있어야 한다.
    - 기존 코드를 변경하지 않고 새로운 기능을 추가할 수 있어야 한다.

3. 리스코프 치환 원칙(Liskov Substitution Principle, LSP)
    - 자식 클래스는 부모 클래스와 교체 가능해야 한다.
    - 자식 클래스는 부모 클래스의 계약을 준수해야 한다.

4. 인터페이스 분리 원칙(Interface Segregation Principle, ISP)
    - 클라이언트는 사용하지 않는 메서드에 의존해서는 안 된다.
    - 큰 인터페이스는 작게 나누고 필요한 메서드만 제공해야 한다.

**5.** 의존성 역전 원칙(Dependency Inversion Principle, DIP)
- 상위 수준의 모듈은 하위 수준의 모듈에 의존해서는 안 된다.
- 추상화에 의존하고, 구체적인 구현에는 의존하지 않아야 한다.

예를 들어 다음과 같이 질문하면 AI는 SOLID 원칙에 기반한 조언을 제공하고 프로그램 품질 향상에 기여할 수 있습니다.

> SOLID 원칙의 관점에서 이 프로그램에는 어떤 문제가 있나요?
> 설계를 어떻게 변경하면 이 프로그램의 확장성을 높일 수 있을까요?

SOLID 원칙을 위반한 부분이 있다면 AI는 이를 지적하고 적절한 수정안을 제안할 수 있습니다. 또한 AI의 응답이 충분히 구체적이지 않을 때는 각 항목을 따로 질문함으로써 더욱 구체적인 피드백을 받을 수 있습니다.

SOLID 원칙을 이해하고 적용하면 유지보수성과 확장성이 뛰어난 프로그램을 작성할 수 있습니다. AI를 활용하면 이러한 원칙에 기반한 피드백을 얻을 수 있으며, 프로그램의 품질을 더욱 향상시킬 수 있습니다.

## 6.4.5 Chain-of-Thought 프롬프팅

Chain-of-Thought(CoT) 프롬프트 기법[13]은 복잡한 추론 과제를 해결하기 위해 그 과정의 추론 단계를 AI가 명시적으로 표현하게 만드는 방식입니다. 이 기술은 AI로 하여금 문제 해결의 과정을 단계적으로 표현하게 유도해 더욱 높은 수준의 추론 능력을 이끌어냅니다. 소프트웨어 엔지니어링에서 CoT는 복잡한 알고리즘 설계나 버그 진단 등 고도의 사고를 요구하는 작업에서 특히 뛰어난 효과를 발휘합니다.

---

[13] 『Chain-of-Thought Prompting Elicits Reasoning in Large Language Models』
URL https://proceedings.neurips.cc/paper_files/paper/2022/file/9d5609613524ecf4f15af0f7b31abca4-Paper-Conference.pdf

CoT 프롬프트의 기본적인 사용법은 매우 간단합니다. '차근차근 생각해 봅시다(Let's think step by step)'라는 문구를 프롬프트에 포함시키는 것만으로도 AI는 단계적인 사고 과정을 따르게 됩니다. 이 방법은 제로샷 CoT라고도 불리며, 별도의 예시 없이 CoT를 실현하는 방식입니다. 예를 들어 복잡한 알고리즘 설계를 AI에 맡길 때 이 문구를 사용하면 AI는 상세하고 논리적인 설명을 제공합니다.

프로그래밍의 문맥에서 CoT를 활용할 때는 그 특수성을 이해하는 것이 매우 중요합니다. 프로그램은 본질적으로 차례대로 기술되므로 그 존재 자체가 단계별(step-by-step) 접근법의 성질을 가지고 있습니다. 따라서 프로그래밍에서의 CoT의 진정한 가치는 정답의 정확도 향상보다는 오히려 AI의 추론 과정을 시각화하고 복잡한 문제 해결 과정을 명확히 하는 데 있습니다. 이를 통해 생성된 코드의 품질 향상은 물론이고 사람이 개입하는 리뷰나 학습도 쉬워집니다.

### 입력 프롬프트

파이썬으로 퀵 정렬 알고리즘을 구현해 주세요.
단계별로 생각해서, 각 단계의 설명을 주석으로 추가해 주세요.

### 출력 프롬프트

```python
def quicksort(arr):
    # 기본 케이스: 배열의 길이가 1 이하인 경우는 그대로 반환
    if len(arr) <= 1:
        return arr

    # 피벗 선택 (여기서는 배열의 마지막 요소를 사용)
    pivot = arr[-1]

    # 피벗보다 작은 요소는 left에, 큰 요소는 right에 분류
    left = [x for x in arr[:-1] if x <= pivot]
    right = [x for x in arr[:-1] if x > pivot]

    # 재귀적으로 left와 right를 정렬하고, 결과를 결합하여 반환
    return quicksort(left) + [pivot] + quicksort(right)

# 테스트용 배열
```

```
test_array = [3, 6, 8, 10, 1, 2, 1]

# 퀵 정렬 실행
sorted_array = quicksort(test_array)

# 결과 출력
print("원본 배열:", test_array)
print("정렬된 배열:", sorted_array)
```

CoT 프롬프팅의 주된 이점은 AI의 사고 과정을 투명하게 드러내고, 복잡한 문제에 대한 이해를 심화시킬 수 있다는 점입니다.

그러나 생성된 주석을 다루는 방식에는 주의가 필요합니다. 자세한 설명은 개발 초기 단계나 학습 목적에서는 유용하지만, 프로덕션 코드에서는 오히려 방해가 될 수 있습니다. 따라서 깃에 커밋하기 전에 필요에 따라 주석을 편집하거나 삭제하는 것을 검토해야 합니다. 팀의 코딩 규칙에 맞춰서 적절한 수준의 주석을 유지합시다.

그 외에도 실행 효율 향상, 버그의 특정, 학습 도구로서 CoT 프롬프팅의 핵심을 활용할 수 있습니다.

### 실행 효율 향상

복잡한 알고리즘이나 비즈니스 로직의 설계에 있어서, 문제를 분해하고 각 단계에서 필요한 처리를 명확히 하기 위해 사용됩니다.

> 다음 프로그램의 비효율적인 부분은 어디인가요?
> 단계별로 설명해 주세요.

### 복잡한 버그 특정

프로그램의 실행 흐름을 단계별로 따라가면 직관적으로 파악하기 어려운 버그나 오류의 원인을 특정하고 반복적으로 AI에 수정하도록 유도할 수 있습니다.

> 아래 프로그램의 버그를 특정하고 수정해 주세요.
> 방법을 단계별로 설명해 주세요.

### 학습 도구로 활용

코드 리뷰를 위해 CoT 프롬프팅을 활용하면 리뷰어가 프로그램에 대해 깊이 이해하게 할 수 있고, 리뷰 효율도 높일 수 있습니다.

> 아래 프로그램을 단계별로 설명해 주세요.

# 7장

# 생성형 AI의
# 역량을 최대한
# 이끌어내는 방법

7.1 AI 시대의 경쟁력을 높이는 개발 조직 전략

7.2 AI 시대의 소프트웨어 개발 방식을 팀 차원에서 실천하기

7.3 AI와 문서화

7.4 AI 시대에 적합한 팀 기술 스택 최적화

7.5 생성형 AI 도입 효과의 평가

이제까지 프롬프트의 설계 및 AI와의 협업, 코딩 방식을 살펴봤습니다. 이번 장에서는 AI의 역량을 조직 차원에서 최대한 활용하기 위한 전략과 실천 방안에 관해서 설명합니다. 개인 스킬의 향상뿐만 아니라 조직 전체가 AI의 잠재력을 어떻게 끌어낼 수 있을지를 살펴봅시다.

AI 시대에 경쟁에서 우위를 확보하려면 개발 조직 중심의 AI 활용 전략이 중요합니다. 팀 전체가 새로운 소프트웨어 개발 방식을 익히고 AI에 친화적인 문서를 작성할 줄 알아야 합니다. 또한 AI와의 협업에 적합한 전문 인력을 최적화하고 생성형 AI 도입 효과를 평가하는 방법도 빠질 수 없습니다. 이러한 주제들은 조직이 AI를 마주할 때 매우 중요한 요소입니다.

앞으로는 소프트웨어 개발 조직 전체가 AI를 활용하고 급격한 변화에 유연하게 대응해 나가야 할 것입니다. 이에 따라 개발자 한 사람 한 사람이 자신의 역할과 조직에 대한 기여를 인식하는 것이 중요합니다. AI와 협업하면서 개인이 성장하고, 그것이 곧 조직의 성장을 이끄는 선순환 구조를 만들어 내야 합니다.

AI 시대를 마주한 조직이 어떻게 발전해 나갈 것인지, 그리고 그 안에서 개발자가 어떤 방식으로 조직에 기여할 수 있을지를 함께 생각해 봅시다.

## 7.1 AI 시대의 경쟁력을 높이는 개발 조직 전략

AI 기술이 급속하게 발전하면서 많은 조직이 AI의 도입을 서두르고 있습니다. 하지만 경쟁에서 우위를 확보하기 위해서는 단순히 AI를 도구로써 사용하는 것으로는 충분하지 않습니다. 조직의 지식과 AI를 융합하여 AI가 조직의 일원으로 기능할 수 있도록 하는 것이 중요합니다. 이러한 전략은 많은 개발자들이 바라는 'AI가 회사의 코드베이스를 이해해 줬으면 좋겠다'는 필요와 맞닿아 있습니다.

개발 지원 AI 도구는 최근까지 점차 개인화 기능이 강화되고 있으며, 1장에서 소개한 깃허브 코파일럿 엔터프라이즈도 그중 하나입니다. 하지만 조직의 구성원이 개인화 기능을 당장 내일부터 능숙하게 다룰 수 있는 것은 아닙니다. AI의 혜택을 최대한 누리기 위해서는 조직 차원에서의 준비가 필요합니다. 'AI가 자사 코드베이스를 이해하도록 하자'는 말을 구체적으로 풀어 보면 다음과 같은 단계가 제대로 실행되고 있어야 합니다.

1. AI가 참고하고 학습할 수 있는 형태로 리소스를 변환
2. 해당 리소스에 대한 AI의 접근 권한을 부여
3. 코드의 지속적인 유지보수

많은 조직에서 위와 같은 준비가 충분히 이루어지지 않은 상황이 자주 있습니다. 1장에서 언급한 것처럼 소스 코드는 개인이나 팀, 프로젝트의 소유물로서 다른 사람이 사용하기 어려운 형식인 경우가 많고, 이 리소스들이 조직 내 사일로에 갇혀 공유되지 않는 경우도 있습니다. 게다가 작성된 코드가 방치되거나 유지보수가 되지 않는 사례도 적지 않습니다.

AI를 잘 활용할 수 있는 인원을 늘리는 것도 중요하지만, 그것만으로는 충분하지 않습니다. 조직의 경쟁력을 높이기 위해서는 '사람에게 의존하는 AI 활용'의 수준을 넘어서야 합니다. 이러한 문제를 해결하려면 조직 자체의 구조와 방식을 재검토해야 하고, 뛰어난 개인과 팀의 지식을 AI가 제대로 활용할 수 있는 환경을 만드는 것이 경쟁력 향상의 핵심입니다.

구체적으로는 다음의 세 가지 변화가 요구됩니다.

1. **암묵적인 지식의 형식화**: 개인이나 팀의 지식을 AI가 활용할 수 있는 형태로 전환한다.

2. 개인의 자산을 조직의 자산으로: 조직의 지식을 투명하게 공개해 더 많은 사람이 접근할 수 있도록 한다.
3. 일회성 활용에서 지속적 활용으로: 공유 자산을 항상 최신 상태로 유지하며 관리한다.

그리고 다음과 같은 자사 고유의 자산을 AI가 효과적으로 활용할 수 있다면 경쟁력은 크게 향상될 것입니다.

- 고성능 소프트웨어 라이브러리
- AI 생성 과정에서의 중간 산출물과 문서
- 과거 프로젝트의 설계서와 테스트 코드
- 다른 팀의 공유되지 않은 프로그램
- 재사용할 수 있는 코드 조각들(예 로직, 알고리즘 등)

위의 자산들은 예전부터 잠재적인 가치를 지니고 있었지만, 충분히 공유되지 않은 채 방치된 경우가 많습니다. 그동안 개인의 노력으로 메웠던 부분을 이제는 조직의 지식으로 체계화해야 할 때입니다. 그러기 위해서는 경영진의 강한 의지와 개발자의 인식 변화가 함께 필요합니다.

AI 시대의 진정한 경쟁력은 조직의 지식 자산과 AI의 융합에서 비롯됩니다. 지금이야말로 조직의 AI 대응 수준을 재점검하고 변화를 실행에 옮겨야 할 시점입니다. 조직 차원의 변화는 결코 쉬운 일은 아니지만 장기적인 성공을 위한 투자로 인식하는 것이 중요합니다.

### 7.1.1 오픈소스 문화를 조직에 정착시키기

AI 시대에 조직이 AI를 효과적으로 활용하기 위해서는 적절한 자산의 정비도 필요합니다. 자산의 정비는 오픈소스의 개념을 조직 내부에 도입함으로써 실현할 수 있습니다. 오픈소스의 특성을 조직 내 코드에 적용하면 AI가 활용하기 쉬운 환경이 갖춰지게 됩니다.

지금까지 우리는 AI와 원활히 소통하기 위한 프롬프트 설계와 코딩 방식을 배워 왔습니다. 여기서 다시 한번 AI가 읽기 쉬운 코드의 특징을 정리해 보면 다음과 같습니다

- 코드가 구체적으로 작성되어 있고 문맥이 명확해서 초심자도 이해하기 쉬운 구조일 것
- 범용적인 버전이나 기술 스택을 사용해 작성되어 있을 것
- 지속적으로 유지보수되어 언제든지 사용할 수 있는 상태일 것

불특정 다수의 개발자가 활용하게 하려면 코드의 가독성과 유지보수성을 중요하게 생각해야 합니다. 이 특징을 갖춘 코드는 사람에게도 이상적이지만 AI에도 매우 활용하기 쉬운 코드라고 할 수 있습니다. 그리고 이 특징은 오픈소스 코드에서도 공통적으로 발견할 수 있는 요소이기도 합니다. AI가 오픈소스 코드를 기반으로 학습하듯 조직 내의 코드도 같은 특성을 갖추는 것이 이상적입니다.

하지만 조직 내부에서 이러한 공유 메커니즘을 실현하려 할 때는 여러 가지 문제를 해결해야만 합니다. 예를 들어 보안상의 우려, 계약에 따른 제약, 조직 간의 차이, 세무 문제 등으로 유용한 정보가 일부 조직 내에서만 고립되는 일이 적지 않게 발생합니다.

이런 문제들을 해결하고 오픈소스의 장점을 조직 내에서 실현하기 위해 이너소스(InnerSource)라는 방식이 있습니다.

**이너소스란 기업 내에서 오픈소스와 유사한 문화를 조성하고, 투명하고 협업 중심의 문화를 정착시키는 것**을 의미합니다. 오픈소스가 전 세계적으로 소스 코드 등 산출물을 공유하는 데 초점을 맞춘 반면, 이너소스는 기업 내부에 그 초점을 둡니다.

이너소스는 경영과 관련된 사람, 자산, 자금의 관점에서 개발 조직이 안고 있는 과제를 해결하는 데 기여합니다.

▼ 표 7-1 이너소스 관점별 문제 해결책

| 관점 | 해결책 |
|---|---|
| 사람 | 투명한 문화와 개발자 경험이 향상되면서, 뛰어난 개발자의 유입과 정착을 유도할 수 있습니다. |
| 자산 | 협업을 통해 혁신적인 제품을 창출하고 경쟁 우위를 확보할 수 있습니다. |
| 자금 | 비용 절감과 중복 개발 방지를 통해 고품질 소프트웨어 자산을 저비용으로 생산할 수 있습니다. |

생성형 AI의 보급으로 프로그래밍의 장벽이 낮아지면서 '간단히 할 수 있는 일'의 범위가 넓어졌습니다. 이러한 상황 속에서 기업이 경쟁력을 유지하려면 더욱 복잡하고 전문성이 높은 '간단히 따라 할 수 없는' 기술이나 제품의 개발이 요구됩니다. 여기서 다시 한번 강조하고 싶은 점은 **기존의 지식 자산을 조직 내에서 공유하고, AI가 활용할 수 있는 형태로 정비해 두는 것의 중요성**입니다. 투명한 공유 문화를 조성하면 사내에 공개된 코드나 문서에서 다른 팀이 배우고 이를 활용할 수 있습니다.

## 7.1.2 이너소스의 원칙

이너소스는 오픈소스의 원칙을 조직 내부에 적용하는 접근 방식입니다. 이 방식은 기업 내부에서 협업을 촉진하고 혁신을 이끄는 강력한 도구로 주목받고 있습니다. 기존의 폐쇄적인 개발 방식과는 달리, 이너소스는 조직 전체의 지식과 자원을 활용해서 효율적인 개발 환경을 구축합니다.

오픈소스가 개인의 기여에 중점을 두는 반면, 이너소스는 조직 내 팀 간 협업에 초점을 맞춥니다. 이 차이는 사내에서 부가 가치가 큰 프로젝트나 독자적인 기술 공유에서 특히 중요하게 작용합니다. 이너소스 기반 프로젝트의 주요 사용자는 사내 다른 개발 팀이기 때문에 팀 간의 관계와 협력을 강화하는 데 큰 의미가 있습니다.

이너소스에 대해 흔히 다음과 같은 오해가 있습니다. 예를 들어 단순히 개인의 자발적 도구 공유나 업무와 무관한 프로젝트 참여로 오해되기도 합니다. 또는 깃허브 같은 도구를 도입하면 이너소스가 자연스럽게 실현된다고 생각하는 경우도 있습니다. 물론 이런 활동이나 환경 정비도 이너소스의 일부라고 볼 수 있지만, 이보다 본질적인 측면을 간과하고 있는 셈입니다. 이너소스는 단순한 도구 활용을 넘은 조직 문화의 혁신입니다.

이너소스를 실천한다는 것은 팀 전체가 프로젝트나 라이브러리를 공개하고 다른 팀의 기여를 받아들이며, 지속적인 유지보수를 수행하는 것을 포함합니다. 이는 단순한 도구 도입이 아니라, 조직 전체의 개발 문화를 근본적으로 바꾸는 접근입니다. 팀 간 협업을 촉진하고, 조직 전체의 효율성과 혁신 역량을 끌어올리는 것이 바로 이너소스의 진정한 목적입니다.

이너소스의 원칙은 다음과 같습니다.

- 개방성
- 투명성
- 우선적인 멘토십
- 자발적인 기여

### 개방성

**소스 코드가 조직 내에서 공개되어 누구나 자유롭게 접근할 수 있어야 합니다.** 이를 통해 개발자는 다른 팀의 코드를 참고해서 학습할 수 있으며, 지식이 활발히 공유되므로 조직 전체의 역량 향상으로 이어집니다.

### 투명성

**코드뿐만 아니라 논의 과정까지도 공개해야 합니다.** 의사 결정이 어떻게 이뤄졌는지를 투명하게 공유하면 다른 팀 개발자도 쉽게 참여할 수 있고, 프로젝트를 조직 전체의 자산이라고 인식할 수 있습니다.

### 우선적인 멘토십

**새로운 개발자가 쉽게 참여할 수 있도록 적극적인 지원이 이뤄져야 합니다.** 게스트 팀의 기여를 잘 따라가며 장벽을 낮춰 주면 프로젝트에는 지속적으로 새로운 기여가 생겨납니다.

### 자발적인 기여

**프로젝트 기여는 강제되는 것이 아니라 프로젝트 측의 지원도 자발적으로 이뤄져야 합니다.** 각 팀은 상호 존중을 바탕으로 협력하며 개발을 함께 이끌어갑니다.

## 7.1.3 이너소스의 운영

이너소스를 통해 기업은 AI 시대에 요구되는 경쟁력을 키울 수 있습니다. 다만 지금까지의 내용을 읽고 '조직 내에서 전부 공개하는 건 무리가 있다', '의사 결정까지 전부 공개하기는 어렵다'라고 느끼는 분도 있을 겁니다.

하지만 원칙을 너무 철저히 따지면서 이너소스에 접근하지 않아도 됩니다. 모든 사람과 모든 팀이 똑같이 실천할 필요는 없으며, 공개 범위 역시 각자가 정할 수 있습니다. 예를 들어 '컨소시엄형 이너소스'를 채택해 특정 팀 간에만 공유하는 것도 충분히 정답이 될 수 있습니다.

중요한 것은 이너소스가 단순히 '공개하는 것' 그 자체가 아니라는 점입니다. 이너소스의 본질은 오픈소스와 같은 기여와 공유의 문화를 조직 내에서 만들어 가는 데 있습니다. 이너소스를 도입하기 위한 여정은 곧 이러한 문화를 조직에 뿌리내리게 하는 과정입니다. 조직의 상황에 맞춰 유연하게 적용해 보고 점차 확산시켜 나가는 방식으로 이너소스의 효과와 혜택을 실감하기 바랍니다.

단, 오픈소스와 같은 투명성과 협업을 조직 내부에서 실현하는 것은 결코 쉬운 일이 아닙니다. 그래서 도움이 되는 것이 이너소스 보급과 표준화를 지원하는 조직인 이너소스 커먼즈 재단이 제공하는 이너소스 패턴북[1]입니다. 여기서는 공동 개발 과정에서 자주 발생하는 문제에 관해 구조적으로 검증된 접근법을 제시하는 가이드라인 역할을 합니다.

▼ 그림 7-1 이너소스 패턴북

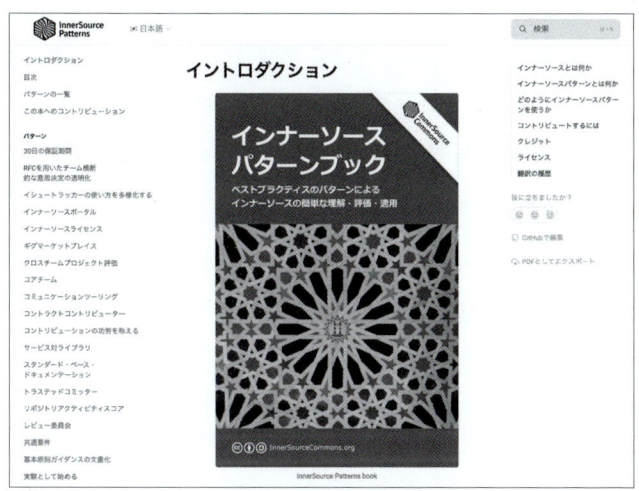

이너소스 패턴북은 24개의 패턴을 소개하고 있습니다. 이 패턴들은 조직이 가질 수 있는 문제에 유연하게 대응할 수 있는 프레임워크를 제공합니다. 이 장에서는 패턴북의 핵심 내용을 일부 인용하면서, AI 시대의 활용에 초점을 맞춘 사례를 소개합니다.

## 7.1.4 조직 내 체계적인 코드 공유

같은 조직이라도 서로 다른 법인이라면 소스 코드를 공유할 경우 법률적, 세무적인 문제가 발생할 수 있습니다. 이러한 문제를 해결하려면 조직 내 코드 공유에 대한 명확한 규칙을 정해야 합니다. 그중 한 가지 방법으로, 코드에 라이선

---

1　URL　https://patterns.innersourcecommons.org/

스를 도입해서 공유를 위한 법적 틀을 마련하고, 권리와 의무를 명확히 규정하는 방법입니다. 이를 통해 조직에서 새로운 형태의 협업이 촉진될 뿐만 아니라, AI가 해당 코드를 활용할 수 있는 범위도 명확하게 설정할 수 있습니다.

소스 코드에 라이선스를 명시하는 것은 코드의 사용 범위를 명확히 정의하는 것입니다. 이것은 곧 AI로 사내 자산을 제대로 활용하기 위한 중요한 사전 단계라 할 수 있습니다. 특히 RAG나 파인튜닝을 통해 AI가 코드를 참조하거나 학습할 가능성이 있는 경우에는 자유로운 이용 범위를 명확히 해 두는 것이 매우 중요합니다. 반드시 라이선스 형태가 아니더라도 공유의 범위를 정의할 수는 있지만, 라이선스는 그중에서도 효과적인 수단 중 하나입니다.

코드 이용에 관한 합의는 계약서나 특정 문서 내에서만 이뤄지는 경우가 많습니다. 애초에 코드의 재사용에 대해 명확한 합의 자체가 존재하지 않을 때도 있습니다. 이런 경우에는 라이선스를 도입하면 코드 자체에 그 정보를 포함시킬 수 있고, 조직 내에서 해당 코드를 어떻게 사용할 수 있는지를 명확히 안내할 수 있습니다.

AI가 코드를 활용하기 위해서는 소스 코드의 자유로운 이용이 전제되어야 합니다. '자유로운 이용의 범위'란 조직 전체가 아닐 수도 있으며 특정 부서나 프로젝트에 한정될 수도 있습니다. 하지만 그 범위를 명확히 정의하는 것이 매우 중요합니다. 또한 자유 소프트웨어(Free Software)의 '사용하는 자유', '수정하는 자유', '공유하는 자유', '재배포하는 자유'를 조직 내에서만 적용할 수 있도록 라이선스화하는 것도 하나의 고려 사항이 될 수 있습니다.

실제로는 정식 라이선스를 도입하지 않더라도 저장소에 태그를 붙이는 것만으로도 대응할 수 있습니다. 특히 관련자 중에 소스 코드 공유의 개념이나 필요성을 잘 모르는 경우가 있다면 라이선스라는 개념을 사용하면 의사소통이 더 단순해집니다.

이러한 라이선스는 이너소스 라이선스[2]라고 불립니다.

---

2 〈이너소스 패턴북〉에서 인용한 것입니다.
　　URL https://patterns.innersourcecommons.org/p/innersource-license

다음은 DB Systel(DB 그룹, 독일 철도의 IT 자회사)의 이너소스 라이선스[3] 예시입니다.

라이선스는 보통 저장소의 루트 디렉토리에 포함되며, 프로젝트의 README 에서 링크되는 형태로 제공되는 것이 일반적입니다.

▼ 그림 7-2 이너소스 라이선스 예시

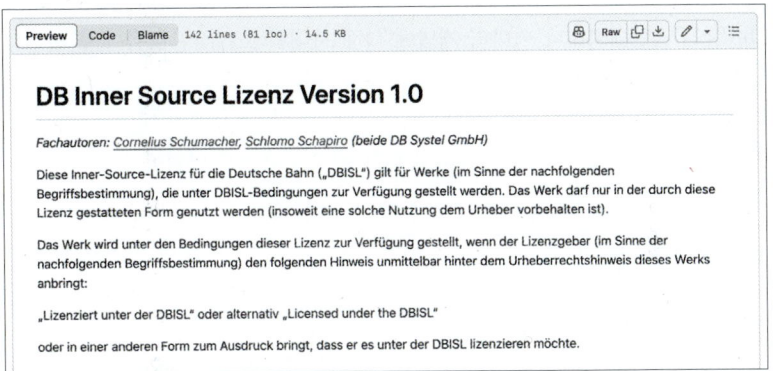

## 7.1.5 메인테이너의 명확한 역할

AI의 발전으로 더욱 많은 코드를 제공할 기회가 늘어나고 있습니다. 토큰 수의 증가, 파인튜닝, 소규모 언어 모델 등 기술의 발전이 빠르게 진행되고 있기 때문입니다. 이런 상황에서는 저장소의 유지보수는 매우 중요하기 때문에 담당할 사람이 명확해야 합니다. 사람과 AI 모두가 사용하기 쉬운 상태를 지속적으로 유지해야 합니다.

유지보수되지 않은 소스 코드는 개발자와 AI 모두에게 큰 문제를 일으킬 수 있습니다. 예를 들어 수년간 업데이트가 중단되어 최신 사양에 맞지 않는 코드를 AI가 참조하게 되면, AI가 생성하는 코드에도 동일한 문제가 연쇄적으로

---

3　URL　https://github.com/dbsystel/open-source-policies/blob/master/DB-Inner-Source-License.md

나타날 가능성이 있습니다. 이는 개발 효율 저하나 품질 악화로 이어질 수 있습니다.

사내 저장소 관리자를 명확히 하기 위해서는 트러스티드 커미터(Trusted Committer)[4]라는 개념이 유효합니다. 일반적으로 유지보수를 담당하는 역할에는 '메인테이너'나 '커미터' 등 오픈소스 커뮤니티에 따라 다양한 명칭이 사용됩니다. 그중에서도 트러스티드 커미터는 이너소스의 문맥에서 등장한 개념으로, 일반적인 메인테이너 커미터 개념에 더해 사내의 조직적인 특수성을 반영하고 있다는 점이 특징입니다.

- 조직 내 팀 간 기여를 인정하기 위한 체계와 용어를 마련한다.
- 비즈니스 우선순위 변화에 대응하며, 메인테이너의 관점이 어긋나지 않도록 고려한다.
- 직원 평가에 반영될 수 있도록 공식적인 역할로 정의한다.
- 퇴사 등으로 직원이 아니게 되는 상황을 고려한 담당 해제 절차를 마련한다.
- 조직 내에서 공식적인 인증 절차를 설정한다.

트러스티드 커미터는 일반적으로 README.md 또는 TRUSTED-COMMITTERS.md 파일로 관리됩니다. 이러한 파일에는 저장소의 어느 부분을 누가 유지보수하고 있는지가 명시되어 있습니다. 또한 코드 변경에 대한 승인자 정보는 CODEOWNERS 파일로 관리하는 경우도 많습니다.

여기서 주의해야 할 점은 위와 같은 파일을 준비하는 것만으로는 충분하지 않다는 것입니다. 코드를 조직의 자산으로 관리하겠다는 인식을 통해 체계적으로 구조화하는 것이 중요합니다. 트러스티드 커미터를 도입하고 저장소를 적절히 관리하면 사람과 AI 모두에게 사용하기 쉬운 코드 상태를 유지할 수 있고, 이는 장기적인 개발 효율성과 품질 향상으로 이어집니다.

---

[4] 《이너소스 패턴북》에서 인용한 것입니다.
URL https://patterns.innersourcecommons.org/p/trusted-committer

▼ 그림 7-3 트러스티드 커미터의 역할에 관해 작성한 TRUSTED-COMMITTERS.md의 예시

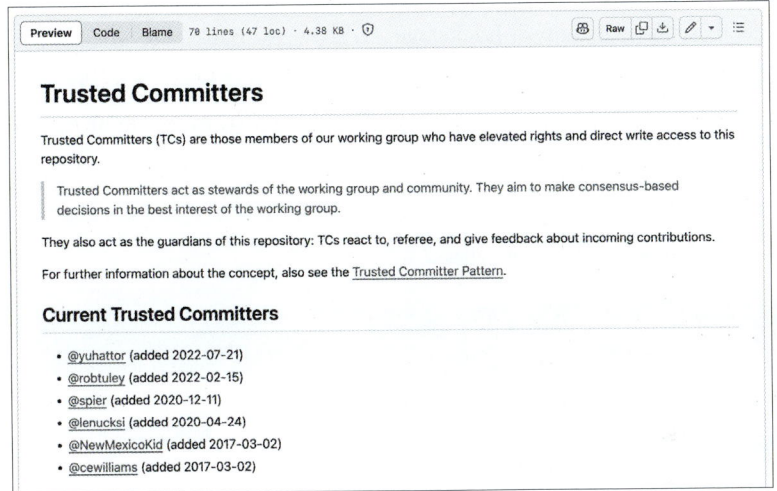

## 7.1.6 사내 소프트웨어 카탈로그 구축

사내 기술 자산을 효과적으로 활용하기 위해서는 사내 소프트웨어 카탈로그를 정비할 것을 권장합니다. AI로 코드를 생성할 때도, 처음부터 만들기보다는 기존 코드를 활용해 AI로 재구성하는 편이 효율적입니다.

하지만 사내에서 유용한 저장소는 소스 코드 관리 도구로 검색하는 것으로는 쉽게 찾기 어렵습니다. 활발하고 인기 있는 프로젝트뿐만 아니라, 업데이트는 드물지만 다수의 조직에서 안정적으로 사용되는 공용 라이브러리 역시 중요한 자산입니다. 사내 저장소가 방대해지면 어떤 것이 잘 유지되고 있는지를 파악하기 어려워지는 문제가 생깁니다.

그래서 소프트웨어 카탈로그를 정비하고, 사내 저장소를 선별해 공개하면 다른 팀이 기존 자산을 훨씬 쉽게 활용할 수 있게 됩니다. 카탈로그에는 활용할 수 있는 프로젝트가 등록되어 있어서, 잠재적인 사용자나 기여자가 쉽게 프로젝트를 발견할 수 있습니다. 비록 저장소에 접근 제한이 있더라도, 개요만이라도 카탈로그에 실어 두면 카탈로그를 통해 적절한 프로젝트를 찾아낼 수 있습니다.

카탈로그는 이너소스 포털[5]이라고도 불립니다.

대표적인 예로는 Spotify의 Backstage[6]가 있습니다. Backstage 같은 도구는 인프라 관련 프로젝트뿐 아니라 사내의 다양한 개발 프로젝트를 통합 관리하는 포털 역할을 합니다. 개발자가 사내 자산을 쉽게 찾을 수 있게 되면 생산성 향상으로도 이어집니다.[7]

▼ 그림 7-4 Backstage의 소프트웨어 카탈로그 화면

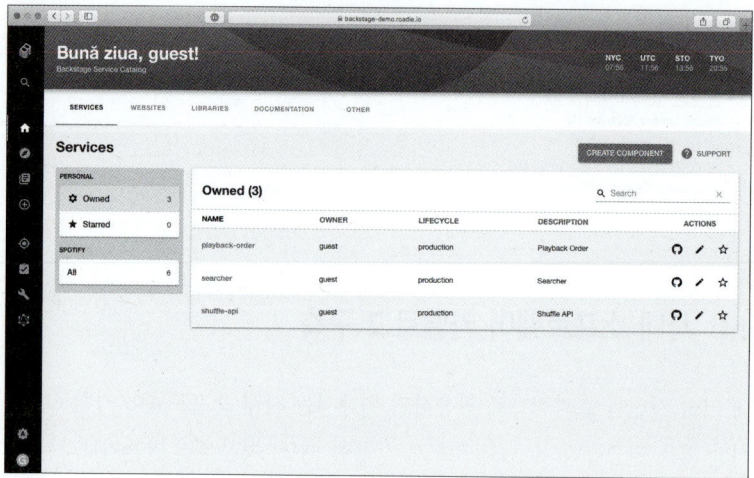

## 7.1.7 경영진을 참여시켜 기술을 공유하는 전략

AI의 활용은 기업 경쟁력 향상을 위해 중요하며, 특히 소스 코드나 문서 등 기존 기술 자산을 잘 활용할 수 있다면 더 효과적입니다. 하지만 현실적으로 많은 기업은 사내 기술 자산을 공유하기 위한 체계가 마련되어 있지 않습니다. 아무

---

5 〈이너소스 패턴북〉에서 인용한 것입니다.
   URL https://patterns.innersourcecommons.org/p/innersource-portal
6 URL https://backstage.io/
7 그림 7-4의 출처는 Backstage Software Catalog입니다.
   URL https://backstage.io/docs/features/software-catalog/

리 뛰어난 코드를 개발하더라도 공유 체계가 없다면 AI가 이를 활용하기 어렵습니다.

기업 내에서 코드 공유를 가로막는 요인은 크게 조직적인 요인과 위험 요인으로 나눌 수 있습니다. 조직적 요인에는 부서 간 문화 차이, 인센티브 설계 미비, 리소스 부족 등이 있습니다. 한편, 위험 요인으로는 보안, 컴플라이언스, 세무 문제 등이 있습니다. 이러한 요인들이 얽혀 코드 공유를 어렵게 만드는 원인으로 작용하고 있습니다.

공유된 코드를 지속적으로 유지보수하려면 개인과 팀을 지원하는 구조와 건강한 공유 문화를 조성해야 합니다. 또한 경영진, 법무, 정보보안, 인사 등 관련 부서와의 협력도 반드시 필요합니다. 따라서 경영진의 강력한 후원이 뒷받침되어야 합니다.

경영진의 이해와 지원을 얻기 위해서는 AI를 활용한 코드 활용의 중요성을 명확히 설명하고, 조직을 넘나드는 프로젝트 팀 구성을 제안하는 것이 효과적입니다. 경영진의 리더십 아래에서 부서 간 장벽을 넘는 협업을 추진함으로써 사내 코드 공유의 확산을 촉진할 수 있습니다.

코드를 자산으로써 조직 내에서 공유하기 위해서는 상향식(bottom-up) 방식만으로는 충분하지 않습니다. 경영진의 동의를 얻고, 하향식(top-down) 방식과 병행하며 추진하는 것이 좋습니다. 이렇게 하면 부서 간의 커뮤니케이션 마찰을 줄이고, 조직 전체에 공유 문화를 정착시킬 수 있습니다. 양방향 접근이 효과적인 기술 자산 공유의 핵심입니다.

AI의 잠재력을 최대한 활용하려면 기술뿐만 아니라 조직의 운영 방식 자체도 변화해야 합니다. 경영진의 지지를 바탕으로 하향식과 상향식 방식을 모두 활용해 공유 문화를 뿌리내리도록 합시다. 이를 통해 AI를 활용한 경쟁력 향상과 지속적으로 기술 자산을 공유할 수 있는 체계를 실현할 수 있습니다.

## 7.1.8 안전한 코드 공유 체계 마련

깃허브와 같은 소스 코드 관리 도구를 활용한 공유 설계는 조직의 경쟁력에 직결되는 핵심 요소입니다. 그러나 단순히 깃허브를 사용한다고 해서 모든 코드가 자동으로, 전사적으로 공유되는 것은 아닙니다. 특히 공유를 염두에 두고 제대로 설계되지 않은 환경이라면 조직 내 커뮤니케이션과 경쟁력의 원천이 되어야 할 코드조차도 공유하기 어려워집니다.

많은 기업에서는 보안을 지나치게 중시한 나머지 모든 코드 공유를 제한해 버리는 경향이 있습니다. 하지만 보안과 공유 양측의 관점을 균형 있게 고려하면 기밀 코드의 유출 위험을 최소화하면서도 사내 코드를 공유할 수 있으며 AI 활용을 통해 생산성 향상과 혁신을 촉진할 수 있습니다.

보안을 우선하는 관점과 공유를 우선하는 관점 사이에는 우려되는 리스크와 집중 관리 대상 저장소가 다릅니다. 다음 표는 이 두 관점의 차이를 비교해 보여 줍니다.

▼ 표 7-2 보안을 우선하는 관점과 공유를 우선하는 관점의 차이

|  | 보안을 우선하는 관점 | 공유를 우선하는 관점 |
| --- | --- | --- |
| 우려되는 리스크 | 기밀성이 높은 코드가 외부로 유출될 가능성이 있다. | 조직 외부에서 개발된 성과물을 검색, 발견, 평가할 수 없게 된다. |
| 절대적인 입장 | 각 저장소에 대한 접근은 개별적으로 허가되어야 한다. | 모든 저장소는 모든 정직원에게 공개되어야 한다. |
| 집중 관리 대상 저장소의 예시 | 기밀 정보가 담긴 저장소, 경영에 미치는 영향이 큰 서비스, 사내 공개 여부가 보안에 영향을 주는 핵심 인프라 | 재사용성이 높은 패키지, 사내 도구, 템플릿, SDK, 의존성이 많은 라이브러리 |

흥미로운 점은 두 관점에서 중시하는 저장소가 거의 겹치지 않는다는 사실입니다. 즉, 대부분의 경우 보안과 공유는 양립 가능합니다. AI 시대에는 사내에서 공유할 소스 코드를 적절히 선별하고, AI를 활용한 생산성 향상을 위해 공유 문화를 정착시키는 것이 중요합니다.

보안을 유지하면서 소스 코드를 공유하려면 점진적인 접근 방식이 효과적입니다. 조직의 필요에 따라 서로 다른 저장소나 접근 제어를 설정하는 것이 좋습니다. 다음에는 단계적인 공유를 위한 접근 방법을 소개합니다.

1. 공유를 위한 전용 영역을 정의
2. 컨소시엄형 공유
3. 사내 공개가 어려운 코드베이스에서 공유할 수 있는 부분을 추출

### 공유를 위한 전용 영역을 정의

전사적으로 공유할 수 있는 장소를 '전용 영역'으로 정의하고, 그 범위 내에서만 공유를 허용함으로써 보안을 확보하면서도 전사적인 공유를 실현할 수 있습니다. 예를 들어 깃허브에 공유용 조직을 만들어 그 조직 내에서만 공유를 허용하는 방식이 있습니다. 다만, 공유를 위한 조직적 구조나 유지보수에 대한 인센티브가 없다면 공유 코드가 방치될 수 있으므로 주의가 필요합니다.

### 컨소시엄형 공유

전사적 공유가 어려운 경우에도, 특정 팀이나 그룹 간에 공유할 수 있는 코드가 존재할 수 있습니다. 이러한 경우, 컨소시엄 형태의 접근 권한을 설정해서 다른 팀이 나중에라도 참여할 수 있도록 하는 것이 효과적입니다. 공유 범위를 적절히 관리하고 소스 코드 관리 시스템을 설정함으로써, 공유할 수 있는 범위를 명확하게 정의할 수 있습니다. 또한 다른 팀이 정보를 쉽게 찾도록 하기 위해, 구현 그 자체가 아니라 문서나 SDK를 먼저 전사 공유 대상으로 고려하는 것도 가치 있는 접근입니다.

### 사내 공개가 어려운 코드베이스에서 공유할 수 있는 부분을 추출

사내 공개가 어려운 코드베이스에서도 공유할 수 있는 부분을 추출할 수도 있습니다. 처음부터 재사용할 수 있는 컴포넌트를 의식하며 설계함으로써, 향후

다른 프로젝트나 제품에도 적용할 수 있게 합니다. 특정 프로젝트에서 재사용할 수 있는 컴포넌트를 발견한 경우, 해당 컴포넌트를 분리해서 조직적으로 육성하는 것을 검토해 볼 수 있습니다.

내부 개발과 이너소스를 성공시키고 AI 시대에 높은 경쟁 우위를 확보하기 위해서는 원칙에 너무 얽매이지 말고, 유연한 접근이 필요합니다. 조직의 요구에 맞춰 소스 코드를 단계적으로 공개함으로써, 보안과 공유의 양립을 꾀하면서도 AI가 기업 자산을 효과적으로 활용할 수 있는 환경을 정비해 나갑시다.

> **COLUMN > 생성형 AI로 개발비를 줄일 수 있다는 생각은 현실적이지 않다**
>
> 필자가 2016년, 마이크로소프트에서 애저(Azure) 아키텍트로 근무를 시작했을 무렵, 클라우드는 급격한 발전을 거듭하고 있었습니다. 서버리스 솔루션의 등장을 시작으로, 인프라의 추상화가 극한으로 치닫는 상황은 많은 기업에 커다란 전환점이 되었습니다.
>
> 하지만 비용 절감 면에서는 반드시 기대한 결과가 나오는 것만은 아니었습니다. 클라우드는 운영의 일부를 마이크로소프트와 같은 벤더에 위임함으로써 비용을 절감할 수 있는 구조를 갖고 있지만, 그 효과를 실현하기 위해서는 적절한 대응이 필요합니다. 애플리케이션 아키텍처나 운영 방식의 재검토 등 클라우드에 적합한 선택이 요구되며, 개발자에게도 새로운 지식과 스킬 습득이 필요한 상황입니다.
>
> 초기 단계에는 인프라의 구축과 운영을 외부에 위탁한 기업들 가운데 클라우드 도입에 따른 리스크나 학습 비용이 더해져 운영비를 대폭 절감하지 못한 사례도 나타났습니다. 반면, 클라우드 관련 기술을 습득하고 추진하며 인프라를 자사에서 관리하기로 한 기업들은 단지 비용 절감에 그치지 않고 기술을 빠르게 적용하고 비즈니스에도 유연하게 대응할 수 있게 되었습니다. 클라우드로의 전환을 통해 진정한 이익을 얻을 수 있는 것은 인프라를 직접 다루는 사람들이며, 그것을 외부에 맡겨 버리면 그 이점은 크게 줄어들고 맙니다.
>
> 그리고 현재, 생성형 AI라는 새로운 기술이 등장했습니다. 생성형 AI는 거의 모든 공정의 수고를 줄일 가능성을 지니고 있으며, 특히 프로그램 개발에서는 그 능력이 눈에 띄게 나타나고 있습니다. 그러나 이 영역 또한 외주에 맡겨 버리면 생성형 AI의 이점을 충분히 살리지 못할 우려가 있습니다.
>
> 클라우드 시대에 '클라우드를 쓰면 운영비가 절감될 것'이라는 기대가 항상 들어맞지 않았듯이 '생성형 AI로 자동으로 앱을 만들어서 개발비를 줄이고 싶다'라는 요구 또한 반드시 현실적인 것은 아닙니다.
>
> 생성형 AI를 효과적으로 활용해 비즈니스 적응력을 높이고 생산성을 향상시키려면 내재화를 추진하는 것이 중요합니다. 그렇게 하면 생성형 AI의 혜택을 최대한 누릴 수 있을 것입니다.

## 7.2 AI 시대의 소프트웨어 개발 방식을 팀 차원에서 실천하기

생성형 AI의 진정한 힘을 이끌어내기 위해서는 개발자 한 사람 한 사람이 AI의 특성을 이해하고 AI를 활용하기 위한 스킬을 익히는 것이 필수입니다. 하지만 AI에 대한 접근 방식을 배우는 일을 개인의 노력에만 맡겨 두는 것은 좋은 전략이 아닙니다. 팀 전체가 함께 AI 활용에 참여하고, 지식을 공유하며, 서로 협력하는 것이 조직 차원에서 AI 활용을 성공으로 이끄는 열쇠가 됩니다.

우선 팀원들과 함께 다음 사항을 확인하고 조직으로서 AI를 활용하기 위한 과제를 공유해 봅시다.

- **AI의 특성과 한계를 이해**: AI의 특성과 한계를 이해하는 것은 필수입니다. AI는 만능이 아니므로, 적절한 지시와 리뷰, 수정이 필요합니다. AI가 생성한 코드를 그대로 수용하지 말고, 비판적인 시각을 갖는 것이 요구됩니다.
- **조직 차원의 정책 명확화**: AI의 활용 범위, 출력물의 리뷰 방법, 생성된 코드의 관리 방법 등을 팀 내에서 논의하고, 합의하여 정책을 수립하는 것이 중요합니다.
- **AI로부터 얻은 지식의 공유**: 우수한 코드 작성법, 효율적인 디버깅 방법 등 AI를 통해 얻은 지식을 팀 내에서 공유함으로써 전체적인 수준 향상으로 이어질 수 있습니다. 팀의 개발자들이 사용하는 생성형 AI의 템플릿이나 프롬프트 기술 등을 공유하는 것도 유익합니다. 조직 내에서 AI 활용을 주도할 담당자를 지정해서 생성형 AI의 활용 방법을 조직 전체에 확산시키는 것도 하나의 방법입니다.

생성형 AI 분야의 기술은 발전이 매우 빠르며, 새로운 모델과 도구가 잇따라 등장하고 있습니다. 오래된 방식이나 AI의 진화에 따라 더 이상 '오차'로밖에 여겨지지 않는 방법론에 고착되어 있으면 팀의 생산성은 저하될 것입니다.

**팀이 AI의 발전을 따라가기 위해서는 지속적인 학습과 정보 공유가 필수입니다.** 이번 절에서는 팀으로서 AI를 활용하기 위해 실천할 수 있는 방법을 소개합니다.

## 7.2.1 AI 몹 프로그래밍

몹 프로그래밍은 AI를 활용한 개발의 힘을 팀 전체가 최대한 끌어내기 위해 효과적인 방법입니다. 이 방법에서는 하나의 화면을 공유한 채 한 사람이 '드라이버'가 되어 코드를 작성하고, 다른 멤버들이 '내비게이터'로 실시간 피드백을 제공합니다.[8]

> 몹 프로그래밍의 기본적인 개념은 간단합니다. 팀 전체가 하나의 작업에 착수하기 위해 함께 작업하는 것입니다. 즉, 한 팀이 하나의 보드와 하나의 화면을 사용합니다.
>
> — 마르쿠스 함마르베리, Mob programming – Full Team, Full Throttle

AI를 활용한 개발에 몹 프로그래밍을 적용하면 다음과 같은 이점을 기대할 수 있습니다.

- 프롬프트의 효과적인 작성 방법을 팀 내에서 공유할 수 있다.
- 피드백을 통해 프롬프트 개선 방법을 공유할 수 있다.
- AI 활용에 유용한 새로운 리소스를 더 쉽게 발견할 수 있다.

일반적으로 챗GPT 사용 팁과 같은 영상이나 블로그 글은 가상의 문제를 다루는 경우가 많습니다. 이 책도 어느 정도 일반화된 내용을 다루고 있지만, 실제

---

[8] 「Mob programming – Full Team, Full Throttle」
URL https://www.marcusoft.net/2013/08/repost-mob-programming-full-team-full-throttle.html

로 필요한 것은 실제 업무 과제를 통해 AI의 사용법을 팀원들이 공유하는 것입니다.

팀원 전체가 AI에 지시하는 방법이나 우수한 프롬프트를 작성하는 법을 공유함으로써 **팀의 AI 활용 능력 향상을 기대할 수 있습니다.** 또한 실시간 코드 리뷰를 통해 프롬프트의 품질이 향상되고, 비효율적인 프롬프트를 조기에 발견하고 수정할 수 있습니다.

몹 프로그래밍의 구체적인 방법은 우디 주일(Woody Zuill)의 〈Mob Programming – A Whole Team Approach〉[9]라는 포스트에 자세히 설명되어 있습니다. 꼭 팀 차원에서 AI 몹 프로그래밍을 시도해 보기 바랍니다.

## 7.2.2 AI 페어 프로그래밍

개발 지원 AI 도구를 활용할 때는 생성된 코드의 품질 향상과 팀의 이해 촉진을 위해 페어 프로그래밍이 효과적입니다. AI가 생성한 코드는 언뜻 보기에 정돈되어 보이고, 문서도 정성스럽게 작성되어 있으며, 변수명도 적절해 보일 수 있습니다. 그러나 처리 내용이 불분명하거나 구현이 미흡하고 비효율적인 코드가 포함되어 있을 수도 있습니다.

이러한 특징은 특히 신입 개발자의 코드 리뷰에서 문제가 되는 경우가 많습니다. AI가 작성한 코드에는 개발자의 이해도나 사고 과정이 드러나지 않기 때문입니다. '왜 이 코드가 되었는가'에 대한 이해가 필요하지만, AI의 높은 완성도에 안심한 나머지 깊이 고민하지 않고 '농작하는 코드'를 그대로 풀 리퀘스트(Pull Request)로 제출하는 경우도 있습니다. 이를 방치하면 개발자의 성장 기회를 놓치게 됩니다. 장기적으로는 팀 전체의 기술 수준 향상에도 부정적인 영향을 줄 수 있습니다.

---

[9] URL https://www.agilealliance.org/resources/experience-reports/mob-programming-agile2014/

그래서 다음과 같은 시나리오로 페어 프로그래밍과 프롬프트 코칭을 해봅시다.

- 두 사람이 개발 지원 AI 도구를 사용하면서 일반적인 프로그래밍을 수행한다.
- AI에 대한 지시 방법이나 개발 품질을 높이는 요령을 서로 공유한다.
- AI가 출력한 코드에 대해 서로 설명하거나 질문하면서 개선점을 탐색한다.

몹 프로그래밍이 팀 전체의 성장을 목표로 하는 반면, 페어 프로그래밍은 개인에게 초점을 맞춥니다. 두 사람이 함께 작업함으로써 더 깊은 정보를 공유하게 되고 개별적인 성장과 더불어 세밀한 품질도 향상될 수 있습니다. AI와 효과적으로 협업하려면 코드에 대한 본질적 이해와 프로그래밍 기술 향상이 필수입니다. 페어 프로그래밍을 도입하면 AI를 활용한 개발을 더 효과적으로 진행할 수 있을 것입니다. 이 방식을 통해 팀 전체의 스킬 향상과 품질 향상을 동시에 달성해 나갑시다.

## 7.2.3 프롬프트 활용 사례 공유

기업에서 '반복적으로 사용할 수 있는 프롬프트 템플릿'을 공유하고 재활용하고자 하는 경우도 있습니다. 하지만 앞서 언급했듯이, 개발자 업무에서 사용하는 프롬프트는 대부분 일회성에 그치는 것이 현실입니다. 개인에게 효과적인 프롬프트가 다른 사람에게도 동일하게 적용되는 것은 아닙니다. 또한 범용적인 프롬프트는 이미 인터넷에 공유된 경우가 많아, 기업 내에서의 재공유는 무의미하다고 볼 수도 있습니다.

프롬프트 작성의 본질은 단순한 복사, 붙여 넣기가 아닙니다. AI의 출력을 관찰하면서 자신의 업무에 맞게 조정해 가는 과정이 중요합니다. 따라서 프롬프트 결과물을 공유하는 것보다도 **어떤 문제에 대해 어떻게 접근했는가**라는 발견이 더욱 중요합니다.

예를 들어 기업 내에서 유효한 유스 케이스를 공유함으로써, 다른 구성원들이 각자의 업무에 응용할 가능성이 높아집니다. 특히 테스트 작성 방식이나 코드 리팩터링, 데이터베이스 설계 등 기업이나 조직만의 스타일이 있다면 그 대상에 대한 구체적인 유스 케이스를 공유하는 것으로, 타인에게 학습할 기회를 제공하기도 합니다. 따라서 재사용할 수 있는 프롬프트 템플릿이 아니라 유스 케이스의 공유를 중시해야 합니다.

재사용할 수 있는 프롬프트 템플릿 작성에 집착하면 장래에 사용되지 않을지도 모르는 불명확한 템플릿 작성에 많은 시간과 비용을 들일 가능성도 있습니다. 또한 '완벽한 프롬프트를 공유하지 않으면 안 된다'는 의식이 공유의 장벽을 높일 우려도 있습니다.

프롬프트나 유스 케이스의 공유는 교육이나 사내 개발 문화 정착에도 연계되면 좋습니다. 정기적인 지식 공유의 기회를 마련하고 팀 내에서 프롬프트를 공유합시다. 그리고 슬랙이나 팀스 같은 커뮤니케이션 도구로 AI를 활용한 유스 케이스를 일상적으로 공유하는 것도 효과적입니다. 이를 통해 조직 전체의 AI 활용 스킬 향상과 새로운 아이디어 창출로 이어질 것입니다.

## 7.2.4 조직 내 AI 활용을 주도할 인재 육성

선도자(champion)란 특정 분야나 활동을 회사 내에서 추진하고 널리 퍼뜨리는 역할을 맡는 인재를 말합니다. AI 활용에서는 스스로 AI를 사용하며 그 지식을 공유하여 팀 전체의 AI 활용을 촉진하는 사람이 이에 해당합니다. 조직에서 이러한 인재를 발굴하고 육성하는 일은 팀 전체의 스킬 향상과 효율적인 AI 활용으로 이어지는 중요한 과제입니다.

AI 활용을 선도할 인재에게는 기술적인 지식뿐만 아니라, 업무 측면에서의 깊은 이해도 요구됩니다. 단순히 AI 기술에 밝은 것만으로는 부족하며 비즈니스 관점에서 AI의 활용 방법을 찾아낼 수 있는 사람이 이상적입니다.

필자의 경험에 따르면 생성형 AI와 같은 새로운 분야의 사내 추진 역할은 습득이 빠르고 발상이 유연한 젊은 구성원이 맡게 되는 경우가 많은 것 같습니다. 하지만 그런 활동은 '프롬프트 작성 요령'이나 '도구의 사용법'과 같은 공유에 그치기 쉽습니다. AI의 활용에 있어서는 프롬프트 작성법과 같은 **방법**(How)도 중요하지만, 유스 케이스와 같은 **내용**(What)의 공유도 매우 중요합니다. **무엇**(What)에 해당하는 부분은 업무나 특정 기술에 정통한 직원이 AI의 활용 방법을 탐색하고 응용 가능성을 넓혀 가는 것이 좋습니다.

AI 활용의 지식을 조직 내에서 공유하기 위해서는 다음과 같은 접근이 효과적입니다.

- 우수한 활용 사례 공유
    - AI를 잘 활용하는 사람의 프롬프트나 응용 기술을 수집해 팀 내에서 공유한다.
- 워크숍 개최
    - 뛰어난 AI 활용자를 강사로 초대해 프롬프트 작성법과 AI 활용법을 학습하는 기회를 마련한다.
- 활용 리뷰와 개선
    - 팀원의 활용 방식이나 프롬프트를 리뷰하고 개선점을 제안한다.

그리고 AI 활용을 선도할 인재를 발굴하기 위해서는 다음과 같은 접근이 효과적입니다.

- 개발 지원 AI 도구의 활용 매트릭스를 사용한다.
    - 활용 빈도나 생산성이 높은 사용자를 특정한다.
- 팀 내 좋은 커뮤니케이터를 찾아낸다.
    - AI 활용 기회를 잘 전달할 수 있는 인재는 소중하다.
- 업무에 정통한 사람을 AI 활용을 선도할 인재로 육성한다.
    - 업무에 정통한 사람을 찾아 트레이닝 세션을 마련하고 AI 선도자로 키운다.

AI 활용을 선도할 인재의 발굴과 육성은 조직 전체의 AI 활용 수준을 높이는 중요한 과제입니다. 기술적 측면과 업무적 측면 모두에 정통한 인재를 육성하면 AI의 활용 가능성을 최대한으로 이끌어낼 수 있습니다. 신입과 베테랑의 협력, 지식 공유, 그리고 지속적인 학습 기회를 제공하는 것이 성공의 열쇠입니다. 신입만으로도, 베테랑만으로도 안 되며, 조직에 소속된 전원의 지식과 경험을 모아 생성형 AI의 가능성을 최대한 이끌어냅시다.

## 7.3 AI와 문서화

코딩 분야에서 AI가 놀라운 효과를 발휘한다는 것은 이미 명백해졌지만, **소프트웨어 엔지니어링 전반의 업무에서도 AI의 활용은 큰 가능성이 숨어 있습니다.** 제품 개발에는 개발자뿐 아니라 프로덕트 오너, 프로젝트 매니저, 비즈니스 관계자 등 다양한 인재가 관여하고 있습니다. 팀 구성에 따라서는 데브옵스 팀이나 애자일 크로스-펑셔널 팀, 워터폴형 개발 팀 등 개발자 외 IT 전문가가 주요 구성원이 되는 경우도 있을 것입니다.

이런 상황에서 프로젝트나 제품 전체의 효율을 높이기 위해 AI를 어떻게 활용할 수 있을지를 생각해 보겠습니다. 이 절에서는 **AI를 활용해 문서를 작성하고 활용하는 방법**을 다룹니다.

### 7.3.1 AI 친화적인 정보 정리 방식

4.2.9절에서도 일부 언급했지만, AI에 정보를 전달할 때는 **단순한 구조와 불필요한 요소가 개입되지 않은 명확함**이 중요합니다. 그렇기 때문에 다음 두 가지 언어가 유용합니다.

- 간결하게 의도를 전달할 수 있는 마크업 언어
- 그림을 텍스트로 다룰 수 있는 도식 언어

특히 추천하는 언어는 **마크다운**과 **머메이드**입니다. 마크다운은 경량 마크업 언어로 텍스트에 의미를 부여할 수 있습니다. 그리고 머메이드는 데이터 기술 언어의 하나로, 개발에 필요한 정보를 간단하게 도식화할 수 있습니다. **머메이드는 사실상 표준적인 도식 언어이며, 많은 언어 모델이 머메이드의 문법을 학습하고 있기 때문에 AI에 정보를 전달할 때 적합합니다.**

▼ 그림 7-5 머메이드로 작성한 다이어그램의 예시

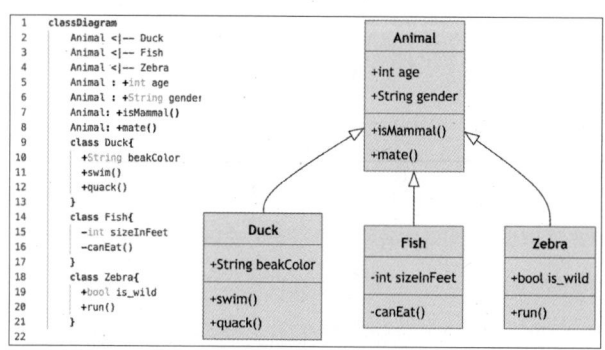

다만 머메이드는 현재도 개발이 진행 중입니다. 따라서 최신 문법은 언어 모델이 알지 못하거나 부정확할 가능성이 있다는 점에 유의해야 합니다. 물론 상황에 따라 다른 마크업 언어나 도식 언어를 선택하는 것도 좋습니다. 중요한 점은 **팀에 가장 적합한 언어를 사용하는 것**입니다.

AI 시대에는 클라우드 인프라 정의서, 데이터베이스 테이블 사양, 테스트 요건 등의 파일이 즉시 실제 코드로 변환될 가능성이 있습니다. 만약 데이터베이스의 테이블 정의서로부터 SQL 쿼리, 마이그레이션 파일, 모델 클래스 정의 등을 생성할 수 있다면 개발 효율은 크게 향상될 것입니다.

예를 들어 다음과 같은 테이블 정의가 있다고 가정해 봅시다.

▼ 그림 7-6 마크다운 형식의 테이블 정의 예시

```
| No. | Item Name        | Type      | Length | Decimal | Required | Primary Key | Remarks              |
| --- | ---------------- | --------- | ------ | ------- | -------- | ----------- | -------------------- |
| 1   | pass_document_id | integer   |        |         | Y        | Y           | Document ID          |
| 2   | checkout_id      | integer   |        |         | Y        | Y           | Unique Serial Number |
| ... |                  |           |        |         |          |             |                      |
| 15  | update_datetime  | timestamp |        |         |          |             | Update Timestamp     |
```

이 테이블 정의를 바탕으로, AI는 루비 온 레일즈에서 사용할 수 있는 데이터베이스 마이그레이션 파일을 생성할 수 있습니다.

> **출력 프롬프트**

```
# GovernmentPass 마이그레이션 파일을 작성
class CreateGovernmentPass < ActiveRecord::Migration[7.0]
    def change
        create_table :government_passes do |t|
            t.integer :pass_document_id, null: false
            t.integer :checkout_id, null: false
            # 중략
            t.timestamp :update_datetime
        end
    end
end
```

테이블 정의로부터 모델 클래스 정의나 데이터베이스 쿼리 생성 등 응용 범위를 넓힐 수 있습니다. 범용적으로 활용할 수 있는 개발 자산에 대해서는 AI 활용 가능성을 우선적으로 고려해 봅시다.

### 멀티모달 모델에서도 AI에 정보를 전달할 때는 단순하게

4장에서 언급했듯이 OpenAI의 GPT-4o를 비롯한 멀티모달 모델이 등장하면서 텍스트뿐만 아니라 이미지도 활용하여 AI에 정보를 전달할 수 있게 되었습니다. 이에 따라, 기존의 마크업 언어나 도식 언어로는 표현하기 어려웠던 복잡한 정보도 엑셀, 파워포인트, 피그마 등으로 정리한 이미지를 AI에 전달하는 것이 가능해졌습니다. 특히 아키텍처 도면, 시퀀스 다이어그램, 플로차트 등의 경우, 도식 언어로는 표현하기 어려운 복잡한 그림이라면 억지로 텍스트로 바꾸기보다는 이미지 그대로 제공하는 것이 효과적입니다.

AI에 정보를 전달할 때는 다음 두 가지에 주의하는 것이 중요합니다.

- 편집 가능성 확보
    - AI의 출력을 확인하고, 필요에 따라 입력을 수정할 수 있는 형식을 사용해야 합니다.
    - PDF나 이미지 파일로 포맷을 고정해 버리면, AI가 정보를 적절히 처리하지 못했을 때 수정이 매우 어려워집니다.
- 이미지 정보량의 최적화
    - AI가 필요한 정보를 빠짐없이 얻을 수 있도록, 적절한 정보량의 이미지 파일을 제공해야 합니다.
    - 사람이 다루기 쉬운 크기의 정보량으로 제어하는 것이 중요합니다.
    - 파워포인트의 한 페이지나 엑셀의 한 시트에 지나치게 세세한 정보를 집어넣거나, 다양한 정보를 하나의 이미지에 모두 담아 버리면 AI가 어떤 정보를 받아야 하는지 선택하기 어려워집니다.

AI에 대한 입력은 단순하게 정리하고, 출력은 확인하기 쉬운 형식으로 만드는 것이 중요합니다. AI가 복잡한 정보를 다룰 수 있게 되었다 해도, 인간 측의 부담이 늘어나면 앞뒤가 뒤바뀌는 꼴이 됩니다. 또한 AI에는 좁은 범위에서 출력하도록 하고, 점차 완성도를 높여 가는 것이 현명합니다.

## 7.3.2 구현 중심의 사양서 작성

구현 과정에서 사양서를 생성, 즉 코드를 문서화하는 것 또한 AI 활용이 기대되는 분야입니다. 대화형 개발 지원 AI 도구를 사용하면 설명을 자동으로 생성할 수 있을 뿐만 아니라, 문서와 같은 긴 텍스트도 생성할 수 있습니다. 이에 따라 개발자는 수작업으로 문서를 작성하는 수고를 크게 줄일 수 있어 생산성 향상을 꾀할 수 있습니다. 사양서가 없거나 기간이 오랫동안 지나버린 프로젝트도 코드로부터 사양서를 자동으로 생성하여 프로젝트에 대한 이해를 도울 수 있습니다.

예를 들어 AI를 활용하여 코드 전체의 개요를 설명하거나 API 문서를 생성하고, 이를 코드 안에 삽입한 형태로 코드와 함께 출력하는 것도 가능합니다.

루비 온 레일즈 백엔드 코드에 대해서는 AI가 개요 설명을 생성하여 문서를 자동으로 작성해 줍니다.

### 입력 프롬프트

```
RecipesController에 관해 문서를 생성해 주세요.
```ruby
class RecipesController < ApplicationController
    before_action :set_recipe, only: [:show, :edit, :update, :destroy]
    # 생략: index, show, new, edit, create, update, destroy 각 액션을 정의
end
```
```

### 출력 프롬프트

이 RecipesController는 Ruby on Rails의 컨트롤러입니다.

주요 기능은 다음과 같습니다:

- before_action을 사용하여, show, edit, update, destroy 액션 전에 set_recipe 메서드를 실행합니다.

이를 통해 각 액션에서 대상 레시피를 @recipe 인스턴스 변수에 설정합니다.

- index 액션에서는 모든 레시피를 조회하여, @recipe 인스턴스 변수에 설정합니다.
- show 액션에서는 @recipe 인스턴스 변수를 사용해 대상 레시피의 상세 정보를 표시합니다.
- new 액션에서는 새 레시피를 작성하기 위한 폼을 표시합니다.
- create 액션에서는 전달받은 파라미터를 사용해 새 레시피를 생성하고 저장합니다.
- edit 액션에서는 대상 레시피를 편집하기 위한 폼을 표시합니다.
- update 액션에서는 전달받은 파라미터를 사용해 대상 레시피를 갱신하고 저장합니다.
- destroy 액션에서는 대상 레시피를 삭제합니다.

프롬프트 내에 포맷을 지정하여 더욱 상세한 문서를 생성하는 것도 가능합니다.

> RecipesController에 대한 문서를 생성해 주세요.
> - Markdown 테이블 형식으로 출력해 주세요.
> - 테이블 안에서 줄 바꿈은 `<br/>`을 사용해 주세요.
> - 각 사양서의 항목은 아래와 같습니다. 각각을 별도의 열로 출력해 주세요.
>   - 메서드명
>   - 개요
>   - 파라미터
>   - 반환값
>   - 내부 SQL 쿼리
> - 메서드명은 굵게 표시해 주세요.

사양서를 구현된 코드로부터 추출해 내는 테크닉은 백엔드나 프런트엔드에 한하지 않고, 데이터베이스나 인프라 설정 등 폭넓은 분야에서 활용할 수 있습니다.

## 7.4 AI 시대에 적합한 팀 기술 스택 최적화

GENERATIVE AI FOR DEVELOPER

팀의 기술 스택을 AI 시대에 맞게 조정하는 것도 고려해볼 만합니다. 개발 지원 AI 도구가 높은 정밀도를 발휘할 수 있는 영역을 파악함과 동시에, 팀 차원에서 전략적으로 육성해야 할 기술 스택을 선정하는 것이 중요합니다. 또한 최신 도구를 사용할 수 있도록 코드의 이식성을 높이고, 그 위에서 안전하게 운영할 수 있도록 하는 것 역시 중요합니다.

## 7.4.1 AI 시대에 적합한 기술 스택 선정

개발 지원 AI 도구의 등장으로 엔지니어링 팀의 기술 선택에 큰 영향을 미치고 있습니다. 제한된 리소스로 최대 효과를 발휘하려면 **프로젝트에 가장 적합한 기술 스택을 파악하고 그것을 중점적으로 육성해 나가는 것이 중요합니다.** AI 시대에 기술 스택을 선정할 때는 특히 'AI가 사전에 정보를 갖고 있어 활용할 수 있는 기존 지식'과 '조직 내에 축적된 암묵적인 지식'의 활용이 중요해집니다.

먼저 AI가 사전 정보 없이도 활용할 수 있는 기존 지식, 즉 제로샷 프롬프팅으로 습득할 수 있는 범위를 파악하는 것이 중요합니다. AI가 자사 코드에 적절한 출력을 내놓지 못한다는 의견도 많지만, 오픈소스에서 인기 있는 라이브러리나 프레임워크의 경우에는 생성형 AI가 사전 학습했을 가능성이 높으므로, 이런 문제는 비교적 적게 발생합니다. 각 언어의 표준 라이브러리나 사실상 표준(de facto standard) 라이브러리도 AI가 다룰 수 있는 지식 범위에 포함됩니다. 예를 들어 CSS 프레임워크에서는 Bootstrap 및 Tailwind CSS, 자바스크립트 프레임워크에서는 React와 Vue.js 등이 AI가 잘 다룰 수 있는 분야입니다. 이러한 기술을 선정하면 AI와의 협업이 매끄럽게 이뤄질 수 있고 개발 효율도 향상됩니다.

다음으로, 조직 내에 축적된 지식을 활용하는 것도 중요한 점입니다. 모든 개발이 오픈소스 기반의 프로젝트에만 의존하는 것은 아니며, 조직 고유의 기술과 노하우가 필요한 장면도 많이 있습니다. 이 장의 서두에서도 언급했듯이, 앞으로는 RAG나 파인튜닝 기술을 효과적으로 활용하기 위해서는 AI가 학습하거나 검색에 사용할 수 있는 지식이 조직 내에 축적되어 있어야 합니다. 예를 들어 사내에서 개발한 라이브러리나 프레임워크, 프로젝트 고유의 문서 등이 그 대상입니다. AI가 활용할 수 있는 지식을 조직 내에서 공유하고 기술 인력의 표준화를 추진함으로써 개발 효율을 높일 수 있습니다.

AI의 지식 유무로 인해 기술 선택의 폭을 좁힐 필요는 없지만, 기술을 선정할 때 AI가 해당 기술에 대한 지식을 가지고 있는지를 검토 항목에 포함한다면 더욱 적절하게 기술을 선정할 수 있습니다. 즉, AI와 협업하기 위한 기술 스택을 표준화하는 것이 효과적입니다. 조직의 인재가 보유한 지식과 스킬을 잘 살릴 수 있는 기술을 전략적으로 선정하고, AI와 공유하기 쉬운 형태로 조직 내에 지식과 리소스를 축적하고 유지 관리해 나갑시다.

## 7.4.2 정보의 이식성 향상

개발 지원 AI 도구를 효과적으로 활용하려면 AI가 이해하기 쉬운 형식으로 리소스를 관리해야 합니다. 구체적으로는 마크다운 같은 경량 마크업 언어를 사용한 텍스트 기반의 형식이 유효합니다. 이렇게 하면 정보의 이식성(portability)이 향상되고, AI에 정보를 전달할 때도 원활하게 대응할 수 있습니다.

텍스트 기반의 정보는 높은 이식성을 가진 대표적인 형식입니다. 특히 마크다운 같은 경량 마크업 언어는 가독성과 편집 용이성을 모두 갖추고 있습니다. 이러한 파일은 다양한 편집기에서 수정할 수 있으며, 환경에 종속되지 않는다는 이점도 있습니다. 또한 버전 관리 시스템과의 궁합도 좋기 때문에 팀 내 정보 공유 및 변경 이력 관리에도 적합합니다.

이식성을 확보하면서 적절한 도구를 함께 활용하는 것도 중요합니다. 깃 기반의 문서 도구는 텍스트 기반의 형식과 궁합이 좋으며, 정보의 이식성을 높여 줍니다. 반면, 비개발자 구성원이 많은 경우에는 직관적인 GUI를 갖춘 도구를 선택하는 것이 좋습니다. 이상적인 방식은 도구의 기능을 최대한 활용하면서 정보의 이식성도 확보하는 것입니다.

이식성이 부족한 도구에 과도하게 의존하는 것은 도구 종속(lock-in) 상태를 초래합니다. 이는 특정 소프트웨어나 플랫폼에 강하게 종속되어 다른 도구로 전환하기 어려운 상황을 말합니다. 예를 들어 내보내기 기능이 없는 도구나 독자적인 포맷만 사용하는 도구는 주의가 필요합니다. AI 분야는 빠르게 발전하고 있으므로 새로운 도구를 유연하게 도입할 수 있도록 정보의 이식성을 항상 염두에 두는 것이 중요합니다.

리소스의 이식성을 확보하기 위한 구체적인 방법은 다음과 같습니다.

- 평문 텍스트나 마크다운으로 문서를 작성한다.
- 버전 관리 시스템(깃 등)을 적극적으로 활용한다.
- 표준 포맷(CSV, 마크다운 등)으로 내보낼 수 있는 도구를 선택한다.
- API를 통해 데이터에 접근할 수 있는 도구를 우선적으로 고려한다.
- 공개된 표준 포맷이 존재하는 경우, 그것을 적극적으로 채택한다.

이러한 방법들을 실천하면 AI 도구를 효과적으로 활용함과 동시에 정보의 유연한 관리도 함께 이뤄집니다. 게다가 특정 환경에 접근 권한이 없는 사내의 다른 구성원들과도 정보를 공유하기도 쉬워집니다. 이식성 확보는 단순히 정보를 쉽게 이동하는 것에 그치지 않고 팀 전체의 생산성 향상에도 기여합니다.

앞으로의 AI 기술 발전을 내다보며 항상 새로운 도구와 방법을 유연하게 도입할 수 있는 체제를 정비하는 것이 중요합니다.

### 7.4.3 AI로 생성한 코드의 보안 대책

많은 사람들이 걱정하는 것은 생성형 AI가 출력한 코드의 품질입니다.

자주 제기되는 의문 중 하나는 'AI가 생성한 코드는 안전한가?'라는 것입니다. 이에 대한 대답은 **'생성형 AI가 출력한 코드가 반드시 안전하다고는 할 수 없다'**입니다.

그러나 이것은 AI에만 해당되는 것이 아니라, 사람이 작성한 코드도 마찬가지입니다. AI가 작성한 코드도 사람의 코드와 마찬가지로 보안 리스크를 가집니다. 모든 코드가 현재 안전하다고 해서 내일도 안전할 것이라는 보장은 없습니다. 2021년의 log4j 취약성[10]과 같이 새롭게 발견된 취약성으로 인해 업계 전체가 혼란에 빠지는 경우도 있습니다. 따라서 보안에 대해 지속적으로 평가하고 개선하는 것이 필수입니다.

---

[10] 2021년 12월, Apache Software Foundation이 오픈소스로 제공하고 있는 자바 기반 로깅 라이브러리에서 발견된 취약점(CVE-2021-44228)으로, 많은 기업과 프로젝트가 영향을 받았습니다.

## 데브섹옵스로 지속적인 보안을 담보

이러한 리스크를 방지하는 수단으로 **데브섹옵스**(DevSecOps)라는 방법론이 있습니다. 데브섹옵스에서는 각 개발 공정에 맞춘 보안 대책을 프로세스에 통합하여 보안을 지속적으로 중요하게 다루는 것을 원칙으로 합니다.

▼ 그림 7-7 데브섹옵스 방법론의 개념

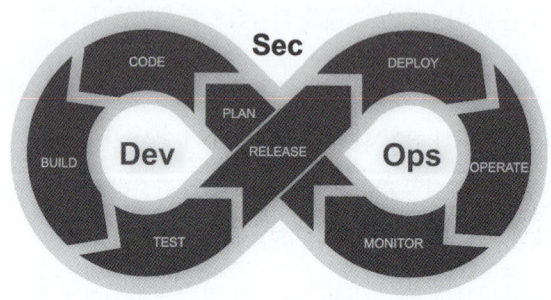

데브섹옵스의 중요한 개념 중 하나는 시프트 레프트(shift left)입니다. 이는 보안을 개발 사이클의 이른 단계부터 통합하는 것을 의미합니다. 기존 소프트웨어 개발에서는 보안 대책이 뒷전으로 밀리는 경우가 많았습니다. 보안 전담 부서나 외부 벤더에게 전적으로 맡기는 것이 일반적이었고, 개발의 핵심으로부터는 분리되어 있었던 것입니다. 그 결과, 보안 평가는 특정 시점에만 수행되었고, **취약점이 개발 후반부에 발견되는 경우가 자주 발생**했습니다. 이런 경우에는 개발 속도나 대응 비용 등에 악영향을 미치게 됩니다.

시프트 레프트에는 다음과 같은 이점이 있습니다.

- 취약점의 조기 발견과 대응
- 비용 효율적인 보안 관리
- 개발 문화의 혁신

### 취약점의 조기 발견과 대응

개발 초기 단계부터 보안 대책을 통합함으로써, 잠재적인 취약점을 조기에 발견하고 신속하게 대응할 수 있습니다. 이를 통해 보안 침해의 위험을 크게 줄일 수 있을 뿐만 아니라, 추후 수정에 드는 수고나 복잡성도 줄일 수 있습니다.

### 비용 효율적인 보안 관리

보안 문제에 대한 대응이 뒷전으로 밀리면 수정 비용이 급증할 수 있습니다. 반면, 초기 단계에서 통합하면 결함이 심각해지기 전에 대응할 수 있어 비용을 최소한으로 억제할 수 있습니다.

### 개발 문화의 혁신

시프트 레프트는 보안을 보안 전문가만의 과제로 보지 않고, 개발 팀 전체가 함께 해결해야 할 과제로 인식하게 합니다. 이러한 개념을 통해 개발 프로세스 전반에서 보안에 대한 인식을 높일 수 있습니다.

### 데브섹옵스 스타일을 개발에 정착시키다

데브섹옵스에서는 CI/CD 파이프라인에 보안 도구나 보안 프랙티스를 통합합니다. 구체적으로는 다음과 같은 항목들이 포함됩니다.

- 자동화된 보안 테스트
- 보안 취약점에 대한 정기적인 코드 리뷰
- 운영 중인 소프트웨어의 지속적인 모니터링

AI를 활용할 때도 데브섹옵스의 개념을 도입하면 안전성이 높은 코드를 효율적으로 개발할 수 있습니다.

# 7.5 생성형 AI 도입 효과의 평가

최근 생성형 AI가 발전하면서 소프트웨어 개발 현장에도 큰 변화가 일어나고 있습니다. 코딩이나 문서화 등 다양한 분야에서 AI가 활용되기 시작하면서, 많은 기업들이 AI 도입을 통해 개발 효율 향상을 목표로 하고 있습니다.

하지만 여기서 문제가 되는 것은 생성형 AI의 효과 측정입니다. 생성형 AI를 도입했다고 해서 바로 개발 효율이 올라가는 것은 아닙니다. **AI의 비용 대비 성능은 매우 우수하지만, 그 효과를 어떻게 측정할지가 문제입니다.** AI 도입 효과를 측정하기 위해서는 도입 전후 상황을 비교하는 것이 중요합니다. 이를 위해 다음과 같은 지표를 활용하는 것이 유효합니다.

- Four Keys(DORA Metrics)
- SPACE 프레임워크

다만 생산성에만 지나치게 주목하지 않도록 주의해야 합니다. 도구 도입 효과라는 주제에서 사람들은 곧바로 생산성과 연결 짓기 쉽지만, **개발 생산성은 AI가 개발자에게 가져다주는 효과 중 하나에 불과합니다.** 이보다 더 중요한 것은 개발자 경험(Developer Experience)이라는 개념입니다. 단순한 비용 대비 성능뿐만 아니라, 더욱 다각적인 관점에서 AI 도입 효과를 평가하는 것이 중요합니다.

## 7.5.1 개발자 경험

생성형 AI가 어느 정도 기여했는지를 **정확히 측정하는 것은 어렵다**는 것이 현실입니다. 이는 AI에 한정된 것이 아니라 예전부터 존재해 온 문제이기도 합니다. 애초에 단 한 줄의 코드 변경이 얼마만큼의 가치를 창출했는지를 정량화하는 것은 지극히 어려운 작업입니다.

개발자의 생산성을 단순히 코드의 줄 수로 측정할 수는 없습니다. 만약 개발자를 이런 방식으로 평가한다면 줄 수만 늘리는 무의미한 코드를 작성하게 될 수도 있습니다. 행간을 넓히거나 주석을 늘리는 식으로 코드 줄 수만 늘리면 높은 평가를 받을 수 있기 때문입니다.

**개발자 경험이란 개발자가 소프트웨어를 개발할 때 전반적으로 체험하는 것을 의미하는 개념입니다.** 개발 환경의 정비, 도구의 사용 편의성, 커뮤니케이션의 원활함 등 다양한 요소가 포함됩니다. 개발자 경험을 향상시킨다면 개발자는 더욱 효율적으로 일할 수 있는 것입니다.

듀크 대학 교수인 노아 기프트에 따르면, 적절한 플랫폼을 사용하면 다음과 같은 효과를 얻을 수 있다고 지적합니다.[11]

- 생산성이 75% 향상된다.
- 3년 후에도 22%의 생산성 향상이 유지된다.
- 온보딩 시간(신입 적응 시간)이 80% 단축된다.

개발자 경험의 개념은 다음과 같은 식으로 표현할 수 있습니다.

▼ 그림 7-8 개발자 경험을 나타내는 식

$$\text{개발자 경험} = (\text{개발자 생산성} + \text{개발자 임팩트} + \text{개발자 만족도}) \times \text{협업}$$

- **개발자 생산성**: 효율성과 속도를 나타내며, 개발자가 작업을 얼마나 빠르고 효율적으로 완료할 수 있는지를 반영합니다.
- **개발자 임팩트**: 코드 변경의 실현이나 아이디어에서 프로덕션 환경으로의 이전 등을 포함하며, 개발자가 어느 정도의 영향력을 가지며 얼마나 신속하게 아이디어를 실제 제품이나 서비스로 전환할 수 있는지를 나타냅니다.

[11] URL https://www.youtube.com/watch?v=mRqoVlhtVzA

- **개발자 만족도**: 작업 환경, 워크플로, 도구에 있어서 낮은 마찰로 높은 임팩트를 달성하는 것을 의미하며, 개발자가 자신의 업무에 얼마나 만족하고 있는지, 워크플로가 얼마나 원활한지, 사용하는 도구가 얼마나 효과적인지를 측정합니다.

생산성에 대해 논의할 때 납품(딜리버리) 관련 수치에만 주목하는 경우가 많지만, 그것만으로는 충분하지 않습니다. 칸반(Kanban) 방식으로 필요한 작업을 착실히 수행하고 있는 팀이나, 외부로 납품하는 프로젝트에 종사하고 있는 팀의 생산성은 딜리버리 수치만으로는 측정할 수 없습니다.

AI가 제공하는 가치는 제품 팀의 개발자를 포함해 다른 개발자나 IT 전문가에게도 해당됩니다. 따라서 AI 도입 효과를 측정할 때는 더 넓은 의미에서의 개발자 경험을 중시하고 개발자가 얼마나 만족감을 가지고 임팩트 있는 일에 몰두하고 있는지를 살펴보는 것이 중요합니다.

## 7.5.2 Four Keys로 개발 프로세스 평가

데브옵스에서 중요한 지표인 Four Keys는 개발 지원 AI 도구의 도입 효과를 측정하는 데도 활용할 수 있습니다. 이러한 지표들을 적절히 적용하면 효율적이면서 품질 중심적이며 효과적인 소프트웨어 개발 프로세스를 실현할 수 있습니다.

Four Keys는 니콜 포스그렌(Nicole Forsgren), 제즈 험블(Jez Humble), 진 킴(Gene Kim)이 집필한 유명 서적 〈디지털 트랜스포메이션 엔진〉(Accelerate, 에이콘출판, 2020)[12]에서 소개되었으며, 소프트웨어 개발에 있어 중요한 프레임워크로 자리 잡고 있습니다. 이는 원래 개발 지원 AI 도구의 생산성을 측정하기 위해 개발된 것은 아니지만, 개발의 품질과 속도에 관련된 일반적인 지표로 기능합니다. 따라서 이 지표들을 지속적으로 측정하고 있다면, 개발 지원 AI 도구의 도입 효과를 평가하는 데도 활용할 수 있습니다.

---

[12] URL https://itrevolution.com/product/accelerate/

지표들은 다음 네 가지입니다.

▼ 표 7-3 Four Keys

| 지표 | 내용 |
| --- | --- |
| 배포 빈도 | 프로덕션 환경에 릴리스가 성공한 빈도를 측정합니다. |
| 변경 리드 타임 | 코드 커밋부터 프로덕션 환경에 배포되기까지의 시간을 추적합니다. |
| 변경 실패율 | 프로덕션 환경에서 배포 실패율을 평가합니다. |
| 평균 복구 시간(MTTR) | 프로덕션 환경의 장애로부터 평균 복구 시간을 측정합니다. |

이러한 지표를 도입하면 팀의 성과에 대해 명확하고 정량적인 인사이트를 얻을 수 있습니다. 또한 강점과 약점을 파악하고 개선점을 집중적으로 파악할 수 있습니다. 나아가 업계 표준을 벤치마킹해서 모범 사례의 달성과 유지를 목표로 삼을 수 있습니다.

단, 지표는 목적이 아니라 측정하기 위한 수단이라는 점에 주의해야 합니다. 조직 고유의 문화와 목표 속에서 해석하고, 정량적인 지표와 팀의 사기나 고객 만족도 등의 정성적인 측면 간의 균형을 잡는 것이 중요합니다.

Four Keys에서는 팀을 엘리트, 하이, 미들, 로우의 네 가지 퍼포먼스 레벨로 분류합니다. 최종 목표는 고성능이면서도 민첩하고 효율적인 데브옵스 환경을 의미하는 엘리트 상태에 도달하는 것입니다. 개발 지원 AI 도구의 도입 효과를 측정하고 개선을 지속한다면 이 목표에 점차 가까워질 수 있을 것입니다.

## 7.5.3 SPACE 프레임워크로 개발자 경험 평가

SPACE 프레임워크[13] 또한 니콜 포스그렌 박사와 공동 연구자들이 개발했습니다. 이 프레임워크는 개발자의 정신 건강과 감정적 건강을 우선하며, 만족도와

---

13 『The SPACE of Developer Productivity』
   URL https://dl.acm.org/doi/pdf/10.1145/3454122.3454124

행복도가 생산성, 혁신성, 효과와 직결된다고 인식합니다. 그리고 퍼포먼스 지표를 단순한 속도나 결과물로만 판단하지 않고, 품질이나 프로젝트·조직 목표에 대한 전반적인 영향까지 포함해 재정의합니다.

SPACE의 각 요소는 다음과 같습니다.

- Satisfaction and Well-being(만족도와 행복도)
- Performance(퍼포먼스)
- Activity(활동)
- Communication and Collaboration(커뮤니케이션과 협업)
- Efficiency and Flow(효율성과 플로)

SPACE 프레임워크는 기술적인 효율성과 성과뿐만 아니라, 팀의 행복과 만족도를 고려하지 않으면 충분히 실현할 수 없다는 점을 강조함으로써 데브옵스 전략에 필수적인 측면을 더하고 있습니다. **이러한 전체적인 관점은 지속할 수 있는 성장과 혁신을 위해 긍정적인 개발자 경험의 중요성을 인식하게 하며, 선진적인 조직을 차별화하는 열쇠**가 됩니다.

특히 AI가 각 개발자의 작업에 얼마나 기여하고 있는지를 평가하기 위해 사용하는 지표는 기존의 데브옵스 지표만으로 충분하지 않습니다. AI가 가져다주는 것은 단순한 생산성 향상만이 아니라 품질 향상, AI와의 협업을 통한 학습, 새로운 기능의 창출 등 다양한 측면이 존재합니다. 이는 제품에 대한 영향과 더불어 조직 그 자체에 대한 영향이기도 합니다.

또한 엔지니어링의 작업은 다양하므로 이 지표만으로 엔지니어링의 성과를 측정하기는 어렵습니다. 속도에 관해서는 일부 비교가 가능하더라도 개발 스타일이나 난이도가 다른 대상을 같은 기준으로 평가하면 잘못된 결과로 이어질 가능성이 있습니다.

예를 들어 비즈니스적 가치를 창출하는 것이 명확하거나, 해당 기술이나 소프트웨어 자체가 기업의 경쟁 우위에 직결되는 경우라면 그 '가치'를 환산하기 쉬울 것입니다.

하지만 웹사이트에 매우 중요하지만 기본적으로 당연히 있어야 하는 로그인 기능을 구현하거나, 멈추지 않는 것이 당연한 시스템을 운영하기 위한 개발을 하는 개발자의 가치는 어떻게 측정할 수 있을까요? 따라서 정량적인 기준뿐만 아니라 엔지니어링 조직의 만족도 등도 포함하여 더 유연하게 측정하는 것이 필요합니다.

SPACE 프레임워크의 지표 측정을 통해 다음과 같은 이점이 있습니다.

- 인간 중심의 측면을 포함하여 소프트웨어 개발에 대한 더욱 균형 잡히고 포괄적인 접근 방식이 보장됩니다.
- 만족도, 커뮤니케이션, 협업에 초점을 맞춤으로써 의욕이 높고, 팀워크가 뛰어난 효과적인 팀으로 이어집니다.
- 기술적인 성과뿐 아니라 문화적·인간 중심의 실천도 업계 표준과 비교해 벤치마킹할 수 있습니다.

이를 통해, AI가 개발자의 생산성에 어떤 영향을 미치는지를 좀 더 포괄적으로 이해할 수 있으며, 그에 따른 적절한 개선과 도구 자체의 영향까지도 포괄적으로 파악할 수 있습니다.

### 7.5.4 개발 지원 AI 도구 도입 평가

개발 지원 AI 도구의 도입 효과를 측정하려면 적절한 지표 선택이 필요합니다. 그러나 지표 선택은 결코 쉬운 일이 아닙니다.

개발 지원 AI 도구의 효과를 정확히 평가하려면 다양한 지표를 조합해서 종합적으로 접근해야 합니다. 정량적 지표와 정성적 지표를 균형 있게 활용해야 하며, 단기적인 변화와 장기적인 트렌드 양쪽을 관찰해야 합니다. 또한 팀 고유의 목표나 과제에 맞춘 맞춤형 지표를 설정하는 것도 효과적입니다.

이제부터는 개발 지원 AI 도구의 효과를 평가할 때 고려해야 할 지표들에 관해 설명하겠습니다.

## 개발자 설문 조사

개발자 설문 조사는 도구의 실용성을 직접적으로 평가하는 데 있어 매우 중요합니다. 정기적인 만족도 조사나 사용 경험에 대한 인터뷰를 통해 개발자의 솔직한 의견을 수집합니다.

예를 들어 'AI 도구를 사용하면 작업 시간이 몇 % 줄었는가?', '코드 품질이 향상되었다고 느끼는가?'와 같은 구체적인 질문을 설정함으로써 더 정밀한 평가가 가능해집니다. 개발자 설문 조사는 개발자 경험과 AI 도입의 관련성을 평가하는 가장 직관적이며, 가장 간단하게 실행할 방법이라는 장점이 있습니다. 대부분은 개발 생산성 자체가 명확히 측정되지 않는 상황에서 개발자 설문 조사는 가장 먼저 고려해야 할 수단이라고 말할 수 있습니다.

## AI 제안 채택률

깃허브 코파일럿 같은 개발 지원 AI 도구는 AI가 제안한 내용이 어느 정도 사용자에게 받아들여졌는지를 나타내는 제안 채택률 데이터를 제공합니다. AI의 제안 채택률은 도구의 유효성을 보여 주는 중요한 지표 중 하나입니다.

다만 이 수치는 언어나 프로젝트의 특성에 따라 크게 달라질 수 있으므로 절대적인 기준은 아닙니다. 예를 들어 파이썬 프로젝트에서는 40%의 채택률이 일반적일 수 있지만, C++에서는 평균 30%일 수도 있습니다. 또한 개발자의 코딩 스타일도 달라지므로, 이 수치 하나만으로 전체를 판단하기는 어렵습니다. 반면, 채택률이 10%대처럼 현저히 낮다면 해당 도구의 도입 효과가 낮다는 것을 시사할 수 있으며, 이는 경고 지표로 받아들여야 합니다. 이는 생산성을 측정하는 지표라기보다는, AI 도구가 실제로 활용되고 있는지를 판단하는 참고 지표로서 기능합니다.

## 이슈를 만들고 나서 풀 리퀘스트를 닫기까지의 시간

이슈(Issue)를 생성하고 나서 풀 리퀘스트(Pull Request)가 완료되기까지 걸리는 시간은 개발 프로세스 전체의 효율성을 평가하는 데 뛰어난 지표입니다. 이 지표는 코딩뿐만 아니라 리뷰와 테스트 등 전체 엔드-투-엔드 과정을 포함해 종합적으로 평가할 수 있습니다. 예를 들어 평균 소요 시간이 2주에서 1주로 단축된다면, 이는 분명한 생산성 향상으로 볼 수 있습니다. 다만, 작업의 복잡도나 규모에 따라 변동될 수 있으므로 장기적인 추세를 관찰하는 것이 중요합니다.

**코드의 분량**

개발 지원 AI 도구의 보급 상황을 파악할 수 있는 가장 빠른 지표는 생성된 코드의 줄 수입니다. 다만 이 지표는 신중하게 해석할 필요가 있습니다.

코드의 줄 수는 전체적인 트렌드나 도구의 활용도를 알아보는 데 유효할 수 있지만, 개인이나 팀 수준의 생산성을 측정하기에는 적합하지 않습니다. 예를 들어 월간 생성 코드가 1만 줄에서 2만 줄로 늘었다고 해도 단순히 도구 사용이 늘었다는 것만을 보여 줄 뿐, 생산성 향상이나 가치 창출을 직접적으로 의미하지는 않습니다. 더 나아가, 이 지표에 지나치게 집착할 경우, 불필요하게 줄 수를 늘리는 현상이 발생할 수 있어 주의가 필요합니다. 따라서 이 지표는 어디까지나 보급률의 참고 지표로만 활용해야 합니다.

## 7.5.5 도구 도입의 가치를 가늠하기

생성형 AI 도구의 도입 효과를 측정하는 일은 많은 기업에 있어 큰 과제입니다. 필자의 경험에 따르면, AI 도구를 도입하면 생산성 측정에 무게를 두는 경향이 강하지만, 이를 정확히 측정하는 데는 여러 가지 어려움이 따랐습니다.

애초에 AI에 따른 생산성이 향상되었는지 따지기 이전에, 코드나 개발자의 시간의 '진정한 가치'를 수치로 표현하는 것 자체가 매우 어렵습니다. 지금까지 언급한 것처럼, 시간당 생성된 코드 줄 수 등을 측정하는 것은 가능하지만, 그것이 본질적인 가치를 의미하지는 않습니다.

또한 일부 기업에서는 Four Keys나 SPACE 프레임워크 등의 지표를 활용하고 있지만, 이것들 역시 완전한 해결책이라고는 할 수 없습니다. 모든 팀이 데브옵스를 실천하고 있는 것은 아니며, 기간이 정해진 프로젝트 기반의 근무 방식인 경우도 있습니다. 특히 짧은 코딩 공정밖에 없는 프로젝트에서는 생산성 향상을 측정하기는 더욱 어렵습니다.

여기서 중요한 것은 '생산성 그 자체를 어떻게든 정량적으로 측정하려 한다'라는 매우 어려운 주제에 섣불리 뛰어들지 않는 것입니다. 그보다는 AI 도구를 도입하면서 최소한의 가치가 창출되고 있다는 사실을 먼저 확인하는 것이 중요합니다. 그리고 '일단 써 보자'라는 자세에서 시작해, AI 도구 도입을 검토해 나가는 것이 중요합니다.

AI 도구의 도입 비용은 매우 낮게 책정됩니다. 예를 들어 월 3만 원 정도의 도구라면 개발자 1인당 월 1~2시간의 생산성 향상만으로도 충분히 비용 대비 효과를 낼 수 있습니다. 대부분의 경우, 몇 줄의 코드 스니펫 생성만으로도 그 가치를 입증할 수 있으며, 이러한 비용 대비 효과를 고려하면 도입하지 않을 이유는 거의 없다고도 할 수 있습니다.

AI 도구의 효과 측정은 개발자 대상의 간단한 설문 조사부터 시작하는 것이 바람직합니다. 예컨대 AI 도구를 도입한 개발자가 월 1시간 정도의 생산성 향상을 체감했다면 그것만으로도 도입할 가치가 충분히 있다고 평가할 수 있습니다. 더욱 정교하게 측정하고 싶다면 Four Keys를 점진적으로 도입하거나, 도구 또는 팀 단위로 A/B 테스트를 시행하는 방식도 검토할 수 있습니다. 단, 초기 도입 단계에서 월 수만 원 정도의 가치를 입증하기 위해 거창한 측정 시스템을 구축할 필요는 없습니다. 여러 접근법이 가능하나, 적절한 절충과 단순화가 필요합니다.

무엇보다도 중요한 것은 개발자들이 실제로 사용해 보고 거기서 얻는 피드백을 중시하는 것입니다. 생산성 향상은 수치적 지표만이 아니라, 개발자의 경험과 만족도에도 반영됩니다. 예를 들어 '코딩이 즐거워졌다', '새로운 아이디어가 더 잘 떠오르게 되었다'처럼 정성적 평가도 중요한 지표입니다. 핵심은 개발자의 체험을 조직 전체가 어떻게 가치를 창출하는 체계로 연결할 수 있을지를 고민하는 것입니다.

# 8장

# 개발에서 AI를 활용하기 위한 팁

---

8.1 에디터와 터미널을 능숙하게 활용하기
8.2 데이터를 자유롭게 다루기
8.3 빠른 웹 개발을 위한 AI 테크닉
8.4 AI와 협업할 때 필수적인 도구 활용법

이번 장에서는 생성형 AI를 일상적인 개발 업무에 효과적으로 활용하기 위한 실용적인 팁과 도구를 소개합니다.

구체적으로는 에디터와 터미널의 활용법, 데이터의 형식 변환 등 다양한 측면에서 AI를 활용하는 방법을 배워 봅니다. 또한 AI와 원활하게 협업하기 위해 반드시 필요한 도구들의 활용법도 함께 알아봅니다.

## 8.1 에디터와 터미널을 능숙하게 활용하기

지금까지는 AI 도구나 모델의 특성을 살펴보았지만, 이제부터는 AI와 더 효과적으로 협업하기 위한 에디터와 터미널의 활용 방법을 생각해 보겠습니다.

### 8.1.1 에디터에서 필요 없는 정보 제거

개발 지원 AI 도구를 효과적으로 활용하려면 AI에 적절한 문맥을 제공해야 합니다. 하지만 때로는 **필요하지 않은 문맥을 제거**하는 것도 마찬가지로 중요합니다.

현재 작업 중인 파일이나 대화 기록에 필요하지 않은 문맥이 프롬프트에 포함되어 있을 가능성을 생각해 봅시다. AI에 필요 이상의 정보를 주면 오히려 적절한 제안을 이끌어내지 못할 수도 있습니다. 이럴 때 유용한 것이 바로 **완전히 새로운 상태에서 대화를 시작**하는 테크닉입니다.

구체적으로는 다음과 같은 방법들을 환경에 맞게 시도해 보기 바랍니다.

- AI가 통합된 에디터에서 새 파일을 만든다.
- 필요하지 않은 파일은 닫는다.
- 적절한 문맥만 선택해 인라인으로 AI를 호출한다.
- 새로운 채팅 스레드를 시작한다.

## 8.1.2 자동으로 라이선스 확인 활용

개발 지원 AI 도구 중에는 고급 라이선스 확인 기능을 갖춘 것도 있습니다. 이 기능을 활성화해 두는 것은 AI가 생성한 코드의 라이선스 위반 방지는 물론이고 AI가 만든 코드 이외의 라이선스 위반을 확인하는 데도 활용할 수 있습니다.

소스 코드의 라이선스에는 여러 종류가 있으며, 종류마다 이용 조건이 정해져 있습니다. 그중에는 '카피레프트(코드 공유 요구) 라이선스'라고 불리는 것도 있습니다. 이러한 라이선스에 따라 작성된 코드를 사용할 경우, 코드 전체를 카피레프트 라이선스로 공개해야 합니다. 대표적인 예로는 GPL 라이선스를 들 수 있습니다. 만약 실수로 카피레프트 라이선스의 코드를 사용하게 되면, 해당 라이선스에 따라 그 코드 역시 공개해야 합니다. 이는 상업적 이용을 고려할 때 큰 문제가 됩니다.

라이선스 체크 기능을 갖춘 개발 지원 AI 도구를 사용하여 대상 코드를 확인합니다. 직접 작성한 코드라 하더라도 공용 코드와 일치하는 부분이 있는지 확인할 수 있습니다.

▼ 그림 8-1 공용 코드 일치에 관한 통지

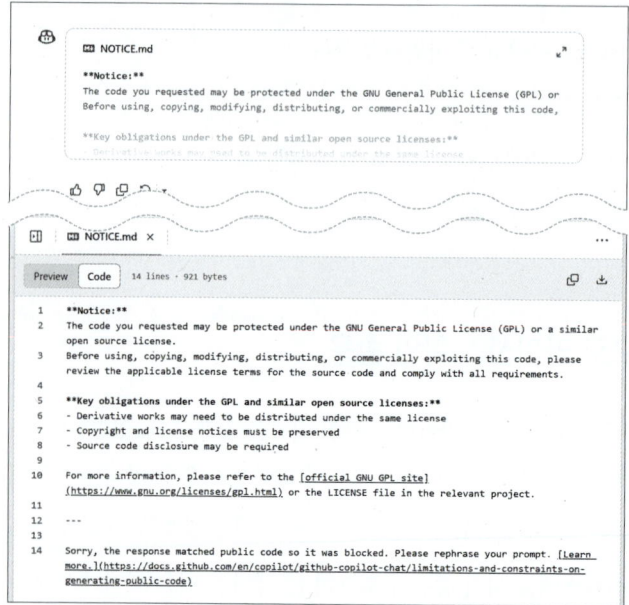

이 그림은 공개 코드와 일치해서 라이선스 정책에 의해 생성을 차단했다는 깃허브 코파일럿의 통지입니다.

예전에는 소스 코드의 라이선스 위반 여부를 검사하기 위해 Black Duck[1]과 같은 전용 도구가 필요했습니다. 이 도구들을 CI/CD 프로세스에 통합하면 코드의 안전성을 확보할 수 있지만, AI 도구를 이용하면 손쉽게 직접 확인할 수도 있습니다. 완벽한 대체는 아니지만, 안심하고 코드를 활용하기 위한 하나의 방법입니다.

단, '클렌징[2]만 하면 어떤 코드든 쓸 수 있다'는 것은 아닙니다. GPL과 같은 카피레프트 라이선스와 일치하는 것으로 확인되었다면 해당 코드는 사용하는 것이 바람직하지 않으며, 소폭 수정하여 사용하는 행위도 피해야 합니다.

---

1 `URL` https://www.blackduck.com/en-us.html
2 `역주` 오픈소스를 가져다 쓸 때 라이선스에 위배되지 않게 코드를 고친다는 의미입니다.

## 8.1.3 에디터 통합형 터미널 활용

비주얼 스튜디오 코드를 터미널처럼 활용하면 AI를 활용한 개발을 더욱 효율적으로 진행할 수 있습니다.

**개발 지원 AI 도구 중에는 터미널의 처리 내용을 AI에 전달하기 위한 기능이 포함된 것도 있습니다.** 터미널 정보를 AI에 제공하면 AI와의 커뮤니케이션이 더욱 원활해지고 개발 작업이 한층 수월해집니다.

예를 들어 깃허브 코파일럿 챗에서는 #terminalLastCommand나 #terminalSelection 같은 태그를 사용해 AI에 정보를 제공할 수 있습니다. 프로그램에서 오류가 발생하면 오류 메시지를 AI에 전달해 오류에 대한 설명과 해결 방법을 AI가 찾아줍니다.

▼ 그림 8-2 깃허브 코파일럿 챗의 컨텍스트 변수 #terminalLastCommand의 예시

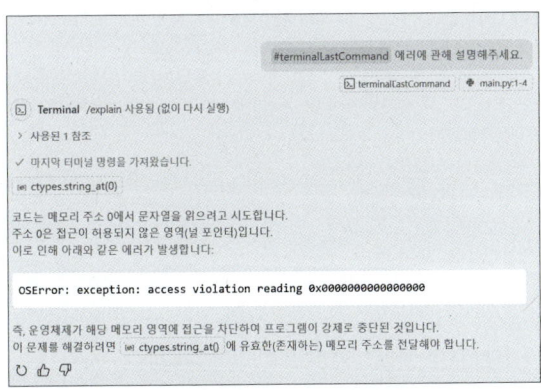

이처럼 비주얼 스튜디오 코드에 통합된 터미널을 적극적으로 활용하면 AI와 커뮤니케이션하면서 신속하게 개발할 수 있습니다. 맥의 터미널(Terminal)이나 윈도우의 파워셸(PowerShell)을 직접 사용하는 대신 비주얼 스튜디오 코드를 주 터미널 애플리케이션으로 사용하는 것도 좋은 방법입니다.

## 8.1.4 환각을 막기 위한 도움말 정보 활용

AI를 활용하면 올바른 명령어 사용법을 빠르게 확인할 수 있습니다.

명령어 사용법을 웹에서 검색하는 사람도 있고, --help 옵션을 사용해 확인하는 사람도 있습니다. 웹에서는 정확한 정보를 알아내기까지 시간이 걸릴 수 있는 반면, --help는 전체적으로는 표시되지만 직관적으로 이해하기 어려울 때도 있습니다. 생성형 AI는 환각을 일으킬 수 있지만, 적절하게 활용하면 웹 검색 없이 --help 정보를 참고해서 정확한 명령어 사용법을 파악할 수 있습니다.

예를 들어 정적 사이트 생성기인 Hugo 명령어 사용법은 hugo --help로 확인할 수 있습니다.

```
hugo is the main command, used to build your Hugo site.

Hugo is a Fast and Flexible Static Site Generator

Usage:
   hugo [flags]
   hugo [command]

Available Commands:
     completion      Generate the autocompletion script for the specified shell
     config          Print the site configuration
     ... 중략 ...
     version         Print the version number of Hugo
```

명령어의 상세나 구체적인 사용 방법을 알고 싶다면 다음과 같이 프롬프트를 입력합니다.

```
hugo로 8000번 포트에서 서버를 실행하는 방법을 알려주세요.
〈— 터미널의 help를 붙여 넣고 / #terminalSelection으로 AI에 정보를 전달 —〉
```

이때 AI 도구는 hugo --help의 출력 결과를 참고해 hugo server --port 8000 같은 Hugo 명령어의 사용법을 알려줄 수 있습니다. 이렇게 하면 사전 정보 없이 AI에 출력을 요구하는 것이 아니라, 정확한 정보를 바탕으로 AI가 응답을 생성하며 환각을 억제할 수 있습니다.

특정 오퍼레이션에 대해 응답의 정밀도를 조금 더 높이고 싶을 때는 hugo server --help 명령의 출력 결과를 다시 한번 AI에 전달하면 됩니다.

이 테크닉은 brew, apt, npm, pip 등 다양한 명령어에 적용할 수 있습니다.

## 8.1.5 변경 내용의 차이를 활용한 커밋 메시지 품질 향상

코드의 변경(diff)을 바탕으로, AI에 커밋 메시지를 제안받을 수 있습니다. 개발 지원 AI 도구에 따라서는 버튼 하나로 커밋 메시지를 생성해 주는 기능도 있지만, 이 테크닉을 활용하면 팀의 규칙이나 자신의 의도에 맞는 메시지를 자동으로 생성할 수 있기 때문에 **커밋 로그의 품질 향상**에 도움이 됩니다.

우선 다음 명령어를 사용해 코드의 변경 내용을 가져옵니다.

```
git --no-pager diff
```

▼ 그림 8-3 git --no-pager diff의 결과

```
diff --git a/.github/workflows/pages.yaml b/.github/workflows/pages.yaml
index b3dc506..a838ff9 100644
--- a/.github/workflows/pages.yaml
+++ b/.github/workflows/pages.yaml
@@ -36,12 +36,12 @@ jobs:
           with:
             fetch-depth: 0  # fetch all history for .GitInfo and .Lastmod
             submodules: recursive
-            lfs: false
+            lfs: true
             token: ${{ secrets.FG_TOKEN }}
         - name: Setup Go
           uses: actions/setup-go@v5
           with:
-            go-version: '1.22'
+            go-version: '1.23'
         - name: Setup Hugo
           run: |
```

그다음, 다음과 같은 프롬프트를 AI에 입력합니다.

> 커밋 메시지를 아래의 변경(diff) 내용으로부터 생성해 주세요.
> 커밋 메시지 작성 규칙은 아래와 같습니다:
> - 영어로 작성할 것
> - 커밋 메시지의 카테고리를 앞에 붙일 것(예 Hotfix, Feature, Refactor 등)
>
> 〈출력된 Git 변경 내용〉

이렇게 하면 AI가 변경 내용을 읽어 들이고, 그에 기반해 커밋 메시지를 제안해 줍니다. 한국어나 영어 중 어느 언어로 작성할지, 규칙에 맞는 형식으로 작성할지 등을 고려하여 프롬프트를 적절히 수정하면서 커밋 메시지를 생성할 수 있습니다.

## 8.2 데이터를 자유롭게 다루기

언어 모델은 특정 목적을 달성하기 위한 도구로도 사용할 수 있습니다. 데이터 처리나 정형화, 문자열 처리 등 일정한 작업을 맡길 수 있으며, 지금까지 프로그래밍을 통해 수행하던 다음과 같은 작업의 일부를 AI에 맡길 수 있습니다.

- 데이터 레이블링
- 정규표현식 생성
- 날짜 등 일정한 포맷 추출
- 데이터 형식 변환

다만, 생성형 AI의 본질은 예측이지 변환이 아니므로, 일반적으로 사용할 수 있는 완성도가 높은 변환 도구처럼 기대할 수는 없습니다. 사람이 리뷰하는 것을 전제로 다음과 같은 사례에 한정해 활용하는 것이 효과적입니다.

- 프로그램을 작성하는 것이 번거로울 때
- 자연어 처리나 사양이 정해지지 않은 다양한 조건의 처리를 하고 싶을 때
- 일회성 작업에서 플러그인이나 도구 설치를 피하고 싶을 때
- 출처가 불명확한 온라인 외부 도구를 사용하고 싶지 않을 때

이 책에서는 필자가 주로 유용하다고 생각하는 활용 방법을 소개합니다.

### 8.2.1 AI를 활용한 정규표현식 생성 지원

정규표현식은 문자열의 패턴을 표현하기 위한 기법입니다. AI는 기본적인 정규표현식을 이해하고 있으며, 간단한 정규표현식을 생성할 수도 있습니다.

예를 들어 다음과 같은 문자열에서 '2024-12-24'라는 날짜 부분을 추출하고 싶을 때, 'text에서 날짜를 추출하는 코드를 작성해 주세요'라고 AI에 지시하면 됩니다.

```
text = "오늘의 날짜는 2024-12-24입니다"
```

이렇게 하면, AI는 다음과 같은 코드를 생성합니다.

```
import re

# 날짜 형식 (YYYY-MM-DD)의 문자열을 검색하여 표시
pattern = r"\d{4}-\d{2}-\d{2}"
match = re.search(pattern, text)
print(match.group())  # 결과: 2024-12-24
```

또한 추출하고자 하는 결과를 명시해서 AI에 정규표현식을 생성하게 할 수도 있습니다. 다음 예시는 입력과 출력 패턴을 명시적으로 보여 줍니다.

> 다음 조건을 만족하는 정규표현식을 생성해 주세요.
> - 입력: "Hello World"
> - 출력: ["H", "W"]

그러면 AI는 다음과 같은 코드를 생성합니다.

```
import re

# 대문자 알파벳에 매칭되는 정규표현식 패턴
regex = r"[A-Z]"
matched = re.findall(regex, "Hello World")
```

특히 간단한 정규표현식은 AI를 통해 짧은 시간 안에 생성할 수 있습니다. 복잡한 정규표현식이라면 개발자가 AI와 협력하면서 구성해 나가는 것이 효과적일 수도 있습니다. 그런 경우에는 다음과 같은 접근 방식을 시도해 보기 바랍니다.

- 직관적으로 리뷰할 수 있는 개발 환경을 갖춘다.
- 정규표현식을 출력한 후 그 해설을 요청한다.
- 정규표현식의 다양한 변형을 여러 개 제시해 달라고 요청한다.

### 직관적으로 리뷰할 수 있는 개발 환경 갖추기

Regex Previewer[3]와 같은 에디터의 확장 기능을 활용함으로써, AI가 생성한 정규표현식을 시각화하고 직관적으로 리뷰할 수 있습니다.

---

3 URL https://marketplace.visualstudio.com/items?itemName=chrmarti.regex

▼ 그림 8-4 비주얼 스튜디오 코드의 확장 기능인 Regex Previewer

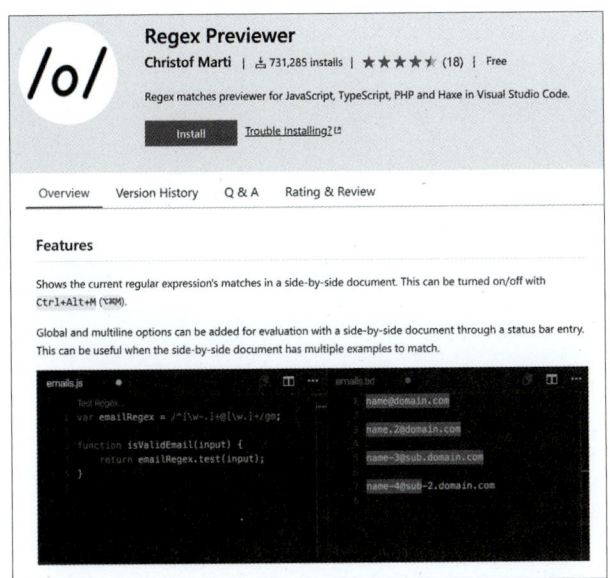

## 정규표현식의 설명을 요청하기

생성된 정규표현식을 AI에 설명해 달라고 요청하면 리뷰를 쉽게 할 수 있습니다. 설명이 틀릴 가능성도 있지만, '이 정규표현식을 나눠서 설명해 주세요'라고 요청하면 설명을 나눠서 받을 수 있습니다. 정규표현식이 틀렸을 경우, 바로 웹 검색에 의존하기보다 AI에 한 번 더 설명할 기회를 줘보기 바랍니다.

## 다양한 종류의 정규표현식을 요청하기

처음에 제시된 해답이 반드시 원하는 것과 일치한다고는 할 수 없습니다. 또한 더 이해하기 쉬운 표현이 존재할 수도 있습니다.

파이썬에서 정규표현식을 사용해 문자열에서 숫자를 추출하는 방법에는 다양한 변형이 있습니다. 예를 들어 Ihave3applesand2oranges에서 3과 2를 추출하기 위한 정규표현식에는 여러 방법이 있으며, 어떤 것이 가장 적합한지는 문맥에 따라 다릅니다.

- \d
- \b\d\b
- \d+
- (\d)
- (?<=\b)\d(?=\b)

이처럼 여러 표현을 제시하도록 하면, 가장 적합한 정규표현식을 선택하기 쉬워집니다.

## 8.2.2 다양한 날짜 포맷 인식

AI는 날짜와 시간의 형식을 추출하기 위한 표기법도 이해하고 있습니다.

날짜 표현에는 다음과 같이 다양한 형식이 있으며, 그 종류는 목적에 따라 달라집니다. 이러한 정보를 AI에 설명을 요청하면 목적에 맞는 정확한 형식을 얻을 수 있습니다.

▼ 표 8-1 다양한 날짜 표현

| 형식 | 내용 |
| --- | --- |
| ISO 8601 | 국제표준화기구(ISO)에 의해 정해진 날짜 및 시간의 표기 방법입니다. |
| RFC 2822 | 이메일의 날짜와 시간 형식으로 사용됩니다. |
| Unix Timestamp | 시스템 내부나 데이터베이스에서 날짜와 시간을 다룰 때 자주 사용되며, 1970년 1월 1일 00:00:00 UTC부터의 경과 초 수를 나타냅니다. |

예를 들어 다음과 같은 2024-12-24T13:00:00 형식이 어떤 표기법인지 설명해 달라고 요청하고, 그 형식을 추출하기 위한 정규표현식을 생성해 달라고 AI에 의뢰할 수 있습니다.

> 2024-12-24T13:00:00 형식을 알파벳과 기호로 표현해 주세요.
> 또한 어떤 표준에 기반하고 있는지 설명해 주세요.

그렇게 하면, 다음과 같은 응답을 받을 수 있을 것입니다.

> 지정된 날짜와 시간의 포맷을 알파벳과 기호로 표현하면 다음과 같습니다:
> YYYY-MM-DDThh:mm:ss
> 이것은 ISO 8601이라는 국제 표준에 기반하고 있습니다.

이를 응용하면 다음과 같이 파이썬에서 날짜를 파싱하기 위한 코드를 생성할 수 있습니다.

> 2024-12-24T13:00:00 형식을 파이썬에서 strptime으로 파싱해 주세요.

그러면 다음과 같은 코드가 생성될 것입니다.

```
from datetime import datetime

# 파싱하고자 하는 날짜 및 시간 문자열에 대해 strptime을 사용해 파싱
date_string = "2024-12-24T13:00:00"
parsed_date = datetime.strptime(date_string, "%Y-%m-%dT%H:%M:%S")
```

## 8.2.3 POSIX CRON 형식의 생성

AI는 작업 스케줄링을 위한 시간 형식도 생성할 수 있습니다. 예를 들어 AI에 다음과 같은 조건을 제시하면 POSIX CRON 형식을 생성할 수 있습니다.

> 5분마다 실행되는 CRON 형식을 생성해 주세요.

> */5 * * * *

CI/CD 파이프라인의 스케줄 설정이나 정기적인 배치 처리의 스케줄 설정 등 다양한 상황에서 활용할 수 있습니다.

## 8.2.4 특수한 데이터 포맷 변환

JSON 데이터를 XML로 변환하는 것처럼 일반적인 변환은 기존의 규칙 기반 도구로 처리하는 것이 바람직하지만, 데이터를 파싱해 약간 특수한 데이터 포맷으로 변환하고 싶은 경우에는 생성형 AI를 변환기 대신 사용할 수도 있습니다.

예를 들어 XML 데이터를 루비의 연관 배열(심볼 표기 :key => value, key: value)로 변환하도록 요청할 수 있습니다.

> 🤖 **입력 프롬프트**

다음 XML 데이터를 Ruby의 해시(Hash)로 변환해 주세요.
변환 시에는, Ruby 해시의 심볼 표기법을 사용해 주세요.

```xml
<root>
  <person>
    <name>George</name>
    <age>30</age>
  </person>
  <!-- 중략 -->
</root>
```

AI의 출력은 다음과 같을 것입니다.

> 🤖 **출력 프롬프트**

```
person = {
  name: "George",
  age: 30
}
```

이러한 방식으로 개발자는 테스트용 데이터나 개발 시 참조할 데이터를 간단하게 변환할 수 있습니다. 한편, 변환 후 생성된 데이터가 깨지지 않았는지 또는 원본 데이터와 동일한지 확인하기 위해서는 검증이 필요합니다.

AI를 사용하지 않는 규칙 기반 변환에 대해서는 transform.tools(ritz078/transform)[4] 같은 오픈소스 변환 도구도 사용할 수 있습니다.

▼ 그림 8-5 transform.tools의 변환 예시

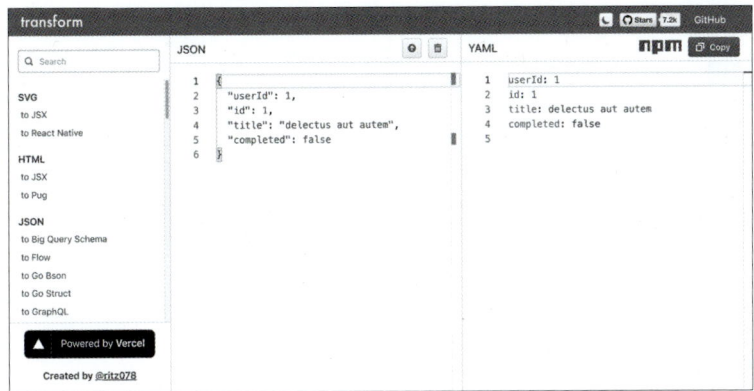

## 8.2.5 AI를 활용한 비정형 데이터 분류

생성형 AI를 활용함으로써, 자유 응답 형식의 설문 조사나 블로그 글, 댓글 등과 같은 비정형 데이터[5]도 **효율적이고 객관적으로 분류, 정량화**할 수 있습니다.

기존에는 이러한 데이터를 분석하기 위해 사람이 수작업으로 일부 작업을 수행해야 했습니다. 이러한 일련의 작업은 시간이 매우 많이 들고, 인간의 지식과 경험, 감정에 따라 결과가 달라질 수 있어서, 여러 사람이 각각 작업하고 그 결과를 통합해 비교하는 과정이 필요했습니다.

AI와 함께 애프터 코딩[6]을 수행하고 내용을 단어 단위로 분류하고 분류 코드(선택지형 코드)로 치환하면 분석이 쉬워집니다. 애프터 코딩의 예시는 다음과 같습니다.

---

4　URL https://transform.tools/json-to-go
5　비정형 데이터란 텍스트나 이미지처럼 특정한 구조를 가지지 않은 데이터를 말합니다.
6　역주 텍스트 같은 비정형 데이터를 미리 정의된 분류 기준(코드)에 따라 정량화하는 작업입니다. 프로그래밍을 의미하는 코딩은 아니고 인코딩의 의미입니다.

> 아래 Markdown 표의 B열에는, 매장에 관한 설문 응답이 있습니다.
> 아래 목록에 있는 항목별로 열을 만들고, 해당되는 것은 1, 해당되지 않는 것은 0으로 표시하세요.
>
> - 청결함
> - 세련됨
> - 밝음
> - 어두움
> - 촌스러움
> - 더러움
>
> | A   | B                          |
> |-----|----------------------------|
> | o o | 청결해서 멋진 가게였습니다 |
> ⟨!— 생략 —⟩

AI를 활용한 애프터 코딩은 비구조화 데이터에서 가치 있는 인사이트를 도출하기 위한 강력한 방법입니다. GPT, 클로드, 제미나이 등 여러 종류의 AI 모델을 이용해 코딩하고, 그 결과를 비교, 통합하면 더욱 신뢰도 높은 분석이 가능합니다. 다양한 AI 모델을 조합함으로써 더 다각적이고 객관적으로 분석할 수 있습니다.

## 8.2.6 데이터 전처리 효율화

적절한 프롬프트를 작성할 수 있다면 생성형 AI에 일부 데이터 엔지니어링 작업을 맡길 수도 있습니다. 데이터 전처리는 반복적으로 이뤄질 가능성이 높기 때문에, 매번 동일한 절차를 밟는 것은 효율적이지 않습니다. 아이디어에 따라 다양한 데이터 엔지니어링 작업을 AI에 의뢰할 수 있습니다.

예를 들어 다음과 같은 작업을 AI에 맡길 수 있습니다.

▼ 표 8-2 데이터 전처리 작업과 그 내용

| 작업 | 내용 |
| --- | --- |
| 이상값 제거 | 데이터 내의 이상값이나 극단값을 검출해 제거합니다. |
| 결측값 처리 | 데이터의 결측값을 적절히 보완합니다(평균값이나 중앙값 등으로 대체). |
| 데이터 정규화 | 데이터를 일정한 범위(예: 0과 1 사이)로 스케일링합니다. |
| 범주형 변수의 인코딩 | 범주형 변수를 수치로 변환합니다(더미 변수화 등). |
| 시계열 데이터 처리 | 시계열 데이터에서 특징량을 추출합니다(이동 평균, 시차 특징량 등). |
| 테이블 결합 | 여러 테이블을 결합하고 정리합니다. |
| 다른 예측기의 결과를 특징량으로 활용 | 다른 모델로 예측한 결과를 데이터에 추가합니다. |

데이터 전처리를 수행하게 하려면 다음과 같은 프롬프트를 설계합니다.

> 다음 CSV 데이터에 대해, 아래의 처리를 수행하는 프로그램을 Python으로 작성해 주세요.
> - 'age' 열의 이상값(10 이상의 값)을 제거한다.
> - 'income' 열의 결측값을 중앙값으로 보완한다.
> - 'gender' 열을 더미 변수로 변환한다.
> - 'height' 열과 'weight' 열을 0~1 범위로 정규화한다.

전처리 작업은 다루는 데이터에 따라 다르지만, 일종의 공통 처리가 포함되는 경우가 많습니다. 따라서 프롬프트를 재사용할 수 있도록 하는 것이 좋습니다.

예를 들어 조건에 관한 부분을 자유롭게 기입할 수 있도록 하면 프롬프트를 재사용하기 쉬워집니다.

> CSV 데이터의 아래 열에 대해 처리를 수행하는 Python 프로그램을 작성해 주세요.
> - 이상값 제거: age (100 이상의 값)
> - 결측값의 중앙값 보완: income
> - 더미 변수로 변환: gender
> - 0에서 1 사이로 정규화: height, weight

또한 챗GPT의 고급 데이터 분석을 사용하면 데이터 정제 프로그램을 작성해 줄 뿐만 아니라, 작성된 프로그램의 실행까지 한 번에 수행할 수 있습니다. 예를 들어 CSV 파일이나 JSON 파일과 같은 구조화된 데이터를 불러오고, 필요한 데이터를 추출하거나 가공하는 작업을 AI에 수행시키는 것이 가능합니다. 이를 통해 데이터 분석을 위한 준비 과정을 자동화하고, 효율적으로 데이터를 다룰 수 있게 됩니다.

## 8.3 빠른 웹 개발을 위한 AI 테크닉

웹 개발에서도 생성형 AI를 유용한 도구로 활용할 수 있습니다. AI는 웹사이트의 디자인 및 코딩, 접근성 검사 등 다양한 작업을 지원해 줍니다. 또한 SEO 대책, 콘텐츠 자동 생성 등 웹 개발의 다양한 작업을 효율적으로 수행할 수 있습니다.

### 8.3.1 SEO 개선 제안

AI를 SEO(Search Engine Optimization)에도 활용할 수 있습니다. SEO는 웹사이트가 검색 엔진에서 검색 결과의 순위를 높이기 위한 방법입니다. HTML의 구조는 SEO에 영향을 미칠 수 있으므로 AI에 HTML 코드를 읽게 하여 SEO 개선을 위한 제안을 받을 수 있습니다.

AI에 SEO 대책을 제안 받으려면 다음과 같이 지시할 수 있습니다.

> 🙂 입력 프롬프트

아래 head 태그 내 정보에 대해, SEO 대책을 하고 싶습니다.
검색 엔진에서 검색 결과 순위를 높이기 위해 어떤 정보를 추가하면 좋을지 알려주세요.

```html
<head>
  <!-- 생략 -->
</head>
```

AI는 HTML의 head 태그 안의 정보를 바탕으로 SEO를 위해 추가해야 할 정보를 제안할 것입니다.

> 🤖 출력 프롬프트

SEO를 위해서는 다음과 같은 정보를 추가하는 것이 효과적입니다.

1. **메타 설명(meta description) 최적화**: '`<meta name="description">`' 태그는 페이지에 대한 간단한 설명을 제공합니다. 키워드를 포함해 페이지의 내용을 명확하게 전달할 수 있도록 신경 써야 합니다.
2. **키워드 최적화**: '`<meta name="keywords">`' 태그는 페이지의 키워드를 정의합니다. 다만, 많은 검색 엔진은 이 태그를 무시하는 경향이 있습니다. 그렇더라도 중요한 키워드를 포함하는 것은 여전히 좋은 습관입니다.

<!-- 중략 -->

이러한 요소들을 적절히 최적화하면, 검색 엔진 결과에서 순위를 높이는 데 도움이 됩니다. 또한 페이지의 콘텐츠 자체가 고품질이어야 한다는 점도 중요합니다.

## 8.3.2 접근성 평가

AI는 접근성(Accessibility) 검사에도 탁월합니다. 웹사이트 등에 접근성 문제가 있으면, 시각적 어려움이 있는 사용자가 서비스를 이용할 때 불편을 겪을 수도 있습니다. AI에 접근성을 검사해 달라고 요청하고, 그에 대한 수정 제안도 받아 봅시다.

예를 들어 다음과 같은 지시를 AI에 주면, AI는 HTML 코드를 분석해 접근성 문제를 지적해 줄 것입니다.

> 🤖 **입력 프롬프트**

해당 HTML을 접근성 관점에서 리뷰해 주세요.

```html
<img src="image.jpg" />
```

그러면 AI는 alt 속성을 활용해 이미지에 대한 설명을 추가하도록 제안할 수 있습니다. 이에 따라 이미지가 로드되지 않거나, 음성 낭독 소프트웨어를 사용하는 사용자에게도 이미지의 내용을 쉽게 이해할 수 있도록 도와줍니다.

> 🤖 **출력 프롬프트**

`<img src="image.jpg" alt="A beautiful cat image" />`

AI는 RGB의 hex 색상 코드에 대해서도 놀라울 만큼 잘 이해하고 있습니다. 다음과 같이 질문하면 색상 코드에 대한 상세한 설명을 제공해 줄 것입니다.

코드 8-1 색상 코드에 관한 질문

Q: #f9ed84는 어떤 색인가요? 자세히 알려주세요. 다양한 방식으로 시적으로 표현해 주세요.

코드 8-2 AI의 답변

#f9ed84는 노란색 계열 중에서도 특히 밝은 색입니다. 이 색은 햇살이 비추는 듯한 따뜻하고 환한 인상을 줍니다.

이러한 능력을 활용하여, 특정 CSS 색상 코드를 바탕으로 접근성에 관한 평가도 수행할 수 있습니다.

> 이 컬러 팔레트의 대비에 대해, 접근성 관점에서 코멘트해 주세요.
>
> 〈CSS 코드를 붙여 넣기〉

그러면 AI는 다음과 같은 출력을 반환합니다. 이러한 정보를 바탕으로, 접근성 관점에서 디자인이나 콘텐츠를 개선할 수 있습니다.

> 이 컬러 팔레트는 선명한 녹색과 노란색의 조합이 특징으로, 환경이나 자연을 연상시키는 디자인에 적합합니다. 접근성 관점에서는 이 색상 조합의 대비와 사용 방식에 대해 몇 가지 고려 사항이 있습니다.
>
> ### 대비와 가독성
> 1. **#9FC131(밝은 녹색)과 #D6D58E(연한 노란색)**: 이 색 조합은 대비가 낮아, 특히 시각장애가 있는 사용자에게는 읽기 어려운 조합이 될 수 있습니다. 이 조합을 텍스트 표시 등에 사용할 경우에는 주의가 필요합니다.
>
> 〈!— 중략 —〉
>
> ### 접근성 가이드라인
> - **WCAG(Web Content Accessibility Guidelines)**: 텍스트와 배경 색상의 대비 비율은 작은 텍스트의 경우 4.5:1 이상, 큰 텍스트(18pt 이상 또는 굵은 글씨로 14pt 이상)의 경우 3:1 이상을 권장하고 있습니다.
> 이 팔레트의 색상을 사용할 때는 이러한 기준을 충족하는지 반드시 확인해야 합니다.
>
> ### 권장 사항
> - **색상 조합을 신중하게 선택할 것**: 특히 텍스트와 배경 색상 조합에는 높은 대비 조합을 선택하도록 하세요.
> - **도구를 사용해 대비 체크하기**: 색상 대비 분석기 등의 도구를 활용하여 선택한 색 조합이 접근성 기준을 충족하는지 확인해 주세요.

AI와 함께 Contrast Checker[7]와 같은 규칙 기반 검사를 병행함으로써, 더 효과적인 접근성 대응을 실현할 수 있습니다.

---

7  URL https://webaim.org/resources/contrastchecker/

❤ 그림 8-6 WebAIM Contrast Checker 화면

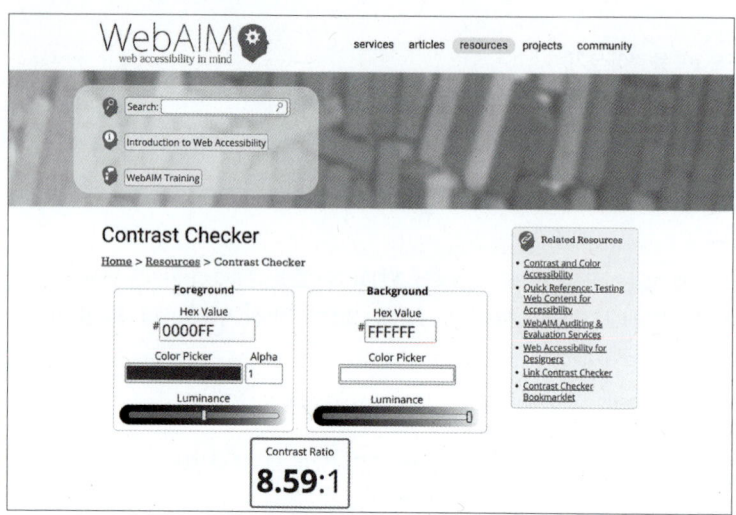

# 8.4 AI와 협업할 때 필수적인 도구 활용법

GENERATIVE AI FOR DEVELOPER

AI를 잘 활용하려면 AI가 어려워하는 부분을 보완해 주는 도구를 함께 사용하는 것이 효과적입니다. 다음은 AI와 협업하기 위해 사용할 수 있는 도구를 소개합니다.

## 8.4.1 diff 명령어를 활용한 변경 지점 파악

AI가 제안한 코드 개선안에는 치명적인 실수가 포함되어 있을 가능성이 있습니다.

예를 들어 다음과 같은 실수를 예상할 수 있습니다.

- 기존 코드와의 정합성이 맞지 않음
- 개선된 코드에서 중요한 구현이 빠져 있음
- 환각을 일으켜 실행할 수 없는 코드를 제안함

AI의 제안을 수용하기 전에 **코드의 변경된 부분을 반드시 확인하는 것**이 좋습니다. 변경된 부분을 확인할 때 diff 명령어를 사용하면 편리합니다. diff는 두 파일 간의 차이를 표시하기 위한 명령어이며, 사용 예시는 다음과 같습니다.

```
diff file1.txt file2.txt
```

깃(Git) 등의 버전 관리 도구에도 diff 기능이 탑재되어 있으므로, 코드의 변경 부분을 확인할 때는 버전 관리 도구를 활용하는 것이 편리합니다. 깃에서는 특정 파일의 변경 부분을 확인하려면 다음과 같이 git diff 명령어를 사용해야 합니다.

```
git diff file1.txt
```

또한 비주얼 스튜디오 코드와 같은 에디터의 깃 기능[8]에서도 diff를 확인할 수 있으므로, 에디터를 사용해 시각적으로 코드의 변경 부분을 확인할 수 있습니다.

▼ 그림 8-7 비주얼 스튜디오 코드의 Diff 기능 화면 예시

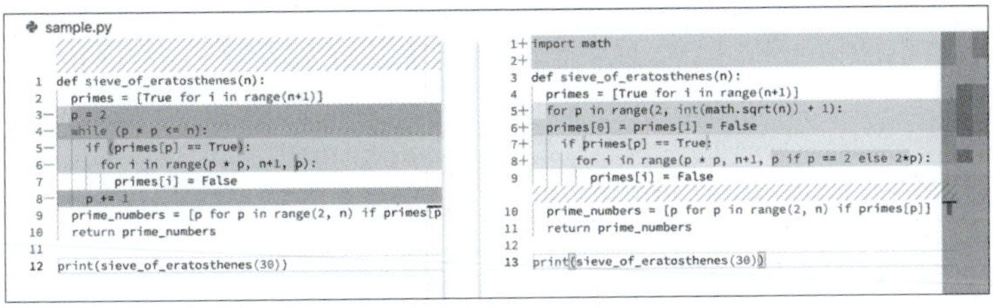

---

8  사이드바의 소스 관리 등에서 접근할 수 있습니다.

8장 개발에서 AI를 활용하기 위한 팁  **345**

효과적인 코드 리뷰를 수행하기 위해 코드의 변경된 부분을 반드시 확인합시다.

## 8.4.2 프롬프트 라이브러리 구축과 활용

AI를 효과적으로 활용하려면 **적절한 프롬프트를 시의적절하게 사용하는 것이 중요합**니다. 이를 위해서는 프롬프트 저장소, 프롬프트 라이브러리가 필요합니다. 다음과 같은 도구를 활용해서 구현하는 것이 좋습니다.

- OS의 텍스트 입력 기능에 등록된 텍스트 대치 기능
- Alfred[9]나 Dash[10]와 같은 스니펫 도구

이러한 도구를 사용하면 필요한 프롬프트를 즉시 꺼내어 사용할 수 있습니다.

어떤 프롬프트를 저장할지 고민될 수도 있습니다. 필자가 추천하는 방법은 **코딩 인터뷰 질문을 참고하여 저장하는 것**입니다. 프로그래밍의 처리 효율이나 메모리 효율에 관한 질문은 코딩 인터뷰에서 자주 나오는 주제입니다. 예를 들어 다음과 같은 질문 목록을 스니펫으로 등록해 두고, '해당'이라고만 입력하면 불러올 수 있도록 하면 편리합니다.

- 해당 코드의 계산량은 Big-O 표기법으로 어떻게 되나요?
- 해당 코드에서 BUD(Bottlenecks, Unnecessary work, Duplicated work)를 찾아주세요.

---

9 URL https://www.alfredapp.com/
10 URL https://kapeli.com/dash

▼ 그림 8-8 macOS의 텍스트 대치 기능 예시

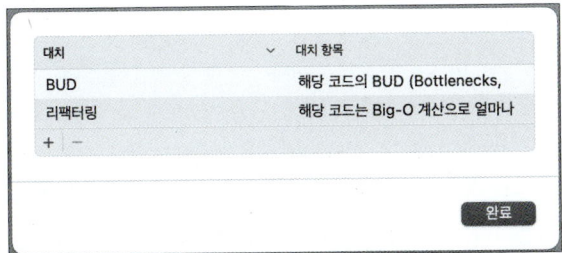

매번 적절한 질문을 머릿속에서 떠올리는 것은 쉽지 않기 때문에, 사람들은 어느새 '이 코드를 효율적으로 개선해 주세요'라는 추상적인 질문을 AI에 하기 쉽습니다. 텍스트 대치 기능이나 스니펫 도구에 저장된 구체적인 질문을 활용하면 AI에 **정확하고 효율적으로 코드를 개선**할 수 있습니다.

적절한 프롬프트를 미리 준비하고, 언제든지 바로 꺼내 쓸 수 있게 해 두는 것이 AI를 효과적으로 활용하는 핵심 포인트입니다. 꼭 실천해 보기 바랍니다.

### 8.4.3 AI 친화적인 마크다운으로 변환

마크다운은 AI와의 커뮤니케이션에서 중요한 역할을 합니다. AI에 정보를 전달할 때는 **가능한 AI에 친화적인 형식으로 제공**하는 것이 좋습니다. 이를 위해 HTML이나 엑셀 등의 다양한 데이터 소스를 어떻게 마크다운으로 변환하느냐가 중요합니다. 다음 도구들을 사용하면 다양한 데이터 소스를 마크다운 등의 AI가 처리하기 쉬운 포맷으로 변환할 수 있습니다.

▼ 표 8-3 다양한 변환 도구

| 변환 전 | 변환 후 | 도구 |
| --- | --- | --- |
| HTML | 마크다운 | Turndown |
| 클립보드에서 복사된 꾸며진 표 | 마크다운 | clipboard2markdown |
| 엑셀 표 | 마크다운 | Excel to Markdown Table |
| 마크다운 | CSV | mdtable2csv |

이 책에서 소개한 도구는 **오픈소스로 누구나 사용할 수 있으며**, 변환 도구를 잘 활용하면 **AI와의 커뮤니케이션을 원활하게** 할 수 있습니다.

## Turndown

HTML은 웹 페이지의 구조를 표현하기 위한 언어이지만, 태그 정보는 AI에는 불필요한 정보가 많이 있습니다. 또한 태그를 대량으로 추가하면 토큰 수가 증가하는 결과로 이어지기도 합니다.

따라서 AI에 정보를 전달하기 전에, 헤더나 표 등 최소한의 의미 있는 구조를 갖춘 경량 표현으로 바꾸는 것이 효과적입니다. 마크다운은 HTML보다 단순하고, AI가 이해하고 다루기 쉬운 형식입니다.

Turndown은 HTML을 마크다운으로 변환하는 도구입니다. 브라우저에서 사용할 수 있으며, 직관적으로 조작할 수 있습니다.

▼ 그림 8-9 Turndown으로 HTML을 마크다운으로 변환한 예시

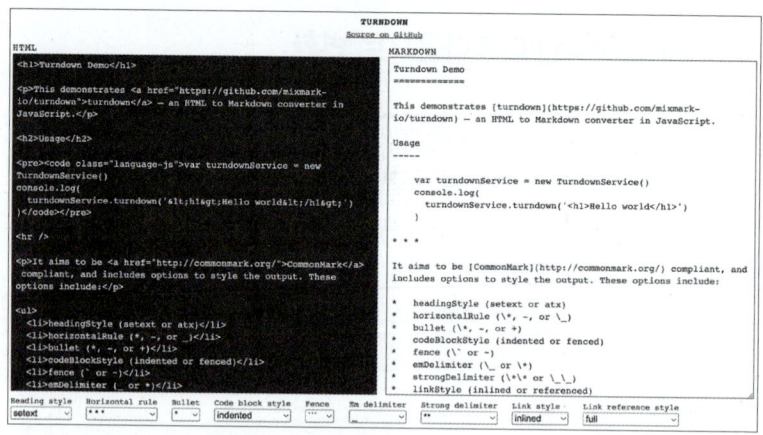

## clipboard2markdown

clipboard2markdown은 클립보드에 복사한 웹사이트 등의 포맷된 정보를 마크다운 형식으로 변환하는 도구입니다. 브라우저에서 사용할 수 있으며, 클립

보드에 붙여 넣기만 하면 마크다운으로 변환해 줍니다. 변환의 내부 로직에는 Turndown이 사용되고 있습니다.

사용 방법은 매우 간단하여, 도구를 열고 클립보드에 복사한 정보를 붙여 넣기만 하면 됩니다.

▼ 그림 8-10 clipboard2markdown의 기본 화면

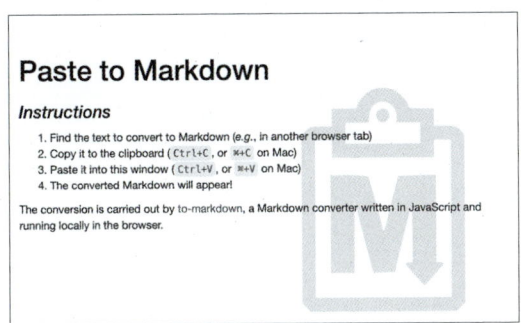

붙여 넣은 후 다음과 같이 마크다운으로 변환된 정보가 표시됩니다.

▼ 그림 8-11 clipboard2markdown으로 변환한 결과

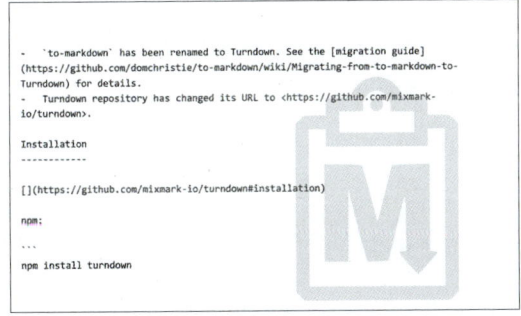

### Excel to Markdown table

AI에 친화적인 정보를 제공하기 위해, 엑셀(Excel)로 만든 표를 마크다운으로 변환할 수도 있습니다. 이렇게 변환해 두면 매우 편리합니다. 마크다운은 단순

하게 표현하고 AI의 가독성도 높기 때문에, AI에 정보를 제공할 때는 마크다운을 추천합니다.

**Excel to Markdown table**은 엑셀로 만든 표를 마크다운으로 변환하기 위한 비주얼 스튜디오 코드의 확장 기능입니다. 엑셀 표를 복사해 비주얼 스튜디오 코드에 붙여 넣으면 마크다운으로 변환됩니다.

▼ 그림 8-12 비주얼 스튜디오 코드의 확장 기능인 Excel to Markdown table

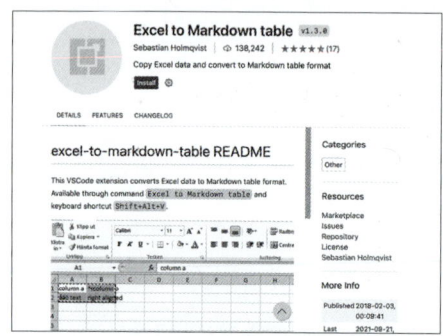

## mdtable2csv

복잡하거나 대량의 데이터를 표현할 경우에는, 마크다운보다 엑셀과 같은 스프레드시트 소프트웨어가 편집 측면에서 훨씬 우수합니다.

마크다운의 출력을 CSV로 변환하면 마크다운과 엑셀을 손쉽게 오가며 데이터를 편집할 수 있습니다.

**mdtable2csv**는 마크다운 표를 CSV로 변환하기 위한 도구입니다.

명령줄을 통해 마크다운으로 작성된 표를 CSV로 변환할 수 있습니다.

```
# table.md:
| First Header  | Second Header |
| ------------- | ------------- |
| Content Cell  | Content Cell  |
```

```
| Content Cell | Content Cell |

$ mdtable2csv table.md

# table.csv :
First Header,Second Header
Content Cell,Content Cell
Content Cell,Content Cell
```

## 8.4.4 머메이드로 AI 가독성이 높은 도식 작성

머메이드는 그래프를 기술하기 위한 문법입니다. 머메이드는 시퀀스 다이어그램, 플로차트, 간트 차트 등 다양한 그래프를 기술하기 위한 문법을 제공합니다. 개발할 때는 다양한 정보 표현이 필요하지만, 그중에서도 그래프는 정보를 시각적으로 표현하기 위해 필수적입니다.

지금까지는 그래프를 기술하려면 전용 도구를 사용해야 했습니다. 하지만 AI의 가독성을 위해서도 텍스트 기반으로 그래프를 기술하는 것이 중요합니다. 이렇게 하면 불필요한 문장을 제거하고, AI가 정보를 쉽게 이해할 수 있습니다.

### 머메이드 라이브 에디터

에디터에서 머메이드 문법을 기술하는 것은 직관적이지 않을 수 있습니다. 따라서 머메이드 라이브 에디터(Mermaid Live Editor)를 사용하면 더 직관적으로 그래프를 기술할 수 있습니다.

머메이드 라이브 에디터는 공식적으로 제공되는 머메이드 문법 전용 에디터입니다. 브라우저에서 사용할 수 있으며, 실시간으로 그래프를 확인할 수 있습니다. 보기 좋은 문법 강조나 직관적인 조작성에 더해, 샘플 템플릿도 제공하고 있어서 처음 머메이드를 사용하는 사람도 쉽게 활용할 수 있습니다.

▼ 그림 8-13 머메이드 라이브 에디터 화면

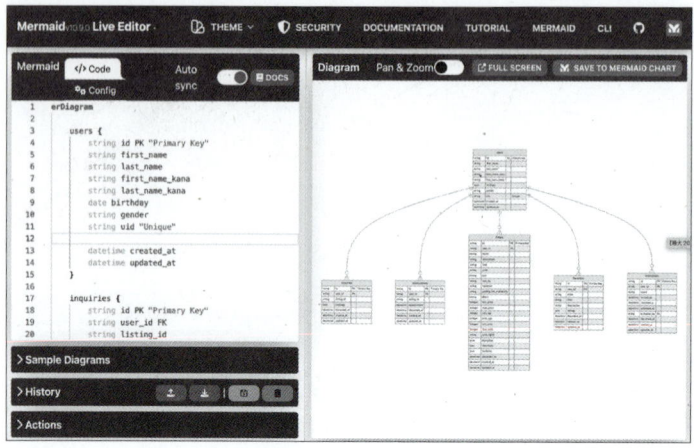

## 마크다운 프리뷰 머메이드 서포트

마크다운 프리뷰 머메이드 서포트(Markdown Preview Mermaid Support)는 비주얼 스튜디오 코드에서 머메이드 문법을 작성하기 위한 확장 기능입니다. 머메이드 문법을 작성하면 실시간으로 미리보기를 표시할 수 있습니다. .md 파일을 에디터에서 편집할 때 머메이드 문법도 포함해 미리보기를 표시할 수 있으므로 확인하면서 작성할 수 있습니다.

▼ 그림 8-14 비주얼 스튜디오 코드의 확장 기능인 마크다운 프리뷰 머메이드 서포트

## 8.4.5 PlantUML을 활용한 복잡한 도식의 AI 가독화

PlantUML은 머메이드와 마찬가지로, 텍스트 기반으로 그래프를 그리기 위한 문법을 제공합니다. 머메이드보다 더 폭넓은 그래프 표현이 가능하여 UML 도표, 네트워크 도표, 워크플로 다이어그램 등 다양한 그래프를 기술할 수 있습니다. 깃허브 등의 플랫폼은 더욱 경량화된 머메이드만을 지원하며, PlantUML이 반드시 모든 환경에서 사용할 수 있는 것은 아니니, 주의가 필요합니다.

코드의 도식화 등에서는 좀 더 이해하기 쉬운 출력이 가능하므로 이 문법도 알아 두면 편리합니다.

### PlantText

PlantText는 다운로드 없이, 브라우저에서 PlantUML 문법을 작성하고 실시간으로 그래프를 확인할 수 있습니다.

▼ 그림 8-15 PlantText의 사용 예시

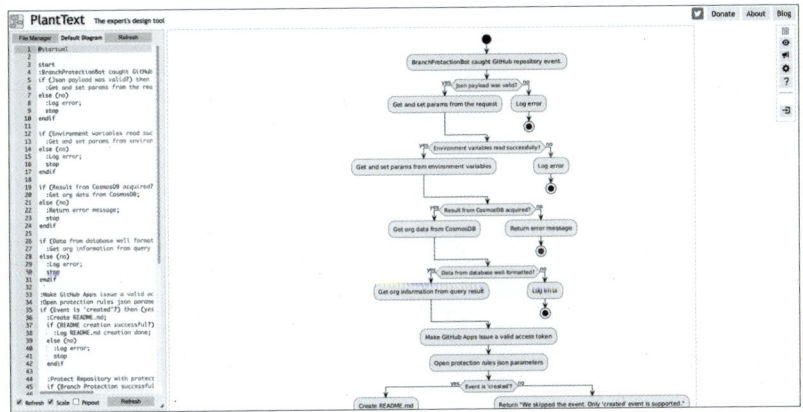

## PlantUML 비주얼 스튜디오 코드 확장 기능

PlantUML은 비주얼 스튜디오 코드에서 PlantUML 문법을 작성하기 위한 확장 기능입니다. 에디터에서 편집 중에 실시간으로 미리보기를 표시할 수 있으며, 문법 관련 지원도 풍부합니다.

▼ 그림 8-16 비주얼 스튜디오 코드의 확장 기능인 PlantUML

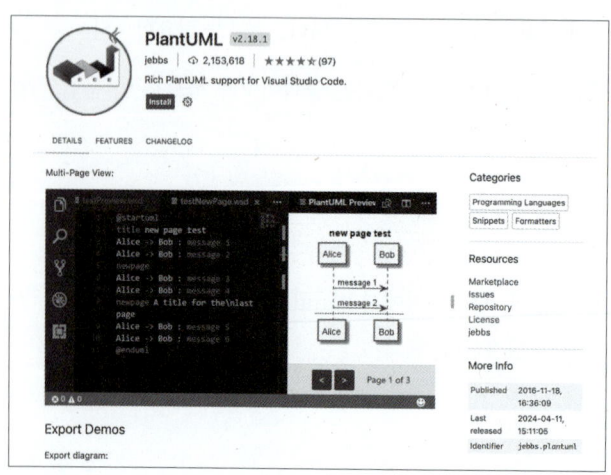

# 9장

# AI 시대를 선도하기 위해

9.1 AI를 활용해 더 많은 성과 완수하기
9.2 조직에서 기술과 지식을 공유하고 함께 성장하기
9.3 '호기심'은 개발자의 원동력

AI는 더 이상 미래 기술이 아닙니다. **AI는 이미 현재의 비즈니스에 큰 영향을 주고 있습니다.** 이는 소프트웨어 개발에서도 마찬가지이며, 그 활용 성과가 큰 경쟁력 차이를 만들어 낼 것입니다.

AI 도입이라고 하면 '우선 효과를 철저히 본 다음'이라고 생각하여 조직 내 R&D 틀 안에서 천천히 검토하려는 움직임이 시작되기도 하지만, **AI의 물결은 '지금' 다가오고 있습니다.** 중장기적인 AI의 활용 방안을 모색하는 것도 중요하지만, 동시에 현재 진행 중인 개발 프로젝트에 AI를 활용하기 위한 전략을 세우고 실행에 옮기는 것이 시급한 과제입니다. 초기부터 개발에 AI를 활용하면서 AI의 활용 방안을 탐색하는 데 그치지 않고, 장기적으로 AI 활용 가능성을 더 확장시켜 나가야 합니다.

## 9.1 AI를 활용해 더 많은 성과 완수하기

AI 시대가 도래하면서, 개인이나 조직이 보유한 기술과 데이터는 경쟁 우위를 좌우하는 중요한 요소가 되었습니다. AI를 효과적으로 활용할 수 있는 정보가 많을수록, 그 활용 범위도 넓어집니다.

하지만 잊어서는 안 될 것은 고품질 AI 모델이나 도구를 사용할 수 있는 것이 자신들만이 아니라는 점입니다. 누구나 뛰어난 개발자 AI 어시스턴트를 곁에 둘 수 있는 지금, 개발자 개인이나 소속 조직이 가져야 할 기술적 우위에 대한 인식은 근본적으로 바뀌고 있습니다. 특정 프레임워크나 라이브러리에 대한 깊은 지식을 갖고 그것을 능숙하게 다루는 것, 혹은 그런 인재가 조직 내에 있다는 것만으로는 더 이상 다른 사람과의 차별화를 이루기 어려워지고 있습니다.

이러한 상황에서 중요해지는 것은 기술 분야에서 AI의 강점과 약점을 정확히 파악하고, 조직으로서 AI를 전략적으로 활용할 수 있는 방침을 세우는 일입니다.

우선, **AI가 잘하지 못하는 분야에서 기술력을 강화하는 것**이 매우 중요합니다. 이것이야말로, 개인이나 조직으로서 본질적인 경쟁력을 높이는 것과 연결됩니다. 구체적으로는 다음과 같은 전략이 있습니다.

- **AI가 잘 알지 못하는 분야에 대한 도전**: AI가 접근할 수 없는 특정 업무 도메인 관련 정보나 고유한 기술을 개인 및 조직 차원에서 축적하고 관리하며, AI를 활용해 그 가치를 더욱 높인다.
- **AI가 어려워하는 분야에 대한 접근**: 복잡한 알고리즘이나 로직, AI가 판단하기 어려운 분야에 대한 개발 역량을 강화한다.

다시 말해, 타인(또는 타사)이 보유하지 못한 기술, 정보, 코드의 활용이나 AI가 단독으로 대응할 수 없는 영역에서 AI와 협력하며 대응하는 관점이 중요합니다.

한편, **AI가 잘하는 분야에서는 다른 이들보다 '더 효과적으로' AI를 활용할 수 있게 되는 것**이 핵심이 됩니다. 이를 위해서는 다음과 같은 접근이 유효할 것입니다.

- **개발 프로세스를 AI에 최적화**: AI의 능력을 최대한 끌어낼 수 있도록, 개발 프로세스 및 인재 배치를 전략적으로 재설계한다.
- **AI를 자사에 최적화**: 파인튜닝이나 검색 증강 생성을 활용해서 특정 소스 코드 및 도메인 지식을 더 깊이 이해한 AI 도구를 구축하고 활용한다.

개인 수준에서는 AI를 능숙하게 활용하여 더 많은 성과를 달성하는 것이 요구됩니다. 한편, 조직 수준에서는 그것을 더 넓은 범위에서 체계적으로 실천할 필요가 있습니다. 물론 조직 내에서 AI를 잘 쓰는 개인이 두각을 나타낼 수도 있지만, 그런 스타 사원의 육성에만 주목하는 것은 장기적으로 지속할 수 없는 접근 방식일 수 있습니다. 중요한 것은 **조직에 속한 개인이 가진 기술과 지식을 조직의 자산으로서 체계적으로 축적하고, 지속적으로 유지해 나가는 것**입니다.

## 9.2 조직에서 기술과 지식을 공유하고 함께 성장하기

이 일련의 생각을 코드 수준까지 파고들어 보면, 본질적으로는 **AI가 대신 작성해 달라고 맡길 만큼 믿을 만하고, 사용하기 쉽고, 재사용할 수 있으며, 제대로 유지보수되고 있는 코드를 꾸준히 육성하는 것이 중요합니다.** 이런 기반이 있어야 AI와 사람의 협업이 제대로 이루어집니다.

7장에서 언급한 것처럼, 많은 경우에 AI가 읽고 쓰기에 이상적인 코드의 특징은 이상적인 오픈소스 코드의 특징과 일치합니다. 즉, '최신의 안정된 버전이며, 유지보수가 잘되어 있고, 사용하기 쉽고, 재사용할 수 있으며, 문서가 충실하다'라는 특징입니다.

AI도 이러한 코드를 학습하여 현재의 코드 생성 능력을 획득하게 되었습니다. 여러분도 한번 떠올려보기 바랍니다. 오픈소스 소프트웨어를 선택할 때 잘 관리되지 않거나, 품질이 낮거나, 문서가 없는 코드는 피하지 않았나요? AI를 활용한 기술 응용에서도 동일한 선택 기준이 중요합니다. 레거시 코드나 특정 목적에 특화된 코드, 오래된 정보를 AI에 제공하더라도 최신 애플리케이션을 만들기 위해 그것들을 재활용하기는 어렵습니다.

하지만 이런 코드를 길러내는 것은 결코 쉬운 일이 아닙니다. 물론 AI의 지원이 있다면 지금까지 힘들었던 문서화나 테스트 작성도 효율적으로 할 수 있고, 유지보수 부담도 줄어들 것입니다. 그럼에도 불구하고, 이것을 조직 차원에서 지속적으로 실행하는 일은 매우 힘든 작업입니다.

그래서 오픈소스와 같은 개념으로 코드를 모두 함께 지키고, 조직의 자산으로서 육성하고 유지보수해 나가는 문화를 만들어가는 것이 중요합니다. 이는 하향식 지시만으로는 실현될 수 없습니다. 상향식의 커뮤니티의 공유 문화나 조직의 코드에 대해 누구나 코드에 대한 약한 코드 오너십[1]을 가지고 유지보수를 수행해 나가는 문화가 요구됩니다. 그러한 방법론으로 이 책에서 소개한 이너 소스라는 개념이 있습니다.

조직 내에서 정보와 기술은 종종 특정 개인이나 프로젝트, 팀에 귀속되어 조직의 사일로 안에 묻혀버리는 경우가 있습니다. 예를 들어 이러한 정보에 접근할 수 있더라도 권한 관계나 조직 간 규정에 따라 실제로는 사용할 수 없는 상황도 드물지 않습니다. 또한 재사용을 전제로 하지 않은 정보나 기술은 유지 관리되지 않고 점차 퇴화하게 됩니다.

이 문제는 AI 시대에 매우 큰 영향을 미칠 가능성이 있습니다. 특히 기술력을 경쟁력의 원천으로 삼고 있는 조직에게는 심각한 과제가 됩니다. AI와 성공적으로 협업하기 위해서는 조직의 사일로를 해소하고 기술과 지식을 조직 전체의 자산으로 육성해야 합니다. 이러한 문화적 변혁을 수반한 과제는 쉽게 해결할 수 있는 것은 아니므로 **조속히 착수해야 할 중요한 과제라고 할 수 있습니다.**

단기적인 과제로는 코드나 정보가 유지보수되지 않아서 조직 내에서 활용할 수 있는 코드가 제한되거나 코드 품질이 낮은 경우, AI가 생성한 코드의 생산성과 품질에 영향을 미칠 수 있습니다. 현재의 개발 지원 AI 도구의 대부분은 토큰 수 제한으로 인해 검색 증강 생성을 이용해 AI에 적합한 문맥을 제공합니다. 기존 소스 코드를 AI에 제공하는 경우, 그 코드의 품질이 AI가 생성하는 결과물의 품질에 영향을 줄 수 있습니다. 간단히 에디터 내부를 검색하는 정도의 구현이 아니라, 에이전트형 AI는 소스 코드 전체를 탐색하는 경우도 있습니다. 이러한 코드가 조직 차원에서 유지 관리되지 않거나, 접근할 수 있는 정보가 제한되어 있다면 AI의 출력 품질에 영향을 미칠 수 있습니다.

---

1 URL https://martinfowler.com/bliki/CodeOwnership.htm
약한 코드 오너십이란 모듈마다 책임자가 정해져 있지만, 다른 개발자도 그 외의 모듈을 수정할 수 있는 구조를 말합니다. 타인의 모듈을 수정할 경우에는 사전에 모듈 책임자와 상담하고 풀 리퀘스트를 기점으로 한 커뮤니케이션을 수행하는 것이 요구됩니다. 이 방식으로 코드 품질 관리와 유연한 개발을 모두 달성할 수 있습니다.

중장기적으로는 더욱 심각한 과제가 떠오릅니다. AI의 학습이나 파인튜닝에 활용할 수 있는 코드나 정보가 부족할 가능성이 있기 때문입니다. 타사가 AI의 파인튜닝으로 정밀도 향상 및 반자동 개발을 진행하는 가운데, 자사는 AI에 제공할 수 있는 코드나 정보가 부족한 상황이라면, 경쟁력 측면에서 큰 문제가 됩니다. AI는 적은 데이터로도 학습할 수 있다고는 하지만, AI 모델의 학습과 평가, 모델 호스팅 등의 책임이 개인이나 특정 팀, 프로젝트 단위로 귀속되면 조직 전체의 역량 향상으로는 이어지기는 어렵습니다.

대규모 언어 모델뿐만 아니라 소규모 언어 모델의 활용도 진전되는 가운데, 학습이나 파인튜닝에 드는 문턱은 점차 낮아지고 있으며, 이는 현실적인 과제로 떠오르고 있습니다. 학습에 있어서는 데이터의 양과 질이 모두 중요합니다. 학습이나 조직 차원에서 공유하지 않은 데이터는 학습 데이터로써 활용하기 어려운 경우가 있습니다.

예를 들어 수년 후 'AI를 활용해 자사 소프트웨어 개발을 더욱 효율화하자'라고 했을 때 또는 자사 코드를 더 깊이 이해할 수 있는 AI 도구가 등장했을 때, 코드는 존재하더라도 품질과 규정 미비로 AI에 제공할 수 없다거나 유지보수되어 있지 않은 상태가 되지 않도록, 지금부터 준비를 시작하는 것이 중요합니다.

모든 기업이 기술력을 경쟁력의 원천으로 삼고 있는 것은 아닙니다. 따라서 자사 코드를 조직 자산으로 키워 AI에 활용하게 하는 것의 중요성이 모든 기업에 있어 우선순위가 높지 않을 수 있습니다. 하지만 적어도 이 책을 읽고 있는 대부분은 어떤 형태로든 개발에 참여하고 있거나, 기술 분야에서 커리어를 쌓고자 하는 분들일 것입니다. 또 그런 조직에 속한 분들도 많을 것입니다. 그래서 이 책에서는 'AI가 앞으로 코드를 어떻게 활용하게 될 것인가'라는 시점도 강조하고 있습니다.

**우수한 코드와 지식 기반이 있다면 우수한 개발자의 역량을 AI에 위임할 수 있게 되고 AI를 조직의 개발자처럼 길러 활용할 수 있습니다.** 인재는 조직에서 이탈할 수 있지만, AI는 조직에 지속적으로 기여할 수 있습니다. 이 또한 AI 활용의 큰 이점이라 할 수 있습니다.

## 9.3 '호기심'은 개발자의 원동력

그렇다면 개인으로서 어떤 식으로 스킬을 높여 가야 할까요? 이 새로운 시대에 적응하고, 뛰어난 개발자가 되기 위해서는 **지속적인 학습과 왕성한 탐구심이 중요**합니다. 지금까지 개발자에게 요구되어 온 자질과 크게 다르지 않습니다.

AI는 개발자에게 많은 혜택을 가져다줍니다. 기술의 역사를 되돌아보면, 인터넷이나 클라우드 컴퓨팅이 등장할 때도 기대와 불안이 뒤섞인 전환점이 있어 왔습니다. 하지만 장기적으로 이러한 변화는 우리에게 새로운 기회를 주고, 혁신을 촉진해 왔습니다.

생성형 AI 분야는 날마다 진화하고 있으며, 최신 기술과 도구를 지속적으로 따라잡으려고 노력해야 합니다. 이를 위해서는 **탐구와 실험을 반복하며 학습하는 것이 중요**합니다. AI의 가능성을 탐색하려면 먼저 실제로 코드를 작성하며 시도해 보는 것부터 시작합시다. 실패를 두려워하지 말고, 다양한 아이디어를 구현해 봅시다.

또한 AI를 사용해 소프트웨어 엔지니어링을 학습하는 것도 매우 중요합니다. AI는 강력한 학습 도구이기도 합니다. 새로운 AI 시대를 개척해 나가려면 AI로부터 정보를 끌어내는 기술을 익히는 것이 중요합니다. 그를 위해서는, **자신이 알고 싶은 것을 탐구하고 AI에 적절한 질문을 던지는 것**이 중요합니다. 즉, 왕성한 호기심이야말로 AI 시대를 이끄는 개발자에게 필요한 자질이라 할 수 있습니다.

AI가 가져올 변화에 대해 두려워하기보다는 적극적으로 받아들이고 새로운 가능성을 모색해 나가는 자세가 요구됩니다. 다음과 같은 특성을 지닌 개발자가 AI 시대의 주역이 될 것입니다.

- **겸손함과 배우려는 자세**: 기술의 발전 속도가 빠른 오늘날 '이제 충분히 알고 있다'라고 생각하는 것은 위험합니다. 항상 새로운 것을 배우려는 자세를 갖고, 겸손하게 자신의 지식과 경험의 한계를 인식하는 것이 중요합니다.

- **타인과의 협업**: AI와의 커뮤니케이션을 배우는 것은 사람과의 커뮤니케이션을 배우는 것과 같습니다. 올바른 문맥으로 적절한 정보를 전달하는 것이 중요합니다.
- **창의성과 상상력**: AI가 코딩의 일부를 자동화하더라도, 개발자의 창의성과 상상력의 가치는 사라지지 않습니다. AI를 활용함으로써 더욱 고도의 문제 해결과 혁신에 도전할 수 있도록, 그리고 AI와 언제든지 공동 창작할 수 있도록 기술력을 높이고, 창의성을 갈고닦아야 합니다.

AI 시대의 소프트웨어 엔지니어링은 AI와의 협업을 통해 크게 변화해 나갈 것입니다. 새로운 시대의 개발자는 AI와 함께 성장하고, 함께 창조해 나가는 존재입니다. 이러한 변화를 기회로 삼고, 새로운 시대를 이끌어 나가는 것이 개발자에게 요구되고 있습니다.

호기심을 원동력으로 삼아, 끊임없이 배우고 도전함으로써, AI가 가져올 무한한 가능성을 개척해 나갑시다.

부록 **A**

# 연습 가이드

연습 가이드는 이 책의 핵심 내용을 모아 놓은 총정리입니다. 앞서 소개한 AI 활용 방법과 사고방식을 간결한 조언 형태로 정리해 언제든 참고할 수 있도록 구성했습니다.

일상적인 업무나 학습 상황에서 바로 적용할 수 있도록 구체적이고 실용적인 내용을 중심으로 담았으며, 필요할 때는 특정 연습 항목만 골라 참고하거나, 처음부터 끝까지 순서대로 읽으며 AI와 효과적으로 협업하는 방법에 대한 폭넓은 이해를 쌓을 수 있습니다.

이 가이드를 꾸준히 참고하고 실제 업무에 적용해 나간다면, 여러분의 AI 활용 역량은 자연스럽게 향상될 것이며, AI의 잠재력도 더욱 잘 이끌어낼 수 있을 것입니다.

이 책에서 배운 내용을 실제 성과로 연결하는 길잡이로 삼아 업무와 학습 현장에서 적극적으로 활용해 보시기 바랍니다.

▼ 표 A-1 연습 가이드

| 연습 | 개요 |
| --- | --- |
| 토큰 수에 대한 감각적인 이해 (1.4.3) | 토큰은 AI가 처리하는 텍스트의 가장 작은 단위입니다. 토큰을 적절히 제어하면 AI와 효율적인 대화를 할 수 있습니다. 토큰화에 대한 이해와 함께, 실제로 사용해 보며 감각을 익히는 것이 중요합니다. |
| 토큰 수를 조정하여 정확도 유지 (1.4.4) | 정보는 1000~2000 토큰 정도를 기준으로 제공하는 것이 좋습니다. 과도한 정보는 AI의 정확도를 떨어뜨릴 수 있기 때문에, 작업과 직접적으로 관련된 정보를 선별하는 것이 핵심입니다. |
| 적절한 속도의 코드 리뷰(1.4.6) | 결함 발견율을 높이기 위해서 서두르지 않고 적절한 양의 코드를 제한된 시간 안에 검토하는 것이 효과적입니다. 기준은 시간당 500줄 이하의 속도가 적절합니다. |
| 한 번에 적은 양의 코드 리뷰 (1.4.7) | 집중할 수 있는 최소한의 시간 동안 효과적인 리뷰를 하기 위해서는 한 번에 검토하는 코드의 양을 적절히 제한하는 것이 좋습니다. 한 번에 200~400줄 정도가 적당합니다. |
| AI를 통한 지식 습득(1.5.2) | AI와 대화를 통해 새로운 기술이나 문제 해결 방법을 배울 수 있습니다. 코드의 설명이나 문제점에 관한 지적을 단계별로 요청하면 더욱 효과적입니다. |

| 연습 | 개요 |
| --- | --- |
| AI와의 협업을 통한 빠른 시행착오(1.5.3) | 프롬프트를 완벽하게 작성하는 데 집착하기보다는 빠른 시행착오를 통해 답에 도달하는 것을 우선해야 합니다. 3회 정도의 빠른 시도를 통해 방향을 잡은 다음, 개선을 반복하는 것이 효과적입니다. |
| 빠르고 간결한 일회성 프롬프트 생성하기(2.1.2) | AI가 완벽하지 않음을 전제로, 전체 요구 사항의 80%를 충족하는 출력을 목표로 합니다. 나머지 20%는 직접 보완해서 전체적인 효율을 높이는 것이 중요합니다. |
| 재사용 프롬프트의 추상화 및 세분화하기(2.1.3) | 프롬프트는 조건, 유의 사항, 포맷 정보 등의 요소로 나누어 구성하면 유연성과 재사용성을 높일 수 있습니다. |
| 정보 구조화의 세 요소(2.2.1) | 프롬프트를 작성할 때는 의도, 문맥, 콘텐츠의 세 가지 요소를 의식하는 것이 중요합니다. 이를 통해 AI가 이해하기 쉬운 정보를 제공할 수 있습니다. |
| 글머리 기호를 사용한 조건 지정하기(2.2.2) | 프롬프트의 조건은 항목별로 구체적으로 전달하는 것이 좋습니다. 이렇게 하면 시행착오가 쉬워지며, 버전 관리에도 유리합니다. |
| 제약 조건을 단계적으로 도입하기(2.2.3) | 제약 조건을 단계적으로 추가하면 AI의 창의성을 최대한 이끌어내면서도 기대에 부합하는 코드를 생성할 수 있습니다. |
| 프롬프트 수정하기(2.2.4) | 프롬프트를 수정할 때는 표현을 바꾸거나, 범위를 확장, 축소하거나, 단순한 목표를 설정하는 등 다양한 전략을 활용하는 것이 효과적입니다. |
| 약속을 어기는 AI에 대응하기(2.2.5) | AI가 지시를 무시한다면 제약 조건을 강조하거나 표현을 바꾸는 등의 방법으로 AI가 제약을 준수하도록 유도합니다. |
| 전문성을 이끌어내는 역할 설정하기(2.2.6) | AI에게 특정한 역할을 부여하면 전문가처럼 응답하게 할 수 있습니다. 이를 통해 한층 수준 높은 답변을 얻을 가능성이 높아집니다. |
| 즉석으로 역할 설정하기(2.2.7) | 'Q:'나 'Python Expert:'와 같은 기호를 활용하면 간단하게 대화 형식을 표현할 수 있으며, AI에게 특정 역할을 부여하는 데 효과적입니다. |
| 퓨샷 프롬프팅(2.2.8) | 소수의 예시만으로도 AI가 새로운 작업을 이해하고 수행할 수 있습니다. 의도에 맞는 출력을 얻기 위해서는 품질 높은 샘플을 제공하는 것이 중요합니다. |
| 제로샷 프롬프팅(2.2.9) | 선행 정보나 예시 없이 바로 질문이나 작업을 제시해서 AI가 이미 학습한 지식을 기반으로 답변하도록 유도할 수 있습니다. |
| 최소한의 프롬프트(2.3.2) | 일상 업무에서는 완벽한 프롬프트보다 간결한 프롬프트를 작성하는 것이 좋습니다. 효율적인 개발을 위해 프롬프트는 짧고 명확하게 작성해야 합니다. |

| 연습 | 개요 |
| --- | --- |
| 모국어를 활용한 빠른 반복(2.3.4) | 일상적인 코딩 작업에는 모국어로 빠르게 질문의 정확도를 높이고, AI에게 반복적으로 물어보는 방식이 효과적입니다. |
| 영어 프롬프트를 활용한 정교화(2.3.5) | 재사용성과 높은 정확도의 응답이 필요한 경우에는 영어로 프롬프트를 작성하는 것이 효과적입니다. 상황에 따라 언어를 적절히 선택하는 것이 중요합니다. |
| 문맥을 분리하기 위한 구분 기호(2.3.6) | 의도를 정확히 전달하기 위해 하이픈(-)이나 XML 태그와 같은 구분 기호를 사용해서 문맥을 명확하게 표시하는 것이 좋습니다. |
| 주석으로 지시 강화하기(4.1.4) | AI에게 적절한 문맥을 제공하기 위해 주석을 적극적으로 활용합니다. 명확한 의도와 함께 문맥을 잘 전달하면, 훨씬 정확한 코드 생성을 유도할 수 있습니다. |
| AI 도구에 대한 정보를 제공하고 관리하기(4.1.5) | AI 도구의 정보 수집 메커니즘을 이해하고, 그에 맞는 적절한 정보를 제공하는 것이 중요합니다. 에디터 내의 관련 코드 맥락을 의식하면 효과적인 제안을 이끌어 낼 수 있습니다. |
| 코드 정의를 명시적으로 제공하기(4.1.6) | 에디터의 'Go to Definition(정의로 이동)' 기능을 활용해서 AI에게 필요한 정보를 명확히 전달합니다. 해당 프로젝트만이 갖는 고유한 코드나 함수 정의를 명시적으로 제공하면 AI의 제안 정확도가 향상됩니다. |
| 중요한 파일을 고정해 즉시 참조하게 하기(4.1.7) | 인터페이스 파일이나 타입 정의 파일을 고정해 두면 AI에게 신속하게 정보를 제공할 수 있어 효율적인 협업이 가능합니다. 정의는 간결하게 정리하는 것이 좋습니다. |
| 명확한 프롬프트(4.2.5) | 대화형 AI 도구를 사용할 때는 구체적이고 명확한 지시를 제공합니다. 작업의 세부 내용과 기대하는 출력 결과를 명확히 전달하면 AI의 이해도가 높아집니다. |
| 프롬프트 품질에 대한 조기 평가(4.2.6) | 프롬프트의 품질은 초기 단계에서 빠르게 평가하며 개선하는 것이 좋습니다. 짧은 프롬프트를 순차적으로 입력하면서 AI의 반응을 확인해 나가면 효율적인 대화가 가능합니다. |
| AI 기반 프롬프트 생성(4.2.7) | AI를 활용해서 프롬프트 작성 시간을 줄일 수 있습니다. 특히 복잡한 요구 사항이나 다양한 조건을 포함하는 프롬프트 작성에 효과적입니다. |
| AI를 사용한 자동 리팩터링(4.2.8) | AI에게 코드의 개선점을 진단하게 하고 자동으로 리팩터링하도록 하면, 단계적인 개선을 반복하면서 코드 품질을 향상시킬 수 있습니다. |
| AI의 가독성을 고려한 정보 설계(4.2.9) | AI와 효과적으로 소통하기 위해 데이터는 단순하고 이해하기 쉽게 제공해야 합니다. 복잡한 오피스 문서 형식은 가급적 피하고, CSV나 Markdown 형식을 활용하는 것이 좋습니다. |

| 연습 | 개요 |
|---|---|
| AI 작업 적합성의 사전 평가와 세분화 수준의 조정(4.3.1) | 에이전트형 AI 도구를 사용하기 전에는 작업이 적합한지 평가하고, 작업 단위를 적절하게 조정합니다. 단계적인 접근 방식을 취하면 효율적인 결과를 얻을 수 있습니다. |
| 에이전트에 대한 부분적인 의뢰 (4.3.2) | 작업을 분할하고, 명확하게 의뢰하거나 검토할 수 있는 부분을 에이전트에 맡깁니다. 단계적인 접근을 통해 AI와의 효과적인 협업을 실현할 수 있습니다. |
| 관심사의 분리를 통한 코드 최적화(5.1.1) | 코드를 적절히 분리하고 AI에 제공하는 정보를 최적화합니다. 클래스는 관심사별로 나누고 구조를 단순화하면, AI가 생성하는 코드의 품질도 향상됩니다. |
| AI의 효율을 고려한 파일 구성 (5.1.2) | 파일 구조를 최적화해서 AI와 사람이 모두 이해하기 쉬운 개발 환경을 구축하는 것이 좋습니다. 대형 파일은 적절히 분할해 AI 도구가 필요한 정보를 정확하게 추출할 수 있도록 해야 합니다. |
| 작은 코드 단위부터 점진적으로 작업(5.1.3) | 큰 기능은 작은 단위로 나누어 구현하는 것이 좋습니다. 일회용 코드나 실험적인 코드처럼 클래스 수준에서 구조를 나누지 않는 경우에도 작업의 단위를 작게 유지하면 AI와의 협업 효율이 높아집니다. |
| AI와의 협업을 고려한 명명(5.2.1) | 변수와 함수에는 구체적인 이름을 사용하는 것이 좋습니다. 적절한 명명은 AI가 더 정확한 코드를 제안하도록 돕고, 개발자와 AI 모두 이해하기 쉬운 코드를 만드는 데 기여합니다. |
| 검색에 최적화된 명명 전략(5.2.2) | 일관된 명명 규칙을 적용하면 검색이 용이하고, AI 도구가 적절한 코드를 제안하는 데 도움이 됩니다. 항상 일관성을 유지하는 것이 핵심입니다. |
| AI의 적절한 명명 제안(5.2.3) | AI가 제안한 변수나 함수의 이름을 선택하는 것은 큰 도움이 됩니다. 특히 영어가 모국어가 아닌 개발자에게 유용하며, 미묘한 뉘앙스나 전문 용어를 정확하게 사용할 수 있게 해줍니다. |
| 일관된 변수명 부여(5.2.4) | 변수를 재사용하지 않고 상황에 맞는 새로운 이름을 정의하는 것이 좋습니다. 이렇게 하면 AI 도구가 정확한 정보를 찾기 쉬워지고, 코드의 가독성도 함께 향상됩니다. |
| 스타일 가이드를 명시적으로 제공 (5.3.1) | AI에게 코드 생성을 요청할 때는 'PEP 8을 따르세요'처럼 간단한 문구를 프롬프트에 포함시켜 표준 스타일 가이드에 맞는 일관된 코드를 생성할 수 있도록 합니다. |
| 스타일 가이드 커스터마이즈 (5.3.2) | 표준 스타일 가이드를 기반으로 최소한의 커스텀 규칙을 정해두는 것이 좋습니다. 이렇게 하면 AI에게 코딩 규칙을 전달하는 부담을 줄일 수 있고 효율적인 협업이 가능합니다. |

| 연습 | 개요 |
| --- | --- |
| 표준화된 코드 안의 문서(5.4.1) | 표준 주석 작성 관행에 따라 문서를 작성하고 언어별 문서 생성 도구(예: 파이썬의 docstring, TypeScript의 TSDoc 등)를 적극 활용하면 AI와의 협업이 더욱 원활해집니다. |
| 최소한의 주석 추가(5.4.2) | 주석은 최소한으로 유지하면서 코드 이해를 돕는 것이 중요합니다. AI의 활용이 보편화되면서 장황한 주석은 항상 필요하지는 않다는 점을 인식해야 합니다. |
| 애너테이션을 활용한 의도 전달(5.4.3) | 애너테이션과 타입 힌트를 적극 활용하면 AI에게 코드의 의도를 명확히 전달할 수 있습니다. 이는 코드의 유지보수성과 가독성을 높이는 동시에 AI가 생성하는 코드의 품질과 일관성 향상에도 기여합니다. |
| 정보 요구 사항에 맞춘 도구 선택(5.5.1) | 정보 요구의 네 가지 유형(기존 정보 탐색, 탐구 탐색, 전수 탐색, 재검색)을 이해하고 상황에 맞는 도구를 선택하는 것이 중요합니다. 이는 AI를 효과적으로 활용하기 위한 핵심적인 관점입니다. |
| 창의성을 이끌어내는 개방형 질문(5.5.2) | AI에게 자유로운 사고를 유도하는 질문 방식을 활용하면 정답을 제한하지 않고 AI의 창의성을 최대한 끌어낼 수 있습니다. |
| 개수를 지정해 AI의 아이디어 발산 유도(5.5.3) | AI로부터 아이디어를 얻을 때는 원하는 수를 명확히 지정하면 더욱 다양한 제안을 생성하려고 하므로 폭넓은 아이디어를 얻을 수 있습니다. |
| AI로부터 미지의 아이디어 추출(5.5.4) | AI로부터 새로운 아이디어를 이끌어내는 과정을 적극 활용합니다. 다수의 제안을 받은 후 중복을 제거하고, 누락된 범주가 있다면 다시 요청해서 풍부한 결과를 얻을 수 있습니다. |
| 아이디어 평가를 위한 체크리스트 생성(5.5.5) | AI에게 체크리스트를 작성하게 하면 의사결정을 지원할 수 있습니다. AI를 작업을 돕는 도구로 활용하되, 최종적인 판단과 책임은 사람이 맡는 것이 중요합니다. |
| 중첩을 줄여 AI 협업의 효율성 개선(6.1.1) | 가드 절을 활용해서 중첩을 줄이고, 메인 로직을 평평하게 유지하면 코드의 가독성이 높아지고 AI와의 협업도 쉬워집니다. |
| AI와 분리된 코드(6.1.2) | 중요한 계산 로직은 별도의 함수나 모듈로 분리해서 AI의 자동 변경으로부터 보호하는 것이 좋습니다. 이는 코드의 유지보수성과 가독성을 높이고, 리팩터링 시의 위험을 줄여 줍니다. |
| 확장을 고려한 코드 설계(6.1.3) | 기존 코드를 수정하지 않고 새로운 코드를 추가할 수 있도록 설계하면 유지보수성과 확장성이 향상되며 AI를 활용한 빠른 개발을 방해하지 않습니다. |
| 체계적인 리팩터링 기법 적용(6.1.4) | 리팩터링 카탈로그와 같은 자료를 활용해서 AI로부터 구체적인 리팩터링 제안을 이끌어내는 것이 유효합니다. 이는 효과적인 리팩터링과 고품질 코드 개발에 도움이 됩니다. |

| 연습 | 개요 |
|---|---|
| 소규모 오픈소스 재구현(6.1.5) | 오픈소스에 지나치게 의존하지 않고, 필요한 경우 AI를 활용해 직접 재구현하면 유지보수성과 보안성을 높일 수 있으며, 프로젝트의 독립성을 확보할 수 있습니다. |
| AI를 활용한 단위 테스트 생성 (6.2.1) | AI를 활용해 단위 테스트의 기본 틀을 생성하면, 개발자가 추가적인 테스트 케이스를 고민하는 데 집중할 수 있어 테스트 코드 작성의 효율성과 품질을 동시에 높일 수 있습니다. |
| 명확한 테스트 조건(6.2.2) | AI에게 테스트 코드를 생성하도록 요청할 때는 구체적인 지시를 제공하는 것이 중요합니다. 이렇게 하면 정확하고 포괄적인 테스트 코드를 생성할 수 있습니다. |
| 테스트 설계를 위한 의사 결정 테이블 활용(6.2.3) | 의사 결정 테이블을 작성한 후 이를 기반으로 테스트 코드를 생성하면 체계적이고 누락 없는 테스트를 구성할 수 있어 전체적인 테스트 커버리지를 크게 향상시킬 수 있습니다. |
| 상태 전이도를 기반으로 테스트 코드 생성(6.2.4) | 상태 전이도를 작성하고 이를 기반으로 테스트 케이스를 점검해서 테스트 코드를 생성하면, 상태 흐름을 시각적으로 확인하며 신뢰성 있는 테스트 코드를 만들 수 있습니다. |
| 필요 없는 테스트 제거(6.2.5) | AI가 생성한 대량의 테스트 코드 중 필요 없는 부분을 식별하고 제거하면, 테스트의 실행 시간을 줄이고 가독성을 높이며 유지보수 비용도 절감할 수 있습니다. |
| 자연어를 활용한 코드 로직 설명 (6.3.1) | AI에게 코드 설명을 요청할 때는 구체적인 지시를 주는 것이 중요합니다. 이렇게 하면 더 정확하고 유익한 해설을 얻을 수 있어 코드에 대한 이해도를 높일 수 있습니다. |
| 복잡한 로직의 시각적 표현 생성 (6.3.2) | 머메이드나 PlantUML 같은 도구를 활용해서 코드를 시각화하면 구조나 흐름을 쉽게 파악할 수 있어 효과적인 코드 리딩과 설계 검토가 가능합니다. |
| Big-O 표기법 기반 성능 개선 (6.4.1) | AI에게 알고리즘의 계산 복잡도를 Big-O 표기법으로 평가하게 하고, 개선 방안을 제안하도록 요청하면 효율적인 알고리즘 설계로 이어질 수 있습니다. |
| BUD 프레임워크를 활용한 코드 최적화(6.4.2) | AI에게 병목(Bottlenecks), 불필요한 작업(Unnecessary work), 중복 작업(Duplicated work)의 관점에서 코드를 분석하게 하고, 개선안을 제시받으면 효율적인 코드 최적화가 가능합니다. |
| 데이터 구조의 적절성 평가(6.4.3) | AI로 프로그램에서 사용 중인 데이터 구조의 적절성을 평가해서 선택하면 프로그램의 성능과 품질 모두를 향상시킬 수 있습니다. |
| SOLID 기반의 코드 품질 향상 (6.4.4) | AI에게 SOLID 원칙에 따라 코드를 리뷰하도록 요청하면 확장성과 유지보수성이 높은 프로그램 설계로 이어질 수 있습니다. |

| 연습 | 개요 |
| --- | --- |
| Chain-of-Thought 프롬프팅 (6.4.5) | AI에게 단계적인 사고 프로세스를 유도하면 복잡한 문제 해결 과정을 명확히 할 수 있고, 생성된 코드의 품질도 높아지며, 개발자의 리뷰와 학습도 쉬워집니다. |
| 조직 내 체계적인 코드 공유 (7.1.4) | 코드 공유에 대한 법적 틀을 마련하고, 권리와 의무를 명확히 정의하면, AI를 활용한 사내 자산 활용 범위를 설정할 수 있어 협업을 더욱 원활하게 할 수 있습니다. |
| 메인테이너의 명확한 역할(7.1.5) | 저장소의 유지관리 담당자를 명확히 지정하고, 트러스티드 커미터의 개념을 도입하면 사람과 AI 모두가 사용하기 쉬운 상태를 유지하며 조직 차원의 코드 관리 체계를 강화할 수 있습니다. |
| 사내 소프트웨어 카탈로그 구축 (7.1.6) | 사내 기술 자산을 체계적으로 정리하고 카탈로그화하면 기존 코드의 발견과 재사용이 쉬워져 개발 생산성이 향상됩니다. |
| 경영진과 기술을 공유하는 전략 (7.1.7) | 경영진의 이해와 지지를 바탕으로 조직 전체의 코드 공유를 촉진합니다. 하향식과 상향식을 병행해서 공유 문화를 자연스럽게 정착시킬 수 있습니다. |
| 안전한 코드 공유 체계 마련 (7.1.8) | 보안과 공유의 균형을 고려해 단계적인 접근으로 코드 공유를 확대해야 하며, AI를 활용한 생산성 향상과 공유 문화의 조화를 동시에 추구할 수 있습니다. |
| AI 몹 프로그래밍(7.2.1) | 팀 전체가 AI를 활용해서 프로그래밍을 수행하면 시너지가 발생합니다. 프롬프트 개선 방법이나 새로운 리소스를 공유함으로써 팀의 AI 활용 역량을 키울 수 있습니다. |
| AI 페어 프로그래밍(7.2.2) | 두 사람이 함께 AI 도구를 활용해 개발을 진행하는 방식은 개인의 기술력 향상은 물론 코드 품질과 AI 활용 능력까지 함께 높일 수 있습니다. |
| 프롬프트 활용 사례 공유(7.2.3) | 재사용 가능한 프롬프트 템플릿만이 아닌, 구체적인 유스케이스와 사례를 공유하며 조직 전체의 AI 활용 수준을 끌어올리고, 새로운 아이디어의 창출도 촉진할 수 있습니다. |
| 조직 내 AI 활용을 주도할 인재 육성(7.2.4) | AI 활용을 주도할 인재를 발굴하고 육성함으로써, 기술과 업무에 모두 능통한 'AI 선도자'를 양성할 수 있습니다. 이들은 조직 전체의 AI 활용 수준을 끌어올리는 핵심 역할을 하게 됩니다. |
| AI 친화적인 정보 정리 방식 (7.3.1) | 마크다운이나 머메이드 같은 경량 마크업 언어를 활용해 정보를 정리하면 AI가 이해하기 쉬울 뿐 아니라 개발 효율성과 정보 재사용성도 함께 높아집니다. |
| 구현 중심의 사양서 작성(7.3.2) | AI를 활용해서 코드로부터 자동으로 사양서를 생성하면 문서 작성의 부담이 줄고 프로젝트의 이해를 도울 수 있습니다. |

| 연습 | 개요 |
| --- | --- |
| AI 시대에 적합한 기술 스택 선정 (7.4.1) | AI가 이미 학습한 지식 영역과 조직 내부의 도메인 지식을 함께 고려해서 적절한 기술 스택을 선택하면, AI와의 협업이 원활해지고 개발 효율도 크게 향상됩니다. |
| 정보의 이식성 향상(7.4.2) | 텍스트 기반의 경량 마크업 언어를 사용하면 정보의 이식성을 높일 수 있으며, AI 도구를 효과적으로 활용하고 유연하게 정보를 관리할 수 있습니다. |
| AI로 생성한 코드의 보안 대책 (7.4.3) | AI가 생성한 코드에도 보안 리스크가 존재한다는 점을 인식하고, 지속적인 평가와 개선을 통해 인간이 작성한 코드와 동일한 수준의 보안 대책을 적용해야 합니다. |
| Four Keys로 개발 프로세스 평가(7.5.2) | 배포 빈도, 변경 리드 타임, 변경 실패율, 평균 복구 시간을 측정함으로써 AI 도입의 효과를 객관적으로 평가하고, 개발 프로세스의 지속적인 개선으로 이어질 수 있습니다. |
| SPACE 프레임워크로 개발자 경험 평가(7.5.3) | 만족도, 성능, 활동 수준, 커뮤니케이션, 효율성 등의 지표를 평가하여, AI 도입이 개발자 경험에 미치는 영향을 포괄적으로 파악하고 지속적으로 개선합니다. |
| 개발 지원 AI 도구 도입 평가 (7.5.4) | 정량적 지표와 정성적 지표를 조합해서 AI 도구의 효과를 전반적으로 평가하고, 팀 고유의 목표에 맞춘 커스텀 지표를 설정해 지속적인 개선을 추진합니다. |
| 에디터에서 필요 없는 정보 제거 (8.1.1) | 필요 없는 문맥을 AI에 전달하지 않도록 초기화된 상태에서 호출하면 보다 정확하고 상황에 맞는 제안을 받을 수 있습니다. 깨끗한 시작은 편향을 방지합니다. |
| 자동으로 라이선스 확인 활용 (8.1.2) | AI의 라이선스 확인 기능을 활용해서 생성된 코드 외에도 라이선스 위반 요소를 사전에 점검하면 상용 이용 시 발생할 수 있는 법적 문제를 예방하고 코드의 안전성을 확보할 수 있습니다. |
| 에디터 통합형 터미널 활용(8.1.3) | 비주얼 스튜디오 코드를 터미널처럼 활용해서 처리 내용을 AI에 전달하면, 오류 메시지에 대한 해설이나 해결 방법을 AI에게 바로 물어볼 수 있어 개발 효율이 향상됩니다. |
| 환각을 막기 위한 도움말 정보 활용(8.1.4) | 명령어의 '--help' 옵션 출력을 AI에 입력하면 웹 검색 없이도 정확한 정보를 토대로 명령어의 사용법을 파악할 수 있습니다. |
| 변경 내용의 차이를 활용한 커밋 메시지 품질 향상(8.1.5) | 코드의 변경 사항을 AI에 전달해서 팀의 규칙이나 의도에 맞는 커밋 메시지를 생성하면, 커밋 로그의 품질을 높이고 협업 효율도 개선할 수 있습니다. |
| AI를 활용한 정규표현식 생성 지원(8.2.1) | AI에게 정규표현식을 생성해 달라고 요청하면 단순한 정규표현식을 빠르게 만들 수 있으며, 복잡한 정규표현식도 AI와 협업하며 점진적으로 완성해 나갈 수 있습니다. |

| 연습 | 개요 |
| --- | --- |
| 다양한 날짜 포맷 인식(8.2.2) | AI에게 날짜 및 시간 형식을 문의하면, ISO 8601이나 RFC 2822 등 다양한 표준에 따른 정확한 포맷을 손쉽게 얻을 수 있어 목적에 맞는 날짜/시간 처리에 유용합니다. |
| POSIX CRON 형식의 생성 (8.2.3) | AI에게 CRON 표현식을 생성하도록 요청하면 CI/CD 파이프라인이나 배치 작업의 스케줄 설정을 빠르고 정확하게 구성할 수 있습니다. |
| 특수한 데이터 포맷 변환(8.2.4) | AI를 변환기로 활용하면 특수한 데이터 포맷 간의 변환이 가능합니다. 테스트 데이터나 개발 참고 데이터를 손쉽게 변환할 수 있습니다. |
| AI를 활용한 비정형 데이터 분류 (8.2.5) | 생성형 AI를 활용해서 자유 응답형 설문 데이터를 효율적으로 분류 및 정량화할 수 있습니다. 여러 AI 모델을 조합하면 보다 객관적이고 신뢰성 있는 분석이 가능합니다. |
| 데이터 전처리 효율화(8.2.6) | AI에게 데이터 엔지니어링 작업 일부를 맡기면, 이상치 제거나 결측값 처리 등 반복적인 전처리 작업을 자동화해서 데이터 준비 과정을 효율화할 수 있습니다. |
| SEO 개선 제안(8.3.1) | AI에게 HTML 코드를 분석하게 하면 SEO 개선 제안을 받을 수 있습니다. 메타 태그 최적화, 키워드 활용 등 검색 순위 향상에 도움이 되는 개선점을 도출할 수 있습니다. |
| 접근성 평가(8.3.2) | AI에게 HTML 코드를 검토하게 하여 접근성 문제를 지적받으면, 이미지 대체 텍스트, 색상 대비 등 사용자 친화적인 웹 접근성을 높이기 위한 구체적인 개선안을 얻을 수 있습니다. |
| diff 명령어를 활용한 변경 지점 파악(8.4.1) | AI의 코드 개선 제안은 diff 명령어로 비교해서 변경 내용을 정확히 확인해야 합니다. 이를 통해 기존 코드와의 일관성을 유지하고, 중요한 구현이 누락되는 것을 방지하면서 더 효과적인 코드 리뷰가 가능합니다. |
| 프롬프트 라이브러리 구축과 활용 (8.4.2) | 효과적인 프롬프트는 스니펫 도구에 등록해두고 상황에 맞게 즉시 활용하면 좋습니다. 코딩 인터뷰 질문을 참고해서 AI에게 효율적으로 코드 개선을 유도할 수 있습니다. |
| AI 친화적인 마크다운으로 변환 (8.4.3) | HTML이나 엑셀 같은 다양한 데이터 소스를 마크다운으로 변환하면 AI와의 커뮤니케이션이 한결 원활해집니다. 오픈소스 변환 도구를 활용하면 정보를 더 빠르고 일관되게 제공할 수 있습니다. |
| 머메이드로 AI 가독성이 높은 도식 작성(8.4.4) | 머메이드를 사용해 텍스트 기반으로 시퀀스 다이어그램, 플로차트 등을 작성하면 AI에게 이해하기 쉬운 형식으로 정보를 전달할 수 있어 협업에 효과적입니다. |
| PlantUML을 활용한 복잡한 도식의 AI 가독화(8.4.5) | PlantUML을 활용하면 더 복잡한 UML 도표나 네트워크 구성도를 텍스트 기반으로 표현할 수 있어 AI와의 정보 공유가 쉬워지고 코드 구조를 시각적으로 명확하게 파악할 수 있습니다. |

# 찾아보기

## ㄱ~ㄴ

가드 절 237
가치 창출 080
감정 프롬프트 135
개발자 경험 314
개발자 만족도 316
개발자 생산성 315
개발자 임팩트 315
개방성 285
개방-폐쇄 원칙 243, 274
개방형 질문 227
개인화 071
검색 증강 생성 052
깃허브 코파일럿 059
깃허브 코파일럿 엔터프라이즈 071
깃허브 코파일럿 워크스페이스 067
깃허브 코파일럿 챗 066, 175, 327
널리지 컷오프 136
넓은 의미의 프롬프트 엔지니어링 031

## ㄷ

단위 테스트 025, 026
단일 책임 원칙 203, 274
대규모 언어 모델 025
대화 이력 178
대화형 062
데브섹옵스 312
데브옵스 303
데이터 형식 108, 188, 190, 260
동적 계획법 271
디자인 패턴 245

## ㄹ

랭체인 137
로지컬 싱킹 038
로직 트리 038
롤플레이 102
루비 온 레일즈 103
리스코프 치환 원칙 274
리팩터링 025
리팩터링 카탈로그 244
리프레임 244
린터 216

## ㅁ

마이크로소프트 디자이너 091
마크다운 101
머메이드 257
멀티모달 066
멀티 에이전트 147
몹 프로그래밍 298
문서화 024
문자열 047

## ㅂ

보일러플레이트 코드 024
분할 정복법 271
비용 063
비용 절감 070
비주얼 스튜디오 코드 171
빠른 시행착오 059

## ㅅ

상태 전이 257
상태 전이 다이어그램 265
생산성 향상 080
생성형 AI 024, 037
서드파티 247
스네이크 케이스 107
스니펫 171
슬래시 명령어 175
시간 복잡도 267
시퀀스 다이어그램 265
시프트 라이트 261
시프트 레프트 312

## ㅇ

애너테이션 219
애자일 182
애저 296
애프터 코딩 337
액션 151
액티비티 다이어그램 264, 265
에디터 063
에이전트 175
에이전트형 062
에이전트형 도구 062
에지 케이스 044
연쇄적 사고 프롬프팅 032
오버플로 187

오픈소스 041, 068
오픈소스 라이브러리 248
우선적인 멘토십 286
유지보수 259, 274
의도 089, 093
의사 결정 테이블 249
의존성 역전 원칙 275
이너소스 079
이너소스 라이선스 288
이너소스 패턴북 287
이너소스 포털 292
인스트럭션 튜닝 025, 082
인터페이스 049
인터페이스 분리 원칙 274
인텔리센스 160
일관성 074
일관성 있는 코드 089

컨텍스트 092, 093
컨텍스트 변수 175
컨텍스트 윈도우 048
컨텍스트 전환 166
코드 리딩 261
코드 리뷰 025, 052
코드베이스 024, 052, 078
코드의 변경 329
코드 포매터 216
콘텐츠 093
클라우드 296
클래스 다이어그램 265
클로드 066

### ㅈ~ㅊ

자동 완성형 060, 062
자발적인 기여 286
자유 소프트웨어 288
작업 흐름의 제어 154
재사용 295
접근성 341
정규표현식 222, 234
정보 아키텍처 092, 095
정보의 이식성 310
제로샷 프롬프팅 129, 226
제로샷 CoT 276
제미나이 066
좁은 의미의 프롬프트 엔지니어링 031, 032
중첩 구조 237
지시문 029
지식 기반 078
챗GPT 061
청크 205
초지능 AI 040

### ㅌ

타입 정의 파일 172
타입 힌트 187, 223
탐색적 접근 방식 260
터미널 175, 327
테스트 주도 개발 249
테스트 케이스 025, 256
토크나이저 049
토큰 047
토큰 수 050
토큰화 047
투명성 285
트러스티드 커미터 290

### ㅍ~ㅎ

파이썬 055
파인튜닝 072
페어 프로그래밍 299
폐쇄형 질문 245
퓨샷 프롬프팅 032
프로토타입 240
프롬프트 029
프롬프트 엔지니어링 029, 033, 034
프롬프트 엔지니어링 가이드 038
프롬프트의 품질 평가 181
플로차트 265
피드백 루프 037
환각 042, 044

### ㅋ

카멜 케이스 107
카피레프트 325
칸반 316
커밋 329
커스터마이즈 072, 074
컨소시엄형 공유 295

## A~B

Accessibility  341
Activity  318
AI 가독성  189
Alfred  346
API  060
Artificial Superintelligence  040
Attention Is All You Need  120
AutoGen  147
Azure  296
Backstage  292
Black Duck  326
Bootstrap  110, 309
Bottlenecks  269

## C

C언어  055
Chain-of-Thought  030
CI/CD  313
Claude 3.5 Sonnet  048
clipboard2markdown  348
Cognition  192
Communication and Collaboration  318
content  093
context  093
context window  048
Contrast Checker  343
CoT  030
CoT 프롬프팅  277
create.xyz  045
CSS  309

## D

Dash  346
DB Systel  289
de facto standard  068
Dependency Inversion Principle  275
Developer Experience  314
Devika  146
Devin  146, 192
DevSecOps  312
DIP  275
docstring  217
Don't Repeat Yourself  241
DORA Metrics  314
DRY 원칙  241
Duplicated  269

## E~F

edge case  044
Efficiency and Flow  318
Excel to Markdown table  349
FastAPI  166
Few-shot  030
Four Keys  314
Free Software  288

## G

git blame  097
git diff  097
GitHub Copilot  116
GitHub Copilot Enterprise  071
GitHub Copilot Workspace  067, 146
GoF  245
Go to Definition  171
GPL  326
GPL 라이선스  325
GPT-3  039
GPT-3.5  048
GPT-4  025, 039
GPT-4o  048
GPT-4 Vision  131

## H~I

Hallucination  042
Hash Table  273
Heap  273
HTML  026, 055
Information Architecture  092
Inner Source  079
Instruction Tuning  025, 082
IntelliSense  160
intent  093
Interface Segregation Principle  274
ISP  274

## J~L

JavaScript  026
JSON  109

Kanban 316
Knowledge Cutoff 136
LangChain 137
Large Language Model 025
Let's think step by step 276
Linked List 273
Liskov Substitution Principle 274
LLM 025
Logical Thinking 038
Logic Tree 038
LSP 274

## M

Markdown 101
Markdown Preview Mermaid Support 352
mdtable2csv 350
MECE 038, 231
Mermaid 257
Mermaid Live Editor 351
MetaGPT 192
Microsoft Designer 091
Mob Programming 299
Mutually Exclusive Collectively Exhaustive 038

## O

OCP 274
One-shot 106
OpenAI 025, 049
OpenAI Playground 086
Open-Closed Principle 243, 274
OpenHands 146

## P

Performance 318
Personalization 071
PlantText 353
PlantUML 264
portability 310
product 076
Prompt Engineering Guide 038
Prompt examples 페이지 084
Pull Request 192

## R

RAG 072
React 089, 309
ReactAgent 068, 136
Retrieval-Augmented Generation 072
Role-playing 102
Ruby on Rails 103

## S

Satisfaction and Well-being 318
screenshot-to-code 131, 156
Search Engine Optimization 340
shift left 312
Shift Right 261
Single Responsibility Principle 203, 274
SPACE 프레임워크 314
SRP 274
Stack & Queue 273
step-by-step 276
subword 047
System Integration 076

## T~Y

Tailwind CSS 089, 309
TDD 249
Token 047
tokenization 047
Tokenizer 049
TOML 109
Tree, Tries & Graphs 273
Trusted Committer 290
TRUSTED-COMMITTERS.md 290
Turndown 348
TypeScript 172
Unnecessary 269
Vector/ArrayList 273
Visual Studio Code 171
Vue.js 309
YAML 109